後漢書（一）

〔南朝宋〕范曄 撰
〔唐〕李賢等 注

荆楚文庫編纂出版委員會
崇文書局

後漢書
HOUHANSHU

圖書在版編目（CIP）數據

後漢書 /〔南朝宋〕范曄撰；〔唐〕李賢等注．
—武漢：崇文書局，2016.12
（荊楚文庫）
ISBN 978-7-5403-4321-7

Ⅰ．①後…
Ⅱ．①范…②李…
Ⅲ．①中國歷史－東漢時代－紀傳體
Ⅳ．①K234.204.2

中國版本圖書館CIP數據核字（2016）第309309號

責任編輯：曾　詠　李艷麗　李慧娟　劉水清
整體設計：范漢成　曾顯惠　思　蒙
責任校對：萬山紅
責任印製：田偉根

出版發行：崇文書局有限公司（中國·武漢）
地　　址：武漢市雄楚大道268號C座
電　　話：（027）87293001　郵政編碼：430070
錄　　排：武漢偉創偉業廣告有限公司
印　　刷：湖北新華印務有限公司
開　　本：720mm×1000mm　1/16
印　　張：193
字　　數：2680千字
版　　次：2016年12月第1版　2016年12月第1次印刷
定　　價：680.00元（全六冊）

ISBN 978-7-5403-4321-7　本書經中華書局授權許可使用

《荆楚文庫》工作委員會

主　　　任：李鴻忠
第一副主任：王國生
副　主　任：梁偉年　尹漢寧　郭生練
成　　　員：韓　進　肖伏清　姚中凱　劉仲初　喻立平
　　　　　　王文童　雷文潔　張良成　馬　敏　尚　鋼
　　　　　　劉建凡　黃國雄　熊承家　潘啓勝　文坤斗

辦公室
主　　　任：張良成
副　主　任：胡　偉　馬　莉　何大春　李耀華　周百義

《荆楚文庫》編纂出版委員會

顧　　　問：羅清泉
主　　　任：李鴻忠
第一副主任：王國生
副　主　任：梁偉年　尹漢寧　郭生練
總　編　輯：章開沅　馮天瑜
副總編輯：熊召政　張良成
編委（以姓氏筆畫爲序）：　朱　英　邱久欽　何曉明
　　　　　　周百義　周國林　周積明　宗福邦　郭齊勇
　　　　　　陳　偉　陳　鋒　張建民　陽海清　彭南生
　　　　　　湯旭巖　趙德馨　劉玉堂

《荆楚文庫》編輯部

主　　　任：周百義
副　主　任：周鳳榮　胡　磊　馮芳華　周國林　胡國祥
成　　　員：李爾鋼　鄒華清　蔡夏初　鄒典佐　梁瑩雪
　　　　　　胡　瑾　朱金波
美術總監：王開元

出版說明

湖北乃九省通衢，北學南學交會融通之地，文明昌盛，歷代文獻豐厚。守望傳統，編纂荆楚文獻，湖北淵源有自。清同治年間設立官書局，以整理鄉邦文獻爲旨趣。光緒年間張之洞督鄂後，以崇文書局推進典籍集成，湖北鄉賢身體力行之，編纂《湖北文徵》，集元明清三代湖北先哲遺作，收兩千七百餘作者文八千餘篇，洋洋六百萬言。盧氏兄弟輯錄湖北先賢之作而成《湖北先正遺書》。至當代，武漢多所大學、圖書館在鄉邦典籍整理方面亦多所用力。爲傳承和弘揚優秀傳統文化，湖北省委、省政府決定編纂大型歷史文獻叢書《荆楚文庫》。

《荆楚文庫》以"搶救、保護、整理、出版"湖北文獻爲宗旨，分三編集藏。

甲、文獻編。收錄歷代鄂籍人士著述，長期寓居湖北人士著述，省外人士探究湖北著述。包括傳世文獻、出土文獻和民間文獻。

乙、方志編。收錄歷代省志、府縣志等。

丙、研究編。收錄今人研究評述荆楚人物、史地、風物的學術著作和工具書及圖册。

文獻編、方志編錄籍以1949年爲下限。

研究編簡體橫排，文獻編繁體橫排，方志編影印或點校出版。

《荆楚文庫》編纂出版委員會
2015年11月

校點說明

一

《後漢書》本紀十卷，列傳八十卷，范曄撰。

范曄字蔚宗，南朝宋順陽人，生於晉安帝隆安二年（公元三九八）。他是晉豫章太守范甯的孫子，宋侍中范泰的庶子，因爲出繼給堂伯范弘之，襲封武興縣侯。任彭城王劉義康的參軍，幾次升遷，官至尚書吏部郎。宋文帝元嘉元年（公元四二四），因事觸怒劉義康，左遷爲宣城太守。《後漢書》是這時候開始寫的。後來又幾次升遷，官至左衞將軍、太子詹事。元嘉二十二年（公元四四五），有人告發他跟孔熙先等密謀擁立劉義康，於是以謀反的罪名被處死刑。

二

在范曄以前，已經有不少人用紀傳體編撰後漢一朝的歷史。除屬於官史性質的《東觀漢記》外，私人編撰而著録於《隋書·經籍志》的，有三國吳謝承的《後漢書》，晉薛瑩的《後漢記》，晉司馬彪的《續漢書》，晉華嶠的《後漢書》，晉謝沈的《後漢書》，晉張瑩的《後漢南記》，晉袁山松的《後漢書》。范曄以《東觀漢記》爲主要依據，參考各家的著作，自定體例，訂譌考異，删繁補略，寫成《後漢書》。他能够擷取衆家之長，所以各家關於後漢的史書後來逐漸淘汰，而他的《後漢書》却作爲"正史"，跟《史記》《漢書》《三國志》合稱"四史"。

范曄編撰《後漢書》，原定十紀、十志、八十列傳，合爲百卷，跟

《漢書》相應，但是十志還沒有寫成，他就被殺害了。現在《後漢書》裏的《律曆》《禮儀》《祭祀》《天文》《五行》《郡國》《百官》《輿服》等八志，是後人從司馬彪《續漢書》[1]裏取出來補進去的。

范曄來不及像《史記》有《太史公自序》和《漢書》有《敍傳》那樣，給《後漢書》寫一篇自序。他在獄中寫過一封信給甥姪們，詳細敍述自己的治學態度，並對未完成的《後漢書》表示自己的看法。這封信含有自序的性質，殿本《後漢書》就用《自序》作標題，附刊在全書之末，現在我們改用《獄中與諸甥姪書》的標題，把它附在後面。

三

最先注范《書》的是劉昭。[2]因為范《書》沒有志，他就把司馬彪《續漢書》的八篇志（簡稱《續志》）分為三十卷，併了進去，並且也作了注。他的注絕大部分已經散失，現在只剩下八篇志的注了（《天文志》的下卷和《五行志》的第四卷都全卷沒有注，也一定是散失了）。《梁書·劉昭傳》說他"集《後漢》同異，以注范《書》"，可見他注范《書》略同於裴松之注《三國志》，偏重於事實的補充而略於文字的訓詁。八篇志的注，就是這樣的。

繼續給范《書》作注的是唐朝的章懷太子李賢。[3]他注范《書》著重訓詁，跟劉昭不同。王先謙說他注《後漢書》不比顏師古注《漢書》差，可惜非一手所成，不免有踳駁漏略之處。實際上他立為皇太子以後，才跟張大安等共注《後漢書》，到他被廢為庶人，注書工作結束，前後只有六年，沒有充裕的時間詳細校訂，踳駁漏略自所難免。何況他們的注書工作似沒有全部完成，如《南匈奴傳》的注，複沓紕謬，至於不可究詰，體例和文字也跟前後各卷不同，可能不是出於他們之手，而是後人補撰。

四

宋太宗淳化五年（公元九九四）初刻本和真宗景德二年（公元一〇〇五）校定本都没有把《續志》併進去。到了真宗乾興元年（公元一〇二二），孫奭建議把劉昭注補的《續志》三十卷（按孫奭誤以爲《續志》三十卷是劉昭補作的）合刻補闕，他的建議被採納，以後的刻本就都把《續志》附於范《書》紀傳之後，毛氏汲古閣本還是這個樣子。而明監本索性把《續志》合刻在范《書》紀之後傳之前，並且抹去司馬彪的名，又改劉昭的"注補"爲"補并注"，清武英殿本又照明監本翻刻。這樣一來，就容易叫人誤認爲八篇志是劉昭所補並且加注的了。

北宋本流傳到現在的只有些殘本，清朝人何焯、惠棟、錢泰吉等都曾經用來跟別本校過。商務印書館影印的紹興本是現存比較完整的南宋本（原闕五卷，影印時借用別本殘册補配）。我們曾經拿紹興本跟傳世的幾個本子比較過，發現各本都誤而紹興本獨不誤的地方很多，就採用它作爲底本。

我們校點的時候，只拿汲古閣本和武英殿本跟紹興本對校。既然拿紹興本作底本，凡是紹興本不誤而汲本、殿本有誤的，都不出校記。異文在兩可之間，不能斷定孰是孰非的，才出校記，說明某本作某。除了比較各本異文，我們也參考前人的研究成果。宋朝人劉攽著有《東漢書刊誤》四卷，對於范書的譌誤多所刊正。凡是劉說可從的，我們都採入校勘記（劉攽的《東漢書刊誤》，殿本散附在注文之後，但是採錄不全，並且有錯誤。我們依據的是中華書局《史籍叢刊》據《宸翰樓叢書》本重印的本子）。王先謙的《集解》和黃山的《校補》已經匯集了前人的校釋，我們也採取其中屬於校訂方面的意見，標明"《集解》引某某說"，"《校補》引某某說"。爲了審慎起見，凡是前人說"《通鑑》作某"或"《御覽》作某"之處，我們儘可能查對原書。疑有錯誤而前人沒有説到的，我們也儘可能查對，找到旁證，寫入校勘記。前人的研究成果，《集解》遺漏未採或不及採入的，也擇要寫入校勘記，標明是某人的意見。近人張森楷一生校勘十七史甚勤，有《校勘記》若干卷，頗多發明，原稿藏在南京圖書館，我們採取其中後漢書部分的若干條寫入校勘記，標明"張森楷《校勘記》"。

紹興本雖然不失爲一個善本，但是錯字也不少，原本闕失而採取別本補入的部分，問題尤其多。此外還有一些顯著的版刻錯字，我們都依據別本改正，不出校記。我們對於改正錯字，增删字句，採取審慎的態度。凡是應删的字用小一號字排印，並加上圓括弧，改正的字或增補的字加上方括弧，同時在校勘記裏説明改正或增删的依據。可改可不改的，儘量不改，僅在校勘記裏説明問題何在。

《後漢書》的目録各本不一致，且多錯誤。爲便於檢查，我們參考各本，重編新目，凡加上星號（*）的，都是各本所無，此次新加的。

我們標點的時候，曾經參考過一部何焯斷句的過錄本。限於水平，校點工作不免有錯誤的地方。尤其是《禮儀志》《祭祀志》《輿服志》中關於典制名物的部分，標點起來特別感到困難，錯誤的地方一定更多。希望讀者隨時指出，以便再版時改正。

本書在校點過程中，先後承金兆梓、馬宗霍、孫毓棠諸同志審閱，孫毓棠同志還從頭到尾校讀了兩徧，改正了不少錯誤。《律曆志》和《天文志》的標點，曾經請曾次亮同志審閱，《禮儀志》《祭祀志》《輿服志》的標點，曾經請孫人和同志審閱，都有所指正。特此一併致謝。

宋雲彬
一九六四年九月一日

〔1〕司馬彪字紹統，晉宗室，高陽王司馬睦的長子，卒於晉惠帝末年（公元三〇六）。他著的《續漢書》八十三卷，《隋書·經籍志》和《舊唐書·經

籍志》《新唐書·藝文志》都著録，《宋史·藝文志》只載劉昭補注《後漢志》三十卷，不載司馬彪《續漢書》，可見《續漢書》到了宋朝只剩八篇志，其餘都散失了。

〔2〕劉昭字宣卿，梁高唐人。曾任臨川王蕭宏的記室和通直郎，最後任剡令。

〔3〕李賢字明允，唐高宗的兒子，武后所生。上元二年（公元六七五）立爲皇太子。他跟張大安、劉納言等共同注釋范曄的《後漢書》。永隆元年（公元六八〇），被廢爲庶人，跟他共注《後漢書》的張大安等或被降職，或被流放。光宅元年（公元六八四），武后執政，逼他自殺。唐睿宗即位（公元七一〇），追諡他爲章懷太子。

目　　錄

卷一上	光武帝紀第一上	1–43
卷一下	光武帝紀第一下	44–86
卷　二	顯宗孝明帝紀第二	87–117
卷　三	肅宗孝章帝紀第三	118–148
卷　四	孝和孝殤帝紀第四	149–182
	和帝	149
	殤帝	177
卷　五	孝安帝紀第五	183–224
卷　六	孝順孝沖孝質帝紀第六	225–257
	順帝	225
	沖帝	248
	質帝	249
卷　七	孝桓帝紀第七	258–291
卷　八	孝靈帝紀第八	292–326
卷　九	孝獻帝紀第九	327–351
卷十上	皇后紀第十上	352–382
	光武郭皇后	356
	光烈陰皇后	359
	明德馬皇后	361
	*賈貴人	366
	章德竇皇后	367
	和帝陰皇后	369
	和熹鄧皇后	369

卷十下　皇后紀第十下··· 383–411
　　安思閻皇后·· 383
　　順烈梁皇后·· 386
　　*虞美人·· 388
　　*陳夫人·· 388
　　孝崇匽皇后·· 389
　　桓帝懿獻梁皇后·· 390
　　桓帝鄧皇后·· 391
　　桓思竇皇后·· 392
　　孝仁董皇后·· 393
　　靈帝宋皇后·· 394
　　靈思何皇后·· 395
　　獻帝伏皇后·· 398
　　獻穆曹皇后·· 400
　　　*附皇女·· 403

卷十一　劉玄劉盆子列傳第一······································ 412–430
　　劉玄·· 412
　　劉盆子·· 420

卷十二　王劉張李彭盧列傳第二···································· 431–448
　　王昌·· 431
　　劉永·· 433
　　*龐萌··· 435
　　張步·· 437
　　*王閎··· 438
　　李憲·· 439
　　彭寵·· 440
　　盧芳·· 443

卷十三　隗囂公孫述列傳第三······································ 449–478

隗囂	449
公孫述	465

卷十四　宗室四王三侯列傳第四 …… 479-499

齊武王縯	479
子北海靖王興	485
趙孝王良	487
城陽恭王祉	488
泗水王歙	491
安成孝侯賜	492
成武孝侯順	494
順陽懷侯嘉	495

卷十五　李王鄧來列傳第五 …… 501-520

李通	501
王常	505
鄧晨	509
來歙	511
曾孫歷	515

卷十六　鄧寇列傳第六 …… 521-552

鄧禹	521
子訓	528
孫騭	532
寇恂	538
曾孫榮	544

卷十七　馮岑賈列傳第七 …… 553-582

馮異	553
岑彭	565
賈復	574

卷十八　吳蓋陳臧列傳第八 …… 583-606

吳漢	583
蓋延	592
陳俊	596
臧宮	598

卷 十 九　耿弇列傳第九 …………………………… 607-628
　　耿弇 …………………………………………………… 607
　　　　弟國 ………………………………………………… 617
　　　　國子秉 ……………………………………………… 618
　　　　秉弟夔 ……………………………………………… 619
　　　　國弟子恭 …………………………………………… 620

卷 二 十　銚期王霸祭遵列傳第十 ……………………… 629-644
　　銚期 …………………………………………………… 629
　　王霸 …………………………………………………… 631
　　祭遵 …………………………………………………… 635
　　　　從弟肜 ……………………………………………… 640

卷二十一　任李萬邳劉耿列傳第十一 …………………… 645-660
　　任光 …………………………………………………… 645
　　　　子隗 ………………………………………………… 647
　　李忠 …………………………………………………… 648
　　萬脩 …………………………………………………… 650
　　邳彤 …………………………………………………… 651
　　劉植 …………………………………………………… 653
　　耿純 …………………………………………………… 654

卷二十二　朱景王杜馬劉傅堅馬列傳第十二 …………… 661-681
　　朱祐 …………………………………………………… 661
　　景丹 …………………………………………………… 663
　　王梁 …………………………………………………… 665
　　杜茂 …………………………………………………… 667

馬成	668
劉隆	670
傅俊	672
堅鐔	672
馬武	673

卷二十三　竇融列傳第十三……………………682–707

竇融	682
弟子固	694
曾孫憲	695
玄孫章	703

卷二十四　馬援列傳第十四……………………708–741

馬援	708
子廖	731
子防	731
兄子嚴	734
族孫棱	737

卷二十五　卓魯魏劉列傳第十五………………742–761

卓茂	742
魯恭	746
弟丕	754
魏霸	756
劉寬	757

卷二十六　伏侯宋蔡馮趙牟韋列傳第十六……762–790

伏湛	762
子隆	767
侯霸	768
宋弘	771
*族孫漢	773

蔡茂 …………………………………… 774
　　　郭賀 …………………………………… 775
　　馮勤 …………………………………… 776
　　趙熹 …………………………………… 778
　　牟融 …………………………………… 782
　　韋彪 …………………………………… 783
　　　族子義 ……………………………… 785
卷二十七　宣張二王杜郭吳承鄭趙列傳第十七 …… 791-814
　　宣秉 …………………………………… 791
　　張湛 …………………………………… 792
　　王丹 …………………………………… 794
　　王良 …………………………………… 796
　　杜林 …………………………………… 797
　　郭丹 …………………………………… 802
　　吳良 …………………………………… 804
　　承宮 …………………………………… 806
　　鄭均 …………………………………… 807
　　趙典 …………………………………… 809
卷二十八上　桓譚馮衍列傳第十八上 …………… 815-837
　　桓譚 …………………………………… 815
　　馮衍 …………………………………… 821
卷二十八下　馮衍傳第十八下 …………………… 838-860
　　馮衍 …………………………………… 838
　　　子豹 ………………………………… 856
卷二十九　申屠剛鮑永郅惲列傳第十九 ………… 861-884
　　申屠剛 ………………………………… 861
　　鮑永 …………………………………… 866
　　　子昱 ………………………………… 870

郅惲	872
子壽	880

卷三十上　蘇竟楊厚列傳第二十上……………………885-894

蘇竟	885
楊厚	890

卷三十下　郎顗襄楷列傳第二十下……………………895-925

郎顗	895
襄楷	914

卷三十一　郭杜孔張廉王蘇羊賈陸列傳第二十一……………926-947

郭伋	926
杜詩	928
孔奮	932
張堪	933
廉范	934
王堂	937
蘇章	938
族孫不韋	939
羊續	941
賈琮	942
陸康	943

卷三十二　樊宏陰識列傳第二十二……………………948-961

樊宏	948
子儵	950
族曾孫準	953
陰識	956
弟興	958

卷三十三　朱馮虞鄭周列傳第二十三……………………962-983

朱浮	962

馮魴 …………………………………………………… 970

　　　虞延 …………………………………………………… 973

　　　鄭弘 …………………………………………………… 976

　　　周章 …………………………………………………… 979

卷三十四　梁統列傳第二十四 …………………………… 985-1007

　　　梁統 …………………………………………………… 985

　　　　＊子松 ………………………………………………… 989

　　　　子竦 ………………………………………………… 990

　　　　曾孫商 ……………………………………………… 994

　　　　玄孫冀 ……………………………………………… 996

卷三十五　張曹鄭列傳第二十五 ………………………… 1008-1027

　　　張純 …………………………………………………… 1008

　　　　子奮 ………………………………………………… 1012

　　　曹褒 …………………………………………………… 1015

　　　鄭玄 …………………………………………………… 1019

卷三十六　鄭范陳賈張列傳第二十六 …………………… 1028-1053

　　　鄭興 …………………………………………………… 1028

　　　　子眾 ………………………………………………… 1033

　　　范升 …………………………………………………… 1035

　　　陳元 …………………………………………………… 1038

　　　賈逵 …………………………………………………… 1042

　　　張霸 …………………………………………………… 1048

　　　　子楷 ………………………………………………… 1050

　　　　楷子陵 ……………………………………………… 1050

　　　　陵弟玄 ……………………………………………… 1051

卷三十七　桓榮丁鴻列傳第二十七 ……………………… 1054-1074

　　　桓榮 …………………………………………………… 1054

　　　　子郁 ………………………………………………… 1059

郁子焉 ………………………………………………… 1061
　　　焉孫典 ………………………………………………… 1062
　　　郁孫鸞 ………………………………………………… 1063
　　　＊鸞子曄 ……………………………………………… 1063
　　　郁曾孫彬 ……………………………………………… 1064
　　丁鴻 …………………………………………………………… 1066
卷三十八　張法滕馮度楊列傳第二十八……………… 1075–1088
　　張宗 …………………………………………………………… 1075
　　法雄 …………………………………………………………… 1076
　　滕撫 …………………………………………………………… 1078
　　馮緄 …………………………………………………………… 1079
　　度尚 …………………………………………………………… 1083
　　楊琁 …………………………………………………………… 1085
卷三十九　劉趙淳于江劉周趙列傳第二十九………… 1089–1113
　　劉平 …………………………………………………………… 1091
　　　＊王望 ………………………………………………… 1092
　　　＊王扶 ………………………………………………… 1093
　　趙孝 …………………………………………………………… 1094
　　淳于恭 ………………………………………………………… 1095
　　江革 …………………………………………………………… 1096
　　劉般 …………………………………………………………… 1097
　　　子愷 …………………………………………………… 1100
　　周磐 …………………………………………………………… 1104
　　趙咨 …………………………………………………………… 1106
卷四十上　班彪列傳第三十上 自東都主人以下分爲下卷……… 1114–1143
　　班彪 …………………………………………………………… 1114
　　　子固 …………………………………………………… 1120
卷四十下　班彪列傳第三十下………………………………… 1144–1175

子固 …………………………………………… 1144
卷四十一　第五鍾離宋寒列傳第三十一 ………… 1176-1198
　　第五倫 …………………………………………… 1176
　　　曾孫種 ………………………………………… 1183
　　鍾離意 …………………………………………… 1185
　　宋均 ……………………………………………… 1189
　　　族子意 ………………………………………… 1192
　　寒朗 ……………………………………………… 1194
卷四十二　光武十王列傳第三十二 ……………… 1199-1225
　　東海恭王彊 ……………………………………… 1199
　　沛獻王輔 ………………………………………… 1202
　　楚王英 …………………………………………… 1203
　　濟南安王康 ……………………………………… 1205
　　東平憲王蒼 ……………………………………… 1207
　　　子任城孝王尚 ………………………………… 1216
　　阜陵質王延 ……………………………………… 1217
　　廣陵思王荊 ……………………………………… 1218
　　臨淮懷公衡 ……………………………………… 1220
　　中山簡王焉 ……………………………………… 1220
　　琅邪孝王京 ……………………………………… 1221
卷四十三　朱樂何列傳第三十三 ………………… 1226-1255
　　朱暉 ……………………………………………… 1226
　　　孫穆 …………………………………………… 1230
　　樂恢 ……………………………………………… 1243
　　何敞 ……………………………………………… 1245
卷四十四　鄧張徐張胡列傳第三十四 …………… 1256-1273
　　鄧彪 ……………………………………………… 1256
　　張禹 ……………………………………………… 1257

徐防	1260
張敏	1262
胡廣	1264

卷四十五　袁張韓周列傳第三十五　　1274-1295
袁安	1274
*子京	1278
子敞	1280
玄孫閎	1281
張酺	1284
韓稜	1289
周榮	1291
孫景	1292

卷四十六　郭陳列傳第三十六　　1296-1317
郭躬	1296
弟子鎮	1298
陳寵	1300
子忠	1307

卷四十七　班梁列傳第三十七　　1318-1338
班超	1318
子勇	1331
梁慬	1334
*何熙	1336

卷四十八　楊李翟應霍爰徐列傳第三十八　　1339-1364
楊終	1339
李法	1343
翟酺	1343
應奉	1347
子劭	1350

霍諝 …………………………………………… 1355
　　　爰延 …………………………………………… 1357
　　　徐璆 …………………………………………… 1359
卷四十九　王充王符仲長統列傳第三十九 …… 1365–1395
　　　王充 …………………………………………… 1365
　　　王符 …………………………………………… 1366
　　　仲長統 ………………………………………… 1377
卷　五　十　孝明八王列傳第四十 …………… 1396–1408
　　　千乘哀王建 …………………………………… 1396
　　　陳敬王羨 ……………………………………… 1396
　　　彭城靖王恭 …………………………………… 1399
　　　樂成靖王黨 …………………………………… 1400
　　　下邳惠王衍 …………………………………… 1402
　　　梁節王暢 ……………………………………… 1403
　　　淮陽頃王昞 …………………………………… 1405
　　　濟陰悼王長 …………………………………… 1405
卷五十一　李陳龐陳橋列傳第四十一 ………… 1409–1423
　　　李恂 …………………………………………… 1409
　　　陳禪 …………………………………………… 1410
　　　龐參 …………………………………………… 1412
　　　陳龜 …………………………………………… 1416
　　　橋玄 …………………………………………… 1418
卷五十二　崔駰列傳第四十二 ………………… 1424–1452
　　　崔駰 …………………………………………… 1424
　　　子瑗 …………………………………………… 1440
　　　孫寔 …………………………………………… 1442
卷五十三　周黃徐姜申屠列傳第四十三 ……… 1453–1468
　　　周燮 …………………………………………… 1455

黄憲	1457
徐稺	1459
姜肱	1461
申屠蟠	1463

卷五十四　楊震列傳第四十四 …………… 1469–1499

楊震	1469
子秉	1478
孫賜	1483
曾孫彪	1492
玄孫脩	1495

卷五十五　章帝八王傳第四十五 ………… 1500–1513

千乘貞王伉	1500
平春悼王全	1501
清河孝王慶	1501
濟北惠王壽	1508
河間孝王開	1509
城陽懷王淑	1510
廣宗殤王萬歲	1511
平原懷王勝 和帝子	1511

卷五十六　張王种陳列傳第四十六 ……… 1514–1532

張晧	1514
子綱	1515
王龔	1518
子暢	1520
种暠	1523
子岱	1525
子拂	1526
拂子劭	1526

陳球 …………………………………………………………… 1527
卷五十七　杜欒劉李劉謝列傳第四十七…………… 1533–1553
　　杜根 …………………………………………………………… 1533
　　欒巴 …………………………………………………………… 1534
　　劉陶 …………………………………………………………… 1536
　　李雲 …………………………………………………………… 1543
　　劉瑜 …………………………………………………………… 1545
　　謝弼 …………………………………………………………… 1549
卷五十八　虞傅蓋臧列傳第四十八………………… 1554–1580
　　虞詡 …………………………………………………………… 1554
　　傅燮 …………………………………………………………… 1561
　　蓋勳 …………………………………………………………… 1565
　　臧洪 …………………………………………………………… 1570
卷五十九　張衡列傳第四十九……………………… 1581–1626
卷六十上　馬融列傳第五十上……………………… 1627–1648
卷六十下　蔡邕列傳第五十下……………………… 1649–1676
卷六十一　左周黃列傳第五十一…………………… 1677–1703
　　左雄 …………………………………………………………… 1677
　　周舉 …………………………………………………………… 1683
　　　子勰 ………………………………………………………… 1690
　　黃瓊 …………………………………………………………… 1690
　　　孫琬 ………………………………………………………… 1697
卷六十二　荀韓鍾陳列傳第五十二………………… 1704–1722
　　荀淑 …………………………………………………………… 1704
　　　子爽 ………………………………………………………… 1705
　　　孫悅 ………………………………………………………… 1711
　　韓韶 …………………………………………………………… 1715
　　鍾皓 …………………………………………………………… 1716

陳寔	……	1717
子紀	……	1719

卷六十三　李杜列傳第五十三 …… 1723–1743
- 李固 …… 1723
- 　子燮 …… 1737
- 杜喬 …… 1738

卷六十四　吳延史盧趙列傳第五十四 …… 1744–1767
- 吳祐 …… 1744
- 延篤 …… 1747
- 史弼 …… 1752
- 盧植 …… 1756
- 趙岐 …… 1762

卷六十五　皇甫張段列傳第五十五 …… 1768–1791
- 皇甫規 …… 1768
- 張奐 …… 1774
- 段熲 …… 1781

卷六十六　陳王列傳第五十六 …… 1792–1810
- 陳蕃 …… 1792
- 王允 …… 1802

卷六十七　黨錮列傳第五十七 …… 1811–1844
- 劉淑 …… 1817
- 李膺 …… 1818
- 杜密 …… 1824
- 劉祐 …… 1825
- 魏朗 …… 1826
- 夏馥 …… 1827
- 宗慈 …… 1828
- 巴肅 …… 1828

范滂 …… 1829
　　尹勳 …… 1832
　　蔡衍 …… 1833
　　羊陟 …… 1833
　　張儉 …… 1834
　　岑晊 …… 1835
　　陳翔 …… 1836
　　孔昱 …… 1836
　　苑康 …… 1837
　　檀敷 …… 1837
　　劉儒 …… 1838
　　賈彪 …… 1838
　　何顒 …… 1839
卷六十八　郭符許列傳第五十八 …… 1845–1856
　　郭太 …… 1845
　　符融 …… 1851
　　許劭 …… 1853
卷六十九　竇何列傳第五十九 …… 1857–1871
　　竇武 …… 1857
　　何進 …… 1863
卷 七 十　鄭孔荀列傳第六十 …… 1872–1905
　　鄭太 …… 1872
　　孔融 …… 1875
　　荀彧 …… 1892
卷七十一　皇甫嵩朱儁列傳第六十一 …… 1906–1920
　　皇甫嵩 …… 1906
　　朱儁 …… 1913
卷七十二　董卓列傳第六十二 …… 1921–1947

卷七十三　劉虞公孫瓚陶謙列傳第六十三 …………… 1948–1962
　　劉虞 ………………………………………………… 1948
　　公孫瓚 ……………………………………………… 1952
　　陶謙 ………………………………………………… 1958
卷七十四上　袁紹劉表列傳第六十四上………………… 1963–1992
　　袁紹 ………………………………………………… 1963
卷七十四下　袁紹劉表列傳第六十四下………………… 1993–2010
　　　紹子譚 …………………………………………… 1993
　　劉表 ………………………………………………… 2002
卷七十五　劉焉袁術呂布列傳第六十五 ……………… 2011–2031
　　劉焉 ………………………………………………… 2011
　　袁術 ………………………………………………… 2017
　　呂布 ………………………………………………… 2022
卷七十六　循吏列傳第六十六 ………………………… 2032–2056
　　衛颯 ………………………………………………… 2033
　　任延 ………………………………………………… 2035
　　王景 ………………………………………………… 2038
　　秦彭 ………………………………………………… 2040
　　王渙 ………………………………………………… 2041
　　許荊 ………………………………………………… 2044
　　孟嘗 ………………………………………………… 2045
　　第五訪 ……………………………………………… 2047
　　劉矩 ………………………………………………… 2048
　　劉寵 ………………………………………………… 2049
　　仇覽 ………………………………………………… 2051
　　童恢 ………………………………………………… 2052
卷七十七　酷吏列傳第六十七 ………………………… 2057–2072
　　董宣 ………………………………………………… 2058

樊曄 …………………………………………………… 2060

李章 …………………………………………………… 2061

周紆 …………………………………………………… 2062

黄昌 …………………………………………………… 2064

陽球 …………………………………………………… 2066

王吉 …………………………………………………… 2069

卷七十八　宦者列傳第六十八 ……………… 2073–2101

鄭衆 …………………………………………………… 2077

蔡倫 …………………………………………………… 2078

孫程 …………………………………………………… 2078

曹騰 …………………………………………………… 2082

單超 …………………………………………………… 2083

侯覽 …………………………………………………… 2085

曹節 …………………………………………………… 2086

吕强 …………………………………………………… 2089

張讓 …………………………………………………… 2094

卷七十九上　儒林列傳第六十九上 ………… 2102–2121

劉昆 …………………………………………………… 2105

洼丹 …………………………………………………… 2107

任安 …………………………………………………… 2107

楊政 …………………………………………………… 2107

張興 …………………………………………………… 2108

戴憑 …………………………………………………… 2109

孫期 …………………………………………………… 2110

歐陽歙 ………………………………………………… 2110

牟長 …………………………………………………… 2112

宋登 …………………………………………………… 2112

張馴 …………………………………………………… 2113

尹敏	2113
周防	2114
孔僖	2115
楊倫	2118

卷七十九下　儒林列傳第六十九下……2122-2143

高詡	2122
包咸	2123
魏應	2123
伏恭	2124
任末	2124
景鸞	2125
薛漢	2125
杜撫	2125
召馴	2125
楊仁	2126
趙曄	2127
衛宏	2127
董鈞	2128
丁恭	2129
周澤	2130
鍾興	2131
甄宇	2131
樓望	2132
程曾	2132
張玄	2132
李育	2133
何休	2134
服虔	2134

	潁容 ……………………………………………	2135
	謝該 ……………………………………………	2135
	許慎 ……………………………………………	2138
	蔡玄 ……………………………………………	2139
卷八十上	文苑列傳第七十上………………………	2144–2169
	杜篤 ……………………………………………	2144
	王隆 ……………………………………………	2156
	夏恭 ……………………………………………	2156
	傅毅 ……………………………………………	2157
	黃香 ……………………………………………	2159
	劉毅 ……………………………………………	2161
	李尤 ……………………………………………	2161
	蘇順 ……………………………………………	2162
	劉珍 ……………………………………………	2162
	葛龔 ……………………………………………	2163
	王逸 ……………………………………………	2163
	崔琦 ……………………………………………	2163
	邊韶 ……………………………………………	2168
卷八十下	文苑列傳第七十下………………………	2170–2200
	張升 ……………………………………………	2170
	趙壹 ……………………………………………	2171
	劉梁 ……………………………………………	2177
	邊讓 ……………………………………………	2182
	酈炎 ……………………………………………	2187
	侯瑾 ……………………………………………	2189
	高彪 ……………………………………………	2189
	張超 ……………………………………………	2192
	禰衡 ……………………………………………	2192

卷八十一　獨行列傳第七十一 …………………………………… 2201-2230
　　譙玄 ……………………………………………………………… 2202
　　李業 ……………………………………………………………… 2204
　　劉茂 ……………………………………………………………… 2206
　　溫序 ……………………………………………………………… 2207
　　彭脩 ……………………………………………………………… 2208
　　索盧放 …………………………………………………………… 2209
　　周嘉 ……………………………………………………………… 2209
　　范式 ……………………………………………………………… 2210
　　李善 ……………………………………………………………… 2212
　　王忳 ……………………………………………………………… 2213
　　張武 ……………………………………………………………… 2214
　　陸續 ……………………………………………………………… 2215
　　戴封 ……………………………………………………………… 2216
　　李充 ……………………………………………………………… 2216
　　繆肜 ……………………………………………………………… 2217
　　陳重 ……………………………………………………………… 2218
　　雷義 ……………………………………………………………… 2219
　　范冉 ……………………………………………………………… 2219
　　戴就 ……………………………………………………………… 2222
　　趙苞 ……………………………………………………………… 2223
　　向栩 ……………………………………………………………… 2224
　　諒輔 ……………………………………………………………… 2224
　　劉翊 ……………………………………………………………… 2225
　　王烈 ……………………………………………………………… 2226
卷八十二上　方術列傳第七十二上 ………………………………… 2231-2251
　　任文公 …………………………………………………………… 2234
　　郭憲 ……………………………………………………………… 2236

許楊 ………………………………………… 2237
　　高獲 ………………………………………… 2238
　　王喬 ………………………………………… 2239
　　謝夷吾 ……………………………………… 2239
　　楊由 ………………………………………… 2242
　　李南 ………………………………………… 2242
　　李郃 ………………………………………… 2243
　　段翳 ………………………………………… 2245
　　廖扶 ………………………………………… 2245
　　折像 ………………………………………… 2246
　　樊英 ………………………………………… 2246
卷八十二下　方術列傳第七十二下……………… 2252-2272
　　唐檀 ………………………………………… 2252
　　公沙穆 ……………………………………… 2252
　　許曼 ………………………………………… 2254
　　趙彥 ………………………………………… 2254
　　樊志張 ……………………………………… 2255
　　單颺 ………………………………………… 2255
　　韓説 ………………………………………… 2255
　　董扶 ………………………………………… 2256
　　郭玉 ………………………………………… 2256
　　華佗 ………………………………………… 2257
　　徐登 ………………………………………… 2262
　　費長房 ……………………………………… 2264
　　薊子訓 ……………………………………… 2265
　　劉根 ………………………………………… 2266
　　左慈 ………………………………………… 2267
　　計子勳 ……………………………………… 2268

上成公 …………………………………………… 2268

　　解奴辜 …………………………………………… 2268

　　甘始 ……………………………………………… 2269

　　王真 ……………………………………………… 2270

　　王和平 …………………………………………… 2270

卷八十三　逸民列傳第七十三 ……………………… 2273-2294

　　野王二老 ………………………………………… 2275

　　向長 ……………………………………………… 2276

　　逢萌 ……………………………………………… 2276

　　周黨 ……………………………………………… 2278

　　王霸 ……………………………………………… 2279

　　嚴光 ……………………………………………… 2280

　　井丹 ……………………………………………… 2281

　　梁鴻 ……………………………………………… 2282

　　高鳳 ……………………………………………… 2284

　　臺佟 ……………………………………………… 2286

　　韓康 ……………………………………………… 2286

　　矯慎 ……………………………………………… 2286

　　戴良 ……………………………………………… 2288

　　法真 ……………………………………………… 2289

　　漢陰老父 ………………………………………… 2290

　　陳留老父 ………………………………………… 2290

　　龐公 ……………………………………………… 2291

卷八十四　列女傳第七十四 ………………………… 2295-2314

　　鮑宣妻 …………………………………………… 2295

　　王霸妻 …………………………………………… 2296

　　姜詩妻 …………………………………………… 2296

　　周郁妻 …………………………………………… 2297

曹世叔妻 …………………………………… 2297

樂羊子妻 …………………………………… 2304

程文矩妻 …………………………………… 2305

孝女曹娥 …………………………………… 2306

許升妻 ……………………………………… 2306

袁隗妻 ……………………………………… 2307

龐淯母 ……………………………………… 2307

劉長卿妻 …………………………………… 2308

皇甫規妻 …………………………………… 2308

陰瑜妻 ……………………………………… 2309

盛道妻 ……………………………………… 2309

孝女叔先雄 ………………………………… 2309

董祀妻 ……………………………………… 2310

卷八十五　東夷列傳第七十五 ……………… 2315-2331

　＊夫餘 ……………………………………… 2318

　＊挹婁 ……………………………………… 2319

　＊高句驪 …………………………………… 2320

　＊東沃沮 …………………………………… 2322

　＊濊 ………………………………………… 2323

　＊三韓 ……………………………………… 2324

　＊倭 ………………………………………… 2326

卷八十六　南蠻西南夷列傳第七十六 ……… 2332-2364

　南蠻 ………………………………………… 2332

　　＊巴郡南郡蠻 …………………………… 2341

　　　＊板楯蠻夷 …………………………… 2343

　西南夷 ……………………………………… 2344

　　＊夜郎 …………………………………… 2345

　　＊滇 ……………………………………… 2346

＊哀牢 …………………………………………………… 2347
　　　＊邛都 …………………………………………………… 2351
　　　＊筰都 …………………………………………………… 2353
　　　＊冉駹 …………………………………………………… 2356
　　　＊白馬氏 ………………………………………………… 2357
卷八十七　西羌傳第七十七 ………………………… 2365-2395
　　　＊羌無弋爰劍 …………………………………………… 2370
　　　＊滇良 …………………………………………………… 2372
　　　＊東號子麻奴 …………………………………………… 2378
　　　＊湟中月氏胡 …………………………………………… 2388
卷八十八　西域傳第七十八 ………………………… 2396-2419
　　　＊拘彌 …………………………………………………… 2401
　　　＊于寘 …………………………………………………… 2401
　　　＊西夜 …………………………………………………… 2402
　　　＊子合 …………………………………………………… 2402
　　　＊德若 …………………………………………………… 2403
　　　＊條支 …………………………………………………… 2403
　　　＊安息 …………………………………………………… 2403
　　　＊大秦 …………………………………………………… 2404
　　　＊大月氏 ………………………………………………… 2405
　　　＊高附 …………………………………………………… 2406
　　　＊天竺 …………………………………………………… 2406
　　　＊東離 …………………………………………………… 2407
　　　＊栗弋 …………………………………………………… 2407
　　　＊嚴 ……………………………………………………… 2407
　　　＊奄蔡 …………………………………………………… 2407
　　　＊莎車 …………………………………………………… 2408
　　　＊疏勒 …………………………………………………… 2410

＊焉耆 ……………………………………………………	2411
＊蒲類 ……………………………………………………	2411
＊移支 ……………………………………………………	2412
＊東且彌 …………………………………………………	2412
＊車師 ……………………………………………………	2412

卷八十九　南匈奴列傳第七十九……………………… 2420–2452

　　　　　前書直言匈奴傳不言南北今稱南者明其爲北生義也
　　　　　以南單于向化尤深故舉其順者以冠之東觀記稱匈奴
　　　　　南單于列傳范曄因去其單于二字

卷九十　烏桓鮮卑列傳第八十………………………… 2453–2468

　　　烏桓 ……………………………………………… 2453
　　　鮮卑 ……………………………………………… 2458

　　　　　光武起後漢乙酉歲改建武元年傳及十二帝至獻帝建
　　　　　安二十五年庚子凡一百九十五年

志　第　一　律曆上 …………………………………… 2469–2487
　　　律準 ……………………………………………… 2471
　　　候氣 ……………………………………………… 2481

志　第　二　律曆中 …………………………………… 2488–2510
　　　賈逵論曆 ………………………………………… 2490
　　　永元論曆 ………………………………………… 2494
　　　延光論曆 ………………………………………… 2495
　　　漢安論曆 ………………………………………… 2496
　　　熹平論曆 ………………………………………… 2498
　　　論月食 …………………………………………… 2500

志　第　三　律曆下 …………………………………… 2511–2544
　　　曆法 ……………………………………………… 2511

志　第　四　禮儀上 …………………………………… 2545–2558

合朔	2545
立春	2546
五供	2546
上陵	2547
冠	2548
夕牲	2549
耕	2550
高禖	2551
養老	2552
先蠶	2554
祓禊	2554

志第五 禮儀中 …………………………… 2559–2578

立夏	2559
請雨	2559
拜皇太子	2562
拜王公	2562
桃印	2563
黃郊	2564
立秋	2564
貙劉	2564
案户	2566
祠星	2566
立冬	2566
冬至	2566
臘	2568
大儺	2568
土牛	2570
遣衛士	2570

　　　　朝會 …………………………………………… 2571
志　第　六　禮儀下 …………………………… 2579-2591
　　　　大喪 …………………………………………… 2579
　　　＊諸侯王列侯始封貴人公主薨 ……………… 2589
志　第　七　祭祀上 …………………………… 2592-2607
　　　　光武即位告天 ……………………………… 2592
　　　　郊 ……………………………………………… 2594
　　　　封禪 …………………………………………… 2596
志　第　八　祭祀中 …………………………… 2608-2621
　　　　北郊 …………………………………………… 2611
　　　　明堂 …………………………………………… 2612
　　　　辟雍 …………………………………………… 2612
　　　　靈臺 …………………………………………… 2612
　　　　迎氣 …………………………………………… 2612
　　　　增祀 …………………………………………… 2614
　　　　六宗 …………………………………………… 2615
　　　　老子 …………………………………………… 2618
志　第　九　祭祀下 …………………………… 2622-2636
　　　　宗廟 …………………………………………… 2622
　　　　社稷 …………………………………………… 2628
　　　　靈星 …………………………………………… 2631
　　　　先農 …………………………………………… 2632
　　　　迎春 …………………………………………… 2632
志　第　十　天文上 …………………………… 2637-2649
　　　　王莽三 ………………………………………… 2641
　　　　光武十二 ……………………………………… 2643
志　第十一　天文中 …………………………… 2650-2671
　　　　明十二 ………………………………………… 2650

章五 …………………………………… 2652
　　　和三十三 ………………………………… 2653
　　　殤一 ……………………………………… 2658
　　　安四十六 ………………………………… 2659
　　　順二十三 ………………………………… 2663
　　　質三 ……………………………………… 2667
志第十二　天文下 ………………………………… 2672–2678
　　　桓三十八 ………………………………… 2672
　　　靈二十 …………………………………… 2674
　　　獻九 ……………………………………… 2676
　　　隕石 ……………………………………… 2677
志第十三　五行一 ………………………………… 2679–2701
　　　貌不恭 …………………………………… 2679
　　　淫雨 ……………………………………… 2682
　　　服妖 ……………………………………… 2684
　　　雞禍 ……………………………………… 2686
　　　青眚 ……………………………………… 2687
　　　屋自壞 …………………………………… 2687
　　　訛言 ……………………………………… 2689
　　　旱 ………………………………………… 2689
　　　謠 ………………………………………… 2693
　　　狼食人 …………………………………… 2697
志第十四　五行二 ………………………………… 2702–2713
　　　災火 ……………………………………… 2703
　　　草妖 ……………………………………… 2709
　　　羽蟲孽 …………………………………… 2710
　　　羊禍 ……………………………………… 2712
志第十五　五行三 ………………………………… 2714–2732

大水 …………………………………………………… 2716
　　　水變色 ………………………………………………… 2719
　　　大寒 …………………………………………………… 2722
　　　雹 ……………………………………………………… 2722
　　　冬雷 …………………………………………………… 2724
　　　山鳴 …………………………………………………… 2726
　　　魚孽 …………………………………………………… 2726
　　　蝗 ……………………………………………………… 2727
志第十六　五行四 ………………………………… 2733-2741
　　　地震 …………………………………………………… 2733
　　　山崩 …………………………………………………… 2736
　　　地陷 …………………………………………………… 2738
　　　大風拔樹 ……………………………………………… 2738
　　　螟 ……………………………………………………… 2739
　　　牛疫 …………………………………………………… 2739
志第十七　五行五 ………………………………… 2742-2755
　　　射妖 …………………………………………………… 2743
　　　龍蛇孽 ………………………………………………… 2744
　　　馬禍 …………………………………………………… 2745
　　　人痾 …………………………………………………… 2746
　　　人化 …………………………………………………… 2748
　　　死復生 ………………………………………………… 2749
　　　疫 ……………………………………………………… 2750
　　　投蜺 …………………………………………………… 2752
志第十八　五行六 ………………………………… 2756-2780
　　　日蝕 …………………………………………………… 2756
　　　日抱 …………………………………………………… 2772
　　　日赤無光 ……………………………………………… 2772

日黃珥 …………………………………… 2773
　　日中黑 …………………………………… 2773
　　虹貫日 …………………………………… 2773
　　月蝕非其月 ……………………………… 2774

志第十九　郡國一 ……………………… 2781–2809
　　河南 ……………………………………… 2784
　　河內 ……………………………………… 2790
　　河東 ……………………………………… 2791
　　弘農 ……………………………………… 2795
　　京兆 ……………………………………… 2796
　　馮翊 ……………………………………… 2798
　　扶風 ……………………………………… 2799
　　　右司隸

志第二十　郡國二 ……………………… 2810–2829
　　潁川 ……………………………………… 2810
　　汝南 ……………………………………… 2812
　　梁國 ……………………………………… 2814
　　沛國 ……………………………………… 2815
　　陳國 ……………………………………… 2816
　　魯國 ……………………………………… 2817
　　　右豫州
　　魏郡 ……………………………………… 2818
　　鉅鹿 ……………………………………… 2820
　　常山 ……………………………………… 2820
　　中山 ……………………………………… 2821
　　安平 ……………………………………… 2822
　　河間 ……………………………………… 2822
　　清河 ……………………………………… 2823

趙國	2823
勃海	2824
右冀州	
志第二十一　郡國三	**2830–2849**
陳留	2830
東郡	2832
東平	2834
任城	2834
泰山	2835
濟北	2836
山陽	2837
濟陰	2838
右兗州	
東海	2839
琅邪	2840
彭城	2841
廣陵	2842
下邳	2842
右徐州	
志第二十二　郡國四	**2850–2876**
濟南	2850
平原	2851
樂安	2851
北海	2852
東萊	2853
齊國	2854
右青州	
南陽	2854

南郡	2857
江夏	2859
零陵	2859
桂陽	2860
武陵	2860
長沙	2861

  右荊州

九江	2862
丹陽	2863
廬江	2863
會稽	2864
吳郡	2865
豫章	2867

  右揚州

志第二十三　郡國五　　　　　　　2877–2919

漢中	2878
巴郡	2878
廣漢	2880
蜀郡	2880
犍為	2881
牂舸	2882
越巂	2883
益州	2884
永昌	2884
廣漢屬國	2885
蜀郡屬國	2886
犍為屬國	2886

  右益州

隴西 …………………………………… 2887
漢陽 …………………………………… 2888
武都 …………………………………… 2889
金城 …………………………………… 2889
安定 …………………………………… 2890
北地 …………………………………… 2890
武威 …………………………………… 2891
張掖 …………………………………… 2891
酒泉 …………………………………… 2891
敦煌 …………………………………… 2892
張掖屬國 ……………………………… 2892
張掖居延屬國 ………………………… 2892
　右涼州
上黨 …………………………………… 2893
太原 …………………………………… 2894
上郡 …………………………………… 2895
西河 …………………………………… 2895
五原 …………………………………… 2895
雲中 …………………………………… 2896
定襄 …………………………………… 2896
鴈門 …………………………………… 2896
朔方 …………………………………… 2897
　右并州
涿郡 …………………………………… 2897
廣陽 …………………………………… 2898
代郡 …………………………………… 2898
上谷 …………………………………… 2898
漁陽 …………………………………… 2899

右北平 …………………………………… 2899
　　遼西 ……………………………………… 2899
　　遼東 ……………………………………… 2900
　　玄菟 ……………………………………… 2900
　　樂浪 ……………………………………… 2900
　　遼東屬國 ………………………………… 2901
　　　右幽州
　　南海 ……………………………………… 2901
　　蒼梧 ……………………………………… 2902
　　鬱林 ……………………………………… 2902
　　合浦 ……………………………………… 2902
　　交趾 ……………………………………… 2902
　　九真 ……………………………………… 2903
　　日南 ……………………………………… 2903
　　　右交州
志第二十四　百官一 ………………………… 2920-2931
　　太傅 ……………………………………… 2921
　　太尉 ……………………………………… 2922
　　司徒 ……………………………………… 2924
　　司空 ……………………………………… 2926
　　將軍 ……………………………………… 2927
志第二十五　百官二 ………………………… 2932-2948
　　太常 ……………………………………… 2932
　　光禄勳 …………………………………… 2935
　　衛尉 ……………………………………… 2940
　　太僕 ……………………………………… 2943
　　廷尉 ……………………………………… 2944
　　大鴻臚 …………………………………… 2945

志第二十六　百官三	2949-2963
宗正	2949
大司農	2950
少府	2952
志第二十七　百官四	2964-2974
執金吾	2964
太子太傅	2965
大長秋	2965
太子少傅	2967
將作大匠	2968
城門校尉	2969
北軍中候	2970
司隸校尉	2972
志第二十八　百官五	2975-2993
州郡	2975
縣鄉	2981
亭里	2982
匈奴中郎將	2983
烏桓校尉	2984
護羌校尉	2984
王國	2984
宋衛國	2987
列侯	2987
關内侯	2988
四夷國	2989
百官奉	2989
志第二十九　輿服上	2994-3011
玉輅	2998
乘輿	2999
金根	2999

安車 …………………………………………… 2999
　　立車 …………………………………………… 2999
　　耕車 …………………………………………… 3000
　　戎車 …………………………………………… 3000
　　獵車 …………………………………………… 3001
　　軿車 …………………………………………… 3001
　　青蓋車 ………………………………………… 3001
　　緑車 …………………………………………… 3001
　　皁蓋車 ………………………………………… 3002
　　夫人安車 ……………………………………… 3003
　　大駕 …………………………………………… 3003
　　法駕 …………………………………………… 3003
　　小駕 …………………………………………… 3004
　　輕車 …………………………………………… 3004
　　大使車 ………………………………………… 3005
　　小使車 ………………………………………… 3005
　　載車 …………………………………………… 3005
　　導從卒 ………………………………………… 3006
　　車馬飾 ………………………………………… 3006
志第三十　輿服下 ……………………………… 3012–3034
　　冕冠 …………………………………………… 3014
　　長冠 …………………………………………… 3015
　　委貌冠 ………………………………………… 3015
　　皮弁冠 ………………………………………… 3015
　　爵弁冠 ………………………………………… 3016
　　通天冠 ………………………………………… 3016
　　遠遊冠 ………………………………………… 3017
　　高山冠 ………………………………………… 3017
　　進賢冠 ………………………………………… 3017
　　法冠 …………………………………………… 3018

武冠 …………………………………………… 3018
　　　建華冠 ………………………………………… 3019
　　　方山冠 ………………………………………… 3019
　　　巧士冠 ………………………………………… 3020
　　　却非冠 ………………………………………… 3020
　　　却敵冠 ………………………………………… 3020
　　　樊噲冠 ………………………………………… 3020
　　　術氏冠 ………………………………………… 3020
　　　鶡冠 …………………………………………… 3021
　　　幘 ……………………………………………… 3022
　　　佩 ……………………………………………… 3022
　　　刀 ……………………………………………… 3023
　　　印 ……………………………………………… 3024
　　　黃赤綬 ………………………………………… 3024
　　　赤綬 …………………………………………… 3025
　　　綠綬 …………………………………………… 3025
　　　紫綬 …………………………………………… 3025
　　　青綬 …………………………………………… 3026
　　　黑綬 …………………………………………… 3026
　　　黃綬 …………………………………………… 3026
　　　青紺綸 ………………………………………… 3026
　　　后夫人服 ……………………………………… 3028

獄中與諸甥姪書 范曄 ……………………………… 3035-3036
注補志序 劉昭 …………………………………… 3037-3038
編後記 ……………………………………………… 3039-3040

後漢書卷一上

光武帝紀第一上

世祖光武皇帝諱秀，字文叔，[1]南陽蔡陽人，[2]高祖九世之孫也，出自景帝生長沙定王發。[3][一]發生舂陵節侯買，[4]買生鬱林太守外，[5]外生鉅鹿都尉回，[6]回生南頓令欽，[7]欽生光武。光武年九歲而孤，養於叔父良。身長七尺三寸，美須眉，大口，隆準，日角。[8]性勤於稼穡，[9]而兄伯升好俠養士，常非笑光武事田業，比之高祖兄仲。[10]王莽天鳳中，[11]乃之長安，受《尚書》，略通大義。[12]

【注】

[1]《禮》"祖有功而宗有德"，光武中興，故廟稱世祖。《諡法》："能紹前業曰光，克定禍亂曰武。"伏侯《古今注》曰："秀之字曰茂。伯、仲、叔、季，兄弟之次。長兄伯升，次仲，故字文叔焉。"

[2]南陽，郡，今鄧州縣也。蔡陽，縣，故城在今隨州棗陽縣西南。

[3]長沙，郡，今潭州縣也。

[4]舂陵，鄉名，本屬零陵（冷）[泠]道縣，[二]在今永州唐興縣北，元帝時徙南陽，仍號舂陵，故城（今）在[今]隨州棗陽縣東。[三]事具《宗室四王傳》。

[5]鬱林，郡，今（郴）[貴]州縣。[四]《前書》曰："郡守，秦官。秩二千石。景帝更名太守。"

〔6〕鉅鹿，郡，今邢州縣也。《前書》曰："都尉，本郡尉，秦官也。掌佐守，典武職，秩比二千石。景帝更名都尉。"

〔7〕南頓，縣，屬汝南郡，故城在今陳州項城縣西。《前書》曰："令、長，皆秦官也。萬户以上為令，秩千石至六百石；不滿萬户為長，秩五百石至三百石。"

〔8〕隆，高也。許負云："鼻頭為準。"鄭玄《尚書中候》注云："日角謂庭中骨起〔五〕，狀如日。"

〔9〕種曰稼，斂曰穡。

〔10〕仲，郜陽侯喜也，能為產業。見《前書》。

〔11〕王莽［始］建國六年〔六〕改為天鳳。

〔12〕《東觀記》曰："受《尚書》於中大夫廬江許子威。資用乏，與同舍生韓子合錢買驢，令從者僦，以給諸公費。"

　　莽末，天下連歲災蝗，寇盜鋒起。〔1〕地皇三年，〔2〕南陽荒饑，〔3〕諸家賓客多為小盜。光武避吏新野，〔4〕因賣穀於宛。〔5〕宛人李通等以圖讖説光武云："劉氏復起，李氏為輔。"〔6〕光武初不敢當，然獨念兄伯升素結輕客，必舉大事，且王莽敗亡已兆，天下方亂，遂與定謀，於是乃市兵弩。十月，與李通從弟軼等起於宛，時年二十八。

【注】

〔1〕言賊鋒鋭競起。字或作"蜂"，諭多也。

〔2〕天鳳六年改為地皇。〔七〕

〔3〕《韓詩外傳》曰："一穀不升曰歉，二穀不升曰饑，三穀不升曰饉，四穀不升曰荒，五穀不升曰大侵。"

〔4〕新野屬南陽郡，今鄧州縣。《續漢書》曰："伯升賓客劫人，上避吏於新野鄧晨家。"

〔5〕《東觀記》曰："時南陽旱饑，而上田獨收。"宛，縣，屬南陽郡，故城今鄧州南陽縣也。

〔6〕圖,《河圖》也。讖,符命之書。讖,驗也。言為王者受命之徵驗也。《易坤靈圖》曰:"漢之臣李陽也。"

十一月,有星孛于張。〔1〕光武遂將賓客還舂陵。時伯升已會眾起兵。初,諸家子弟恐懼,皆亡逃自匿,曰"伯升殺我"。及見光武絳衣大冠,〔2〕皆驚曰"謹厚者亦復為之",乃稍自安。伯升於是招新市、平林兵,〔3〕與其帥王鳳、陳牧西擊長聚。〔4〕光武初騎牛,殺新野尉乃得馬。〔5〕進屠唐子鄉,〔6〕又殺湖陽尉。〔7〕軍中分財物不均,眾恚恨,欲反攻諸劉。光武斂宗人所得物,悉以與之,眾乃悅。進拔棘陽,〔8〕與王莽前隊大夫甄阜、〔9〕屬正梁丘賜〔10〕戰於小長安,〔11〕漢軍大敗,還保棘陽。

【注】
〔1〕《前書音義》曰:"孛星光芒短,蓬然。〔八〕張,南方宿也。"《續漢志》曰:"張為周地。星孛于張,東南行即翼、軫之分。翼、軫,楚地,是楚地將有兵亂。後一年正月,光武起兵舂陵,攻南陽,斬阜、賜等,殺其士眾數萬人。光武都雒陽,居周地,除穢布新之象。"
〔2〕董巴《輿服志》曰:"大冠者,謂〔武冠〕,武官冠之。"〔九〕《東觀記》曰:"上時絳衣大冠,將軍服也。"
〔3〕新市,縣,屬江夏郡,故城在今鄀州富水縣東北。平林,地名,在今隨州隨縣東北。
〔4〕《廣雅》曰:"聚,居也,音慈諭反。"《前書音義》曰:"小於鄉曰聚。"
〔5〕《前書》曰,尉,秦官,秩四百石至二百石也。
〔6〕《例》曰:"多所誅殺曰屠。"唐子鄉有唐子山,在今唐州湖陽縣西南。
〔7〕湖陽屬南陽郡,今唐州縣也。《東觀記》曰:"劉終詐稱江夏吏,誘殺之。"

〔8〕縣名，屬南陽郡，在棘水之陽，古謝國也，故城在今唐州湖陽縣西北。棘音己力反。

〔9〕王莽置六隊，郡置大夫一人，職如太守。南陽為前隊，河內為後隊，潁川為左隊，弘農為右隊，河東為兆隊，滎陽為祈隊。隊音遂。

〔10〕王莽每隊置屬正一人，職如都尉。

〔11〕《續漢書》曰淯陽縣有小長安聚，故城在今鄧州南陽縣南。

更始元年正月甲子朔，〔一〇〕漢軍復與甄阜、梁丘賜戰於沘水西，大破之，斬阜、賜。〔1〕伯升又破王莽納言將軍嚴尤、秩宗將軍陳茂於淯陽，〔2〕進圍宛城。

【注】

〔1〕沘水在今唐州沘陽縣南。廬江灊縣亦有沘水，與此別也。沘音比。

〔2〕《前書》曰，〔一一〕納言，虞官也，掌出納王命，所謂喉舌之官也，歷秦、漢不置，王莽改大司農為之。桓譚《新論》云莊尤字伯石，此言"嚴"，避明帝諱也。秩宗，虞官也，掌郊廟之事，周謂之宗伯，秦、漢不置，王莽改太常為秩宗，後又典兵，故納言、秩宗皆有將軍號也。淯陽，縣，屬南〔陽〕郡，〔一二〕故城在今鄧州南陽縣南（在）淯水之陽。〔一三〕淯音育。

二月辛巳，立劉聖公為天子，以伯升為大司徒，光武為太常偏將軍。〔1〕

【注】

〔1〕《前書》曰："奉常，秦官。景帝更名太常。"應劭《漢官儀》曰："欲令國家盛大，社稷常存，故稱太常。"《老子》曰："偏將軍處左，上將軍處右。"《東觀記》曰："時無印，得定武侯家丞印，〔一四〕佩之入朝。"

三月，光武別與諸將徇昆陽、定陵、郾，皆下之。〔1〕多得牛馬財物,穀數十萬斛,轉以饋宛下。莽聞阜、賜死,漢帝立,大懼,遣大司徒王尋、大司空王邑[2]將兵百萬,其甲士四十二萬人,五月,到潁川,復與嚴尤、陳茂合。[3]初,光武為舂陵侯家訟逋租於尤,尤見而奇之。[4]及是時,城中出降尤者言光武不取財物,但會兵計策。尤笑曰:"是美須眉者邪?何為乃如是!"

【注】

[1]徇,略也。昆陽、定陵、郾,皆縣名,並屬潁川郡。昆陽故城在今許州葉縣北。郾,今豫州郾城縣也。定陵故城在今郾城西北。[郾]音於建反。〔一五〕

[2]王莽時哀章所獻《金匱圖》有王尋姓名。王邑,王商子,於莽為從父兄弟也。

[3]潁川,郡,今洛州陽翟縣也。

[4]逋,違也。舂陵侯敞即光武季父也。《東觀記》曰:"為季父故舂陵侯詣大司馬府,訟地皇元年十二月壬寅前租二萬六千斛,芻稾錢若干萬。時宛人朱福亦為舅訟租於尤,尤止車獨與上語,不視福。上歸,戲福曰:'嚴公寧視卿邪?'"

初,王莽徵天下能為兵法者六十三家數百人,並以為軍吏;選練武衛,招募猛士,[1]旌旗輜重,千里不絕。[2]時有長人巨無霸,[3]長一丈,大十圍,以為壘尉;[4]又驅諸猛獸[5]虎豹犀象之屬,以助威武。自秦、漢出師之盛,未嘗有也。光武將數千兵,徼之於陽關。[6]諸將見尋、邑兵盛,反走,馳入昆陽,皆惶怖,憂念妻孥,[7]欲散歸諸城。光武議曰:"今兵穀既少,而外寇彊大,并力禦之,功庶可立;如欲分散,執無俱全。且宛城未拔,[8]不能相救,昆陽即破,一日之閒,諸部亦滅矣。今不同心膽共舉功名,反欲守妻子財物邪?"諸將怒曰:"劉將軍何敢如是!"光武笑而起。會候騎還,言大兵且至城北,軍陳數百里,不見其後。諸將遽相謂曰:"更請劉將軍計之。"光武復為圖畫成敗。諸將憂迫,皆曰"諾"。時城中唯有八九千人,光武乃使成國上公王鳳、廷尉大將軍王常留守,夜自與驃騎大將軍宗佻、〔9〕五威將軍李軼等十三騎,〔10〕出城南門,於外收兵。時莽軍到城下者且十萬,光武幾不得出。〔11〕既至郾、定陵,悉發諸營兵,而諸將貪惜財貨,欲分留守之。〔一六〕光武曰:"今若破敵,珍珤萬倍,〔12〕大功可成;如為所敗,首領無餘,何財物之有!"衆乃從。

【注】

〔1〕《説文》曰:"募,廣求之也。"

〔2〕《周禮》曰:"析羽為旌,熊虎為旗。"輜,車名。《釋名》曰:"輜,廁也。謂軍糧什物雜廁載之。以其累重,故稱輜重。"重音直用反。

〔3〕王莽連率韓博上言:"有奇士,長一丈,大十圍,自謂巨無霸,出於蓬萊東南,五城西北,(詔)〔昭〕如海濱,〔一七〕軺車不能載,三馬不能勝,臥則枕鼓,以鐵箸食。"見《前書》。

〔4〕鄭玄注《周禮》云:"軍壁曰壘。"崔瑗《中壘校尉箴》曰:"堂堂黄帝,設為壘壁。"尉者主壘壁之事。

〔5〕"猛"或作"獷"。獷,猛兒也,音古猛反。

〔6〕聚名也。酈元《水經注》曰:"穎水東南經陽關聚,聚夾穎水相對。"在今洛州陽翟縣西北。

〔7〕孥,子也。

〔8〕謂伯升圍之未拔也。

〔9〕驃騎大將軍,武帝置,自霍去病始。〔一八〕佻音太堯反。

〔10〕王莽置五威將軍,其衣服依五方之色,以威天下。李軼初起,猶假以為號。

〔11〕幾音祈。

〔12〕珤,古"寶"字。

嚴尤説王邑曰:"昆陽城小而堅,今假號者在宛,亟進大兵,〔1〕彼必奔走；宛敗，昆陽自服。"邑曰："吾昔以虎牙將軍圍翟義，坐不生得，以見責讓。〔2〕今將百萬之衆，遇城而不能下，何謂邪？"〔3〕遂圍之數十重，列營百數，雲車十餘丈，〔4〕瞰臨城中，〔5〕旗幟蔽野，〔6〕埃塵連天，鉦鼓之聲聞數百里。〔7〕〔一九〕或為地道，衝輣橦城。〔8〕積弩亂發，矢下如雨，城中負戶而汲。〔二○〕王鳳等乞降，不許。尋、邑自以為功在漏刻，意氣甚逸。夜有流星墜營中，晝有雲如壞山，當營而隕，不及地尺而散，吏士皆厭伏。〔9〕

【注】

〔1〕亟，急也，音紀力反。

〔2〕翟義字文仲，方進少子，為東郡太守。王莽居攝，義心惡之，乃立東平王雲子信為天子，義自號柱天大將軍，以誅莽。莽乃使孫建、王邑等將兵擊義，破之。義亡，自殺，故坐不生得。坐音才臥反。見《前書》。

〔3〕"遇"或為"過"。

〔4〕雲車即樓車，稱雲，言其高也，升之以望敵，猶《墨子》云"公輸般為雲梯之械"。

〔5〕俯視曰瞰，音苦暫反。

〔6〕《廣雅》曰："幟，幡也，音熾。"

〔7〕《説文》曰："鉦，鐃也，似鈴。"

〔8〕衝，橦車也。《詩》曰："臨衝閑閑。"許慎曰："輣，樓車也。"輣音步耕反。

〔9〕《續漢志》曰："雲如壞山，謂營頭之星也。〔二一〕《占》曰：'營頭之所墜，其下覆軍殺將，血流千里。'"厭音一葉反。

六月己卯，光武遂與營部俱進，〔二二〕自將步騎千餘，前去大軍四五里而陳。尋、邑亦遣兵數千合戰。光武奔之，斬首數十級。〔1〕諸部喜曰："劉將軍平生見小敵怯，今見大敵勇，甚可怪也，且復居前。請助將軍！"光武復進，尋、邑兵却，諸部共乘之，斬首數百千級。連勝，遂前。時伯升拔宛已三日,而光武尚未知,乃偽使持書報城中,云"宛下兵到",而陽墯其書。尋、邑得之,不憙。〔2〕諸將既經累捷,膽氣益壯,無不一當百。光武乃與敢死者三千人,從城西水上衝其中堅,〔3〕尋、邑陳亂,乘銳崩之,遂殺王尋。城中亦鼓譟而出,中外合埶,震呼動天地,莽兵大潰,走者相騰踐,奔殪百餘里間。〔4〕會大雷風,屋瓦皆飛,雨下如注,滍川盛溢,〔5〕虎豹皆股戰,士卒爭赴,溺死者以萬數,水為不流。〔6〕王邑、嚴尤、陳茂輕騎乘死人度水逃去。盡獲其軍實輜重,車甲珍寶,不可勝筭,舉之連月不盡,或燔燒其餘。

【注】
〔1〕秦法,斬首一,賜爵一級,故因謂斬首為級。
〔2〕憙音許記反。
〔3〕敢死謂果敢而死者。凡軍事,中軍將最尊,居中以堅銳自輔,故曰中堅也。
〔4〕殪,仆也,音於計反。或作"噎"。
〔5〕《水經》曰,滍水出南陽魯陽縣西堯山,東南經昆陽城北,東入汝。滍音直理反。
〔6〕數過於萬,故以萬為數。

光武因復徇下潁陽。〔1〕會伯升為更始所害,光武自父城馳詣宛謝。〔2〕司徒官屬迎弔光武,光武難交私語,深引過而已。未嘗自伐昆陽之功,又不敢為伯升服喪,飲食言笑如平常。更始以是慙,拜光武為破虜大將軍,封武信侯。

【注】
〔1〕縣名,屬潁川郡,故城在今許州。
〔2〕父城,縣,古應國也,屬潁川郡,故城在今許州葉縣東北。以伯升見害,心不自安,故謝。

九月庚戌，三輔豪桀共誅王莽，傳首詣宛。[1]

【注】
[1]三輔謂京兆、左馮翊、右扶風，共在長安中，分領諸縣。《淮南子》曰："智過百人謂之豪。"《白虎通》云："賢萬人曰傑。"[二三]時城中少年子弟[二四]張魚等攻莽於漸臺，商人杜吳殺莽，校尉公賓就斬莽首，將軍申屠建等傳莽首詣宛。

更始將北都洛陽，以光武行司隸校尉，使前整修宮府。[1]於是置僚屬，作文移，[2]從事司察，一如舊章。[3]時三輔吏士東迎更始，見諸將過，皆冠幘，[4]而服婦人衣，諸于繡鼰，[5]莫不笑之，或有畏而走者。[6]及見司隸僚屬，皆歡喜不自勝。老吏或垂涕曰："不圖今日復見漢官威儀！"由是識者皆屬心焉。

【注】
[1]《前書》曰，司隸校尉本周官，武帝初置，持節，從中都官徒千二百人，督大姦猾。後罷其兵，察三輔、三河、弘農。秩（比）二千石。[二五]《音義》云："以掌徒隸而巡察，故曰司隸。"
[2]《東觀記》曰"文書移與屬縣"也。
[3]《續漢書》曰："司隸置從事史十二人，秩皆百石，主督促文書，察舉非法。"
[4]《漢官儀》曰："幘者，古之卑賤不冠者之所服也。"《方言》曰："覆髻謂之幘，或謂之承露。"
[5]《前書音義》曰："諸于，大掖衣也，如婦人之袿衣。"字書無"鼰"字，《續漢書》作"裯"，（並）音其物反。[二六]楊雄《方言》曰："襜褕，其短者，自關之西謂之祛裯。"[二七]郭璞注云："俗名裯掖。"據此，即是諸于上加繡裯，如今之半臂也。或"繡"下有"擁"字。
[6]《續漢志》曰："時知者見之，以為服之不中，身之災也，乃奔入邊郡

避之。是服妖也。其後更始遂為赤眉所殺。"

及更始至洛陽,乃遣光武以破虜將軍行大司馬事。十月,持節北度河,[1]鎮慰州郡。所到部縣,輒見二千石、長吏、三老、官屬,下至佐史,[2]考察黜陟,如州牧行部事。[3]輒平遣囚徒,除王莽苛政,[4]復漢官名。吏人喜悅,爭持牛酒迎勞。

【注】

[1]《漢官儀》曰:"太尉,秦官也,武帝更名大司馬。"節,所以為信也,以竹為之,柄長八尺,以旄牛尾為其眊三重。馮衍與田邑書曰:"今以一節之任,建三軍之威,豈特寵其八尺之竹,氂牛之尾哉!"《續漢志》曰:"更始時,南方有童謠云:'諧不諧,在赤眉;得不得,在河北。'後更始為赤眉所殺,是不諧也;光武由河北而興,是得之也。"

[2]二千石謂郡守也。長吏謂縣令長及丞尉也。三老者,鄉官也,高祖置。《前書》曰:"舉人年五十已上,有修行能帥眾者,置以為三老,每鄉一人;擇鄉三老為縣三老,與令長丞尉以事相教,復其徭戍。"《續漢志》曰"每刺史皆有從事史、假佐,每縣各置諸(事)曹[掾]史"[二八]也。

[3]漢初遣丞相史分刺州,武帝改置刺史,察州,秩六百石。成帝更名牧,秩二千石。《漢官典儀》曰"刺史行郡國,省察政教,黜陟能不,斷理冤獄"也。

[4]《説文》曰:"苛,小草也。"言政令繁細。《禮記》曰:"苛政猛於虎。"

進至邯鄲,[1]故趙繆王子林[2]説光武曰:"赤眉今在河東,但決水灌之,百萬之眾可使為魚。"[3]光武不荅,去之真定。[4]林於是乃詐以卜者王郎為成帝子子輿,[5]十二月,立郎為天子,都邯鄲,遂遣使者降下郡國。

【注】

〔1〕縣名，屬趙國，今洺州縣也。《前書音義》："邯，山名；鄲，盡也。邯山至此而盡。城郭字皆從邑，因以名焉。"

〔2〕繆王，景帝七代孫，名元。《前書》曰，元坐殺人，為大鴻臚所奏。謚曰繆，音謬。《東觀記》（曰）"林"作"臨"字。〔二九〕

〔3〕赤眉賊帥樊崇等恐其衆與王莽兵亂，皆朱其眉以相別，故曰赤眉。《續漢書》曰："是時上平河北，過邯鄲，林進見，言赤眉可破。上問其故，對曰：'河水從列人北流；如決河水灌之，皆可令為魚。'上不然之。"列人，縣，故城在今洺州肥鄉縣東北。

〔4〕縣名，屬真定國，今恒州縣也。

〔5〕《前書》曰，立國將軍孫建奏云"不知何一男子遮臣車前，自稱漢氏劉子輿，成帝下妻子也，劉氏當復"。故郎因而稱之。

二年正月，光武以王郎新盛，乃北徇薊。〔1〕王郎移檄購光武十萬户，〔2〕而故廣陽王子劉接〔3〕起兵薊中以應郎，城內擾亂，轉相驚恐，言邯鄲使者方到，二千石以下皆出迎。於是光武趣駕南轅，〔4〕晨夜不敢入城邑，舍食道傍。至饒陽，〔5〕官屬皆乏食。光武乃自稱邯鄲使者，入傳舍。〔6〕傳吏方進食，從者飢，爭奪之。傳吏疑其偽，乃椎鼓數十通，〔7〕紿言邯鄲將軍至，〔8〕官屬皆失色。光武升車欲馳；既而懼不免，徐還坐，曰："請邯鄲將軍入。"久乃駕去。傳中人遙語門者閉之。門長曰："天下詎可知，而閉長者乎？"遂得南出。晨夜兼行，蒙犯霜雪，〔9〕天時寒，面皆破裂。至呼沱河，〔10〕無船，適遇冰合，得過，〔11〕未畢數車而陷。進至下博城西，〔12〕遑惑不知所之。有白衣老父在道旁，〔13〕指曰："努力！信都郡為長安守，去此八十里。"〔14〕光武即馳赴之，信都太守任光開門出迎。世祖因發旁縣，得四千人，先擊堂陽、貰縣，皆降之。〔15〕王莽和（戎）〔成〕卒正邳彤亦舉郡降。〔16〕〔三〇〕又昌城人劉植，宋子人耿純，〔17〕各率宗親子弟，據其縣邑，以奉光武。於是北降下曲陽，〔18〕衆稍合，樂附者至有數萬人。

【注】

〔1〕縣名，屬涿郡，〔三一〕今幽州縣也。本字從"契"從"邑"，見《説文》。

〔2〕《説文》曰："檄，以木簡為書，長尺二寸。謂之檄，以徵召也。"又曰："以財有所求曰購。"魏武奏事曰："若有急，即插以雞羽，謂之羽檄。"

〔3〕廣陽王名嘉，武帝五代孫。

〔4〕趣，急也，讀曰促。

〔5〕縣名，屬安平國，在饒河之陽，故城在今瀛州饒陽縣東北。

〔6〕客館也。傳音知戀反，下同。

〔7〕椎音直追反。

〔8〕紿，言欺詑也，音殆。

〔9〕蒙，冒也。

〔10〕《山海經》云："太戲之山，滹沱之水出焉。"在今代州繁時縣東，流經定州深澤縣東南，即光武所度處，今俗猶謂之危度口。臣賢案：呼沱河舊在饒陽南，至魏太祖曹操因饒河故瀆決，令北注新溝水，所以今在饒陽縣北。

〔11〕《續漢書》曰："時冰滑馬僵，乃各以囊盛沙，布冰上度焉。"

〔12〕下博，縣，屬信都國。在博水之下，故曰下博。故城在今冀州下博縣南。

〔13〕老父蓋神人也，今下博縣西猶有祠堂。

〔14〕信都郡，今冀州也。

〔15〕堂陽及貰並屬鉅鹿郡。堂陽在堂水之陽，今冀州縣，故城在今冀州鹿城縣西南。貰音時夜反。

〔16〕《東觀記》曰："王莽分鉅鹿為和（戎）[成]郡。"卒正，職如太守。

〔17〕昌城，縣，屬信都國，故城在今冀州西北。宋子，縣，屬鉅鹿郡，故城在今趙州平棘縣北。

〔18〕縣名，屬鉅鹿郡。常山郡有上曲陽，故此言下。

復北擊中山,[1]拔盧奴。[2]所過發奔命兵,[3]移檄邊部,共擊邯鄲,郡縣還復響應。南擊新市、真定、元氏、防子,皆下之,[4]因入趙界。

【注】
[1]中山,國,一名中人亭,故城在今定州唐縣東北。張曜《中山記》曰:"城中有山,故曰中山。"
[2]縣名,屬中山國,故城在今定州安喜縣。《水經注》曰:"縣有黑水故池,水黑曰盧,不流曰奴,因以為名。"
[3]《前書音義》曰:"舊時郡國皆有材官、騎士,若有急難,權取驍勇者聞命奔赴,故謂之'奔命'。"
[4]新市,縣,屬鉅鹿郡,故城在今恒州東北。元氏、房子,屬常山郡,並今趙州縣也。防與房古字通用。

時王郎大將李育屯柏人,[1]漢兵不知而進,前部偏將朱浮、鄧禹為育所破,亡失輜重。光武在後聞之,收浮、禹散卒,與育戰於郭門,大破之,盡得其所獲。育還保城,攻之不下,於是引兵拔廣阿。[2]會上谷太守耿況、漁陽太守彭寵[3]各遣其將吳漢、寇恂等將突騎來助擊王郎,[4]更始亦遣尚書僕射謝躬討郎,[5]光武因大饗士卒,遂東圍鉅鹿。王郎守將王饒堅守,月餘不下。郎遣將倪宏、劉奉[6]率數萬人救鉅鹿,光武逆戰於南䜌,[7]斬首數千級。四月,進圍邯鄲,連戰破之。五月甲辰,拔其城,誅王郎。收文書,得吏人與郎交關謗毀者數千章。光武不省,會諸將軍燒之,曰:"令反側子自安。"[8]

【注】
[1]縣名,屬趙國,今邢州縣,故城在縣之西北。
[2]縣名,屬鉅鹿郡,故城在今趙州象城縣西北。
[3]上谷,郡,故城在今媯州懷戎縣。漁陽,郡,在漁水之陽,今幽州

縣。

〔4〕突騎，言能衝突軍陣。

〔5〕《漢官儀》曰："尚書四員，武帝置，成帝加一為五。有［常］侍曹尚書，〔三二〕主丞相御史事；二千石尚書，主刺史、二千石事；户曹尚書，主人庶上書事；主客尚書，主外國四夷事；成帝加三公尚書，主斷獄事。僕射，秦官也。僕，主也。古者重武事，每官必有主射以督課之。"謝躬為尚書僕射。

〔6〕倪音五兮反。

〔7〕縣名，屬鉅鹿郡，故城在今邢州柏人縣東北。《左傳》齊國夏伐晉取欒，即其地也。其後南徙，故加"南"。今俗謂之倫城，聲之轉也。欒音力全反。

〔8〕反側，不安也。《詩·國風》曰："展轉反側。"

更始遣侍御史持節立光武為蕭王，〔1〕悉令罷兵詣行在所。〔2〕光武辭以河北未平，不就徵。自是始貳於更始。〔3〕

【注】

〔1〕蕭，縣，屬沛郡，今徐州縣也。《續漢書》曰："更始使侍御史黃黨封上為蕭王。"

〔2〕蔡邕《獨斷》曰："天子以四海為家，故謂所居為行在所。"

〔3〕貳，離異也。

是時長安政亂，四方背叛。梁王劉永擅命睢陽，〔1〕公孫述稱王巴蜀，〔2〕李憲自立為淮南王，〔3〕秦豐自號楚黎王，〔4〕張步起琅邪，〔5〕董憲起東海，〔6〕延岑起漢中，〔7〕田戎起夷陵，〔8〕並置將帥，侵略郡縣。又別號諸賊銅馬、大肜、高湖、重連、鐵脛、大搶、尤來、上江、青犢、五校、檀鄉、五幡、五樓、富平、獲索等，〔9〕各領部曲，〔10〕衆合數百萬人，所在寇掠。

【注】

〔1〕縣名，屬梁郡，今宋州也。擅，專也。

〔2〕蜀有巴郡，故總言之。

〔3〕淮南，郡，今壽州也。

〔4〕習鑿齒《襄陽記》曰："秦豐，黎丘鄉人。黎丘楚地，故稱楚黎王。"黎丘故城在今襄州率道縣北。

〔5〕郡［名］。有琅邪山，故城［在］今海州朐山縣東北。〔三三〕

〔6〕郡名，今海州縣。

〔7〕郡名，故城在今梁州南鄭縣東北。

〔8〕縣名，屬南郡。有夷山，故曰夷陵，今硤州縣也，故城在今縣西北。

〔9〕諸賊或以山川土地為名，或以軍容彊盛為號。銅馬賊帥東山荒禿、上淮況等，大肜渠帥樊重，〔三四〕尤來渠帥樊崇，五校賊帥高扈，檀鄉賊帥董次仲，五樓賊帥張文，富平賊帥徐少，獲索賊帥古師郎等，並見《東觀記》。

〔10〕《續漢志》曰："大將軍營有五部，部三校尉。部下有曲，曲有軍候一人。"

光武將擊之，先遣吳漢北發十郡兵。幽州牧苗曾不從，漢遂斬曾而發其眾。秋，光武擊銅馬於鄡，〔1〕吳漢將突騎來會清陽。〔2〕賊數挑戰，〔3〕光武堅營自守；有出鹵掠者，輒擊取之，〔4〕絕其糧道。積月餘日，賊食盡，夜遁去，追至館陶，大破之。〔5〕受降未盡，而高湖、重連從東南來，與銅馬餘眾合，光武復與大戰於蒲陽，悉破降之，封其渠帥為列侯。〔6〕降者猶不自安，光武知其意，勅令各歸營勒兵，乃自乘輕騎按行部陳。降者更相語曰："蕭王推赤心置人腹中，安得不投死乎！"〔7〕由是皆服。悉將降人分配諸將，眾遂數十萬，故關西號光武為"銅馬帝"。赤眉別帥與大肜、青犢十餘萬眾在射犬，〔8〕光武進擊，大破之，眾皆散走。使吳漢、岑彭襲殺謝躬於鄴。

【注】

〔1〕縣名，屬鉅鹿郡，故城在今冀州鹿城縣東。鄡音苦堯反。《竹書紀年》曰："衛鞅封于鄡。"臣賢案：下文云"吳漢將突騎來會清陽"，又"追至館陶"，並與鄡相近。俗本多誤作"鄥"，而蕭該音一古反，云屬太原郡，臧（矜）〔兢〕音作鄢，〔三五〕一建反，云屬襄陽郡，並誤也。

〔2〕縣名，屬清河郡，今貝州縣，故城在州西北。

〔3〕挺身獨戰也，古謂之致師，見《左傳》。挑音徒了反。

〔4〕鹵與虜同。郭璞注《爾雅》曰："掠，奪取也。"

〔5〕館陶，縣，屬魏郡，今魏州縣。

〔6〕《前書音義》曰"蒲陽山，蒲水所出"，在今定州北平縣西北。本或作"滿陽"。渠，大也。《尚書》："殲厥渠魁。"列侯即徹侯也。稱列者，言見序列也。

〔7〕投死猶言致死。

〔8〕《續漢志》曰野王縣有射犬聚，故城在今懷州武德縣北也。

青犢、赤眉賊入函谷關，攻更始。〔1〕光武乃遣鄧禹率六裨將引兵而西，以乘更始、赤眉之亂。時更始使大司馬朱鮪、舞陰王李軼等屯洛陽，〔2〕光武亦令馮異守孟津以拒之。〔3〕

【注】

〔1〕函谷，谷名，因谷以名關。舊在弘農湖城縣西，《前書》楊僕為樓船將軍，有功，恥居關外，武帝乃為徙於新安。故關在今洛州新安縣之東。

〔2〕舞陰，縣，屬南陽郡，故城在今唐州沘陽縣西北。

〔3〕孔安國注《尚書》云："孟，地名，在洛北，都道所湊，古今以為津。"《論衡》曰："武王伐紂，八百諸侯同於此盟，故曰盟津。"俗名治戍津，今河陽縣津也。

建武元年春正月，平陵人方望〔1〕立前孺子劉嬰為天子，〔2〕更始遣丞相李松擊斬之。

【注】
〔1〕平陵，昭帝陵也，因以為縣，故城在今咸陽縣西北。
〔2〕平帝崩，王莽立楚孝王孫廣戚侯顯子嬰為孺子。莽篡位，廢為定安公。

光武北擊尤來、大搶、五幡於元氏，追至右北平，連破之。〔1〕又戰於順水北，〔2〕乘勝輕進，反為所敗。賊追急，短兵接，〔3〕光武自投高岸，遇突騎王豐，下馬授光武，光武撫其肩而上，顧笑謂耿弇曰："幾為虜嗤。"弇頻射却賊，得免。士卒死者數千人，散兵歸保范陽。〔4〕軍中不見光武，或云已歿，〔5〕諸將不知所為。吳漢曰："卿曹努力！〔6〕王兄子在南陽，何憂無主？"〔7〕衆恐懼，數日乃定。賊雖戰勝，而素憚大威，〔8〕客主不相知，夜遂引去。大軍復進至安次，〔9〕與戰，破之，斬首三千餘級。賊入漁陽，乃遣吳漢率耿弇、陳俊、馬武等十二將軍〔三六〕追戰于潞東，〔10〕及平谷，大破滅之。〔11〕

【注】
〔1〕北平，縣，屬中山國，今易州永樂縣也。臣賢案：《東觀記》、《續漢書》並無"右"字，此加"右"，誤也。營州西南別有右北平郡故城，非此地。
〔2〕酈元《水經注》云："徐水經北平縣故城北，光武追銅馬、五幡，破之於順水，即徐水之別名也。"在今易州。本或作"慎"者，誤也。
〔3〕短兵謂刀劍也。《楚辭》曰："車錯轂兮短兵接。"
〔4〕縣名，在范水之陽，屬涿郡，故城在今易州易縣東南。
〔5〕《東觀記》曰："上已乘王豐小馬先到矣，營門不覺。"
〔6〕曹，輩也。
〔7〕兄子謂伯升子章及興也。
〔8〕憚，懼也，音之涉反。

〔9〕縣名，屬勃海郡，今幽州縣也，故城在縣東。

〔10〕潞，縣名，屬漁陽郡，今幽州縣也。有潞水，因以為名。蕭該《音義》云："潞屬上黨。"臣賢案：潞與漁陽相接，言上黨潞者非也。

〔11〕平谷，縣，屬漁陽郡，故城在今潞縣北。

朱鮪遣討難將軍蘇茂攻溫，〔1〕馮異、寇恂與戰，大破之，斬其將賈彊。

【注】
〔1〕今洛州縣。

於是諸將議上尊號。馬武先進曰："天下無主。如有聖人承敝而起，雖仲尼為相，孫子為將，猶恐無能有益。反水不收，後悔無及。"〔1〕大王雖執謙退，柰宗廟社稷何！宜且還薊即尊位，乃議征伐。今此誰賊而馳騖擊之乎？"〔2〕光武驚曰："何將軍出是言？可斬也！"武曰："諸將盡然。"光武使出曉之，〔3〕乃引軍還至薊。

【注】
〔1〕言早當即尊位以定衆心，今執謙退，失於事機也。孫子名武，吳王闔閭將，善用兵，有《兵法》十三篇。反音翻。
〔2〕誰謂未有主也。《前書音義》曰："直騁曰馳，亂馳曰騖。"
〔3〕使曉諭諸將。

夏四月，公孫述自稱天子。

光武從薊還，過范陽，命收葬吏士。至中山，諸將復上奏曰："漢遭王莽，宗廟廢絕，豪傑憤怒，兆人塗炭。〔1〕王與伯升首舉義兵，更始因其資以據帝位，而不能奉承大統，敗亂綱紀，盜賊日多，群生危蹙。〔2〕大王初征昆陽，王莽自潰；後拔邯鄲，北州弭定；參分天下而有其二，跨州據土，帶甲百萬。言武力則莫之敢抗，論文德則無所與辭。臣聞帝王不可以久曠，[三七]天命不可以謙拒，惟大王以社稷為計，萬姓為心。"光武又不聽。

【注】
〔1〕《尚書》曰："人墜塗炭。"孔安國注云："若陷泥墜火，無救之者。"
〔2〕蹙，迫也，音子六反。

行到南平棘，[1]諸將復固請之。光武曰："寇賊未平，四面受敵，何遽欲正號位乎？諸將且出。"耿純進曰："天下士大夫捐親戚，棄土壤，從大王於矢石之閒者，其計固望其攀龍鱗，附鳳翼，以成其所志耳。[2]今功業即定，天人亦應，而大王留時逆衆，不正號位，純恐士大夫望絶計窮，則有去歸之思，無為久自苦也。大衆一散，難可復合。時不可留，衆不可逆。"純言甚誠切，光武深感，曰："吾將思之。"

【注】
〔1〕縣名，屬常山郡，今趙州縣，故城在縣南。
〔2〕楊雄《法言》曰："攀龍鱗，附鳳翼，巽以揚之。"

行至鄗，[1]光武先在長安時同舍生彊華[2]自關中奉《赤伏符》，曰"劉秀發兵捕不道，四夷雲集龍鬭野，四七之際火為主"。[3]群臣因復奏曰："受命之符，人應為大，[4]萬里合信，不議同情，周之白魚，曷足比焉？[5]今上無天子，海內淆亂，符瑞之應，昭然著聞，宜荅天神，以塞群望。"光武於是命有司設壇場於鄗南千秋亭五成陌。[6]

【注】
〔1〕縣名，今趙州高邑縣也。鄗音火各反。

〔2〕《續漢書》曰:"彊華,潁川人也。"彊音其兩反。

〔3〕四七,二十八也。自高祖至光武初起,合二百二十八年,即四七之際也。漢火德,故火為主也。

〔4〕謂彊華奉《赤伏符》也。

〔5〕《尚書中候》曰"武王伐紂,度孟津,中流白魚躍入王舟,長三尺,赤文有字,告以伐紂之意"也。

〔6〕壇謂築土,場謂除地。秦法,十里一亭。南北為阡,東西為陌。其地在今趙州柏鄉縣。《水經注》曰,亭有石壇,壇有圭頭碑,其陰云常山相隴西狄道馮龍所造。壇（廟）之東,〔三八〕枕道有兩石翁仲,南北相對焉。

六月己未,即皇帝位。燔燎告天,〔1〕禋于六宗,〔2〕望於群神。〔3〕其祝文曰:"皇天上帝,后土神祇,眷顧降命,屬秀黎元,為人父母,〔4〕秀不敢當。群下百辟,不謀同辭,〔5〕咸曰:'王莽篡位,秀發憤興兵,破王尋、王邑於昆陽,誅王郎、銅馬於河北,平定天下,海內蒙恩。上當天地之心,下為元元所歸。'〔6〕讖記曰:'劉秀發兵捕不道,卯金修德為天子。'〔7〕秀猶固辭,至于再,至于三。群下僉曰:'皇天大命,不可稽留。'敢不敬承。"於是建元為建武,大赦天下,改鄗為高邑。

【注】

〔1〕天高不可達,故燔柴以祭之,庶高煙上通也。《爾雅》云:"祭天曰燔柴。"燔音煩。燎音力弔反。

〔2〕精意以享謂之禋。《續漢志》:"平帝元始中,謂六宗為《易》卦六子之氣,水、火、雷、風、山、澤也。光武中興,遵而不改。至安帝即位,初改六宗為天地四方之宗,祠於洛陽之北,戌亥之地。"

〔3〕山林川谷能興致雲雨者皆曰神。不可徧至,故望而祭之。《尚書》曰:"望于山川,徧于群神。"

〔4〕屬音燭。

〔5〕《詩·大雅》曰:"百辟卿士。"鄭玄注云:"百辟,畿內諸侯也。"

〔6〕元元謂黎庶也。元元由言喁喁，可矜怜之辭也。
〔7〕卯金，劉字也。《春秋演孔圖》曰："卯金刀，名為［劉］，〔三九〕赤帝後，次代周。"

是月，赤眉立劉盆子為天子。
甲子，前將軍鄧禹擊更始定國公王匡於安邑，〔四〇〕大破之，[1]斬其將劉均。

【注】
[1]安邑，縣，屬河東郡，今蒲州縣也。

秋七月辛未，拜前將軍鄧禹為大司徒。丁丑，以野王令王梁為大司空。[1]壬午，以大將軍吳漢為大司馬，偏將軍景丹為驃騎大將軍，大將軍耿弇為建威大將軍，偏將軍蓋延為虎牙大將軍，偏將軍朱祐為建義大將軍，〔四一〕中堅將軍杜茂為大將軍。

【注】
[1]野王，縣，屬河內郡，故城在今懷州。時據《赤伏符》文，故從縣宰而超拜之，事具《梁傳》。

時宗室劉茂自號"厭新將軍"，[1]率眾降，封為中山王。

【注】
[1]王莽號新室，言欲厭勝之。

己亥，幸懷。[1]遣耿弇率彊弩將軍陳俊軍五社津，[2]備滎陽以東。使吳漢率朱祐及廷尉岑彭、[3]執金吾賈復、[4]揚化將軍堅鐔等十一將軍[5]圍朱鮪於洛陽。

【注】

〔1〕縣名，屬河內郡，故城在今懷州武陟縣西。天子所行必有恩幸，故稱幸。

〔2〕《水經注》曰："鞏縣北有五社津，一名土社津。有山臨河，其下有穴，潛通淮浦。有渚，謂之鮪渚。"《呂覽》云"武王伐紂至鮪水"，即此地。

〔3〕《前書》"廷尉，秦官"也。聽獄必質於朝廷，與衆共之。尉，平也，〔四二〕故稱廷尉。

〔4〕《前書》曰："中尉，秦官，武帝改為執金吾。"吾，禦也，掌執兵革以禦非常。

〔5〕鐔音徒南反。

八月壬子，祭社稷。癸丑，祠高祖、太宗、世宗於懷宮。進幸河陽。更始廩丘王田立降。〔1〕

【注】

〔1〕廩丘，縣，屬東郡，[故]城在今濮州雷澤縣北也。〔四三〕

九月，赤眉入長安，更始奔高陵。辛未，詔曰：〔1〕"更始破敗，棄城逃走，妻子裸袒，流冗道路。〔2〕朕甚愍之。今封更始為淮陽王。〔3〕吏人敢有賊害者，罪同大逆。"

【注】

〔1〕《漢制度》曰："帝之下書有四：一曰策書，二曰制書，三曰詔書，四曰誡敕。策書者，編簡也，其制長二尺，短者半之，篆書，起年月日，稱皇帝，以命諸侯王。三公以罪免亦賜策，而以隸書，用尺一木，兩行，唯此為異也。制書者，帝者制度之命，其文曰制詔三公，皆璽封，尚書令印重封，露布州郡也。詔書者，詔，告也，其文曰告某官云[云]，〔四四〕如故事。誡敕者，謂敕刺史、太守，其文曰有詔敕某官。它皆倣此。"

〔2〕宂音人勇反。宂，散也。
〔3〕淮陽，郡，故城在今陳州宛丘縣西南。

甲申，以前（高）密令卓茂為太傅。〔1〕〔四五〕

【注】
〔1〕高密，縣，屬高密國，今密州縣，故城在今縣之西南。卓以平帝時為密令，〔四六〕故曰"前"。

辛卯，朱鮪舉城降。
冬十月癸丑，車駕入洛陽，幸南宮却非殿，遂定都焉。〔1〕

【注】
〔1〕蔡質《漢典職儀》曰："南宮至北宮，中央作大屋，複道，三道行，天子從中道，從官夾左右，十步一衛。兩宮相去七里。"又《洛陽宮閣名》有却非殿。臣賢案：俗本或作"御北殿"者，誤。

遣岑彭擊荊州群賊。
十一月甲午，幸懷。
劉永自稱天子。
十二月丙戌，至自懷。
赤眉殺更始，而隗囂據隴右，盧芳起安定。〔1〕破虜大將軍叔壽擊五校賊於曲梁，戰殁。〔2〕

【注】
〔1〕郡名，今涇州縣。
〔2〕曲梁屬廣平國，今洺州縣也。

二年春正月甲子朔，日有食之。〔1〕大司馬吳漢率九將軍擊檀鄉賊於鄴東，大破降之。庚辰，封功臣皆為列侯，大國四縣，餘各有差。下詔曰："人情得足，苦於放縱，快須臾之欲，忘慎罰之義。〔2〕惟諸將業遠功大，誠欲傳於無窮，宜如臨深淵，如履薄冰，戰戰慄慄，日慎一日。〔3〕其顯效未詶，名籍未立者，大鴻臚趣上，〔4〕朕將差而錄之。"博士丁恭議曰："古帝王封諸侯不過百里，〔5〕故利以建侯，取法於雷，〔6〕強幹弱枝，所以為治也。今封諸侯四縣，不合法制。"帝曰："古之亡國，皆以無道，未嘗聞功臣地多而滅亡者。"乃遣謁者即授印綬，〔7〕策曰："在上不驕，高而不危；制節謹度，滿而不溢。敬之戒之。傳爾子孫，長為漢藩。"〔8〕

【注】

〔1〕《續漢志》曰："在危八度。虛、危，齊地。賊張步擁兵據齊，至五年乃破。"

〔2〕《尚書》曰："罔不明德慎罰，亦克用勸。"孔安國注云"慎刑罰，亦能用勸善"也。

〔3〕《太公金匱》曰："黃帝居人上，愓愓若臨深淵；舜居人上，矜矜如履薄冰；禹居人上，慄慄如不滿日。敬勝怠則吉，義勝欲則昌，日慎一日，壽終無殃。"

〔4〕《續漢志》曰："大鴻臚，卿一人，中二千石，掌諸王入朝及拜諸侯封者。"趣音促。

〔5〕《史記》太史公曰："武王、成、康所封數百，而同姓五十，地不過百里。"

〔6〕《易》屯卦震下坎上，震為雷，初九曰"利建侯"，又曰"震驚百里"，故封諸侯地方百里，以法雷也。

〔7〕《前書》曰："謁者，秦官，掌賓讚受事，員七十人，秩比六百石。"中興但三十人。蔡質《〔漢〕典職儀》曰〔四七〕："皆選儀容端正，任奉使者。"《前書》曰："諸侯王，金璽盭綬。列侯，金印紫綬。"盭音戾，草名也。〔四八〕

似艾，可染綠，因以名綬也。

〔8〕藩，屏也。言建諸侯所以為國之藩蔽也。《詩·大雅》曰："四國于藩。"

壬午，更始復漢將軍鄧曄、輔漢將軍于匡降，皆復爵位。

壬子，起高廟，建社稷於洛陽，立郊兆于城南，始正火德，色尚赤。〔1〕

【注】

〔1〕《漢禮制度》曰："人君之居，前有朝，後有寢。終則制廟以象朝，後制寢以象寢。光武都洛陽，乃合高祖以下至平帝為一廟，藏十一帝主於其中。元帝次當第八，光武第九，故立元帝為祖廟，〔四九〕後遵而不改。"《續漢志》曰："立社稷於洛陽，在宗廟之右，皆方壇，四面及中各依方色，無屋，有牆門而已。"《白虎通》曰："天子之壇方五丈，諸侯之壇半天子之壇。社者，土也，人非土不立，非穀不食，故封土立社，示有土也。稷者，五穀之長，得陰陽中和之氣，故祭之也。"《續漢書》曰："制郊兆於洛陽城南七里，為壇，八陛，中又為重壇，天地位皆在壇上。其外壇上為五帝位，青帝位在甲寅，赤帝位在丙巳，黃帝位在丁未，白帝位在庚申，黑帝位在壬亥。其外為壝，重營皆紫，以象紫宮。營有通道以為門，日月在營內南道，日在東，月在西。北斗在北道之西。外營、中營凡千五百一十四神，高皇帝配食焉。北郊在洛陽城北四里，方壇，四陛。地祇位南面，西上；高皇后配，西面，皆在壇上；地理群后從食，〔五〇〕皆在壇下；中岳在未；四岳各依其方，淮、海俱在東，河在西，濟在北，江在南，餘山川各如其方。"漢初土德，色尚黃，至此始明火德，微幟尚赤，服色於是乃正。

是月，赤眉焚西京宮室，發掘園陵，〔1〕寇掠關中。大司徒鄧禹入長安，遣府掾奉十一帝神主，納於高廟。〔2〕

【注】
〔1〕園謂塋域,陵謂山墳。
〔2〕《漢官儀》曰:"司徒府掾屬三十一人,秩千石。"十一帝謂高祖至平帝。神主,以木為之,方尺二寸,穿中央,達四方。天子主長尺二寸,諸侯主長一尺。虞主用桑。練主用栗。衛宏《舊漢儀》曰:"已葬,收主,為木函,藏廟太室中西壁坎中,去地六尺一寸,祭則立主於坎下。"

真定王楊、臨邑侯讓[五一]謀反,[1]遣前將軍耿純誅之。

【注】
〔1〕楊,景帝七代孫。讓即楊弟。

二月己酉,幸修武。[1][五二]

【注】
〔1〕縣名,屬河內郡,本殷之甯邑。《韓詩外傳》曰:"武王伐紂,勒兵於甯,改曰修武。"今懷州縣也。

大司空王梁免。壬子,以太中大夫宋弘為大司空。
遣驃騎大將軍景丹率征虜將軍祭遵等二將軍擊弘農賊,破之,因遣祭遵圍蠻中賊張滿。[1]

【注】
〔1〕蠻中,聚名,故戎蠻子國,在今汝州西南,俗謂之麻城。

漁陽太守彭寵反,攻幽州牧朱浮於薊。
延岑自稱武安王於漢中。
辛卯,至自修武。[五三]

三月乙未，大赦天下，[五四]詔曰："頃獄多冤人，用刑深刻，朕甚愍之。孔子云：'刑罰不中，則民無所措手足。'[1] 其與中二千石、諸大夫、博士、議郎議省刑法。"

【注】
[1]《論語》之文。

遣執金吾賈復率二將軍擊更始郾王尹遵，破降之。[1]

【注】
[1]"遵"或作"尊"。

驍騎將軍劉植擊密賊，戰歿。[1]

【注】
[1]密，縣，屬河南郡，今洛州縣。

遣虎牙大將軍蓋延率四將軍伐劉永。夏四月，圍永於睢陽。更始將蘇茂殺淮陽太守潘蹇而附劉永。
甲午，封叔父良為廣陽王，兄子章為太原王，章弟興為魯王，舂陵侯嫡子祉為城陽王。[1]

【注】
[1]城陽，國，故城在今沂州臨沂縣南。

五月庚辰，封更始元氏王歙為泗水王，[1] 故真定王楊子得為真定王，[五五]周後姬常為周承休公。[2]

【注】
〔1〕泗水，國，今兗州縣也。
〔2〕武帝封周後姬嘉為周子南君，成帝封姬延為周承休公，常即延之後。[五六]承休所封，故城在今汝州東北。

癸未，詔曰："民有嫁妻賣子欲歸父母者，恣聽之。敢拘執，論如律。"
六月戊戌，立貴人郭氏為皇后，子彊為皇太子，大赦天下。增郎、謁者、從官秩各一等。[1]丙午，封宗子劉終為淄川王。[2]

【注】
〔1〕《前書》曰："郎官掌守門戶，出充車騎。有議郎、中郎、侍郎、郎中，秩六百石已下。"
〔2〕淄川，國，今淄州縣。

秋八月，帝自將征五校。丙辰，幸內黃，[1]大破五校於羛陽，降之。[2]

【注】
〔1〕縣名，屬魏郡，今相州縣。
〔2〕羛陽，聚名，屬魏郡，故城在今相州堯城縣東。諸本有作"茀"者，誤也。《左傳》云："晉荀盈如齊逆女，還，卒於戲陽。"杜預注云："內黃縣北有戲陽城。"戲與羛同，音許宜反。

遣游擊將軍鄧隆救朱浮，與彭寵戰於潞，隆軍敗績。
蓋延拔睢陽，劉永奔譙。[1]

【注】
〔1〕今亳州縣。

破虜將軍鄧奉據淯陽反。
九月壬戌，至自內黃。
驃騎大將軍景丹薨。
延岑大破赤眉於杜陵。〔1〕

【注】
〔1〕縣名，屬京兆，周之杜伯國，在今萬年縣東南。

關中饑，民相食。
冬十一月，以廷尉岑彭為征南大將軍，率八將軍討鄧奉於堵鄉。〔1〕

【注】
〔1〕《水經注》曰："堵水南經小堵鄉。"在今唐州方城縣。堵音者。

銅馬、青犢、尤來餘賊共立孫登為天子於上郡。〔1〕登將樂玄殺登，以其眾五萬餘人降。

【注】
〔1〕《春秋保乾圖》曰："賊臣起，名孫登，巧用法，多技方。"蓋立以應之。上郡故城在今涇州上縣東南。

遣偏將軍馮異代鄧禹伐赤眉。
使太中大夫伏隆持節安輯青徐二州，招張步降之。〔1〕

【注】
〔1〕《爾雅》曰:"輯,和也。"音集。

十二月戊午,詔曰:"惟宗室列侯為王莽所廢,先靈無所依歸,朕甚愍之。其並復故國。若侯身已歿,屬所上其子孫見名尚書,封拜。"〔1〕

【注】
〔1〕屬所謂侯子孫所屬之郡縣也。錄其見名上於尚書,封拜之。

是歲,蓋延等大破劉永於沛西。〔1〕初,王莽末,天下旱蝗,黃金一斤易粟一斛;至是野穀旅生,〔2〕麻尗尤盛,野蠶成繭,被於山阜,人收其利焉。

【注】
〔1〕沛,今徐州縣也。
〔2〕旅,寄也。不因播種而生,故曰旅。今字書作"穭",音呂,古字通。

三年春正月甲子,以偏將軍馮異為征西大將軍,杜茂為驃騎大將軍。大司徒鄧禹及馮異與赤眉戰於回溪,〔1〕禹、異敗績。

【注】
〔1〕溪名也,俗名回坑,在今洛州永寧縣東。

征虜將軍祭遵破蠻中,斬張滿。
辛巳,立皇考南頓君已上四廟。
壬午,大赦天下。

閏月乙巳，大司徒鄧禹免。

馮異與赤眉戰於崤底，大破之，[1]餘眾南向宜陽，[2]帝自將征之。己亥，幸宜陽。甲辰，親勒六軍，大陳戎馬，大司馬吳漢精卒當前，中軍次之，驍騎、武衛分陳左右。赤眉望見震怖，遣使乞降。丙午，赤眉君臣面縛，[3]奉高皇帝璽綬，[4]詔以屬城門校尉。[5]戊申，至自宜陽。己酉，詔曰："群盜縱橫，賊害元元，盆子竊尊號，亂惑天下。朕奮兵討擊，應時崩解，十餘萬眾束手降服，先帝璽綬歸之王府。斯皆祖宗之靈，士人之力，朕曷足以享斯哉！[6]其擇吉日祠高廟，賜天下長子當為父後者爵，人一級。"

【注】

[1]崤，山名；底，阪也。一名嶔岑山，在今洛州永寧縣西北。

[2]縣名，屬弘農郡，韓國都也，故城在今洛州福昌縣東韓城是也。

[3]面，偝也。謂反偝而縛之。

[4]蔡邕《獨斷》曰："皇帝六璽，皆玉螭虎紐，文曰'皇帝行璽'、'皇帝之璽'、'皇帝信璽'、'天子行璽'、'天子之璽'、'天子信璽'，皆以武都紫泥封之。"《玉璽譜》曰："傳國璽是秦始皇初定天下所刻，其玉出藍田山，丞相李斯所書，其文曰'受命于天，既壽永昌'。高祖至霸上，秦王子嬰獻之。至王莽篡位，就元后求璽，不與，以威逼之，乃出璽投地，璽上螭一角缺。及莽敗，李松持璽詣宛上更始；更始敗，璽入赤眉；劉盆子既敗，以奉光武。"

[5]《前書》曰"城門校尉，掌京師城門屯兵，秩比二千石"也。

[6]享，當也。

二月己未，祠高廟，受傳國璽。

劉永立董憲為海西王，[1]張步為齊王。步殺光祿大夫伏隆而反。

【注】

[1]海西，縣，屬琅邪郡。

幸懷。遣吳漢率二將軍擊青犢於軹西,大破降之。[1]

【注】
[1]軹,縣,屬河內郡,故城在今洛州濟源縣東南。

三月壬寅,以大司徒司直伏湛為大司徒。[1]

【注】
[1]《續漢志》曰:"光武即位,依武帝故事置司徒司直,建武十一年省。"

彭寵陷薊城,寵自立為燕王。
帝自將征鄧奉,幸堵陽。夏四月,大破鄧奉於小長安,斬之。
馮異與延岑戰於上林,破之。[1]

【注】
[1]關中上林苑也。

吳漢率七將軍與劉永將蘇茂戰於廣樂,大破之。[1]虎牙大將軍蓋延圍劉永於睢陽。

【注】
[1]廣樂地闕,今宋州虞城縣有長樂故城,蓋避隋煬帝諱。

五月己酉,車駕還宮。
乙卯晦,日有食之。[1]

【注】
〔1〕《續漢志》曰："日在柳十四度。柳，河南也。時樊崇謀作亂，其七月伏誅。"

六月壬戌，大赦天下。
耿弇與延岑戰於穰，大破之。〔1〕

【注】
〔1〕穰，縣，屬南陽郡，今鄧州縣。

秋七月，征南大將軍岑彭率三將軍伐秦豐，戰於黎丘，大破之，獲其將蔡宏。
庚辰，詔曰："吏不滿六百石，下至墨綬長、相，有罪先請。〔1〕男子八十以上，十歲以下，及婦人從坐者，自非不道、詔所名捕，皆不得繫。〔2〕當驗問者即就驗。女徒雇山歸家。"〔3〕

【注】
〔1〕《續漢志》曰："縣大者置令一人，千石；其次置長，四百石；小者三百石。侯國之相亦如之。皆掌理人，並秦制。"
〔2〕詔書有名而特捕者。
〔3〕《前書音義》曰："《令甲》：女子犯徒遣歸家，每月出錢雇人於山伐木，名曰雇山。"

蓋延拔睢陽，獲劉永，而蘇茂、周建立永子紆為梁王。
冬十月壬申，幸舂陵，祠園廟，因置酒舊宅，大會故人父老。〔1〕
十一月乙未，至自舂陵。

【注】
〔1〕光武舊宅在今隨州棗陽縣東南。宅南二里有白水焉，即張衡所謂"龍飛白水"也。

涿郡太守張豐反。〔1〕

【注】
〔1〕涿郡故城在今幽州范陽縣。

是歲，李憲自稱天子。西州大將軍隗囂奉奏。〔1〕建義大將軍朱祐率祭遵與延岑戰於東陽，斬其將張成。〔2〕

【注】
〔1〕時鄧禹承制命囂為西州大將軍，專制涼州、朔方事。
〔2〕東陽，聚名也，故城在今鄧州南。臨淮郡復有東陽縣，非此地也。

四年春正月甲申，大赦天下。
二月壬子，幸懷。壬申，至自懷。
遣右將軍鄧禹率二將軍與延岑戰於武當，破之。〔1〕

【注】
〔1〕武當，縣，屬南陽郡，有武當山，今均州縣也。

夏四月丁巳，幸鄴。己巳，進幸臨平。〔1〕

【注】
〔1〕縣名，屬鉅鹿郡，故城在今定州鼓城縣東南。

遣大司馬吳漢擊五校賊於箕山,大破之。[1]

【注】
[1]《吳漢傳》曰東郡箕山。

五月,進幸元氏。辛巳,進幸盧奴。
遣征虜將軍祭遵率四將軍討張豐於涿郡,斬豐。
六月辛亥,車駕還宮。
七月丁亥,幸譙。遣捕虜將軍馬武、偏將軍王霸圍劉紆於垂惠。[1]

【注】
[1]垂惠,聚名,在今亳州山桑縣西北,一名禮城。

董憲將賁休以蘭陵城降,憲圍之。[1]虎牙大將軍蓋延率平狄將軍龐萌救賁休,不克,蘭陵為憲所陷。

【注】
[1]《前書》曰賁赫。賁音肥,今姓作(賁)[奔]音(奔)。[五七]蘭陵,縣,屬東海郡,故城在今沂州丞縣東。

秋八月戊午,進幸壽春。[1]

【注】
[1]今壽州縣。

太中大夫徐惲擅殺臨淮太守劉度,惲坐誅。
遣揚武將軍馬成率三將軍伐李憲。九月,圍憲於舒。[1]

【注】
〔1〕縣名，故城在今廬州廬江縣西。

冬十月甲寅，車駕還宮。
太傅卓茂薨。
十一月丙申，幸宛。遣建義大將軍朱祐率二將軍圍秦豐於黎丘。十二月丙寅，進幸黎丘。
是歲，征西大將軍馮異與公孫述將程焉戰於陳倉，破之。

五年春正月癸巳，車駕還宮。
二月丙午，大赦天下。
捕虜將軍馬武、偏將軍王霸拔垂惠。
乙丑，幸魏郡。〔1〕

【注】
〔1〕今相州也。

壬申，封殷後孔安為殷紹嘉公。〔1〕

【注】
〔1〕成帝封孔吉為殷紹嘉公，安即吉之裔也。

彭寵為其蒼頭所殺，漁陽平。〔1〕

【注】
〔1〕秦呼人為黔首。謂奴為蒼頭者，以別於良人也。

大司馬吳漢率建威大將軍耿弇擊富平、獲索賊於平原，大破降之。〔1〕復遣耿弇率二將軍討張步。

【注】
〔1〕平原，郡，今德州縣也。

三月癸未，徙廣陽王良為趙王，始就國。
平狄將軍龐萌反，殺楚郡太守孫萌而東附董憲。
遣征南大將軍岑彭率二將軍伐田戎於津鄉，大破之。〔1〕

【注】
〔1〕南郡有津鄉，故城在今荊州江陵縣東。

夏四月，旱，蝗。
河西大將軍竇融始遣使貢獻。
五月丙子，詔曰："久旱傷麥，秋種未下，朕甚憂之。將殘吏未勝，獄多冤結，元元愁恨，感動天氣乎？其令中都官、三輔、郡、國出繫囚，〔1〕罪非犯殊死一切勿案，〔2〕見徒免為庶人。務進柔良，退貪酷，各正厥事焉。"〔3〕

【注】
〔1〕《前書音義》曰："中都官謂京師諸官府也。國謂諸侯王國也。"
〔2〕殊死謂斬刑。殊，絕也。《左傳》曰："斬其木而弗殊。"一切謂權時，非久制也。並見《前書音義》。
〔3〕臣賢案：范曄《序例》云"帝紀略依《春秋》，唯字彗、日食、地震書，餘悉備於志"。流俗本於此下多有"甲申，白虹見，南北竟天"者，誤。它皆放此。

六月，建義大將軍朱祐拔黎丘，獲秦豐；而龐萌、蘇茂圍桃城。〔1〕

帝時幸蒙，[2]因自將征之。先理兵任城，乃進救桃城，大破萌等。

【注】

〔1〕任城國有桃聚，故城在今兗州任城縣北。

〔2〕縣名，屬梁國，故城在今宋州北。

秋七月丁丑，幸沛，祠高原廟。[1]詔修復西京園陵。進幸湖陵，征董憲。[2]又幸蕃，[3]遂攻董憲於昌慮，大破之。[4]

【注】

〔1〕《前書音義》曰："原，再也。"謂已立廟，更立者為原。

〔2〕湖陵，縣，屬山陽郡，故城在今兗州方與縣東，一名湖陸。

〔3〕縣名，屬魯國，故城在今徐州滕縣。蕃音皮。[五八]

〔4〕昌慮，縣，屬東海郡，故城在今徐州滕縣東南。古邾國之濫邑也。《左傳》曰"邾庶其以濫來奔"，即此地。

八月己酉，進幸郯，[1]留吳漢攻劉紆、董憲等，車駕轉徇彭城、下邳。吳漢拔郯，獲劉紆；漢進圍董憲、龐萌於朐。[2]

【注】

〔1〕縣名，屬東海郡，故城在今泗州下邳縣東北。郯音談。

〔2〕縣名，屬東海郡，故城在今海州朐山縣西。音其于反。

冬十月，還，幸魯，使大司空祠孔子。

耿弇等與張步戰於臨淄，大破之。[1]帝幸臨淄，進幸劇。[2]張步斬蘇茂以降，齊地平。

【注】
〔1〕臨淄,今青州縣。
〔2〕縣名,故城在今青州壽光縣南,故紀國城也。

初起太學。[1]車駕還宮,幸太學,賜博士弟子各有差。

【注】
〔1〕陸機《洛陽記》曰:"太學在洛陽城故開陽門外,去宮八里,講堂長十丈,廣三丈。"

十一月壬寅,大司徒伏湛免,尚書令侯霸為大司徒。
十二月,盧芳自稱天子於九原。[1]

【注】
〔1〕縣名,屬五原郡,故城在今勝州銀成縣。[五九]

西州大將軍隗囂遣子恂入侍。
交阯牧鄧讓率七郡太守遣使奉貢。[1]

【注】
〔1〕交阯,郡,今交州縣也。南濱大海。《輿地志》云:"其夷足大指開析,兩足並立,指則相交。"阯與趾同,古字通。應劭《漢官儀》曰:"始開北方,遂交於南,為子孫基阯也。"七郡謂南海、蒼梧、鬱林、合浦、交阯、九真、日南,並屬交州,見《續漢書》。

詔復濟陽二年徭役。[1]

【注】

〔1〕濟陽，縣，故城在今曹州冤句縣西南。皇考南頓君初為濟陽令，以哀帝建平元年帝生於濟陽宮，故復之。《前書音義》曰："復謂除其賦役也。復音福。"

是歲，野穀漸少，田畝益廣焉。

【校勘記】

〔一〕出自景帝生長沙定王發　劉攽《東漢書刊誤》謂"生"當作"子"。按：《集解》引惠棟説，謂《東觀記·世祖紀》云"世祖光武皇帝，高祖九世孫，承文、景之統，出自長沙定王發，定王生舂陵節侯"，本書自明，范氏易其文而義反晦耳。

〔二〕本屬零陵（泠）〔泠〕道縣　據汲本改。

〔三〕故城（今）在〔今〕隨州棗陽縣東　據張熷《讀史舉正》改。

〔四〕今（郴）〔貴〕州縣　王先謙謂鬱林今潯州府貴縣，貴縣唐為貴州縣，作"郴"誤。今據改。

〔五〕庭中骨起　按：殿本、《集解》本"庭中"作"中庭"。

〔六〕王莽〔始〕建國六年　據《刊誤》補。

〔七〕天鳳六年改為地皇　按：張熷謂據《前書》"六"當作"七"。

〔八〕孛星光芒短蓬然　按：姚範《援鶉堂筆記》謂《前書·文紀》文穎注"孛星光芒短，其光四出蓬蓬孛字也"，則此注"蓬然"當重一"蓬"字。

〔九〕謂〔武冠〕武官冠之　據《刊誤》補。

〔一〇〕更始元年正月甲子朔　張熷《讀史舉正》及黃山《後漢書校補》並謂據下文"二月辛巳"，則正月甲子非朔。今按：是年正月壬子朔，此或衍"朔"字，或"甲子"為"壬子"之譌。

〔一一〕前書曰　按：張熷謂引《前書》非本文，"書"下當有"音義"二字。

〔一二〕屬南〔陽〕郡　按：張熷謂"南"下當有"陽"字。今據補。

〔一三〕故城在今鄧州南陽縣南（在）淯水之陽　據殿本刪。

〔一四〕得定武侯家丞印　按：沈家本《後漢書瑣言》謂《前書》無"定武"，未知是班奪，抑《東觀記》誤也。

〔一五〕[鄆]音於建反　據汲本、殿本補。

〔一六〕欲分留守之　按：《通鑑》"留"作"兵"。

〔一七〕（詔）[昭]如海濱　據殿本改，與《前書·莽傳》合。

〔一八〕驃騎大將軍武帝置自霍去病始　按：錢大昕《廿二史考異》謂去病為驃騎將軍，無"大"字。

〔一九〕鉦鼓之聲聞數百里　按：袁宏《後漢紀》"數百里"作"數十里"。《御覽》二八三引同。

〔二〇〕城中負戶而汲　按：《御覽》二八三引"戶"作"楯"。

〔二一〕謂營頭之星也　按：《御覽》三二八引"謂"上有"所"字。

〔二二〕光武遂與營部俱進　按：張文虎《舒藝室隨筆》謂"營部"不辭，《通典》一五八引"營部"上有"諸"字，《通鑑》同。"諸"字不可少。

〔二三〕賢萬人曰傑　殿本、《集解》本"賢"下有"過"字。按：《白虎通·聖人篇》作"萬人曰傑"。

〔二四〕少年子弟　按：《前書·莽傳》"子"作"朱"。殿本同，《考證》謂監本作"于"，宋本作"宋"。

〔二五〕秩（比）二千石　據《前書·百官公卿表》刪。按：《前書》云"自司隸至虎賁、校尉秩皆二千石"，此"比"字疑即"皆"字之脫其下半。

〔二六〕（並）音其物反　據《刊誤》刪。

〔二七〕袚褫　按："袚"原譌"祓"，逕據汲本、殿本改正。

〔二八〕諸（事）曹[掾]史　《刊誤》謂案文多一"事"字。按：《百官志》作"諸曹掾史"，今據改。

〔二九〕東觀記（曰）林作臨字　按：於文明衍"曰"字，今刪。

〔三〇〕王莽和（戎）[成]卒正邳彤亦舉郡降　按：《邳彤傳》"和戎"作"和成"，張煦謂當從《彤傳》。又沈家本謂按《邳彤傳》"戎"作"成"，注引《東觀記》亦作"成"，只此傳誤。《水經·濁漳水》注引作"和城"，城成書多通用也。今據改。又按：汲本"肜"作"肜"。

〔三一〕縣名屬涿郡　按：張熷謂案《前志》，薊屬廣陽國，《續志》屬廣陽郡，皆無"屬涿郡"之文。

〔三二〕有〔常〕侍曹尚書　據《刊誤》補。

〔三三〕郡〔名〕有琅邪山故城〔在〕今海州朐山縣東北　《刊誤》謂"郡"下少一"名"字，"城"下少一"在"字。今據補。

〔三四〕大肜渠帥樊重　按：《耿弇傳》"故大肜渠帥重異"，李注"重姓，異名"，此作"樊重"，似譌。

〔三五〕臧（矜）〔競〕音作鄩　按：《集解》引惠棟說，謂"矜"當作"競"，《隋書·經籍志》：《范漢音訓》三卷，陳宗道先生臧競撰。今據改。

〔三六〕乃遣吳漢率耿弇陳俊馬武等十二將軍　按："十二"當作"十四"。《集解》引惠棟說，謂《耿弇傳》光武遣弇與吳漢、景丹、蓋延、朱祐、邳肜、耿純、劉植、岑彭、祭遵、堅鐔、王霸、陳俊、馬武十三將軍，并弇為十四也。

〔三七〕臣聞帝王不可以久曠　按：李慈銘《後漢書札記》謂"王"當作"位"。

〔三八〕壇（廟）之東　據《刊誤》刪。

〔三九〕名為〔劉〕　據《刊誤》補。

〔四〇〕擊更始定國公王匡於安邑　按："公"下原衍"主"字，逕據汲本、殿本刪。

〔四一〕偏將軍朱祐為建義大將軍　按：王先謙謂"祐"當作"祜"，詳下《朱祐傳》校勘記。

〔四二〕尉平也　按：《前書》顏師古注作"廷，平也"。

〔四三〕〔故〕城在今濮州雷澤縣北也　按：張森楷《校勘記》謂"城"上當有"故"字，今據補。

〔四四〕其文曰告某官云〔云〕　據《刊誤》補。

〔四五〕以前（高）密令卓茂為太傅　據殿本《考證》引何焯說及《集解》引錢大昕說刪。按：錢氏謂茂作令在河南之密，非高密，紀衍"高"字。

〔四六〕卓以平帝時為密令　按：《集解》引何焯說，謂"卓"應改"茂"。

〔四七〕蔡質〔漢〕典職儀曰　據《刊誤》補。

〔四八〕草名也　按："草"原作"華"，逕據汲本、殿本改。

〔四九〕故立元帝為祖廟　按：《刊誤》謂以世數言之，元帝乃是光武考，非祖也，作"祖"字誤。

〔五〇〕地理群后從食　按："后"當作"神"，《續志》可證。

〔五一〕真定王楊臨邑侯讓　按：錢大昕謂劉植、耿純《傳》"楊"皆作"揚"，《耿純傳》"臨"作"林"。

〔五二〕—〔五四〕二月己酉幸修武　辛卯至自修武　三月乙未大赦天下　《校補》引洪亮吉說，謂己酉、辛卯不同月，下"三月"二字當在"辛卯"上，范史誤倒。黃山謂本年正月甲子朔，則二月己酉已屆望後矣，不惟二月無辛卯，即三月亦不當有乙未。袁《紀》書"三月乙酉，大赦天下"，不作"乙未"也。范《書》日月踳駁之處不可枚舉，書闕有間，無從悉正。

〔五五〕故真定王楊子得為真定王　汲本、殿本"得"作"德"。按：得德古通作。

〔五六〕成帝封姬延為周承休公常即延之後　按：沈家本謂按《前書·恩澤侯表》"延"作"延年"，疑此注奪"年"字。常者，延年四世孫也。惟表云更為周承休侯，與此異。

〔五七〕今姓作（賁）〔奔〕音（奔）　據《刊誤》改。

〔五八〕蕃音皮　殿本"皮"作"反"。按：張森楷《校勘記》謂《前書·地理志》注引應劭音皮，又引白裦說，陳蕃子為魯相，改讀為皮云云以實之。而胡三省據《通典》，謂"皮"乃"反"之誤，非是真有皮音。近人酷信應說，乃謂蕃通作番，番皮雙聲云云，非也。

〔五九〕故城在今勝州銀成縣　汲本、殿本"成"作"城"。按：成城古多通作。

後漢書卷一下

光武帝紀第一下

六年春正月丙辰，改舂陵鄉為章陵縣。世世復徭役，比豐、沛，無有所豫。〔1〕

【注】
〔1〕高祖（豐）沛〔豐〕邑人，〔一〕故代代復，今比之也。復音福。

辛酉，詔曰："往歲水旱蝗蟲為災，穀價騰躍，〔1〕人用困乏。朕惟百姓無以自贍，惻然愍之。其命郡國有穀者，給稟〔2〕〔二〕高年、鰥、寡、孤、獨及篤癃、無家屬貧不能自存者，如《律》。〔3〕二千石勉加循撫，無令失職。"〔4〕

【注】
〔1〕言踴貴也。
〔2〕《說文》："稟，賜穀也。"音筆錦反。
〔3〕《大戴禮》曰："六十無妻曰鰥，五十無夫曰寡。"《禮記》曰："幼而無父曰孤，老而無子曰獨。"《爾雅》曰："篤，困也。"《蒼頡篇》曰："癃，病也。"《漢律》今亡。
〔4〕職猶常也。

揚武將軍馬成等拔舒,獲李憲。

二月,大司馬吳漢拔朐,獲董憲、龐萌,山東悉平。諸將還京師,置酒賞賜。

三月,公孫述遣將任滿寇南郡。[1]

【注】
[1]今荊州也。

夏四月丙子,幸長安,始謁高廟,遂有事十一陵。[1]

【注】
[1]有事謂祭也。《左傳》曰:"有事於太廟。"高祖長陵,惠帝安陵,文帝霸陵,景帝陽陵,武帝茂陵,昭帝平陵,宣帝杜陵,元帝渭陵,成帝延陵,哀帝義陵,平帝康陵。

遣虎牙大將軍蓋延等七將軍從隴道伐公孫述。

五月己未,至自長安。

隗囂反,蓋延等因與囂戰於隴坻,諸將敗績。

辛丑,詔曰:"惟天水、隴西、安定、北地[1]吏人為隗囂所誑誤者,[2]又三輔遭難赤眉,有犯法不道者,[3]自殊死以下,皆赦除之。"

【注】
[1]並郡名。天水今秦州,安定今涇州,北地今寧州,隴西今渭州。
[2]《說文》曰:"誑亦誤也。"音古賣反。
[3]《前書音義》曰:"《律》:殺不辜一家三人為不道。"

六月辛卯,詔曰:"夫張官置吏,所以為人也。[1]今百姓遭難,戶口耗少,而縣官吏職所置尚繁,其令司隸、州牧[2]各實所部,省減吏員。縣國不足置長吏可并合者,[3]上大司徒、大司空二府。"於是條奏并省四百餘縣,吏職減損,十置其一。

【注】
[1]《管子》曰:"張官置吏,所以奉主之法。"
[2]《漢官儀》曰:"司隸校尉部河南、河內、右扶風、左馮翊、京兆、河東、弘農七郡於河南洛陽,故謂東京為'司隸'。"
[3]并音必政反。

代郡太守劉興擊盧芳將賈覽於高柳,戰歿。[1]

【注】
[1]高柳,縣,屬代郡,故城在今雲州定襄縣。

初,樂浪人王調據郡不服。[1]秋,遣樂浪太守王遵擊之,郡吏殺調降。

【注】
[1]樂浪,郡,故朝鮮國也,在遼東。

遣前將軍李通率二將軍,與公孫述將戰於西城,破之。[1]

【注】
[1]西城,縣,屬漢中,今金州縣也。

夏,蝗。
秋九月庚子,赦樂浪謀反大逆殊死已下。
丙寅晦,日有食之。

冬十月丁丑，詔曰："吾德薄不明，寇賊為害，彊弱相陵，元元失所。《詩》云：'日月告凶，不用其行。'〔1〕永念厥咎，內疚於心。〔2〕其勑公卿舉賢良方正各一人；〔3〕百僚並上封事，無有隱諱；〔4〕有司修職，務遵法度。"

【注】

〔1〕《詩·小雅》鄭玄注云："告凶，告天下凶亡之徵也。行，道度也。不用之者，謂相干犯。"

〔2〕疚，病也。《詩》曰："憂心孔疚。"

〔3〕武帝建元元年，始詔舉賢良方正、直言極諫之士也。

〔4〕宣帝始令群臣得奏封事，以知下情。

十一月丁卯，詔王莽時吏人沒入為奴婢不應舊法者，皆免為庶人。

十二月壬辰，大司空宋弘免。

癸巳，詔曰："頃者師旅未解，用度不足，故行什一之稅。〔1〕〔三〕今軍士屯田，糧儲差積。〔2〕其令郡國收見田租三十稅一，如舊制。"〔3〕

【注】

〔1〕謂十分而稅其一也。《孟子》曰："夏五十而貢，殷七十而助，周百畝而徹，其實皆什一也。"

〔2〕武帝初通西域，始置校尉屯田。

〔3〕景帝二年，令人田租三十而稅一，今依景帝，故云"舊制"。

隗囂遣將行巡寇扶風，〔1〕征西大將軍馮異拒破之。

【注】

〔1〕行，姓；巡，名。漢有行祐，為趙相，見《風俗通》。

是歲，初罷郡國都尉官。〔四〕始遣列侯就國。匈奴遣使來獻，使中郎將報命。〔1〕

【注】
〔1〕《漢官儀》曰："使匈奴中郎將，擁節，〔五〕秩比二千石。"《匈奴傳》云："令中郎將韓統報命，賂遺金幣。"

七年春正月丙申，詔中都官、三輔、郡、國出繫囚，非犯殊死，皆一切勿案其罪。見徒免為庶（民）〔人〕，〔六〕耐罪亡命，吏以文除之。〔1〕

【注】
〔1〕耐，輕刑之名。《前書音義》曰："一歲刑為罰作，二歲刑已上為耐。"耐音乃代反。亡命謂犯耐罪而背名逃者。令吏為文簿，記其姓名而除其罪，恐遂逃不歸，因失名籍。

又詔曰："世以厚葬為德，薄終為鄙，至于富者奢僭，貧者單財，〔1〕法令不能禁，禮義不能止，倉卒乃知其咎。〔2〕其布告天下，令知忠臣、孝子、慈兄、悌弟薄葬送終之義。"

【注】
〔1〕單，盡也。
〔2〕倉卒謂喪亂也。諸厚葬者皆被發掘，故乃知其咎。咎，惡也。

二月辛巳，罷護漕都尉官。
三月丁酉，詔曰："今國有眾軍，並多精勇，宜且罷輕車、騎士、材官、樓船士及軍假吏，〔1〕令還復民伍。"

【注】

〔1〕《漢官儀》曰:"高祖命天下郡國選能引關蹶張,材力武猛者,以為輕車、騎士、材官、樓船,常以立秋後講肄課試,各有員數。平地用車騎,山阻用材官,水泉用樓船。"軍假吏謂軍中權置吏也。今悉罷之。

公孫述立隗囂為朔寧王。

癸亥晦,日有食之,避正殿,寢兵,不聽事五日。詔曰:"吾德薄致災,謫見日月,〔1〕戰慄恐懼,夫何言哉!今方念怨,庶消厥咎。其令有司各修職任,奉遵法度,惠茲元元。百僚各上封事,無有所諱。其上書者,不得言聖。"

【注】

〔1〕謫,責也。音直革反。《左傳》曰:"人君為政不用善,自取謫於日月之災也。"

夏四月壬午,詔曰:"比陰陽錯謬,日月薄食。百姓有過,在予一人,大赦天下。公、卿、司隸、州牧舉賢良方正各一人,遣詣公車,朕將覽試焉。"〔1〕

【注】

〔1〕公車,門名。公車所在,因以名焉。《漢官儀》曰:"公車〔司馬〕掌殿司馬門,〔七〕天下上事及徵召皆總領之。"

五月戊戌,前將軍李通為大司空。

甲寅,詔吏人遭饑亂及為青、徐賊所略為奴婢下妻,欲去留者,恣聽之。〔1〕敢拘制不還,以賣人法從事。〔2〕

【注】
〔1〕杜預〔注〕《左傳》云〔八〕:"不以道取為略。"
〔2〕言從賣人之事以結其罪。

是夏,連雨水。
漢忠將軍王常為橫野大將軍。
八月丁亥,封前河閒王邵為河閒王。
隗囂寇安定,征西大將軍馮異、征虜將軍祭遵擊却之。
冬,盧芳所置朔方太守田颯、〔1〕雲中太守喬扈各舉郡降。

【注】
〔1〕音立。

是歲,省長水、射聲二校尉官。〔1〕

【注】
〔1〕《前書音義》曰:"長水,地名,胡騎所屯。射聲謂工射者也,夜中聞聲則射之,因以為名。"二校尉皆武帝置,今省之。

八年春正月,中郎將來歙襲略陽,〔1〕殺隗囂守將而據其城。

【注】
〔1〕縣名,屬天水郡,故城在今秦州隴城縣西北。

夏四月,司隸校尉傅抗下獄死。
隗囂攻來歙,不能下。閏月,帝自征囂,河西(太守)[大將軍]竇融〔九〕率五郡太守與車駕會高平。〔1〕隴右潰,隗囂奔西城,遣大司馬吳漢、征南大將軍岑彭圍之;進幸上邽,不降,〔2〕命虎牙大將軍蓋延、建威大將軍耿弇攻之。

【注】
〔1〕五郡謂隴西、金城、天水、酒泉、張掖。高平，縣名，屬安定，後改為（高）平〔高〕，〔一〇〕今原州縣。
〔2〕上邽，縣名，屬隴西郡，故邽戎邑，今秦州縣。

潁川盜賊寇沒屬縣，河東守守兵亦叛，〔一〕京師騷動。
秋，大水。
八月，帝自上邽晨夜東馳。九月乙卯，車駕還宮。
庚申，帝自征潁川盜賊，皆降。
安丘侯張步叛歸琅邪，〔1〕琅邪太守陳俊討獲之。

【注】
〔1〕安丘，縣，屬北海郡，今密州縣，有渠丘亭。

戊寅，至自潁川。
冬十月丙午，幸懷。十一月乙丑，至自懷。
公孫述遣兵救隗囂，吳漢、蓋延等還軍長安。天水、隴西復反歸囂。
十二月，高句麗王遣使奉貢。
是歲大水。〔1〕

【注】
〔1〕《左傳》曰："平原出水為大水。"

九年春正月，隗囂病死，其將王元、周宗復立囂子純為王。
徙鴈門吏人於太原。

三月辛亥，初置青巾左校尉官。
公孫述遣將田戎、任滿據荆門。[1]

【注】
[1]《水經注》曰："江水東歷荆門、虎牙之間。荆門山在南，上合下開，其狀似門，虎牙山在北，石壁色紅，閒有白文類牙，故以名也。此二山，楚之西塞也。"在今硤州夷陵縣東南。

夏六月丙戌，幸緱氏，登轘轅。[1]

【注】
[1]緱氏縣有緱氏山，轘轅山有轘轅坂，並在洛陽之東南。

遣大司馬吳漢率四將軍擊盧芳將賈覽於高柳，戰不利。秋八月，遣中郎將來歙監征西大將軍馮異等五將軍討隗純於天水。驃騎大將軍杜茂與賈覽戰於繁畤，[1]茂軍敗績。

【注】
[1]縣名，屬雁門郡，今代州縣。

是歲，省關都尉，[1]復置護羌校尉官。[2]

【注】
[1]《前書》曰秦官也，武帝置。
[2]《漢官儀》曰："武帝置，秩比二千石，持節，以護西羌。王莽亂，遂罷。"時班彪議，宜復其官，以理冤結。帝從之，以牛邯為護羌校尉，都於隴西令居縣。

十年春正月，大司馬吳漢率捕虜將軍王霸等五將軍擊賈覽於高柳，匈奴遣騎救覽，諸將與戰，卻之。

修理長安高廟。

夏，征西大將軍馮異破公孫述將趙匡於天水，斬之。征西大將軍馮異薨。

秋八月己亥，幸長安，祠高廟，遂有事十一陵。

戊戌，進幸汧。〔1〕隗囂將高峻降。

【注】
〔1〕縣名，屬右扶風，故城在今隴州汧源縣。

冬十月，中郎將來歙等大破隗純於落門，〔1〕其將王元奔蜀，純與周宗降，隴右平。

【注】
〔1〕《前書》曰天水冀縣有落門聚，在今渭州隴西縣東南；有落門山，落門水出焉。

先零羌寇金城、隴西，〔1〕來歙率諸將擊羌於五谿，大破之。〔2〕

【注】
〔1〕金城，郡，故城在今蘭州〔一二〕廣武縣之西南。
〔2〕《續漢志》曰隴西襄武縣有五谿聚。

庚寅，車駕還宮。

是歲，省定襄郡，〔1〕徙其民於西河。〔2〕泗水王歙薨。淄川王終薨。

【注】
〔1〕定襄故城在今勝州界。
〔2〕郡名,今石州離石縣。

十一年春二月己卯,詔曰:"天地之性人為貴。其殺奴婢,不得減罪。"
[三月]己酉,幸南陽;〔一三〕還,幸章陵,祠園陵。
城陽王祉薨。
庚午,車駕還宮。
閏月,征南大將軍岑彭率三將軍與公孫述將田戎、任滿戰於荊門,大破之,獲任滿。威虜將軍馮駿圍田戎於江州,〔1〕岑彭遂率舟師伐公孫述,平巴郡。

【注】
〔1〕縣名,屬巴郡,今渝州巴縣。

夏四月丁卯,省大司徒司直官。〔1〕

【注】
〔1〕《漢官儀》曰:"武帝置丞相司直,元壽二年改丞相為大司徒,司直仍舊。"今省。

先零羌寇臨洮。〔1〕

【注】
〔1〕縣名,屬隴西郡,故城在今岷州。

六月,中郎將來歙率揚武將軍馬成破公孫述將王元、環安於下辯。[1]安遣閒人刺殺中郎將來歙。[2]帝自將征公孫述。秋七月，次長安。[3]八月，岑彭破公孫述將侯丹於黃石。[4]輔威將軍臧宮與公孫述將延岑戰於沈水，大破之。[5]王元降。至自長安。

【注】
〔1〕縣名，屬武都郡，今成州同谷縣，舊名武衛城。
〔2〕閒，諜也，謂伺候閒隙也。
〔3〕《左傳例》曰："凡師出一宿為舍，再宿為信，過信為次。"
〔4〕即黃石灘也。《水經注》曰："江水自涪陵東出百里而屆于黃石。"在今涪州涪陵縣。
〔5〕《水經注》曰："沈水出廣漢縣，下入涪水。"本或作"沉水"及"沇水"者，並非。[一四]

癸亥，詔曰："敢炙灼奴婢，論如律，免所炙灼者為庶（民）[人]。"
冬十月壬午，詔除奴婢射傷人棄市律。
公孫述遣閒人刺殺征南大將軍岑彭。
馬成平武都，因隴西太守馬援擊破先零羌，徙致天水、隴西、扶風。
十二月，大司馬吳漢率舟師伐公孫述。
是歲，省朔方牧，并并州。[1][一五]初斷州牧自還奏事。[2]

【注】
〔1〕朔方，郡，在今夏州朔方縣北。上并音必政反。
〔2〕《前書音義》曰"刺史每歲盡則入奏事京師"，今斷之。哀帝改刺史曰州牧。

十二年春正月，大司馬吳漢與公孫述將史興戰於武陽，斬之。[1]

【注】
〔1〕武陽，縣，屬犍為郡，故城在今眉州隆山縣東也。

三月癸酉，詔隴、蜀民被略為奴婢自訟者，及獄官未報，一切免為庶〔民〕[人]。
夏，甘露降南行唐。〔1〕六月，黃龍見東阿。〔2〕〔一六〕

【注】
〔1〕縣名，屬常山郡，今恒州縣。
〔2〕今濟州縣。

秋七月，威虜將軍馮駿拔江州，獲田戎。九月，吳漢大破公孫述將謝豐于廣都，斬之。〔1〕輔威將軍臧宮拔涪城，斬公孫恢。〔2〕

【注】
〔1〕廣都，今益州。
〔2〕涪城，今綿州縣也。恢，述之弟。

大司空李通罷。
冬十一月戊寅，吳漢、臧宮與公孫述戰於成都，大破之。述被創，夜死。辛巳，吳漢屠成都，〔一七〕夷述宗族及延岑等。〔1〕

【注】
〔1〕《廣雅》曰："夷猶滅也。"

十二月辛卯，揚武將軍馬成行大司空事。
是歲，九真徼外蠻夷張遊率種人內屬，〔1〕封為歸漢里君。省金城郡屬隴西。參狼羌寇武都，〔2〕隴西太守馬援討降之。詔邊吏力不足戰則守，追虜料敵不拘以逗留法。[3]橫野大將軍王常薨。遣驃騎大將軍杜茂將衆郡施刑屯北邊,[4]築亭候,[5]修烽燧。[6]

【注】

[1]九真,今愛州縣。

[2]武都,今武州也。參音所今反。

[3]《說文》曰:"逗,留止也。"《前書音義》曰:"逗是曲行避敵也。"漢法,軍行逗留畏懦者斬。追虜或近或遠,量敵進退,不拘以軍法,直取勝敵為務也。逗,古住字。

[4]施,讀曰弛。弛,解也。《前書音義》曰:"謂有赦令去其鉗釱[一八]赭衣,謂之弛刑。"

[5]亭候,伺候望敵之所。《前書》曰,秦法十里一亭,亭有長,漢因之不改。

[6]《前書音義》曰:"邊方備警急,作高土臺,臺上作桔皋,桔皋頭有兜零,以薪草置其中,常低之,有寇即燃火舉之,以相告,曰烽。又多積薪,寇至即燔之,望其煙,曰燧。晝則燔燧,夜乃舉烽。"《廣雅》曰:"兜零,籠也。"

十三年春正月庚申,大司徒侯霸薨。

戊子,詔曰:"往年已勑郡國,異味不得有所獻御,今猶未止,非徒有豫養導擇之勞,[1]至乃煩擾道上,疲費過所。其令太官勿復受。[2]明勑下以遠方口實所以薦宗廟,自如舊制。"[3]

【注】

[1]豫養謂未至獻時豫前養之。導亦擇也。

[2]《續漢志》曰:"太官令一人,秩六百石,掌御膳飲食。"

[3]《漢官儀》曰:"口實,膳羞之事也。"

二月,遣捕虜將軍馬武屯虖沱河以備匈奴。盧芳自五原亡入匈奴。

丙辰，詔曰："長沙王興、真定王得、河閒王邵、中山王茂，皆襲爵為王，不應經義。〔1〕其以興為臨湘侯，〔2〕得為真定侯，邵為樂成侯，〔3〕茂為單父侯。"〔4〕其宗室及絕國封侯者凡一百三十七人。丁巳，降趙王良為趙公，太原王章為齊公，魯王興為魯公。庚午，以殷紹嘉公孔安為宋公，〔一九〕周承休公姬（常）［武］為衞公。〔二〇〕省并西京十三國：〔二一〕廣平屬鉅鹿，真定屬常山，河閒屬信都，城陽屬琅邪，泗水屬廣陵，淄川屬高密，〔二二〕膠東屬北海，六安屬廬江，廣陽屬上谷。〔5〕

【注】
〔1〕以其服屬既疏，不當襲爵為王。
〔2〕臨湘，縣，今潭州長沙縣。
〔3〕樂成，縣，故城在今瀛州樂（府）［壽］縣西北。〔二三〕
〔4〕今宋州縣。音善甫。
〔5〕據此惟有九國，云"十三"，誤也。

三月辛未，沛郡太守韓歆為大司徒。丙子，行大司空馬成罷。
夏四月，大司馬吳漢自蜀還京師，於是大饗將士，班勞策勳。〔1〕功臣增邑更封，凡三百六十五人。其外戚恩澤封者四十五人。罷左右將軍官。〔2〕建威大將軍耿弇罷。

【注】
〔1〕班，布也。謂徧布勞來之。其有功者，以策書紀其勳也。勞音力到反。
〔2〕《前書》曰左右將軍，周官也，秦、漢因之。至此罷。

益州傳送公孫述瞽師、郊廟樂器、葆車、輿輦，於是法物始備。〔1〕時兵革既息，天下少事，文書調役，務從簡寡，〔2〕至乃十存一焉。

【注】
〔1〕瞽，無目之人也。為樂師，取其無所見，於音聲審也。郊廟之器，罇彝之屬也。[二四]樂器，鍾磬之屬。葆車謂上建羽葆也。合聚五采羽名為葆。輿者，車之總名也。輦者，駕人以行。法物謂大駕鹵簿儀式也。時草創未暇，今得之始備。
〔2〕調謂發也。

甲寅，冀州牧竇融為大司空。
五月，匈奴寇河東。
秋七月，廣漢徼外白馬羌豪率種人內屬。〔1〕

【注】
〔1〕廣漢，今益州雒縣也。徼猶塞也，音吉弔反。羌有百五十四種，在廣漢西北者為白馬羌。

九月，日南徼外蠻夷獻白雉、白兔。〔1〕

【注】
〔1〕日南，郡，屬交州。

冬十二月甲寅，詔益州民自八年以來被略為奴婢者，〔1〕皆一切免為庶(民)[人]；或依託為人下妻，欲去者，恣聽之；敢拘留者，比青、徐二州以略人法從事。

【注】
〔1〕謂公孫述時也。

復置金城郡。〔1〕

【注】
〔1〕前年省并隴西。

十四年春正月，起南宫前殿。
匈奴遣使奉獻，使中郎將報命。[1]

【注】
〔1〕中郎將劉襄也。

夏四月辛巳，封孔子後志為襃成侯。[1]

【注】
〔1〕平帝封孔均為襃成侯。志，均子也。《古今志》曰志時為密令。

越巂人任貴自稱太守，遣使奉計。[1]

【注】
〔1〕越巂，郡，武帝置，本邛都也。巂，水名，因越巂水而置郡，故以名焉。計謂人庶名籍，若今計帳。

秋九月，平城人賈丹殺盧芳將尹由來降。[1]

【注】
〔1〕平城屬鴈門郡，今雲州定襄縣也。

是歲，會稽大疫。[1]莎車國、鄯善國遣使奉獻。[2]

【注】
〔1〕會稽，今越州縣。
〔2〕莎車、鄯善，並西域國名。鄯音市戰反。

十二月癸卯，詔益、涼二州奴婢，自八年以來自訟在所官，一切免為庶（民）[人]，賣者無還直。

十五年春正月辛丑，大司徒韓歆免，自殺。〔1〕

【注】
〔1〕事見《侯霸傳》。

丁未，有星孛於昴。〔二五〕
汝南太守歐陽歙為大司徒。建義大將軍朱祐罷。
丁未，有星孛於營室。〔二六〕
二月，徙鴈門、代郡、上谷三郡民，置常[山]關、〔二七〕居庸關以東。〔1〕

【注】
〔1〕《前書》曰代郡有常山關，上谷郡居庸縣有關。時胡寇數犯邊，故徙之。

初，巴蜀既平，大司馬吳漢上書請封皇子，不許，重奏連歲。三月，乃詔群臣議。大司空融、固始侯通、膠東侯復、高密侯禹、太常登等奏議曰："古者封建諸侯，以藩屏京師。〔1〕周封八百，〔2〕同姓諸姬並為建國，〔3〕夾輔王室，尊事天子，享國永長，為後世法。故《詩》云：'大啟爾宇，為周室輔。'〔4〕高祖聖德，光有天下，亦務親親，封立兄弟諸子，不違舊章。陛下德橫天地，興復宗統，褒德賞勳，親睦九族,〔5〕功臣宗室,咸蒙封爵,多受廣地,或連屬縣。今皇子賴天,能勝衣趨拜,陛下恭謙克讓,抑而未議,群臣百姓,莫不失望。宜因盛夏吉時,定號位,以廣藩輔,〔6〕明親親,尊宗廟,重社稷,應古合舊,厭塞衆心。臣請大司空上輿地圖,〔7〕太常擇吉日,具禮儀。"制曰:"可。"

【注】
〔1〕藩,籬也。屏,蔽也。《詩·大雅》曰:"介人維藩,大邦維屏。"毛萇注曰:"當用公卿諸侯為藩屏也。"《公羊傳》曰:"京者何?大也。師者何?衆也。天子之居,必(有)[以]衆大之辭言之。"〔二八〕

〔2〕《史記》曰"唐、虞協和萬國,逮于夏、商,或數千,蓋周封八百"也。

〔3〕《左傳》曰:"虞、虢、焦、滑、霍、楊、韓、魏,皆姬姓也。"

〔4〕《詩·魯頌》也。宇,居也。周成王封周公子伯禽於魯。言大開爾居,以為我周家之輔。

〔5〕孔安國注《尚書》云:"九族謂上至高祖,〔二九〕下至玄孫。"

〔6〕《禮記·月令》:"天子孟夏迎夏於南郊,還,乃封諸侯,行爵出祿。"

〔7〕《廣雅》曰:"輿,載也。"言載在地者,皆圖畫之。司空掌土地,故命上之。

夏四月戊申,以太牢告祠宗廟。丁巳,使大司空融告廟,封皇子輔為右翊公,英為楚公,陽為東海公,康為濟南公,蒼為東平公,延為淮陽公,荊為山陽公,衡為臨淮公,焉為左翊公,京為琅邪公。癸丑,追謚兄伯升為齊武公,兄仲為魯哀公。

六月庚午,復置屯騎、長水、射聲三校尉官;〔1〕改青巾左校尉為越騎校尉。

【注】
〔1〕七年罷。

詔下州郡檢覈墾田頃畝[1]及户口年紀,又考實二千石長吏阿枉不平者。

【注】
〔1〕墾,闢也。

冬十一月甲戌,大司徒歐陽歙下獄死。十二月庚午,關内侯戴涉為大司徒。
盧芳自匈奴入居高柳。
是歲,驃騎大將軍杜茂免。虎牙大將軍蓋延薨。

十六年春二月,交阯女子徵側反,略有城邑。
三月辛丑晦,日有蝕之。
秋九月,河南尹張伋及諸郡守十餘人,坐度田不實,皆下獄死。[1]

【注】
〔1〕《東觀記》曰:"刺史太守多為詐巧,不務實核,苟以度田為名,聚人田中,並度廬屋里落,聚人遮道啼呼。"

郡國大姓及兵長、群盜處處並起,攻劫在所,害殺長吏。郡縣追討,到則解散,去復屯結。青、徐、幽、冀四州尤甚。冬十月,遣使者下郡國,聽群盜自相糾擿,[1]五人共斬一人者,除其罪。吏雖逗留回避故縱者,皆勿問,聽以禽討為效。其牧守令長坐界内盜賊而不收捕者,又以畏懦捐城委守者,皆不以為負,[2]但取獲賊多少為殿最,[3]唯蔽匿者乃罪之。於是更相追捕,賊並解散。徙其魁帥於它郡,賦田受稟,使安生業。自是牛馬放牧，邑門不閉。

【注】
〔1〕擿猶發也。音它狄反。
〔2〕委守謂弃其所守也。
〔3〕殿，後也。謂課居後也。最，凡要之首也。言課居先也。

盧芳遣使乞降。十二月甲辰，封芳為代王。
初，王莽亂後，貨幣雜用布、帛、金、粟。是歲，始行五銖錢。[1]

【注】
〔1〕武帝始為五銖錢，王莽時廢，今始行之。

十七年春正月，趙公良薨。
二月乙（亥）［未］晦，[三〇]日有食之。[1]

【注】
〔1〕《東觀記》曰："上以日食避正殿，讀圖讖多，御坐廡下淺露，中風發疾，苦眩甚。左右有白大司馬史，病苦如此，不能動搖。自強從公，出乘，以車行數里，病差。四月二日，車駕宿偃師。病差數日，入南陽界，到葉。以車騎省，留數日行，黎陽兵馬千餘匹，遂到章陵，起居平愈。"

夏四月乙卯，[三一]南巡狩，皇太子及右翊公輔、楚公英、東海公陽、濟南公康、東平公蒼從，幸潁川，進幸葉、章陵。[1]五月乙卯，車駕還宫。

【注】
〔1〕葉，縣，故楚葉公邑，屬南［陽］郡，[三二]今許州縣也。葉音式涉反。

六月癸巳,臨淮公衡薨。

秋七月,妖巫李廣等群起據皖城,[1]遣虎賁中郎將馬援、驃騎將軍段志討之。九月,破皖城,斬李廣等。

【注】
[1]縣名,屬廬江郡,故城在今舒州,有皖水。音下板反。

冬十月辛巳,廢皇后郭氏為中山太后,立貴人陰氏為皇后。進右翊公輔為中山王,食常山郡。[1]其餘九國公,皆即舊封進爵為王。

【注】
[1]本恆山郡,避文帝諱改為常山,故城在今趙州元氏縣西。

甲申,幸章陵。脩園廟,祠舊宅,觀田廬,置酒作樂,賞賜。時宗室諸母因酣悅,相與語曰:"文叔少時謹信,與人不款曲,唯直柔耳。今乃能如此!"帝聞之,大笑曰:"吾理天下,亦欲以柔道行之。"乃悉為舂陵宗室起祠堂。有五鳳皇見於潁川之郟縣。[1]十二月,至自章陵。

【注】
[1]郟,今汝州郟城縣也。《東觀記》曰:"鳳高八尺,五彩,群鳥並從,行列蓋地數頃,停一十七日。"

是歲,莎車國遣使貢獻。

十八年春二月,蜀郡守將史歆叛,遣大司馬吳漢率二將軍討之,圍成都。

甲寅,西巡狩,幸長安。三月壬午,祠高廟,遂有事十一陵。歷馮

翊界，進幸蒲坂，祠后土。〔1〕夏四月（甲戌）〔癸酉〕，車駕還宮。〔三三〕

【注】
〔1〕《漢官儀》曰："祭地於河東汾陰后土宮。宮曲入河，古之祭地，澤中方丘也。以夏至日祭，其禮儀如祭天。"蒲坂，縣，屬河東郡。后土祠在今蒲州汾陰縣西北。

（癸酉）〔甲戌〕，詔曰〔三四〕："今邊郡盜穀五十斛，罪至於死，開殘吏妄殺之路，其蠲除此法，同之內郡。"
遣伏波將軍馬援率樓船將軍段志等擊交阯賊徵側等。
（戊）〔甲〕申，幸河內。〔三五〕戊子，至自河內。
五月，旱。
盧芳復亡入匈奴。
秋七月，吳漢拔成都，斬史歆等。壬戌，赦益州所部殊死已下。
冬十月庚辰，幸宜城。〔1〕還，祠章陵。十二月乙丑，車駕還宮。

【注】
〔1〕縣，屬南郡，楚之鄢邑也，故城在今襄州率道縣南。

是歲，罷州牧，置刺史。〔1〕

【注】
〔1〕武帝元封五年初置部刺史，掌奉詔條察州，秩六百石，員十三人。成帝綏和元年更名牧，秩二千石。哀帝建平二年復為刺史，元壽二年復為牧。經王莽變革，至建武元年復置牧，今改置刺史。

十九年春正月庚子，追尊孝宣皇帝曰中宗。始祠昭帝、元帝於太廟，〔1〕〔三六〕成帝、哀帝、平帝於長安，舂陵節侯以下四世於章陵。

【注】

〔1〕《漢官儀》曰："光武第雖十二，〔三七〕於父子之次，於成帝為兄弟，於哀帝為諸父，於平帝為祖父，〔三八〕皆不可為之後。上至元帝，於光武為父，故上繼元帝而為九代。故《河圖》云'赤九會昌'，謂光武也。"然則宣帝為（曾）祖，〔三九〕故追尊及祠之。

妖巫單臣、傅鎮等反，據原武，遣太中大夫臧宮圍之。夏四月，拔原武，斬臣、鎮等。

伏波將軍馬援破交阯，斬徵側等。因擊破九真賊都陽等，降之。

閏月戊申，進趙、齊、魯三國公爵為王。

六月戊申，詔曰："《春秋》之義，立子以貴。〔1〕東海王陽，皇后之子，宜承大統。皇太子彊，崇執謙退，願備藩國。父子之情，重久違之。其以彊為東海王，立陽為皇太子，改名莊。"

【注】

〔1〕《公羊傳》曰："立嫡以長不以賢，立子以貴不以長。桓公何以貴？母貴也。母貴則子〔何以〕貴？〔四〇〕子以母貴，母以子貴。"

秋九月，南巡狩。壬申，幸南陽，進幸汝南南頓縣舍，置酒會，賜吏人，復南頓田租歲。父老前叩頭言："皇考居此日久，陛下識知寺舍，〔1〕每來輒加厚恩，願賜復十年。"帝曰："天下重器，常恐不任，日復一日，安敢遠期十歲乎？"吏人又言："陛下實惜之，何言謙也？"帝大笑，復增一歲。進幸淮陽、梁、沛。

【注】

〔1〕蔡邕《獨斷》曰："陛，階陛也。與天子言不敢指斥，故云陛下。"《風俗通》曰："寺，司也。諸官府所止皆曰寺。"光武嘗從皇考至南頓，故識知官府舍宇。

西南夷寇益州郡，[1]遣武威將軍劉尚討之。越巂太守任貴謀叛，十二月，劉尚襲貴，誅之。

【注】
[1]常璩《華陽國志》云："武帝元封二年叟夷反，將軍郭昌討平之，因開為益州郡。"故城在今昆州晉寧縣是也。

是歲，復置函谷關都尉。[1]修西京宫室。

【注】
[1]九年省，今復置。

二十年春二月戊子，車駕還宫。
夏四月庚辰，大司徒戴涉下獄死。[1]大司空竇融免。

【注】
[1]《古今注》曰："坐入故太倉令奚涉罪。"

五月辛亥，大司馬吳漢薨。
匈奴寇上黨、天水，遂至扶風。
六月庚寅，廣漢太守蔡茂為大司徒，太僕朱浮為大司空。壬辰，左中郎將劉隆為驃騎將軍，行大司馬事。[1]

【注】
[1]武帝省太尉，置大司馬將軍；成帝賜金印紫綬，置官屬，禄比丞相；哀帝去將軍，位在司徒上。見《前書》。

乙未，徙中山王輔為沛王。

秋，東夷韓國人率衆詣樂浪內附。[1]

【注】
[1]東夷有辰韓、卞韓、馬韓，謂之三韓國也。

冬十月，東巡狩。甲午，幸魯，進幸東海、楚、沛國。
十二月，匈奴寇天水。
壬寅，車駕還宮。
是歲，省五原郡，徙其吏人置河東。復濟陽縣傜役六歲。

二十一年春正月，武威將軍劉尚破益州夷，平之。
夏四月，安定屬國胡叛，屯聚青山，[1]遣將兵長史陳訢討平之。[2]

【注】
[1]青山在今慶州馬嶺縣西北。
[2]訢音欣。

秋，鮮卑寇遼東，遼東太守祭肜大破之。
冬十月，遣伏波將軍馬援出塞擊烏桓，不克。
匈奴寇上谷、中山。
其冬，鄯善王、車師王等十六國[四一]皆遣子入侍奉獻，願請都護。[1]帝以中國初定，未遑外事，乃還其侍子，厚加賞賜。

【注】
[1]都護，宣帝置，始以鄭吉為之，秩比二千石。都，總也。言總護南北道。居烏壘城，察西域諸國動靜以聞。事見《前書》。

二十二年春閏月丙戌，幸長安，祠高廟，遂有事十一陵。二月己巳，至自長安。

夏五月乙未晦，日有食之。

秋七月，司隸校尉蘇鄴下獄死。

九月戊辰，地震裂。制詔曰〔四二〕："日者地震，南陽尤甚。夫地者，任物至重，靜而不動者也。而今震裂，咎在君上。鬼神不順無德，災殃將及吏人，朕甚懼焉。其令南陽勿輸今年田租芻稾。遣謁者案行，其死罪繫囚在戊辰以前，減死罪一等；徒皆弛解鉗，〔四三〕衣絲絮。[1]賜郡中居人壓死者棺錢，人三千。其口賦逋稅而廬宅尤破壞者，勿收責。[2]吏人死亡，或在壞垣毀屋之下，而家贏弱不能收拾者，其以見錢穀取傭，為尋求之。"

【注】

[1]弛，解脫也。《倉頡篇》曰："鉗，釱也。"音奇炎反。《前書音義》曰："釱，足鉗也。"音徒計反，又大蓋反。舊法，在徒役者不得衣絲絮，今赦許之。

[2]《漢儀注》曰："人年十五至五十六出賦錢，人百二十，為一算。又七歲至十四出口錢，人二十，以供天子；至武帝時又口加三錢，以補車騎馬。"逋稅謂欠田租也。

冬十月壬子，大司空朱浮免。癸丑，光祿勳杜林為大司空。

是歲，齊王章薨。青州蝗。匈奴薁鞬日逐王比[1]遣使詣漁陽請和親，使中郎將李茂報命。烏桓擊破匈奴，匈奴北徙，幕南地空。[2]詔罷諸邊郡亭候吏卒。

【注】

[1]薁音於六反。鞬音紀言反。比，其名也。

[2]《前書音義》曰："沙土曰幕，即今磧也。"

二十三年春正月，南郡蠻叛，遣武威將軍劉尚討破之，徙其種人於江夏。〔1〕

【注】
〔1〕郡名，故城在今安州雲夢縣東南。

夏五月丁卯，大司徒蔡茂薨。
秋八月丙戌，大司空杜林薨。
九月辛未，陳留太守玉況為大司徒。〔1〕

【注】
〔1〕況字文伯，京兆人。玉音肅。

冬十月丙申，太僕張純為大司空。
高句麗率種人詣樂浪內屬。
十二月，武陵蠻叛，寇掠郡縣，遣劉尚討之，戰於沅水，〔1〕尚軍敗歿。

【注】
〔1〕武陵，郡，今朗州也。沅，水名，出牂柯，東北過臨沅縣，至長沙入洞庭湖。

是歲，匈奴薁鞬日逐王比率部曲遣使詣西河內附。

二十四年春正月乙亥，大赦天下。
匈奴薁鞬日逐王比遣使款五原塞，求扞禦北虜。
秋七月，武陵蠻寇臨沅，〔1〕遣謁者李嵩、中山太守馬成討蠻，不克，於是伏波將軍馬援率四將軍討之。

【注】
〔1〕縣名，屬武陵郡，故城在今朗州武陵縣。

詔有司申明舊制阿附蕃王法。[1]

【注】
〔1〕武帝時有淮南、衡山之謀，作左官之律，設附益之法。《前書音義》曰："人道尚右，言捨天子，仕諸侯為左官。左，僻也。"阿曲附益王侯者，將有重法。是為舊制，今更申明之。

冬十月，匈奴薁鞬日逐王比自立為南單于，於是分為南、北匈奴。

二十五年春正月，遼東徼外貊人[1]寇右北平、漁陽、上谷、太原，[四四]遼東太守祭肜招降之。烏桓大人來朝。[2]

【注】
〔1〕貊人，穢貊國人也。貊音陌。
〔2〕大人謂渠帥也。[四五]

南單于遣使詣闕貢獻，奉蕃稱臣；又遣其左賢王擊破北匈奴，却地千餘里。三月，南單于遣子入侍。
戊申晦，日有食之。
伏波將軍馬援等破武陵蠻於臨沅。冬十月，叛蠻悉降。
夫餘王遣使奉獻。[1]

【注】
〔1〕夫餘國在海東，去玄菟千里餘。

是歲，烏桓大人率衆內屬，詣闕朝貢。

二十六年［春］正月，〔四六〕詔有司增百官奉。〔1〕其千石已上，減於西京舊制；六百石已下，增於舊秩。

【注】
〔1〕《續漢志》曰："大將軍、三公奉月三百五十斛，秩中二千石奉月百八十斛，二千石月百二十斛，比二千石月百斛，千石月九十斛，比千石月八十斛，六百石月七十斛，比六百石月五十五斛，四百石月五十斛，比四百石月四十五斛，三百石月四十斛，比三百石月三十七斛，二百石月三十斛，比二百石月二十七斛，百石月十六斛，斗食月十一斛，佐史月八斛。凡諸受奉，錢穀各半。"奉音扶用反。

初作壽陵。〔1〕將作大匠竇融上言園陵廣袤，無慮所用。〔2〕帝曰："古者帝王之葬，皆陶人瓦器，木車茅馬，〔3〕使後世之人不知其處。太宗識終始之義，景帝能述遵孝道，遭天下反覆，而霸陵獨完受其福，豈不美哉！〔4〕今所制地不過二三頃，無為山陵，陂池裁令流水而已。"〔5〕

【注】
〔1〕初作陵未有名，故號壽陵，蓋取久長之義也。漢自文帝以後皆預作陵，今循舊制也。
〔2〕《前書》曰："將作少府，秦官，掌宮室，景帝改為大匠，秩二千石。"《說文》曰："南北曰袤，東西曰廣。"《廣雅》曰："無慮，都凡也。"謂請園陵都凡制度也。袤音茂。
〔3〕《禮》曰："塗車芻靈，自古有之。"鄭玄注云："芻靈，束茅為人馬也。"
〔4〕謂赤眉入長安，惟霸陵不掘。
〔5〕言不起山陵，裁令封土，陂池不停水而已。陂音普何反。池音徒何反。

遣中郎將段郴授南單于璽綬，令入居雲中，[1]始置使匈奴中郎將，將兵衛護之。[2]南單于遣子入侍，奉奏詣闕。於是雲中、五原、朔方、北地、定襄、鴈門、上谷、代八郡民歸於本土。遣謁者分將施刑補理城郭。[3]發遣邊民在中國者，布還諸縣，皆賜以裝錢，轉輸給食。[4]

【注】
〔1〕郡名，在今勝州北。郴音丑林反。
〔2〕中郎將即段郴也。《漢官儀》曰"使匈奴中郎將屯西河美稷縣"也。
〔3〕施與弛同，解見上。
〔4〕《東觀記》曰："時城郭丘墟，掃地更為，上悔前徙之。"

二十七年夏四月戊午，大司徒玉況薨。
五月丁丑，詔曰："昔契作司徒，禹作司空，皆無'大'名，其令二府去'大'。"[1]又改大司馬為太尉。驃騎大將軍行大司馬劉隆即日罷，[四七]以太僕趙憙為太尉，大司農馮勤為司徒。

【注】
〔1〕朱祐奏宜令三公並去"大"名，以法經典，帝從其議。

益州郡徼外蠻夷率種人內屬。
北匈奴遣使詣武威乞和親。[1]

【注】
〔1〕武威，郡，故城在今涼州姑臧縣西北，故涼城是也。

冬，魯王興、齊王石始就國。
二十八年春正月己巳，徙魯王興為北海王，以魯國益東海。賜東海

王彊虎賁、旄頭、鍾虡之樂。〔1〕

【注】
〔1〕《漢官儀》曰："虎賁千五百人，戴鶡尾，屬虎賁中郎將。"又云："舊選羽林為旄頭，被髮先驅。"魏文帝《列異傳》曰："秦文公時梓樹化為牛，以騎擊之，騎不勝，或墮地髻解被髮，牛畏之，入水，故秦因是置旄頭騎，使先驅。"《爾雅》曰："木謂之虡。"所以懸鍾磬也。《說文》曰："虡飾為猛獸。"

夏六月丁卯，沛太后郭氏薨，因詔郡縣捕王侯賓客，坐死者數千人。〔1〕

【注】
〔1〕時更始子鯉因沛獻王輔殺劉盆子兄恭，故王侯賓客多坐死。

秋八月戊寅，東海王彊、沛王輔、楚王英、濟南王康、淮陽王延始就國。
冬十月癸酉，詔死罪繫囚皆一切募下蠶室，〔1〕其女子宮。〔2〕

【注】
〔1〕蠶室，宮刑獄名。宮刑者畏風，須暖，作窨室蓄火如蠶室，因以名焉。窨音一禁反。見《前書音義》。
〔2〕謂幽閉也。

北匈奴遣使貢獻，乞和親。

二十九年春二月丁巳朔，日有食之。遣使者舉冤獄，出繫囚。
庚申，賜天下男子爵，人二級；鰥、寡、孤、獨、篤癃、貧不能自存者粟，人五斛。

夏四月乙丑，詔令天下繫囚自殊死已下及徒各減本罪一等，其餘贖罪輸作各有差。

三十年春正月，鮮卑大人內屬，朝賀。
二月，東巡狩。甲子，幸魯，進幸濟南。閏月癸丑，車駕還宮。
有星孛于紫宮。
夏四月戊子，徙左翊王焉為中山王。
五月，大水。
賜天下男子爵，人二級；鰥、寡、孤、獨、篤癃、貧不能自存者粟，人五斛。
秋七月丁酉，幸魯國。〔四八〕復濟陽縣是年傜役。冬十一月丁酉，至自魯。〔四九〕

三十一年夏五月，大水。
戊辰，賜天下男子爵，人二級；鰥、寡、孤、獨、篤癃、貧不能自存者粟，人六斛。
癸酉晦，日有食之。
是夏，蝗。
秋九月甲辰，詔令死罪繫囚皆一切募下蠶室，其女子宮。
是歲，陳留雨穀，形如稗實。〔1〕北匈奴遣使奉獻。

【注】
〔1〕杜預注《左傳》云："稗，草之似穀者。"音蒲懈反。

中元元年〔五〇〕春正月，東海王彊、沛王輔、楚王英、濟南王康、淮陽王延、趙王盱皆來朝。〔1〕

【注】
〔1〕盱音況于反。

丁卯，東巡狩。二月己卯，幸魯，進幸太山。北海王興、齊王石朝于東嶽。辛卯，柴望岱宗，登封太山；甲午，禪于梁父。〔1〕

【注】
〔1〕岱宗，太山也。梁父，太山下小山也。封謂聚土為壇，墠謂除地而祭。改"墠"為"禪"，神之也。《續漢志》曰："時上御輦升山，即位於壇南，北面，尚書令奉玉牒檢，皇帝以寸三分璽親封之。藏玉牒已，復石覆訖，尚書令以五寸印封石檢畢，皇帝再拜。禪祭地于梁陰，以高后配，山川群神從祀焉。其玉牒文祕，刻石文辭多，不載。"

三月戊辰，司空張純薨。
夏四月癸酉，車駕還宮。己卯，大赦天下。復嬴、博、梁父、奉高，〔1〕勿出今年田租芻藁。改年為中元。

【注】
〔1〕四縣屬太山郡，故城在今兗州博城縣界。

行幸長安。戊子，祀長陵。五月乙丑，至自長安。
六月辛卯，太僕馮魴為司空。
乙未，司徒馮勤薨。
是夏，京師醴泉涌出，〔1〕飲之者固疾皆愈，惟眇、蹇者不瘳。又有赤草生於水崖。〔2〕郡國頻上甘露。群臣奏言："地祇靈應而朱草萌生。〔3〕孝宣帝每有嘉瑞，輒以改元，神爵、五鳳、甘露、黃龍，列為年紀，蓋以感致神祇，表彰德信。是以化致升平，稱為中興。今天下清寧，靈物仍降。陛下情存損挹，推而不居，豈可使祥符顯慶，沒而無聞？宜令太史撰集，[4]以傳來世。"帝不納。常自謙無德，每郡國所上，輒抑而不當，故史官罕得記焉。

【注】
[1]《尚書中候》曰"俊乂在官，則醴泉出"也。
[2]赤草，朱草也。《大戴禮》曰："朱草日生一葉，至十五日已後日落一葉，周而復始。"
[3]《孝經援神契》曰："德至草木，即朱草生。"
[4]太史，史官之長也。《前書音義》曰："太史公，武帝置，位在丞相之上。"

秋，郡國三蝗。
冬十月辛未，司隸校尉東萊李訢為司徒。
甲申，使司空告祠高廟曰："高皇帝與群臣約，非劉氏不王。吕太后賊害三趙，[1]專王吕氏，賴社稷之靈，禄、產伏誅，[2]天命幾墜，危朝更安。吕太后不宜配食高廟，同祧至尊。薄太后母德慈仁，[3]孝文皇帝賢明臨國，子孫賴福，延祚至今。其上薄太后尊號曰高皇后，配食地祇。遷吕太后廟主于園，四時上祭。"[4]

【注】
[1]謂高帝子趙幽王友、趙恭王恢、趙隱王如意。
[2]吕產、吕禄，並吕后兄弟子。吕后崩，各擁南北軍，欲為亂，周勃、陳平等誅之。
[3]薄太后，高帝姬，孝文帝之母。
[4]園謂塋域也，於中置寢。

十一月甲子晦，日有食之。
是歲，初起明堂、靈臺、辟雍，及北郊兆域。[1]宣布圖讖於天下。

復濟陽、南頓是年徭役。參狼羌寇武都，敗郡兵，隴西太守劉盱遣軍救之，及武都郡兵討叛羌，皆破之。

【注】

〔1〕《大戴禮》云："明堂者凡九室，一室有四户八牖，三十六户，七十二牖。以茅蓋上，上員下方。赤綴户也，白綴牖也。"《禮圖》又曰："建武三十一年，作明堂，上員下方。十二堂法日辰。九室法九州。室八窗，八九七十二，法一時之王。室有十二户，法陰陽之數。"胡伯始云："古清廟蓋以茅，今蓋以瓦，下藉茅，存古制也。"《漢官儀》曰："明堂四面起土作壍，上作橋，壍中無水。明堂去平城門二里所，天子出，從平城門，先歷明堂，乃至郊祀。"又曰："辟雍去明堂三百步。車駕臨辟雍，從北門入。三月、九月，皆於中行鄉射禮。辟雍以水周其外，以節觀者。諸侯曰泮宮。東西南有水，北無，下天子也。"《漢宮閣疏》曰："靈臺高三丈，十二門。天子曰靈臺，諸侯曰觀臺。"《漢官儀》："北郊壇在城西北角，去城一里所。（謂）〔為〕方壇四陛，〔五一〕但有壇祠舍而已。其鼓吹樂及舞人御帳，皆徙南郊之具。〔五二〕地祇位南面西上，高皇后配，西面，皆在壇上。地理群神從食壇下。南郊焚犢，北郊埋犢。"

二年春正月辛未，初立北郊，祀后土。
東夷倭奴國王遣使奉獻。〔1〕〔五三〕

【注】

〔1〕倭在帶方東南大海中，依山島為國。

二月戊戌，帝崩於南宮前殿，年六十二。〔1〕〔五四〕遺詔曰："朕無益百姓，皆如孝文皇帝制度，務從約省。〔2〕刺史、二千石長吏皆無離城郭，無遣吏及因郵奏。"〔3〕〔五五〕

【注】

〔1〕伏侯《古今注》曰:"是歲在丁巳。"

〔2〕文帝葬皆以瓦器,不以金銀銅錫為飾,因其山,不起墳。

〔3〕《說文》曰:"郵,境上行書舍也。"

　　初,帝在兵閒久,厭武事,且知天下疲秏,思樂息肩。[1]自隴、蜀平後,非儆急,未嘗復言軍旅。皇太子嘗問攻戰之事,帝曰:"昔衞靈公問陳,孔子不對,此非爾所及。"[2]每旦視朝,日仄乃罷。數引公卿、郎、將講論經理,夜分乃寐。[3]皇太子見帝勤勞不怠,承閒諫曰:"陛下有禹湯之明,而失黃老養性之福,[4]願頤愛精神,優游自寧。"帝曰:"我自樂此,不為疲也。"雖身濟大業,兢兢如不及,故能明慎政體,總攬權綱,量時度力,舉無過事。退功臣而進文吏,戢弓矢而散馬牛,雖道未方古,斯亦止戈之武焉。[5]

【注】

〔1〕《左傳》曰:"息肩于晉。"

〔2〕《論語》:"衞靈公問陳於孔子。曰:'俎豆之事,則嘗聞之矣;軍旅之事,未之學也。'"

〔3〕分猶半也。

〔4〕黃帝、老子。

〔5〕《左傳》曰:"於文,止戈為武也。"

　　論曰:皇考南頓君初為濟陽令,以建平元年十二月甲子夜生光武於縣舍,[1]有赤光照室中。[2]欽異焉,使卜者王長占之。長辟左右[3]曰:"此兆吉不可言。"是歲縣界有嘉禾生,一莖九穗,因名光武曰秀。明年,方士有夏賀良者,上言哀帝,云漢家歷運中衰,當再受命。於是改號為太初元年,[五六]稱"陳聖劉太平皇帝",以厭勝之。及王莽篡位,忌惡劉氏,以錢文有金刀,故改為貨泉。或以貨泉字文為"白水真人"。

後望氣者蘇伯阿為王莽使至南陽，遙望見舂陵郭，喑曰：[4]"氣佳哉！鬱鬱蔥蔥然。"及始起兵還舂陵，遠望舍南，火光赫然屬天，有頃不見。初，道士西門君惠、李守等亦云劉秀當為天子。其王者受命，信有符乎？不然，何以能乘時龍而御天哉！[5]

【注】

〔1〕蔡邕《光武碑文》云："光武將生，皇考以令舍不顯，開宮後殿居之而生。"

〔2〕《東觀記》曰："光照堂中，盡明如晝。"

〔3〕辟音頻亦反。

〔4〕喑，歎也，音子夜反。

〔5〕《易》曰："時乘六龍以御天。"

贊曰：炎正中微，[五七]大盜移國。[1]九縣飆回，三精霧塞。[2]人厭淫詐，神思反德。光武誕命，[五八]靈貺自甄。[3]沈幾先物，深略緯文。[4]尋、邑百萬，貔虎為群。[5]長轂雷野，高鋒彗雲。[6][五九]英威既振，新都自焚。[7]虔劉庸、代，紛紜梁、趙。[8]三河未澄，四關重擾。[9]神旌乃顧，遞行天討。[10]金湯失險，車書共道。[11]靈慶既啟，人謀咸贊。[12]明明廟謨，[六〇]赳赳雄斷。[13]於赫有命，系隆我漢。[14][六一]

【注】

〔1〕漢以火德王，故曰炎正。大盜謂王莽篡位也。《莊子》曰："田成子一日殺齊君而盜其國，向所謂智者，不反為大盜積者乎？"

〔2〕九縣，九州也。飆回謂亂也。三精，日月星也。霧塞言昏昧也。精，或為"象"。

〔3〕誕，大也。《書》曰："誕膺天命。"甄，明也。靈貺謂佳氣神光之類也。

〔4〕幾者，動之微也。物，事也。沈深之幾，先見於事也。《謚法》："經

緯天地曰文。"

〔5〕貔，執夷，虎屬也。《書》曰："如虎如貔。"言甚猛勇也。[六二]

〔6〕長轂，兵車。雷野，言其聲盛。《淮南子》曰："雷以為車輿。"彗，埽也，音詳銳反。

〔7〕王莽初封為新都侯。《史記》曰，周武王伐紂，紂衣其寶玉自焚而死。莽雖被殺，滅亡與紂同，故假以言之。

〔8〕虔、劉，皆殺也。《左傳》曰："虔劉我邊垂。"謂公孫述稱帝於庸、蜀，盧芳據代郡也。紛紜，諭亂也。梁謂劉永，趙謂王郎也。

〔9〕三河，河南、河北、河東也。未澄謂朱鮪等據洛（州）〔陽〕，[六三]未歸光武也。四關謂長安四塞之國。重擾謂更始已定關中，劉盆子入關殺更始，發掘諸陵也。

〔10〕《周禮》曰："析羽為旌。"稱神者，猶言神兵神筭也。《詩》云"乃眷西顧"，《書》云"天討有罪"也。

〔11〕《前書》曰："金城湯池，不可攻矣。"金以諭堅，湯取其熱。光武所擊，皆失其險固也。《禮記》曰："天下車同軌，書同文。"

〔12〕靈慶謂符讖也。《左傳》曰："天啟之也。"人謀謂群下勸即尊號也。《易》曰："人謀鬼謀，百姓與能。"贊，助也。

〔13〕《詩》曰"明明天子"。《淮南子》曰："運籌於廟堂之上，決勝千里之外。"赳赳，武皃也。

〔14〕於赫，歎美之詞，音烏。《詩》云："有命既集。"系猶繫也。

【校勘記】

〔一〕高祖（豐）沛〔豐〕邑人　據殿本《考證》改。

〔二〕其命郡國有穀者給稟　按："給稟"二字連下讀，注於"給稟"絶句，非。

〔三〕故行什一之稅　按："什"原作"十"，逕據汲本、殿本改。

〔四〕初罷郡國都尉官　按：《刊誤》謂郡有都尉，國有中尉，此但罷郡都尉，不當有"國"字。

〔五〕擁節　按："擁"原作"雍"，逕據汲本、殿本改。

〔六〕見徒免為庶（民）〔人〕　《集解》引錢大昕說，謂章懷注范史，避太宗諱，"民"字皆改為"人"。今本仍有作"民"者，則宋以後校書者回改。然亦有不當改而妄改者。此"庶民"本當作"庶人"，校書者不知庶民與庶人有別，而一例改之。凡律言"庶人"者，對奴婢及有罪者而言，與它處泛稱"庶民"者不同。今據錢說回改。下十一年、十二年、十三年、十四年同。

〔七〕公車〔司馬〕掌殿司馬門　據《前書·百官公卿表》顏注引《漢官儀》補。

〔八〕杜預〔注〕左傳云　按文當有"注"字，今補。

〔九〕河西（太守）〔大將軍〕竇融　《集解》引錢大昕說，謂河西非郡名，不當有太守，當依前五年作"河西大將軍"。今據改。

〔一〇〕後改為（高）平〔高〕　據殿本《考證》改。

〔一一〕河東守守兵亦叛　按：《刊誤》謂案文多一"守"字。若云太守之兵，不合去"太"字。

〔一二〕故城在今蘭州　按："蘭"原譌"闌"，逕改正。

〔一三〕〔三月〕己酉幸南陽　據袁《紀》及《通鑑》補。按：《通鑑考異》謂上有"二月己卯"，袁《紀》"三月己酉，幸南陽"，以長曆考之，二月壬申朔，己酉在三月，蓋上脫"三月"二字。

〔一四〕本或作沉水及沇水者並非　按："沇"殿本、《集解》本作"沈"。

〔一五〕并并州　按：王先謙謂"并州"下疑脫"涼州"二字，說詳《集解》。

〔一六〕黃龍見東阿　按：袁《紀》"東阿"作"河東"。

〔一七〕冬十一月戊寅至辛巳吳漢屠成都　《續天文志》云十一月丁丑，漢護軍將軍高午刺述洞其胸，其夜死。明日，漢人屠蜀城。而此云戊寅，述被創，夜死，辛巳，吳漢屠成都。按：戊寅至辛巳四日，丁丑次日即戊寅，志明云明日漢人屠蜀城，《公孫述傳》亦云其夜死，明旦岑降，《吳漢傳》亦云旦日城降，則"戊寅"當從《續志》作"丁丑"，"辛巳"又為"戊寅"之譌。

〔一八〕鉗鈇　按："鈇"原譌"鈌"，逕據汲本、殿本改正。

〔一九〕庚午以殷紹嘉公孔安為宋公　按：建武十三年二月庚寅朔，無庚午，疑"庚午"為"庚子"或"庚戌"之譌。又查是年三月庚申朔，有庚午，或下文"三月"二字當移於此。

〔二〇〕周承休公姬（常）〔武〕為衛公　《集解》引惠棟説，謂《前書·恩澤侯表》姬常於建武二年為周承休侯，五年，侯武嗣，十三年，更為衛公，然則"姬常"當作"姬武"也。今據改。

〔二一〕省并西京十三國　按：錢大昕謂"三"字衍，説詳下。

〔二二〕淄川屬高密　按：《集解》引錢大昕説，謂《續志》北海國下云建武十三年省淄川、高密、膠東三國，以其縣屬。蓋其時以高密四縣封鄧禹，膠東六縣封賈復，故不立王國而並屬之北海，高密與淄川同在省并之內，非以淄川屬高密也。志又稱世祖省并郡國十，今并高密計之，正合十國之數，乃知紀云十三國者，誤衍"三"字，而"淄川"下又衍"屬"字耳。

〔二三〕故城在今瀛州樂（府）〔壽〕縣西北　據《刊誤》及殿本《考證》改。

〔二四〕鐏彝之屬也　按："鐏"原譌"鐏"，逕改正。

〔二五〕一〔二六〕丁未有星孛於昴　丁未有星孛於營室　按：集解引錢大昕説，謂"丁未"重出，當有一誤，以《天文志》證之，似下"丁未"誤也。

〔二七〕置常〔山〕關　據《刊誤》補。

〔二八〕必（有）〔以〕衆大之辭言之　據《刊誤》改，與今《公羊傳》合。

〔二九〕上至高祖　按：偽《孔傳》"至"作"自"。

〔三〇〕二月乙（亥）〔未〕晦　據《集解》引錢大昕、惠棟説改。按：是年三月丙申朔，作"乙未"是。

〔三一〕夏四月乙卯　按：是年四月丙寅朔，無乙卯，此誤。下云"五月乙卯，車駕還宮"。是年五月乙未朔，有乙卯，不誤。

〔三二〕屬南〔陽〕郡　據殿本《考證》補。

〔三三〕夏四月（甲戌）〔癸酉〕車駕還宮　據殿本《考證》改。

〔三四〕（癸酉）〔甲戌〕詔曰　據殿本《考證》改。按：萬松齡謂"癸酉"

移前，"甲戌"移後，寫者誤倒耳。

〔三五〕（戊）〔甲〕申幸河內　據殿本《考證》改。按：是年夏四月庚申朔，下文云"戊子至自河內"，明此"戊申"乃"甲申"之誤。

〔三六〕始祠昭帝元帝於太廟　按：《集解》引錢大昕說，謂《祭祀志》是年雒陽高廟四時加祭孝宣、孝元，凡五帝，此云"昭帝"，誤。

〔三七〕光武第雖十二　"第"原作"弟"，弟第古字通用，今改歸一律，後如此不悉出校記。

〔三八〕於哀帝為諸父於平帝為祖父　按：李慈銘謂哀帝、平帝皆元帝庶孫，兄弟行也，光武於成帝為兄弟，則於平帝亦為諸父，非祖父。注引《漢官儀》皆謬。

〔三九〕然則宣帝為（曾）祖　按：《刊誤》謂案世數宣帝於光武猶是祖，此多一"曾"字。今據刪。

〔四〇〕母貴則子〔何以〕貴　據《刊誤》補，與《公羊傳》合。

〔四一〕鄯善王車師王等十六國　按：《西域傳》"十六國"作"十八國"，袁《紀》作"鄯善王安、莎車王賢等十六國"。

〔四二〕制詔曰　按：《刊誤》謂多一"制"字。

〔四三〕徒皆弛解鉗　按：李慈銘謂以注文詳之，此當衍一"解"字，脫一"釱"字。

〔四四〕寇右北平漁陽上谷太原　按：《集解》引陳景雲說，謂"太原"二字非衍即誤。貊人入寇東邊諸郡，不能西至太原內地也。

〔四五〕大人謂渠帥也　殿本"大人"作"烏桓"。按：《校補》謂當作"大人，烏桓謂渠帥也"，互脫二字。

〔四六〕二十六年〔春〕正月　據汲本、殿本補。

〔四七〕驃騎大將軍行大司馬劉隆即日罷　《刊誤》謂兩漢稱"行"者皆云行某官事，明此少一"事"字。今按：范《書》稱行某官事往往省一"事"字，非必脫文，後如此不悉出。

〔四八〕幸魯國　按：《刊誤》謂它處皆不言國，明此多一"國"字。

〔四九〕冬十一月丁酉至自魯　汲本、《集解》本"丁酉"作"乙酉"。按：

是年十一月丁未朔，無丁酉、乙酉，疑"己酉"之誤。

〔五〇〕中元元年　按：中元非年號，《刊誤》及《補注》並謂應冠"建武"二字。

〔五一〕（謂）〔為〕方壇四陛　據《刊誤》改。按：為謂古通作。

〔五二〕皆徙南郊之具　按：汲本、殿本"徙"作"從"。

〔五三〕東夷倭奴國王遣使奉獻　按："王"原作"主"，逕據汲本、殿本改。

〔五四〕年六十二　按：惠棟《補注》引蔣杲說，謂光武以二十八歲起兵，中更始二年，建武三十一年，中元二年，則崩時乃六十三歲。《祭祀志》封禪刻石文已云"在位三十二年，年六十二"，則崩年六十三無疑矣。此"二"字疑傳寫誤也。

〔五五〕無遣吏及因郵奏　按：《刊誤》謂多一"無"字，蓋凡弔喪及赴葬，皆遣吏及因郵也。

〔五六〕於是改號為太初元年　按：沈家本謂"太初"下當有"元將"二字，事詳《前書》。

〔五七〕炎正中微　按：《校補》謂《文選》"正"作"政"。

〔五八〕光武誕命　按：《校補》謂《文選》"光武"作"世祖"。

〔五九〕高鋒彗雲　《文選》"鋒"作"旗"。按：《校補》謂觀李注引東都主人曰"戈鋋彗雲"，則"旗"仍"鋒"之譌。

〔六〇〕明明廟謨　按：《校補》謂《文選》"謨"作"謀"。

〔六一〕系隆我漢　按：《校補》謂《文選》作"系我皇漢"。又按：《集解》引錢大昕說，謂尉宗宋人，不應有"我漢"之稱，此必沿《東觀》舊文。

〔六二〕言甚猛勇也　按：汲本"甚"作"其"。

〔六三〕謂朱鮪等據洛（州）〔陽〕　按：張森楷《校勘記》謂時無洛州，"州"當是"陽"之誤。今據改。

後漢書卷二

顯宗孝明帝紀第二

顯宗孝明皇帝諱莊,[1]光武第四子也。母陰皇后。帝生而豐下,[2]十歲能通《春秋》,光武奇之。建武十五年封東海公,十七年進爵為王,十九年立為皇太子。師事博士桓榮,學通《尚書》。

【注】

〔1〕《謚法》曰:"照臨四方曰明。"伏侯《古今注》曰:"莊之字曰嚴。"

〔2〕杜預注《左傳》云:"豐下,蓋面方也。"《東觀記》云:"帝豐下兌上,項赤色,有似於堯。"

中元二年二月戊戌,即皇帝位,年三十。尊皇后曰皇太后。三月丁卯,葬光武皇帝於原陵。[1]有司奏上尊廟曰世祖。

【注】

〔1〕《帝王紀》曰:"原陵方三百二十步,高六丈,在臨平亭東南,去洛陽十五里。"

夏四月丙辰,詔曰:"予末小子,奉承聖業,夙夜震畏,不敢荒寧。先帝受命中興，德侔帝王，協和萬邦，假於上下，〔1〕懷柔百神，惠於鰥寡。〔2〕朕承大運，繼體守文，〔3〕不知稼穡之艱難，懼有廢失。聖恩遺戒，顧重天下，以元元為首。公卿百僚，將何以輔朕不逮？其賜天下男子爵，人二級；〔4〕三老、孝悌、力田人三級；〔5〕爵過公乘，得移與子若同產、同產子；〔6〕及流人無名數〔一〕欲自占者人一級；〔7〕鰥、寡、孤、獨、篤癃粟，人十斛。其弛刑及郡國徒，在中元元年四月己卯赦前所犯而後捕繫者，悉免其刑。又邊人遭亂為內郡人妻，在己卯赦前，一切遣還邊，恣其所樂。中二千石下至黃綬，〔8〕貶秩贖論者，悉皆復秩還贖。方今上無天子，下無方伯，〔9〕若涉淵水而無舟楫。夫萬乘至重而壯者慮輕，〔10〕實賴有德左右小子。〔11〕高密侯禹元功之首，東平王蒼寬博有謀，並可以受六尺之託，臨大節而不撓。〔12〕其以禹為太傅，蒼為驃騎將軍。太尉憙告謚南郊，〔13〕司徒訢奉安梓宮，〔14〕司空魴將校復土。〔15〕其封憙為節鄉侯，訢為安鄉侯，魴為楊邑侯。"

【注】

〔1〕假，至也。音格。

〔2〕懷，安也。柔，和也。《禮》曰"凡山林能興雲致雨者皆曰神，有天下者祭百神"，懷柔百神也。《書》曰："惠于鰥寡。"

〔3〕創基之主，則尚武功以定禍亂；其次繼體而立者，則守文德。《穀梁傳》曰："承明繼體，則守文之君也。"

〔4〕《前書音義》曰："男子者，謂戶內之長也。"商鞅為秦制爵二十級：一，公士；二，上造；三，簪裊；四，不更；五，大夫；六，官大夫；七，公大夫；八，公乘；九，五大夫；十，左庶長；十一，右庶長；十二，左更；十三，中更；十四，右更；十五，少上造；十六，大上造；十七，駟車庶長；十八，大庶長；十九，關內侯；二十，徹侯。人賜爵者，有罪得贖，貧者得賣與人。

〔5〕三老、孝悌、力田，三者皆鄉官之名。三老，高帝置，孝悌、力田，高后置，所以勸導鄉里，助成風化也。文帝詔曰："孝悌，天下之大順也。力

田，為生之本也。三老，眾人之師也。其以戶口率置員。"事見《前書》。

〔6〕漢制，賜爵自公士已上不得過公乘，故過者得移授也。同產，同母兄弟也。

〔7〕無名數謂無文簿也。占謂自歸首也。

〔8〕漢制，二百石以上銅印黃綬也。

〔9〕《公羊傳》曰："上無天子，下無方伯。"此制引以為謙也。

〔10〕帝謙言年尚少壯，思慮輕淺，故須賢人輔弼。

〔11〕賴，恃也。左右，助也。

〔12〕六尺謂年十五已下。大節謂大事。撓，屈也。音女孝反。

〔13〕趙憙也。應劭《風俗通》曰："禮，臣子無爵諡君父之義也，故群臣累其功美，葬日，遣太尉於南郊告天而諡之。"

〔14〕李訢也。梓宮，以梓木為棺。《風俗通》曰："宮者，存時所居，緣生事死，因以為名。"

〔15〕馮魴也。將校謂將領五校兵以穿壙也。《前書音義》曰："復土，主穿壙填塞事也。〔二〕言下棺訖，復以土為墳，故言復土。"

秋九月，燒當羌寇隴西，敗郡兵於允街。〔1〕赦隴西囚徒，減罪一等，勿收今年租調。又所發天水三千人，亦復是歲更賦。〔2〕遣謁者張鴻討叛羌於允吾，〔3〕鴻軍大敗，戰歿。冬十一月，遣中郎將竇固監捕虜將軍馬武等二將軍討燒當羌。

【注】

〔1〕允街，縣名也，允音鉛，街音佳，屬金城郡，故城在今涼州昌松縣東南。城臨麗水，一名麗水城。

〔2〕更謂戍卒更相代也。賦謂雇更之錢也。《前書音義》曰："更有三品：有卒更，有踐更，有過更。古正卒無常，人皆當迭為之。(有)一月一更，〔三〕是為卒更。貧者欲得雇更錢，次直者出錢雇之，月二千，是為踐更。古者天下人皆當戍邊三日，亦名為更。不可人人自行三日戍，當行者不可往即還，因住一

歲，次直者出錢三百雇之，謂之過更。"

〔3〕允吾，縣名，屬金城郡，故城在今蘭州〔四〕廣武縣西南。允音沿。吾音牙。

十二月甲寅，詔曰："方春戒節，人以耕桑。其勑有司務順時氣，使無煩擾。[1]天下亡命殊死以下，聽得贖論：死罪入縑二十匹，右趾至髡鉗城旦舂十匹，[2]完城旦舂至司寇作三匹。[3]其未發覺，詔書到先自告者，半入贖。今選舉不實，邪佞未去，權門請託，殘吏放手，[4]百姓愁怨，情無告訴。有司明奏罪名，并正舉者。[5]又郡縣每因徵發，輕為姦利，詭責羸弱，先急下貧。其務在均平，無令枉刻。"

【注】
〔1〕《禮記》："孟春之月，布德和令，行慶施惠。仲春，無作大事，以妨農事。"
〔2〕《前書音義》曰："右趾謂刖其右足，次刖左足，次劓，次黥，次髡鉗為城旦舂。城旦者，晝日伺寇虜，夜暮築長城。舂者，婦人犯罪，不任軍役之事，但令舂以食徒者。"
〔3〕完者，謂不加髡鉗而築城也。次鬼薪、白粲，次隸臣妾，次（作）司寇[作]。〔五〕
〔4〕放手謂貪縱為非也。
〔5〕舉非其人，並正舉主之罪。

永平元年春正月，帝率公卿已下朝於原陵，如元會儀。[1]

【注】
〔1〕《漢官儀》曰："古不墓祭。秦始皇起寢於墓側，漢因而不改。諸陵寢皆以晦、望、二十四氣、三伏、社、臘及四時上飯。其親陵所宮人，隨鼓漏理被枕，具盥水，陳莊具。天子以正月上原陵，公卿百官及諸侯王、郡國計吏皆

當軒下，占其郡國穀價，四方改易，欲先帝魂魄聞之也。"元會儀見下。

夏五月，太傅鄧禹薨。

戊寅，東海王彊薨，遣司空馮魴持節視喪事，賜升龍旄頭、鑾輅、龍旂。〔1〕

【注】

〔1〕旄頭，見《光武紀》。鑾，鈴也，在鑣。交龍為旂，唯天子用之，今特賜以葬。

六月乙卯，葬東海恭王。

秋七月，捕虜將軍馬武等與燒當羌戰，大破之。募士卒戍隴右，賜錢人三萬。

八月戊子，徙山陽王荊為廣陵王，遣就國。

是歲，遼東太守祭肜使鮮卑擊赤山烏桓，大破之，斬其渠帥。〔1〕越巂姑復夷叛，〔2〕州郡討平之。

【注】

〔1〕赤山在遼東西北數千里。
〔2〕姑復，縣名。

二年春正月辛未，宗祀光武皇帝於明堂，帝及公卿列侯始服冠冕、衣裳、玉佩、絇履以行事。〔1〕禮畢，登靈臺。使尚書令持節詔驃騎將軍、三公曰："今令月吉日，宗祀光武皇帝於明堂，以配五帝。〔2〕禮備法物，樂和八音，詠祉福，舞功德，〔3〕(其)班時令，〔六〕勑群后。〔4〕事畢，升靈臺，望元氣，〔7〕吹時律，觀物變。〔5〕群僚藩輔，宗室子孫，眾郡奉計，百蠻貢職，〔6〕烏桓、濊貊咸來助祭，單于侍子、骨都侯亦皆陪位。斯固聖祖功德之所致也。朕以闇陋，奉承大業，親執珪璧，恭祀天地。〔7〕

仰惟先帝受命中興，撥亂反正，以寧天下，〔8〕封泰山，建明堂，立辟雍，〔八〕起靈臺，恢弘大道，被之八極；〔9〕而朕子無成康之質，群臣無呂旦之謀，〔10〕盥洗進爵，踧踖惟慙。〔11〕素性頑鄙，臨事益懼，故'君子坦蕩蕩，小人長戚戚'。〔12〕其令天下自殊死已下，謀反大逆，皆赦除之。百僚師尹，其勉修厥職，順行時令，敬若昊天，以綏兆人。"〔13〕

【注】

〔1〕《漢官儀》曰："天子冠通天，諸侯王冠遠遊，三公、諸侯冠進賢三梁，卿、大夫、尚書、二千石、博士冠兩梁，(二)千石已下至小吏冠一梁。〔九〕天子、公、卿、特進、諸侯祀天地明堂，皆冠平冕，天子十二旒，三公、九卿、諸侯七，其纓各如其綬色，玄衣纁裳。"《周禮》曰："王祀昊天上帝則服大裘而冕，祀五帝亦如之。"《三禮圖》曰："冕以三十升布漆而為之，〔一〇〕廣八寸，長尺六寸，前圜後方，前下後高，有俛伏之形，故謂之冕。欲人之位彌高而志彌下，故以名焉。"董巴《輿服志》曰："顯宗初服冕衣裳以祀天地。衣裳以玄上纁下，乘輿備文日月星辰十二章，三公、諸侯用山龍九章，卿已下用華蟲七章，皆五色采。乘輿刺繡，公卿已下皆織成。陳留襄邑獻之。"徐廣《車服注》曰："漢明帝案古禮備其服章，天子郊廟衣皁上絳下，前三幅，〔一一〕後四幅，衣畫而裳繡。"《禮記》曰："古之君子必佩玉，君子於玉比德焉。天子佩白玉，公侯佩山玄玉，大夫佩水蒼玉，世子佩瑜玉。"《周禮》屨人"掌王赤舄青絇"。鄭玄注云："赤舄，為上冕服之舄也。絇屨，鼻頭以青綵飾之。"〔一二〕絇音劬。《三禮圖》曰："屨複下曰舄，其色各隨裳色。"

〔2〕《五經通義》曰："蒼帝靈威仰，赤帝赤熛怒，黃帝含樞紐，白帝白招矩，黑帝(汁)〔叶〕光紀。〔一三〕牲幣及玉，各依方色。"

〔3〕祉亦福也。詠謂《詩》云"降福穰穰"之類。景帝詔曰："歌者所以發德，舞者所以明功。"

〔4〕班，布也。時令謂月令也。四時各有令，若有乖舛，必致妖災，故告之。

〔5〕元氣，天氣也。王者承天心，理禮樂，通上下四時之氣也，故望之

焉。時律者，即《月令》"孟春律中太蔟，仲春律中夾鍾"之類。《大戴禮》曰："聖人慎十二管，察八音之清濁，謂之律呂。律呂不正則諸氣不和。"《周禮》保章氏："以五雲之色，辨吉凶、水旱、豐荒之祲象。"鄭司農注云："以二至二分觀雲色，青為蟲，白為喪，赤為兵荒，黑為水，黃為豐。故《春秋傳》曰'凡分至啟閉必書雲物，為備故也'。"杜預注云："物謂氣色災變也。"

〔6〕奉計謂計吏也。《詩》曰："因時百蠻。"百言衆多也。獨言蠻，通四夷。

〔7〕《周禮》曰："四圭尺有二寸，以祀天。"又曰："以蒼璧禮天，以黃琮禮地，以青圭禮東方，以赤璋禮南方，以白琥禮西方，以玄璜禮北方。"

〔8〕撥，理也。《公羊傳》曰："撥亂世反之正，莫近於《春秋》。"

〔9〕《淮南子》曰："九州之外有八寅，八寅之外有八紘，八紘之外有八極。"

〔10〕明帝自謂無［成康之質］。〔一四〕成康之時，刑措不用四十餘年。

〔11〕鄭玄注《論語》云："踧踖，敬恭貌。"盥音管。

〔12〕坦蕩，明達之貌。戚戚，常憂懼也。

〔13〕若，順也。

三月，臨辟雍，初行大射禮。〔1〕

【注】

〔1〕《儀禮》(曰)大射之禮，〔一五〕王將祭射宮，擇士以助祭也。張虎侯、熊侯、豹侯，其制若今之射的矣。謂之為侯者，天子射中之，可以服諸侯也。天子侯中一丈八尺，畫以雲氣焉。王以六耦射三侯，樂以《騶虞》九節；諸侯以四耦射二侯，樂以《貍首》七節；孤卿、大夫以三耦射一侯，樂以《采蘋》五節；士以二耦射豻侯，樂以《采蘩》三節。

秋九月，沛王輔、楚王英、濟南王康、淮陽王延、東海王政來朝。

冬十月壬子，幸辟雍，初行養老禮。詔曰："光武皇帝建三朝之禮，而未及臨饗。〔1〕眇眇小子,屬當聖業。〔2〕閒暮春吉辰,初行大射;令月元日,〔3〕復踐辟雍。尊事三老,兄事五更,安車輭輪,供綏執授。侯王設醬,公卿饌珍,朕親袒割,執爵而酳。〔4〕祝哽在前,祝噎在後。〔5〕升歌《鹿鳴》,下管《新宮》,〔6〕八佾具脩,萬舞於庭。〔7〕朕固薄德,何以克當?《易》陳負乘,《詩》刺彼己,〔8〕永念慙疚,無忘厥心。三老李躬,年耆學明。五更桓榮,授朕《尚書》。《詩》曰:'無德不報,無言不酬。'〔9〕其賜榮爵關內侯,食邑五千戶。三老、五更皆以二千石祿養終厥身。其賜天下三老酒人一石,肉四十斤。有司其存耆耊,〔10〕恤幼孤,惠鰥寡,稱朕意焉。"

【注】

〔1〕三朝之禮謂中元元年初起明堂、辟雍、靈臺也。

〔2〕《尚書》康王曰:"眇眇予末小子。"孔安國注云:"眇眇猶微微也。"

〔3〕《東觀記》曰:"十月元日。"

〔4〕《孝經援神契》曰:"尊事三老,父象也。"宋均注曰:"老人知天地之事者。〔一六〕"安車,坐乘之車;輭輪,以蒲裹輪。輭音而兗反。三老就車,天子親執綏授之。《說文》:"綏,車中把也。"五更,老人知五行更代事者。《漢官儀》曰:"三老、五更,皆取有首妻男女全具者。"《續漢志》曰:"養三老、五更,先吉日,司徒上太傅若講師故三公人名,用其德行年耆高者,三公一人為三老,次卿一人為五更,皆服絺紵大袍單衣,皁緣領袖中衣,冠進賢,扶(玉)〔王〕杖。〔一七〕五更亦如之,不杖。皆齊于太學講堂。其日乘輿先到辟雍禮殿,坐于東廂,遣使者安車迎三老、五更,天子迎于門屏,交拜,導自阼階。三老自賓階升,東面。三公設几杖。九卿正履。天子親袒割俎,執醬而饋,執爵而酳。五更南面,三公進供,禮亦如之。明日皆詣闕謝,以其於己禮太隆也。"醬,醢也。珍謂肴羞之屬,即《周禮》"八珍"之類。鄭玄注《儀禮》云:"酳,漱也,所以潔口。"音胤。

〔5〕老人食多哽噎,故置人於前後祝之,令其不哽噎也。

〔6〕《鹿鳴》,《詩·小雅》篇名也。《新宫》,《小雅》逸篇也。升,登也。登堂而歌,所以重人聲也。《燕禮》曰:"升歌《鹿鳴》,下管《新宫》。"

〔7〕佾,列也。謂舞者行列也。《左氏傳》曰:"天子八佾,諸侯六,大夫四,士二。夫舞,所以節八音而行八風,故自八以下。"萬亦舞也。《詩》云:"公庭萬舞。"

〔8〕《易》曰:"負且乘,致寇至。"負也者,小人之事也。乘也者,君子之器也。小人而乘君子之器,盗思奪之矣。《詩》曰"彼己之子,不稱其服"也。

〔9〕《詩·大雅》也。

〔10〕《禮記》曰,六十曰耆,七十曰耋。《釋名》曰:"耆,指也,不從力役,指事使人也。耋,鐵也,皮膚變黑色如鐵也。"

中山王焉始就國。

甲子,西巡狩,幸長安,祠高廟,遂有事於十一陵。歷覽館邑,會郡縣吏,勞賜作樂。十一月甲申,遣使者以中牢祠蕭何、霍光。帝謁陵園,過式其墓。〔1〕進幸河東,所過賜二千石、令長已下至於掾史,各有差。〔2〕癸卯,車駕還宫。

【注】

〔1〕《東觀漢記》曰:"蕭何墓在長陵東司馬門道北百步。"又云:"霍光墓在茂陵東司馬門道南四里。"式,敬也。《禮記》曰:"行過墓必式。"

〔2〕《續漢志》曰:"郡國及縣,諸曹皆置掾史。"

十二月,護羌校尉竇林下獄死。

是歲,始迎氣於五郊。〔1〕少府陰就子豐殺其妻酈邑公主,就坐自殺。〔2〕

【注】

〔1〕《續漢書》曰:"迎氣五郊之兆。四方之兆各依其位。中央之兆在未,

壇皆(二)〔三〕尺〔一八〕。立春之日，迎春於東郊，祭青帝句芒，車服皆青，歌《青陽》，八佾舞《雲翹》之舞。立夏之日，迎夏於南郊，祭赤帝祝融，車服皆赤，歌《朱明》，八佾舞《雲翹》之舞。先立秋十八日，迎黃靈於中兆，祭黃帝后土，車服皆黃，歌《朱明》，八佾舞《雲翹》、《育命》之舞。立秋之日，迎秋於西郊，祭白帝蓐收，車服皆白，歌《白藏》，八佾舞《育命》之舞。立冬之日，迎冬於北郊，祭黑帝玄冥，車服皆黑，歌《玄冥》，八佾舞《育命》之舞。"

〔2〕酈，縣，屬南陽郡。酈音櫟。

三年春正月癸巳，詔曰："朕奉郊祀，登靈臺，見史官，正儀度。〔1〕夫春者，歲之始也。始得其正，則三時有成。〔2〕比者水旱不節，邊人食寡，政失於上，人受其咎。有司其勉順時氣，勸督農桑，去其螟蜮，以及蟊賊；〔3〕詳刑慎罰，明察單辭，〔4〕夙夜匪懈，以稱朕意。"

【注】
〔1〕儀謂渾儀，以銅為之，置於靈臺，王者正天文之器也。度謂日月星辰之行度也。史官即太史，掌天文之官也。
〔2〕正謂日月五星不失其次也。三時謂春、夏、秋。《左傳》曰："務其三時。"
〔3〕《爾雅》曰："食苗心曰螟，食節曰賊，食根曰蟊。"蜮一名短弧，今之水弩，含沙射人為災。言此者，欲令臣下順時行政，勿侵擾也。
〔4〕單辭猶偏辭也。

二月甲寅，太尉趙憙、司徒李訢免。丙辰，左馮翊郭丹為司徒。己未，南陽太守虞延為太尉。
甲子，立貴人馬氏為皇后，皇子炟〔1〕為皇太子。賜天下男子爵，人二級；三老、孝悌、力田人三級；流人無名數欲占者人一級；鰥、寡、孤、獨、篤癃、貧不能自存者粟，人五斛。

【注】
〔1〕音丁達反。

夏四月辛酉，封皇子建為千乘王，〔1〕羨為廣平王。

【注】
〔1〕千乘，國名，今青州縣，故城在今淄州高苑北。

六月丁卯，有星孛于天船北。〔1〕

【注】
〔1〕天船，星名。《續漢志》曰："天船為水，彗出之為大水。是歲，伊、洛水溢到津城門。"伏侯《古今注》曰："彗長三尺所，見三十五日乃去。"

秋八月戊辰，改大樂為大予樂。〔1〕

【注】
〔1〕《尚書琁機鈐》〔一九〕曰"有帝漢出，德洽作樂名予"，故據《琁機鈐》改之。《漢官儀》曰："大予樂令一人，秩六百石。"

壬申晦，日有蝕之。詔曰："朕奉承祖業，無有善政。日月薄蝕，彗孛見天，水旱不節，稼穡不成，人無宿儲，下生愁墊。〔1〕雖夙夜勤思，而智能不逮。昔楚莊無災，以致戒懼；〔2〕魯哀禍大，天不降譴。〔3〕今之動變，儻尚可救。有司勉思厥職，以匡無德。古者卿士獻詩，百工箴諫，〔4〕其言事者，靡有所諱。"

【注】
〔1〕儲，積也。墊，溺也，音丁念反。

〔2〕《說苑》曰:"楚莊王見天不見妖而地不出孽,則禱于山川曰:'天其忘余歟?'此能求過于天,必不逆諫矣。"

〔3〕《春秋感精符》曰〔二〇〕:"魯哀公時,政彌亂絕,不日食。政亂之類,當致日食之變,而不應者,譴之何益,告之不悟,故哀公之篇絕無日食之異。"

〔4〕《國語》曰:"天子聽政,公卿至于庶士獻詩,師箴,百工諫,庶人傳語,近臣盡規,而後王斟酌事焉。"

冬十月,烝祭光武廟,〔1〕初奏《文始》、《五行》、《武德》之舞。〔2〕

【注】
〔1〕《禮記》曰:"冬祭曰烝。"烝,衆也。冬物畢成,可祭者衆。
〔2〕《前書》曰,《文始舞》者,本舜《韶舞》也,高祖六年更名曰《文始》,其舞人執羽籥。《五行》者,本周舞也,秦始皇二十六年更名曰《五行》,其舞人冠冕衣服法五行色。《武德》者,高祖四年作,言行武以除亂也,其舞人執干戚。光武草創,禮樂未備,今始奏之,故云初也。

甲子,車駕從皇太后幸章陵,觀舊廬。十二月戊辰,至自章陵。
是歲,起北宮及諸官府。京師及郡國七大水。

四年春二月辛亥,詔曰:"朕親耕藉田,以祈農事。〔1〕京師冬無宿雪,春不燠沐,〔2〕煩勞群司,積精禱求。〔3〕而比再得時雨,宿麥潤澤。其賜公卿半奉。有司勉遵時政,務平刑罰。"

【注】
〔1〕《禮記》曰:"天子親耕于東郊,為藉田千畝,冕而朱紘,躬秉耒耜。"《五經要義》曰:"天子藉田,以供上帝之粢盛,所以先百姓而致孝敬也。藉,蹈也。言親自蹈履于田而耕之。"《續漢志》云:"正月始耕,既事,

告祠先農。"《漢舊儀》曰："先農即神農炎帝也。祠以太牢，百官皆從。皇帝親執耒耜而耕。天子三推，三公五，孤卿七，大夫十二，士庶人終畝。乃致藉田倉，置令丞，以給祭天地宗廟，以為粢盛。"

〔2〕燠，暖也，音於六反。沐，潤澤也。言無暄潤之氣也。

〔3〕積精猶儲積也。《説文》云："告事求福曰禱。"

秋九月戊寅，千乘王建薨。

冬十月乙卯，司徒郭丹、司空馮魴免。丙辰，河南尹范遷為司徒，太僕伏恭為司空。

十二月，陵鄉侯梁松下獄死。[1]

【注】

〔1〕坐縣飛書誹謗。

五年春二月庚戌，驃騎將軍東平王蒼罷歸藩；琅邪王京就國。

冬十月，行幸鄴。與趙王栩會鄴。常山三老言於帝曰："上生於元氏，願蒙優復。"詔曰："豐、沛、濟陽，受命所由，加恩報德，適其宜也。今永平之政，百姓怨結，而吏人求復，令人愧笑。重逆此縣之拳拳，[1]其復元氏縣田租更賦六歲，勞賜縣掾史，及門闌走卒。"[2]至自鄴。

【注】

〔1〕重，難也。拳拳猶勤勤也。《禮記》曰："得一善則拳拳服膺而不息。"

〔2〕《續漢志》曰："五伯、鈴下、侍閣、門闌部署、街里走卒，皆有程品，多少隨所典領。"

十一月，北匈奴寇五原；十二月，寇雲中，南單于擊却之。

是歲，發遣邊人在內郡者，賜裝錢人二萬。

六年春正月，沛王輔、楚王英、東平王蒼、淮陽王延、琅邪王京、東海王政、趙王盱、北海王興、齊王石來朝。

二月，王雒山出寶鼎，[1]廬江太守獻之。夏四月甲子，詔曰："昔禹收九牧之金，鑄鼎以象物，使人知神姦，不逢惡氣。[2]遭德則興，遷于商、周；周德既衰，鼎乃淪亡。[3]祥瑞之降，以應有德。方今政化多僻，何以致茲？《易》曰鼎象三公，[4]豈公卿奉職得其理邪？太常其以礿祭之日，[5]陳鼎於廟，以備器用。賜三公帛五十匹，九卿、二千石半之。先帝詔書，禁人上事言聖，而閒者章奏頗多浮詞，自今若有過稱虛譽，尚書皆宜抑而不省，示不為諂子蚩也。"

【注】
〔1〕"雒"或作"雄"。
〔2〕夏禹之時，令遠方圖畫山川奇異之物，使九州之牧貢金鑄鼎以象之，令人知鬼神百物之形狀而備之，故人入山林川澤，魑魅罔兩莫能逢之。惡氣謂罔兩之類。事見《左傳》。
〔3〕《史記》曰，周鼎亡入泗水中，秦始皇過彭城，齋戒，欲出周鼎於泗水，使千人沒水求之，不得。
〔4〕《易》曰："鼎折足，覆公餗。"
〔5〕《禮記》曰"夏祭曰礿"，音藥。礿，薄也。夏物未成，祭尚薄。

冬十月，行幸魯，祠東海恭王陵；會沛王輔、楚王英、濟南王康、東平王蒼、淮陽王延、琅邪王京、東海王政。十二月，還，幸陽城，遣使者祠中岳。壬午，車駕還宮。東平王蒼、琅邪王京從駕來朝皇太后。

七年春正月癸卯，皇太后陰氏崩。二月庚申，葬光烈皇后。
秋八月戊辰，北海王興薨。

是歲，北匈奴遣使乞和親。

八年春正月己卯，司徒范遷薨。[1]三月辛卯，太尉虞延為司徒，衛尉趙憙行太尉事。

【注】
[1]《漢官儀》曰，遷字子閭，沛人也。

遣越騎司馬鄭衆報使北匈奴。初置度遼將軍，屯五原曼柏。[1]

【注】
[1]（武）[昭]帝拜范明友為度遼將軍，[二一]至此復置焉。以中郎將吳常行度遼將軍。曼柏，縣，在今勝州銀城縣。

秋，郡國十四雨水。
冬十月，北宮成。
丙子，臨辟雍，養三老、五更。禮畢，詔三公募郡國中都官死罪繫囚，減罪一等，勿笞，詣度遼將軍營，屯朔方、五原之邊縣；妻子自隨，便占著邊縣；[1]父母同產欲相代者，恣聽之。其大逆無道殊死者，一切募下蠶室。亡命者令贖罪各有差。凡徙者，賜弓弩衣粮。

【注】
[1]占著謂附名籍。

壬寅晦，日有食之，既。[1]詔曰："朕以無德，奉承大業，而下貽人怨，上動三光。日食之變，其災尤大，《春秋》圖讖所為至譴。[2][二二]永思厥咎，在予一人。群司勉修職事，極言無諱。"於是在位者皆上封事，各言得失。[3]帝覽章，深自引咎，乃以所上班示百官。詔曰："群僚所言，皆朕之過。人冤不能理，吏黠不能禁；而輕用人力，繕修宮宇，出入無節，喜怒過差。昔應門失守，《關雎》刺世；〔4〕飛蓬隨風，微子所歎。〔5〕〔二三〕永覽前戒，竦然兢懼。徒恐薄德，久而致怠耳。"

【注】

〔1〕既，盡也。

〔2〕《春秋感精符》曰："人主含天光，據機衡，齊七政，操八極。"故君明聖，天道得正，〔二四〕則日月光明，五星有度。日明則道正，〔二五〕不明則政亂，故常戒以自勅厲。日食皆象君之進退為盈縮。當春秋撥亂，日食三十六，故曰至譴也。

〔3〕宣帝始令群臣得奏封事，以知下情。封有正有副，領尚書者先發副封，所言不善，屏而不奏；後魏相奏去副封，以防擁蔽。

〔4〕《春秋說題辭》曰："人主不正，應門失守，故歌《關雎》以感之。"宋均注曰："應門，聽政之處也。言不以政事為務，則有宣淫之心。《關雎》樂而不淫，思得賢人與之共化，修應門之政者也。"薛君《韓詩章句》曰："詩人言雎鳩貞絜慎匹，以聲相求，隱蔽于無人之處。故人君退朝，入于私宮，后妃御見有度，應門擊柝，鼓人上堂，退反宴處，體安志明。今時大人內傾于色，賢人見其萌，故詠《關雎》，說淑女，正容儀，以刺時。"

〔5〕《管子》曰："無儀法程式，飛搖而無所定，謂之飛蓬。飛蓬之問，明王不聽。〔二六〕"此言"微子"，未詳。

北匈奴寇西河諸郡。

九年春三月辛丑，詔郡國死罪囚減罪，與妻子詣五原、朔方占著，所在死者皆賜妻父若男同產一人復終身；其妻無父兄獨有母者，賜其母錢六萬，又復其口筭。〔1〕

【注】
〔1〕口筭,已見《光武紀》。

夏四月甲辰,詔郡國以公田賜貧人各有差。令司隸校尉、部刺史歲上墨綬長吏視事三歲已上理狀尤異者各一人,與計偕上。[1]及尤不政理者,亦以聞。

【注】
〔1〕偕,俱也。所徵之人,令與計吏俱上。

是歲,大有年。為四姓小侯開立學校,置五經師。

【注】
〔1〕《穀梁傳》曰:"五穀皆熟,書大有年。"
〔2〕袁宏《漢紀》曰,永平中崇尚儒學,自皇太子、諸王侯及功臣子弟,莫不受經。又為外戚樊氏、郭氏、陰氏、馬氏諸子弟立學,號四姓小侯,置五經師。以非列侯,故曰小侯。《禮記》曰"庶方小侯",亦其義也。

十年春二月,廣陵王荊有罪,自殺,國除。
夏四月戊子,詔曰:"昔歲五穀登衍,[1]今茲靃麥善收,其大赦天下。方盛夏長養之時,蕩滌宿惡,以報農功。百姓勉務桑稼,以備災害。吏敬厥職,無令愆慝。"

【注】
〔1〕鄭玄注《周禮》云:"五穀,黍、稷、麥、麻、朮也。[二七]"登,成也。衍,饒也,音以戰反。

閏月甲午,南巡狩,幸南陽,祠章陵。日北至,又祠舊宅。[1]禮畢，召校官弟子作雅樂，奏《鹿鳴》，[2]帝自御塤篪和之，以娛嘉賓。[3]還，幸南頓，勞饗三老、官屬。

【注】
〔1〕北至，夏至也。
〔2〕校，學也。《鹿鳴》，《詩·小雅》篇名，宴群臣嘉賓之詩。
〔3〕鄭玄注《周禮》云："塤，燒土為之，大如鴈子。"鄭眾曰："有六孔。"《世本》曰："暴辛公作篪，以竹為之，長尺四寸，有八孔。"

冬十一月，徵淮陽王延會平輿，[1]徵沛王輔會睢陽。

【注】
〔1〕縣名，屬汝南郡，故城在今豫州汝陽縣東北。輿音預。

十二月甲午，車駕還宮。

十一年春正月，沛王輔、楚王英、濟南王康、東平王蒼、淮陽王延、中山王焉、琅邪王京、東海王政來朝。
秋七月，司隸校尉郭霸下獄死。
是歲，濿湖出黃金，廬江太守以獻。[1]時麒麟、白雉、醴泉、嘉禾所在出焉。

【注】
〔1〕濿湖，湖名，音子小反，在今廬州合肥縣東南。

十二年春正月，益州徼外夷哀牢王相率內屬，於是置永昌郡，罷益州西部都尉。[1]

【注】
〔1〕《西南夷傳》曰：“罷益州西部所領六縣，合為永昌郡，置哀牢、博南二縣。”去洛陽七千里，在今匡州匡川縣西。

夏四月，遣將作謁者王吳修汴渠，自滎陽至于千乘海口。〔1〕

【注】
〔1〕汴渠即莨蕩渠也。汴自滎陽首受河，所謂石門，在滎陽山北一里。過汴以東，積石為隄，亦號金隄，成帝陽嘉中所作也。〔二八〕

五月丙辰，賜天下男子爵，人二級，三老、孝悌、力田人三級，流民無名數欲占者人一級；鰥、寡、孤、獨、篤癃、貧無家屬不能自存者粟，人三斛。詔曰：“昔曾、閔奉親，竭歡致養；〔1〕仲尼葬子，有棺無椁。〔2〕喪貴致哀，禮存寧儉。今百姓送終之制，競為奢靡。生者無擔石之儲，而財力盡於墳土。〔3〕伏臘無糟糠，而牲牢兼於一奠。〔4〕糜破積世之業，以供終朝之費，子孫飢寒，絕命於此，豈祖考之意哉！又車服制度，恣極耳目。田荒不耕，游食者衆。〔5〕有司其申明科禁，宜於今者，宜下郡國。”

【注】
〔1〕曾參字子輿，閔損字子騫，並孔子弟子，皆有孝行也。
〔2〕《論語》曰：“鯉也死，有棺而無椁。”
〔3〕《前書音義》曰：“擔音丁濫反。言一石之儲。”《方言》作“甔”，云“罃也，齊東北海岱之閒謂之甔”。郭璞注曰：“所謂‘家無甔石之儲’者也。”《埤蒼》曰：“大罌也。”字或作“儋”，音丁甘反。
〔4〕《史記》曰，秦德公始為伏祠。《歷忌》曰：“伏者何也？金氣伏藏之日也。四氣代謝，皆以相生。至于立秋，以金代火；金畏于火，故庚日必伏。”《月令》：“孟冬之月，臘先祖。”《說文》云：“臘，冬至後祭百神。”始皇更

臘曰嘉平。奠，喪祭也。

〔5〕游食謂浮食者。

秋七月乙亥，司空伏恭罷。乙未，大司農牟融為司空。

冬十月，司隸校尉王康下獄死。

是歲，天下安平，人無徭役，歲比登稔，百姓殷富，粟斛三十，牛羊被野。

十三年春二月，帝耕於藉田。禮畢，賜觀者食。

三月，河南尹薛昭下獄死。

夏四月，汴渠成。辛巳，行幸滎陽，巡行河渠。乙酉，詔曰：“自汴渠決敗，六十餘歲，〔1〕加頃年以來，雨水不時，汴流東侵，日月益甚，水門故處，皆在河中，漭瀁廣溢，莫測圻岸，〔2〕蕩蕩極望，不知綱紀。今兗、豫之人，多被水患，乃云縣官不先人急，好興它役。又或以為河流入汴，幽、冀蒙利，故曰左隄彊則右隄傷，左右俱彊則下方傷，宜任水埶所之，使人隨高而處，公家息壅塞之費，百姓無陷溺之患。議者不同，南北異論，朕不知所從，久而不決。今既築隄理渠，絕水立門，河、汴分流，復其舊迹，陶丘之北，漸就壤墳，〔3〕故薦嘉玉絜牲，以禮河神。〔4〕東過洛汭，歎禹之績。〔5〕今五土之宜，反其正色，〔6〕濱渠下田，賦與貧人，無令豪右得固其利，〔7〕庶繼世宗《瓠子》之作。”〔8〕因遂度河，登太行，進幸上黨。壬寅，車駕還宮。

【注】

〔1〕《王景傳》曰，平帝時汴河決壞。

〔2〕圻，塈也。

〔3〕《爾雅》曰：“丘再成曰陶丘。”孫炎曰：“形如累兩盂也。”郭璞曰：“今濟陰定陶城中有陶丘也。”《尚書》曰：“厥土惟黑壤，〔二九〕下土墳壚。”孔安國曰：“無塊曰壤。墳，起也。”

〔4〕《禮記》曰：“凡祭玉曰嘉玉。”《儀禮》曰：“絜牲剛鬣。”

〔5〕水北曰汭。洛汭，洛水入河處也。績，功也。河、洛皆禹所加功，故歎之。

〔6〕《周禮》曰"山林、川澤、丘陵、墳衍、原隰，謂之五土"也。色謂其黃、白、青、黑之類。孔安國曰"水所去，土復其性"也。

〔7〕濱，近也。豪右，大家也。

〔8〕瓠子，隄名也。武帝元封二年，發卒數萬人塞瓠子決河，沈白馬、玉璧，令群臣皆負薪填河。在今濮州濮陽縣西也。

冬十月壬辰晦，日有食之。〔三〇〕三公免冠自劾。制曰："冠履勿劾。災異屢見，咎在朕躬，憂懼遑遑，未知其方。將有司陳事，多所隱諱，使君上壅蔽，下有不暢乎？昔衞有忠臣，靈公得守其位。〔1〕今何以和穆陰陽，消伏災譴？刺史、太守詳刑理冤，存恤鰥孤，勉思職焉。"

【注】

〔1〕《論語》："孔子曰：'衞靈公無道。'季康子曰：'夫如是，奚其不喪？'孔子曰：'仲叔圉主賓客，祝鮀主宗廟，王孫賈主軍旅。夫如是，奚其喪？'"

十一月，楚王英謀反，廢，國除，遷於涇縣，〔1〕所連及死徙者數千人。

【注】

〔1〕涇縣屬丹陽郡，今宣州縣，故城在縣東。有涇水，出蕪湖，因水立名。

是歲，齊王石薨。

十四年春三月甲戌，司徒虞延免，自殺。夏四月丁巳，鉅鹿太守南陽邢穆為司徒。[1]

【注】
[1] 穆字綏公，宛人。

前楚王英自殺。
夏五月，封故廣陵王荊子元壽為廣陵侯。
初作壽陵。

十五年春二月庚子，東巡狩。辛丑，幸偃師。詔亡命自殊死以下贖：死罪縑四十匹，右趾至髡鉗城旦舂十匹，完城旦至司寇五匹；[三一]犯罪未發覺，詔書到日自告者，半入贖。徵沛王輔會睢陽。進幸彭城。癸亥，帝耕于下邳。

三月，徵琅邪王京會良成，[1]徵東平王蒼會陽都，[2]又徵廣陵侯及其三弟會魯。祠東海恭王陵。還，幸孔子宅，祠仲尼及七十二弟子。親御講堂，[3]命皇太子、諸王説經。又幸東平。[4]辛卯，進幸大梁，[5]至定陶，祠定陶恭王陵。[6]夏四月庚子，車駕還宮。

【注】
[1] 良成，縣名，屬東海郡，故城在今泗州下邳縣北。
[2] 陽都，縣名，屬琅邪郡，故城在今沂州沂水縣南。
[3] 孔子宅在今兗州曲阜縣故魯城中歸德門内闕里之中，背洙面泗，矍相圃之東北也。七十二弟子，顏、閔之徒。《漢春秋》曰："帝時升廟立，群臣中庭北面，皆再拜，帝進爵而後坐。"
[4] 東平，國名，故城在今鄆州東。
[5] 大梁城，魏惠王所築，故城在今汴州。
[6] 恭王，元帝子康。

改信都為樂成國,臨淮為下邳國。封皇子恭為鉅鹿王,黨為樂成王,衍為下邳王,暢為汝南王,昞為常山王,長為濟陰王。[1]賜天下男子爵,人三級;郎、從官[視事]二十歲已上[三二]帛百匹,十歲已上二十匹,十歲已下十匹,官府吏五匹,書佐、小史三匹。令天下大酺五日。[2]乙巳,大赦天下,其謀反大逆及諸不應宥者,皆赦除之。

【注】
〔1〕濟陰,郡,今曹州。
〔2〕《前書音義》曰:"《漢律》:三人已上無故群飲,罰金四兩。"今恩詔橫賜,得令聚會飲食五日。酺,布也。言天子布恩於天下。《史記》:"趙惠文王三年,大赦,置酒大酺五日。"

冬,車騎校獵上林苑。[1]

【注】
〔1〕《周禮》校人掌王田獵之馬,故曰校獵。謂以木相貫穿為欄校,以遮禽獸。

十二月,遣奉車都尉竇固、駙馬都尉耿秉屯涼州。[1]

【注】
〔1〕《前書》曰,奉車都尉,掌乘輿;駙馬都尉,掌天子之副馬。駙,副也。並武帝置,秩二千石。

十六年春二月,遣太僕祭肜出高闕,[1]奉車都尉竇固出酒泉,駙馬都尉耿秉出居延,[2]騎都尉來苗出平城,伐北匈奴。竇固破呼衍王於天山,[3]留兵屯伊吾盧城。[4]耿秉、來苗、祭肜並無功而還。

【注】
〔1〕高闕，山名，因以名塞，在朔方北。
〔2〕本匈奴地名也，武帝因以名縣，屬張掖郡，在今甘州張掖縣東北。
〔3〕呼衍，匈奴王號。天山即祁連山，一名雪山，今名折羅漢山，在伊州北。祁音時。
〔4〕本匈奴中地名，既破呼衍，取其地置宜禾都尉〔三三〕，以為屯田，今伊州（細）〔納〕職縣〔三四〕伊吾故城是也。

夏五月，淮陽王延謀反，發覺。癸丑，司徒邢穆、駙馬都尉韓光坐事下獄死，所連及誅死者甚衆。〔1〕

【注】
〔1〕坐與延同謀。

戊午晦，日有食之。
六月丙寅，大司農西河王敏為司徒。〔1〕

【注】
〔1〕《漢官儀》曰，敏字叔公，并州隰城人也。

秋七月，淮陽王延徙封阜陵王。〔1〕

【注】
〔1〕阜陵，縣名，屬九江郡，故城在今滁州全椒縣南。

九月丁卯，詔令郡國中都官死罪繫囚減死罪一等，勿笞，詣軍營，屯朔方、敦煌；妻子自隨，父母同產欲求從者，恣聽之；女子嫁為人妻，勿與俱。謀反大逆無道不用此書。

是歲，北匈奴寇雲中，雲中太守廉范擊破之。

十七年春正月，甘露降於甘陵。〔三五〕北海王睦薨。
二月乙巳，司徒王敏薨。三月癸丑，汝南太守鮑昱為司徒。
是歲，甘露仍降，樹枝內附，〔1〕芝草生殿前，神雀五色翔集京師。西南夷哀牢、儋耳、僬僥、槃木、白狼、動黏諸種，前後慕義貢獻；〔2〕西域諸國遣子入侍。夏五月戊子，公卿百官以帝威德懷遠，祥物顯應，乃並集朝堂，奉觴上壽。〔3〕制曰："天生神物，以應王者；遠人慕化，實由有德。朕以虛薄，何以享斯？唯高祖、光武聖德所被，不敢有辭。其敬舉觴，太常擇吉日策告宗廟。其賜天下男子爵，人二級，三老、孝悌、力田人三級，流人無名數欲占者人一級；鰥、寡、孤、獨、篤癃、貧不能自存者粟，人三斛；郎、從官視事十歲以上者，帛十匹。中二千石、二千石下至黃綬，〔三六〕貶秩奉贖，在去年以來皆還贖。"

【注】
〔1〕仍，頻也。內附謂木連理也。《前書》終軍曰："衆枝內附，是無外也。"
〔2〕《山海經》曰："周饒國在三首國東，為人短小，冠帶，一名僬僥。"《國語》曰："僬僥氏三尺，短之至也。"楊浮《異物志》〔三七〕曰："儋耳，南方夷，生則鏤其頰，皮連耳匡，分為數支，狀如雞腸，纍纍下垂至肩。"
〔3〕壽者人之所欲，故卑下奉觴進酒，皆言上壽。

秋八月丙寅，令武威、張掖、酒泉、敦煌〔1〕及張掖屬國，繫囚右趾已下任兵者，〔2〕皆一切勿治其罪，詣軍營。

【注】
〔1〕張掖，郡，故匈奴昆邪王地也。《漢官儀》曰："張國臂掖，故曰張掖。"故城在今甘州張掖縣西北。

〔2〕任，堪也。

冬十一月，遣奉車都尉竇固、駙馬都尉耿秉、騎都尉劉張出敦煌昆侖塞，〔1〕擊破白山虜於蒲類海上，遂入車師。〔2〕初置西域都護、戊己校尉。〔3〕

【注】
〔1〕昆侖，山名，因以為塞，在今肅州酒泉縣西南。山有昆侖之體，故名之。周穆王見西王母于此山，有石室、王母臺。
〔2〕《西河舊事》曰："白山冬夏有雪，故曰白山，匈奴謂之天山，過之皆下馬拜焉。去蒲類海百里之內。"
〔3〕宣帝初置，鄭吉為都護，護三十六國，秩比二千石。元帝置戊己校尉，有丞、司馬各一人，秩比六百石。戊己，中央也，鎮覆四方，見《漢官儀》。亦處西域，鎮撫諸國。

是歲，改天水為漢陽郡。
十八年春三月丁亥，詔曰："其令天下亡命，自殊死已下贖：死罪縑三十匹，右趾至髡鉗城旦舂十匹，完城旦至司寇五匹；吏人犯罪未發覺，詔書到自告者，半入贖。"
夏四月己未，詔曰："自春已來，時雨不降，宿麥傷旱，秋種未下，政失厥中，憂懼而已。其賜天下男子爵，人二級，及流民無名數〔三八〕欲占者人一級；鰥、寡、孤、獨、篤癃、貧不能自存者粟，人三斛。理冤獄，錄輕繫。二千石分禱五岳四瀆。郡界有名山大川能興雲〔致〕雨者，〔1〕〔三九〕長吏各潔齋禱請，冀蒙嘉澍。"〔2〕

【注】
〔1〕《周禮》："職方氏掌天下之地。楊州，其山曰會稽，其川曰三江。荊州，其山曰衡山，其川曰江、漢。豫州，其山曰華，其川曰滎、洛。青州，其

山曰沂山，其川曰淮、泗。兗州，其山曰岱，其川曰河、泲。雍州，其山曰嶽，其川曰涇、汭。幽州，其山曰醫無閭，其川曰河、泲。冀州，其山曰霍，其川曰漳。并州，其山曰恒，其川曰滹沱。"此謂九州名山大川也。

〔2〕《說文》曰："時雨所以澍生萬物。"《淮南子》曰："春雨之灌，萬物無地不澍，無物不生。"澍音之戍反。

六月己未，有星孛於太微。

焉耆、龜茲攻西域都護陳睦，悉沒其衆。北匈奴及車師後王圍戊己校尉耿恭。

秋八月壬子，帝崩於東宮前殿。年四十八。遺詔無起寢廟，藏主於光烈皇后更衣別室。〔1〕帝初作壽陵，制令流水而已，石椁廣一丈二尺，長二丈五尺，無得起墳。〔2〕萬年之後，埽地而祭，杅水脯糗而已。〔3〕過百日，唯四時設奠，置吏卒數人供給灑埽，勿開修道。敢有所興作者，以擅議宗廟法從事。〔4〕

【注】

〔1〕《禮》"藏主於廟"，既不起寢廟，故藏於后之易衣別室。更，易也。

〔2〕《東觀記》曰："陵東北作廡，長三丈，五步出外為小廚，〔四〇〕財足祠祀。"

〔3〕《說文》曰："杅，飲器。"音于。《方言》曰："盌謂之盂。"《說文》曰："糗，乾飯也。"

〔4〕《前書》曰："擅議宗廟者弃市。"

帝遵奉建武制度，無敢違者。後宮之家，不得封侯與政。〔1〕館陶公主〔2〕為子求郎，不許，而賜錢千萬。謂群臣曰："郎官上應列宿，出宰百里，〔3〕有非其人，〔四一〕則民受其殃，是以難之。"故吏稱其官，民安其業，遠近肅服，戶口滋殖焉。

【注】

〔1〕《東觀記》曰:"光武閔傷前代權臣太盛,外戚與政,上濁明主,下危臣子,后族陰、郭之家不過九卿,親屬榮位不能及許、史、王氏之半耳。"

〔2〕光武女。

〔3〕《史記》曰,太微宮後二十五星,郎位也。

論曰:明帝善刑理,法令分明。日晏坐朝,幽枉必達。內外無倖曲之私,在上無矜大之色。〔四二〕斷獄得情,號居前代十二。〔1〕故後之言事者,莫不先建武、永平之政。而鍾離意、宋均之徒,常以察慧為言,〔2〕夫豈弘人之度未優乎?

【注】

〔1〕十斷其二,言少刑也。

〔2〕並見本傳。

贊曰:顯宗丕承,業業兢兢。危心恭德,政察姦勝。〔1〕備章朝物,省薄墳陵。〔2〕永懷廢典,下身遵道。〔3〕登臺觀雲,臨雍拜老。懋惟帝績,增光文考。〔4〕

【注】

〔1〕危心言常危懼。姦勝猶勝姦佞。

〔2〕朝物謂朝儀文物也。

〔3〕廢典謂明堂、辟雍之禮,歷漢不行。下身謂進爵授綬之類。

〔4〕懋,勉也。《書》曰:"惟我文考,光于四海。"

【校勘記】

〔一〕及流人無名數　按:《刊誤》謂案他處詔書皆上有"脫無名數",則云"及流人"云云,此無,故不當有"及"字,三年詔亦無,可互證。

〔二〕主穿壙填塞事也　汲本、殿本"塞"作"墓"。按：疑當依《前書》如淳注作"瘞"。

〔三〕(有)一月一更　據《刊誤》删。

〔四〕蘭州　按："蘭"原誤"闌"，逕依《集解》本改正。

〔五〕次(作)司寇〔作〕　據殿本、《集解》本改。

〔六〕(其)班時令　據《刊誤》删。

〔七〕望元氣　按：洪頤軒《讀書叢録》謂"元氣"當是"雲氣"之譌，《祭祀志》云"升靈臺以望雲物"，雲物即雲氣也。李慈銘謂洪說是。"雲"古文作"云"，與"元"字易亂。下贊云"登臺觀雲"，可知范《書》此紀正作"雲"字。

〔八〕立辟雍　按："辟"原譌"璧"，逕改正。

〔九〕(二)千石已下至小吏冠一梁　據《刊誤》删。

〔一〇〕冕以三十升布漆而為之　按：殿本、《集解》本"漆"作"染"。

〔一一〕前三幅　按：殿本、《集解》本"三"作"二"。

〔一二〕以青綵飾之　按：殿本、《集解》本"綵"作"絲"。

〔一三〕黑帝(汁)〔叶〕光紀　據汲本、殿本改。

〔一四〕明帝自謂無〔成康之質〕　據《刊誤》補。

〔一五〕儀禮(曰)大射之禮　據《刊誤》删。

〔一六〕老人知天地之事者　按：《刊誤》謂知天地人三才，故謂之三老，此"之"字應作"人"。

〔一七〕扶(玉)〔王〕杖　據《集解》引惠棟說改。

〔一八〕壇皆(二)〔三〕尺　據殿本改，與《續志》合。

〔一九〕尚書琁機鈐　按：汲本、殿本"機"作"璣"，下同。

〔二〇〕春秋感精符曰　按：下所引乃宋均注語，合有一"注"字。

〔二一〕(武)〔昭〕帝拜范明友為度遼將軍　據殿本《考證》引何焯說改。按：《通鑑》注引亦作"昭帝"。

〔二二〕春秋圖讖所為至譴　《刊誤》謂案文"為"當作"謂"。今按：謂為古字通作，汲本作"謂"。

〔二三〕微子所歎　按：《集解》引沈濤説，謂"微子"當作"微管"，六朝人每以管仲為微管。

〔二四〕天道得正　按：殿本"天"作"人"。

〔二五〕日明則道正　按：殿本"道正"作"政理"。

〔二六〕明王不聽　按：殿本"王"作"主"，與今本《管子》合。

〔二七〕五穀黍稷麥麻朮也　按：《校補》謂殿本"朮"作"豆"，與《周禮》原注合。

〔二八〕成帝陽嘉中所作也　按：成帝年號有"陽朔"，有"鴻嘉"，無"陽嘉"，注必有誤。

〔二九〕厥土惟黑壤　按：殿本作"厥土惟壤"，無"黑"字，與《書·禹貢》合。

〔三〇〕冬十月壬辰晦日有食之　按：是年十月甲辰朔，不得有"壬辰"。《續五行志》作"甲辰晦"，亦非。今查是年九、十、十一等月皆無日食，參閱《續五行志》六校記。

〔三一〕完城旦至司寇五匹　按：張森楷《校勘記》謂監本"寇"下有"作"字，下十八年同。

〔三二〕郎從官〔視事〕二十歲已上　據《刊誤》補。

〔三三〕取其地置宜禾都尉　按：汲本、殿本"取"作"即"。

〔三四〕今伊州（細）〔納〕職縣　姚範謂"細"為"納"字之譌。按：姚説是，各本皆未正，今據改。

〔三五〕甘露降於甘陵　按：惠棟《補注》引《通鑑考異》，謂"甘陵"當作"原陵"。

〔三六〕中二千石二千石下至黃綬　按：《刊誤》謂案文既云中二千石下至黃綬，不須更比二千石，明多"二千石"三字。

〔三七〕楊浮異物志　按：《集解》引惠棟説，謂"浮"當作"孚"。漢議郎楊孚，字孝先，撰《異物志》一卷，見《廣志》及《經籍志》。

〔三八〕及流民無名數　按：《刊誤》謂多一"及"字。

〔三九〕能興雲〔致〕雨者　據殿本補。按：《章帝紀》建初五年詔書亦作

"能興雲致雨者"。

〔四〇〕長三丈五步出外為小廚　《刊誤》謂"三丈五步"不成文理，當作"五尺"。按：《東觀記》亦作"五步"，"五步"二字應屬下為句，劉説非。又按：各本無"出"字。

〔四一〕有非其人　殿本、《集解》本"有"作"苟"。張森楷《校勘記》謂《群書治要》亦作"有"，是唐本不作"苟"也。今按：有猶如也。有非其人猶言如非其人耳。

〔四二〕在上無矜大之色　汲本、殿本"矜"作"矝"。今按：段注《説文》"矜"作"矝"，云从矛令聲。

後漢書卷三

肅宗孝章帝紀第三

肅宗孝章皇帝諱炟，顯宗第五子也。[1]母賈貴人。永平三年，立為皇太子。少寬容，好儒術，顯宗器重之。

【注】
[1]《謚法》曰："溫克令儀曰章。"伏侯《古今注》曰："炟之字曰著，音丁達反。"

十八年八月壬子，即皇帝位，年十九。尊皇后曰皇太后。
壬戌，葬孝明皇帝于顯節陵。[1]

【注】
[1]《帝王紀》曰："顯節陵方三百步，高八丈。其地故富壽亭也，西北去洛陽三十七里。"

冬十月丁未，大赦天下。賜民爵，人二級，為父後及孝悌、力田人三級，脫無名數及流人欲占者人一級，爵過公乘得移與子若同產子；鰥、寡、孤、獨、篤癃、貧不能自存者粟，人三斛。詔曰："朕以眇身，託于王侯之上，統理萬機，懼失厥中，兢兢業業，未知所濟。深惟守文之主,必建師傅之官。《詩》不云乎:'不愆不忘,率由舊章。'〔1〕行太尉事節鄉侯憙三世在位,為國元老;〔2〕司空融〔3〕典職六年,勤勞不息。其以憙為太傅,融為太尉,並錄尚書事。〔4〕'三事大夫,莫肯夙夜',《小雅》之所傷也。〔5〕'予違汝弼,汝無面從',〔6〕股肱之正義也。群后百僚勉思厥職,各貢忠誠,以輔不逮。申勑四方,稱朕意焉。"

【注】

〔1〕《詩·大雅》也。鄭玄云:"愆,過也。率,循也。由,用也。言成王之令德,不過誤,不違失,皆循用舊典文章,謂周公之禮法。"

〔2〕趙憙,光武時為太尉,明帝時行太尉事,故曰三代在位。元,長也。《詩》曰:"方叔元老。"

〔3〕融,牟融。

〔4〕武帝初以張子孺領尚書事。錄尚書事由此始。

〔5〕《詩·雨無正》之文也。三事,三公也。鄭玄注云:"幽王在外,三公及諸侯隨而行者,皆無復君臣之禮,不肯晨夜省王。"

〔6〕《尚書·益稷》之文也。孔安國注云:"我違道,汝當以義輔正我,無面從我。"

十一月戊戌,蜀郡太守第五倫〔一〕為司空。
詔征西將軍耿秉屯酒泉。〔1〕遣酒泉太守段彭救戊己校尉耿恭。

【注】

〔1〕酒泉,今肅州縣也。《前書音義》曰:"城下有泉,其味若酒,因名酒泉焉。"

甲辰晦,日有食之。於是避正殿,寢兵,不聽事五日。詔有司各上封事。
十二月癸巳,有司奏言:"孝明皇帝聖德淳茂,劬勞日昃,〔二〕身御浣衣,〔1〕食無兼珍。澤臻四表,〔2〕遠人慕化,僬僥、儋耳,款塞自至。〔3〕克伐鬼方,開道西域,〔4〕威靈廣被,無思不服。以烝庶為憂,不以天下為樂。備三雍之教,躬養老之禮。作登歌,正予樂,博貫六蓺,〔5〕不舍晝夜。聰明淵塞,著在圖讖。〔6〕至德所感,通於神明。功烈光於四海,仁風行於千載。而深執謙謙,自稱不德,無起寢廟,埽地而祭,除日祀之法,〔7〕省送終之禮,遂藏主於光烈皇后更衣別室。天下聞之,莫不悽愴。陛下至孝烝烝,奉順聖德。臣愚以為更衣在中門之外,處所殊別,宜尊廟曰顯宗,其四時禘祫,於光武之堂,閒祀悉還更衣,〔8〕共進《武德》之舞,如孝文皇帝祫祭高廟故事。"〔9〕制曰:"可。"

【注】

〔1〕日昃,日昳。《尚書》曰:"文王自朝至于日中昃,不遑暇食。"

〔2〕《尚書》曰:"光被四表。"

〔3〕款,扣。僬僥、儋耳解見《明紀》。

〔4〕鬼方,遠方。《易》曰:"高宗伐鬼方,三年克之。"

〔5〕《周禮》保氏教之六蓺:一曰禮,二曰樂,三曰射,四曰馭,五曰書,六曰數。《前書·蓺文志》(曰)〔三〕以《禮》、《樂》、《春秋》、《易》、《詩》、《書》為《六蓺》。博貫謂究極深幽耳。

〔6〕《河圖》曰:"圖出代,九天開明,受用嗣興,十代以光。"又《括地象》曰:"十代禮樂,文雅並出。"謂明帝也。

〔7〕《春秋外傳》曰:"日祭,月祀,時享。祖禰則日祭,高曾則月祀,三祧則時享。〔四〕"今此除日祀之法,從時月之祭。

〔8〕《續漢書》曰:"五年再殷祭,三年一祫,五年一禘。父為昭,南向;子為穆,北向。禘以夏四月,祫以冬十月。禘之為言諦,諦審昭穆尊卑之義。祫者,合也。冬十月五穀成,故骨肉合飲食於祖廟,謂之殷祭。四時正祭外,有五月嘗麥,三伏立秋嘗粢盛酎〔五〕,十月嘗稻等,謂之閒祀,即各于更衣之殿。更衣者,非正處也。園中有寢,有便殿。寢者,陵上正殿。便殿,寢側之別殿,即更衣也。"

〔9〕《前書》高廟奏《武德》、《文始》、《五行》之舞。

是歲，牛疫。京師及三州大旱，詔勿收兗、豫、徐州田租、芻稾，其以見穀賑給貧人〔六〕。

建初元年春正月，詔三州郡國："方春東作，恐人稍受稟，往來煩劇，或妨耕農。[1]其各實覈尤貧者，計所貸并與之。[2]流人欲歸本者，郡縣其實稟，令足還到，聽過止官亭，無雇舍宿。長吏親躬，無使貧弱遺脫，小吏豪右得容姦妄。[3]詔書既下，勿得稽留，刺史明加督察尤無狀者。"[4]

【注】
[1]稟，給也。稍（為）[謂]少〔七〕少給之，不頓與。
[2]并音必政反。
[3]《前書》曰，百石已下有斗食佐史之秩，言小吏也。
[4]無狀謂其罪惡尤大，其狀無可寄言，故云無狀。它皆類此。

丙寅，詔曰："比年牛多疾疫，墾田減少，穀價頗貴，人以流亡。方春東作，宜及時務。二千石勉勸農桑，弘致勞來。群公庶尹，各推精誠，專急人事。罪非殊死，須立秋案驗。有司明慎選舉，進柔良，退貪猾，順時令，理冤獄。'五教在寬'，帝《典》所美；[1]'愷悌君子'，《大雅》所歎。[2]布告天下，使明知朕意。"

【注】
[1]五教謂父義、母慈、兄友、弟恭、子孝也。《尚書·舜典》曰："汝作司徒，敬敷五教在寬。"
[2]愷，樂；悌，易也。《詩·大雅·泂酌篇》曰："愷悌君子，人之父母。"

酒泉太守段彭討擊車師，大破之。罷戊己校尉官。

二月，武陵澧中蠻叛。[1]

【注】

[1] 武陵，郡，今澧州。《水經》曰"澧水出武陵充縣西歷山之北"也。

三月甲寅，山陽、東平地震。己巳，詔曰："朕以無德，奉承大業，夙夜慄慄，不敢荒寧。[1]而災異仍見，與政相應。朕既不明，涉道日寡；又選舉乖實，俗吏傷人，官職耗亂，刑罰不中，可不憂與！昔仲弓季氏之家臣，子游武城之小宰，孔子猶誨以賢才，問以得人。[2]明政無大小，以得人為本。夫鄉舉里選，必累功勞。今刺史、守相不明真偽，茂才、孝廉歲以百數，既非能顯，而當授之政事，甚無謂也。每尋前世舉人貢士，或起畎畝，不繫閥閱。[3]敷奏以言，則文章可採；明試以功，則政有異迹。[4]文質彬彬，朕甚嘉之。[5]其令太傅、三公、中二千石、二千石、郡國守相舉賢良方正能直言極諫之士各一人。"

【注】

[1] 孔安國注《尚書》曰："不敢荒怠自安寧。"

[2] 《論語》，仲弓為季氏宰，問政，子曰："赦小過，舉賢才。"子游為武城宰，孔子謂之曰："汝得人焉耳乎？"

[3] 《說文》曰："畎，田中之溝。"音工犬反。《史記》曰："明其等曰閥，積其功曰閱。"言前代舉人務取賢才，不拘門地。

[4] 敷，陳；奏，進也。令各陳進其言，則知其能否也。《尚書》曰"敷奏以言，明試以功"，則政之類。

[5] 彬彬，雜半之貌。

夏五月辛酉，初舉孝廉、郎中寬博有謀，任典城者，以補長、相。[1]

【注】
〔1〕任，堪使也。典，主也。長謂縣長，相謂侯相。

秋七月辛亥，詔以上林池篽田賦與貧人。[1]

【注】
〔1〕篽，禁苑也，音語。《前書音義》曰："折竹以繩懸連之，使人不得往來，謂之篽。"

八月庚寅，有星孛于天市。[1]

【注】
〔1〕《史記》曰："房為天駟，東北曲十二星曰旗，旗中四星曰天市。"

九月，永昌哀牢夷叛。
冬十月，武陵郡兵討叛蠻，破降之。
十一月，阜陵王延謀反，貶為阜陵侯。

二年春三月辛丑，詔曰："比年陰陽不調，飢饉屢臻[八]。深惟先帝憂人之本，[1]詔書曰'不傷財，不害人'，誠欲元元去末歸本。而今貴戚近親，奢縱無度，嫁娶送終，尤為僭侈。有司廢典，莫肯舉察。《春秋》之義，以貴理賤。今自三公，並宜明糾非法，宣振威風。朕在弱冠，未知稼穡之艱難，區區管窺，豈能照一隅哉！[2]其科條制度所宜施行，在事者備為之禁，先京師而後諸夏。"[3]

【注】
〔1〕本謂稼穡。
〔2〕《史記》扁鵲曰："以管窺天，以郤視文。"

〔3〕《公羊傳》曰："《春秋》內中國而外諸夏，內諸（侯）〔夏〕而外夷狄。〔九〕王者欲一乎天下，曷以內外之辭言？自近者始也。〔一〇〕"

甲辰，罷伊吾盧屯兵。〔1〕

【注】
〔1〕永平十六年置。

永昌、越巂、益州三郡民、夷討哀牢，破平之。
夏四月戊子，詔還坐楚、淮陽事徙者四百餘家，令歸本郡。
癸巳，詔齊相省冰紈、方空縠、吹綸絮。〔1〕

【注】
〔1〕紈，素也。冰言色鮮潔如冰。《釋名》曰："縠，紗也。"方空者，紗薄如空也。或曰空，孔也，即今之方目紗也。綸，似絮而細。吹者，言吹噓可成，亦紗也。《前書》齊有三服官，故詔齊相罷之。

六月，燒當羌叛，金城太守郝崇討之，敗績，羌遂寇漢陽。秋八月，遣行車騎將軍馬防討平之。
十二月戊寅，有星孛于紫宮。

三年春正月己酉，宗祀明堂。禮畢，登靈臺，望雲物。大赦天下。
三月癸巳，立貴人竇氏為皇后。賜爵，人二級，三老、孝悌、力田人三級，民無名數及流民欲占者人一級；鰥、寡、孤、獨、篤癃、貧不能自存者粟，人五斛。
夏四月己巳，罷常山呼沱石臼河漕。〔1〕

【注】
〔1〕石臼，河名也，在今定州唐縣東北。時鄧訓上言此漕難成，遂罷之。漕，水運也，音才到反。

行車騎將軍馬防破燒當羌於臨洮。〔1〕

【注】
〔1〕臨洮，縣名，屬隴西郡，即今岷（山之）州。〔一〕

閏月，西域假司馬班超擊姑墨，〔一二〕大破之。〔1〕

【注】
〔1〕姑墨，西域國名，去長安八千一百五十里。

冬十二月丁酉，以馬防為車騎將軍。
武陵漊中蠻叛。〔1〕

【注】
〔1〕漊，水名，音婁，源出今澧州崇義縣西北山。

是歲，零陵獻芝草。

四年春二月庚寅，太尉牟融薨。
夏四月戊子，立皇子慶為皇太子。賜爵，人二級，三老、孝悌、力田人三級，民無名數及流人欲自占者人一級；鰥、寡、孤、獨、篤癃、貧不能自存者粟，人五斛。
己丑，徙鉅鹿王恭為江陵王，汝南王暢為梁王，常山王昞為淮陽王。辛卯，封皇子伉〔1〕為千乘王，全為平春王。〔2〕

【注】

〔1〕音抗。〔一三〕

〔2〕平春,縣,屬江夏郡。

五月丙辰,車騎將軍馬防罷。

甲戌,司徒鮑昱為太尉,南陽太守桓虞為司徒。〔1〕

【注】

〔1〕虞字仲春,馮翊人。

六月癸丑,皇太后馬氏崩。秋七月壬戌,葬明德皇(太)后。〔一四〕冬,牛大疫。

十一月壬戌,詔曰:"蓋三代導人,教學為本。〔1〕漢承暴秦,褒顯儒術,建立五經,為置博士。其後學者精進,雖曰承師,亦別名家。〔2〕孝宣皇帝以為去聖久遠,學不厭博,故遂立大、小夏侯《尚書》,後又立京氏《易》。〔3〕至建武中,復置顏氏、嚴氏《春秋》,大、小戴《禮》博士。〔4〕此皆所以扶進微學,尊廣道蓺也。中元元年詔書,五經章句煩多,議欲減省。至永平元年,長水校尉儵〔5〕奏言,先帝大業,當以時施行。欲使諸儒共正經義,頗令學者得以自助。孔子曰:'學之不講,是吾憂也。'又曰:'博學而篤志,切問而近思,仁在其中矣。'〔6〕於戲,其勉之哉!"於是下太常,將、大夫、博士、議郎、郎官〔7〕及諸生、諸儒會白虎觀,講議五經同異,使五官中郎將魏應承制問,〔8〕侍中淳于恭奏,帝親稱制臨決,如孝宣甘露石渠故事,〔9〕作《白虎議奏》。〔10〕

【注】

〔1〕《前書》曰,三代之道,鄉里有教,夏曰校,殷曰庠,周曰序。

〔2〕言雖承一師之業,其後觸類而長,更為章句,則別為一家之學。

〔3〕大、小夏侯謂夏侯勝、勝從兄子建也。京氏,京房也。

〔4〕嚴氏謂嚴彭祖。顏氏謂顏安樂。大、小戴，戴德、戴聖也。

〔5〕樊鯈。

〔6〕《論語》文也。講猶習也。篤，厚也。志，記也。言人能博涉學而後識之，切問於己所未悟之事，近思己所能及之事。好學亦仁之一分，故仁在其中矣。

〔7〕博士屬太常，故云下。

〔8〕《續漢志》曰："五官中郎將，比二千石。"

〔9〕《前書》："甘露二年，詔諸儒講五經異同，蕭望之等平奏其議，上親制臨決焉。"又曰："施讎，甘露中論五經於石渠閣。"《三輔故事》曰："石渠閣在未央殿北，藏秘書之所。"

〔10〕今《白虎通》。

是歲，甘露降泉陵、洮陽二縣。〔1〕

【注】

〔1〕二縣屬零陵郡。泉陵城在今永州零陵縣北。洮陽故城在今湘源縣西北。

五年春二月庚辰朔，日有食之。詔曰："朕新離供養，〔1〕愆咎衆著，上天降異，大變隨之。《詩》不云乎：'亦孔之醜。'〔2〕又久旱傷麥，憂心慘切。公卿已下，其舉直言極諫能指朕過失者各一人，遣詣公車，將親覽問焉。其以巖穴為先，勿取浮華。"〔3〕

【注】

〔1〕去年馬太后崩。

〔2〕《詩·小雅》曰："朔月辛卯，日有食之，亦孔之醜。"孔，甚也。醜，惡也。

〔3〕《前書》鄒陽曰："顯巖穴之士。"

甲申，詔曰："《春秋》書'無麥苗'，重之也。[1]去秋雨澤不適，今時復旱，如炎如焚。[2]兇年無時，而為備未至。朕之不德，上累三光，震慄切切，痛心疾首。[3]前代聖君，博思咨諏，[4]雖降災咎，輒有開匱反風之應。[5]令予小子，徒慘慘而已。其令二千石理冤獄，錄輕繫；禱五嶽四瀆，及名山能興雲致雨者，冀蒙不崇朝徧雨天下之報。[6]務加肅敬焉。"

【注】

〔1〕《春秋》莊公七年："秋，大水，無麥苗。"《公羊傳》曰："一災不書，待無麥然後書無苗。"何休注曰："不書穀[名]，〔一五〕至麥苗獨書，人食最重也。"

〔2〕炎、焚言熱氣甚。《韓詩》："旱魃為虐，如炎如焚。"

〔3〕切音刀。《詩》曰："憂心切切。"又曰："痻如疾首。"

〔4〕咨諏，謀也，音子余反。

〔5〕武王有疾，周公作請命之書，藏於金匱。後管、蔡流言，成王疑周公，天乃大風，禾木盡偃。成王啓金匱，得書，乃郊天謝過，天乃反風起禾。事見《尚書》。

〔6〕《尚書大傳》曰："五嶽皆觸石出雲，膚寸而合，不崇朝而雨天下。"

三月甲寅，詔曰："孔子曰：'刑罰不中，則人無所措手足。'今吏多不良，擅行喜怒，或案不以罪，迫脅無辜，致令自殺者，一歲且多於斷獄，甚非為人父母之意也。[1]有司其議糾舉之。"

【注】

〔1〕《書》曰："元后作人父母。"

荊、豫諸郡兵討破武陵漊中叛蠻。

夏五月辛亥，詔曰："朕思遲直士，側席異聞。[1]其先至者，各以發憤吐懣,略聞子大夫之志矣,皆欲置於左右,顧問省納。建武詔書又曰,堯試臣以職,不直以言語筆札。[2]今外官多曠,並可以補任。"

【注】
〔1〕遲猶希望也,音持二反。側席謂不正坐,所以待賢良也。
〔2〕《書·舜典》曰:"朕其試哉。"又曰:"歷試諸難。"札,簡也。

戊辰,太傅趙熹薨。
冬,始行月令迎氣樂。[1]

【注】
〔1〕《東觀記》曰:"馬防上言,'聖人作樂,所以宣氣致和,順陰陽也。臣愚以為可因歲首發太蔟之律,奏《雅》《頌》之音,以迎和氣。'時以作樂器費多,遂獨行十月迎氣樂也。"

是歲,零陵獻芝草。有八黃龍見於泉陵。[1]西域假司馬班超擊疏勒,破之。

【注】
〔1〕伏侯《古今注》曰:"見零陵泉陵湘水中,相與戲。其二大如馬,有角;六枚大如駒,無角。"

六年春二月辛卯,琅邪王京薨。
夏五月辛酉,趙王盱薨。
六月丙辰,太尉鮑昱薨。
辛未晦,日有食之。
秋七月癸巳,以大司農鄧彪為太尉。
七年春正月,沛王輔、濟南王康、東平王蒼、中山王焉、東海王政、琅邪王宇來朝。

夏六月甲寅，廢皇太子慶為清河王，立皇子肇為皇太子。

己未，徙廣平王羨為西平王。

秋八月，飲酎高廟，祫祭光武皇帝、孝明皇帝。〔1〕甲辰，詔[曰]〔一六〕："《書》云'祖考來假'，明哲之祀。〔2〕予末小子，質又菲薄，仰惟先帝烝烝之情，前修祫祭，以盡孝敬。朕得識昭穆之序，寄遠祖之思。今年大禮復舉，加以先帝之坐，〔3〕悲傷感懷。樂以迎來，哀以送往，雖祭亡如在，而空虛不知所裁，庶或饗之。豈亡克慎肅雍之臣，辟公之相，〔4〕皆助朕之依依。〔5〕今賜公錢四十萬，卿半之，及百官執事各有差。"

【注】

〔1〕《前書》高廟飲酎，奏《武德》、《五行》之舞。《音義》云："正月旦作酒，八月成，名曰酎者，言醇也。"武帝時因八月嘗酎，令諸侯出金助祭，所謂酎金也。丁孚《漢儀式》曰："九真、交阯、日南者用犀角二，〔一七〕長九寸，若瑇瑁甲一；鬱林用象牙一，長三尺已上，若翠羽各二十，準以當金。"

〔2〕假音格。格，至也。《尚書》夔曰："於！予擊石拊石，搏拊琴瑟以詠，祖考來格。"言明哲祭祀，則能致祖考之神來至。

〔3〕言顯宗神坐，今新加之。

〔4〕肅，敬；雍，和；相，助也。《詩·大雅》曰："有來雍雍，至止肅肅，相維辟公，天子穆穆。"言百辟諸侯來助祭，皆有肅雍之德，無懈慢也。

〔5〕依依，思慕之意。

九月甲戌，幸偃師，東涉卷津，〔1〕至河內。下詔曰："車駕行秋稼，觀收穫，因涉郡界。皆精騎輕行，無它輜重。不得輒修道橋，遠離城郭，遣吏逢迎，刺探起居，〔2〕出入前後，以為煩擾。動務省約，但患不能脫粟瓢飲耳。〔3〕所過欲令貧弱有利，無違詔書。"遂覽淇園。〔4〕己酉，進幸鄴，〔一八〕勞饗魏郡守令已下，至于三老、門闌、走卒，賜錢各有差。

勞賜常山、趙國吏人,復元氏租賦三歲。辛卯,車駕還宮。〔一九〕詔天下繫囚減死一等,勿笞,詣邊戍;妻子自隨,占著所在;父母同產欲相從者,恣聽之;有不到者,皆以乏軍興論。[5]及犯殊死,一切募下蠶室;其女子宮。繫囚鬼薪、白粲已上,[6]皆減本罪各一等,輸司寇作。亡命贖:死罪入縑二十匹,右趾至髡鉗城旦舂十匹,完城旦至司寇三匹,吏人有罪未發覺,詔書到自告者,半入贖。

【注】

〔1〕卷,縣名,屬河南郡也。卷音丘權反。

〔2〕刺探謂候伺也。探音湯勘反。

〔3〕晏子相齊,食脫粟之飯。孔子曰,顏回一瓢飲。

〔4〕《前書音義》曰:"淇園,衛之苑也。"

〔5〕軍興而致闕乏,當死刑也。

〔6〕《前書》曰〔二〇〕:"鬼薪、白粲已上,皆三歲刑也。男子為鬼薪,取薪以給宗廟。女子為白粲,使擇米白粲粲然。"

冬十月癸丑,西巡狩,幸長安。丙辰,祠高廟,遂有事十一陵。遣使者祠太上皇於萬年,[1]以中牢祠蕭何、霍光。進幸槐里。岐山得銅器,形似酒罇,獻之。又獲白鹿。帝曰:"上無明天子,下無賢方伯。[2]'人之無良,相怨一方。'[3]斯器亦曷為來哉?"[4]又幸長平,御池陽宮,[5]東至高陵,造舟於涇而還。[6]每所到幸,輒會郡縣吏人,勞賜作樂。十一月,詔勞賜河東守、令、掾以下。十二月丁亥,車駕還宮。

【注】

〔1〕太上皇,高祖父也,名煓,音它官反,一名執嘉。《三輔黃圖》曰,高祖初都櫟陽〔二一〕,太上皇崩,葬櫟陽北原陵,號萬年,仍分置萬年縣,在今櫟陽東北,故就祭祀焉。

〔2〕已見《明帝紀》。

〔3〕《詩·小雅》也。良，善也。言王者所為無有善者，各相與於一方而怨之。義見《韓詩》。
〔4〕《公羊傳》曰："孔子抱麟而泣曰：'孰為來哉？孰為來哉？'"
〔5〕《前書音義》曰："長平坂在池陽南，有長平觀，去長安五十餘里。"
〔6〕造，至也。謂次比舟，令相至為橋而度也。《爾雅》曰："天子造舟，諸侯維舟，大夫方舟，士特舟。"

是歲，京師及郡國螟。

八年春正月壬辰，東平王蒼薨。三月辛卯，〔二二〕葬東平憲王，賜鑾輅、龍旂。
夏六月，北匈奴大人率眾款塞降。
冬十二月甲午，東巡狩，幸陳留、梁國、淮陽、潁陽。戊申，車駕還宫。
詔曰："五經剖判，去聖彌遠，章句遺辭，乖疑難正，恐先師微言將遂廢絕，非所以重稽古，求道真也。其令群儒選高才生，受學《左氏》、《穀梁春秋》，《古文尚書》，《毛詩》，以扶微學，廣異義焉。"
是歲，京師及郡國螟。

元和元年春正月，中山王焉來朝。日南徼外蠻夷獻生犀、白雉。[1]

【注】
〔1〕劉欣明《交州記》曰："犀，其毛如豕，蹄有三甲，頭如馬，有三角，鼻上角短，額上、頭上角長。"《異物志》曰："角中特有光耀，白理如線，自本達末則為通天犀。"

閏月辛丑，濟陰王長薨。
二月甲戌，詔曰："王者八政，以食為本，[1]故古者急耕稼之業，致耒耜之勤,[2]節用儲蓄,以備凶災,是以歲雖不登而人無飢色。自牛疫已來,穀食連少,良由吏教未至,刺史、二千石不以為負。[3]其令郡國募人無田欲徙它界就肥饒者,恣聽之。到在所,賜給公田,為雇耕傭,賃種餉,[4]貰與田器,勿收租五歲,除筭三年。其後欲還本鄉者,勿禁。"

【注】

〔1〕《尚書·洪範》八政,一曰食,是為政本。

〔2〕耒耜,農器也。耒,其柄;耜,其刃。

〔3〕負猶憂也。

〔4〕餉,糧也,古餉字,音式上反。

夏四月己卯,分東平國,封憲王蒼子尚為任城王。

六月辛酉,沛王輔薨。

秋七月丁未,詔曰:"《律》云'掠者唯得榜、笞、立'。[1]又《令丙》,箠長短有數。[2]自往者大獄已來,掠考多酷,鉆鑽之屬,[3]慘苦無極。念其痛毒,怵然動心。《書》曰'鞭作官刑',豈云若此?[4]宜及秋冬理獄,明為其禁。"

【注】

〔1〕《蒼頡篇》曰:"掠,問也。"《廣雅》曰:"榜,擊也,音彭。"《說文》曰:"笞,擊也。"立謂立而考訊之。

〔2〕《令丙》為篇之次也。《前書音義》曰:"令有先後,有《令甲》,《令乙》,《令丙》。"又景帝(京師)定箠令,[二三]箠長五尺,本大一寸,其竹也末薄半寸,其平去節,故曰長短有數也。

〔3〕大獄謂楚王英等事也。鉆音其廉反。《說文》曰:"鉆,鈹也。"《國語》曰:"中刑用鑽鑿。"皆謂慘酷其肌膚也。

〔4〕孔安國注《尚書》曰:"以鞭為理官事之刑。"

八月甲子，太尉鄧彪罷，大司農鄭弘為太尉。

癸酉，詔曰："朕道化不德，吏政失和，元元未諭，抵罪於下。寇賊爭心不息，邊野邑屋不修。[1]永惟庶事，思稽厥衷，與凡百君子，共弘斯道。中心悠悠，將何以寄？其改建初九年為元和元年。郡國中都官繫囚減死一等，勿笞，詣邊縣；妻子自隨，占著在所。其犯殊死，一切募下蠶室；其女子宮。繫囚鬼薪、白粲以上，皆減本罪一等，輸司寇作。亡命者贖，各有差。"

【注】
〔1〕"修"或作"充"。

丁酉，南巡狩，詔所經道上，郡縣無得設儲峙。[1]命司空自將徒支柱橋梁。[2]有遣使奉迎，探知起居，二千石當坐。其賜鰥、寡、孤、獨、不能自存者粟，人五斛。

【注】
〔1〕儲，積也。峙，具也。言不預有蓄備。
〔2〕柱音竹主反。

九月乙未，東平王忠薨。

辛丑，幸章陵，祠舊宅園廟，見宗室故人，賞賜各有差。冬十月己未，進幸江陵，詔廬江太守祠南嶽，又詔長沙、零陵太守祠長沙定王、舂陵節侯、鬱林府君。還，幸宛。十一月己丑，車駕還宮，賜從者各有差。

十二月壬子，詔曰："《書》云：'父不慈，子不祗，兄不友，弟不恭，不相及也。'[1]往者妖言大獄，所及廣遠，一人犯罪，禁至三屬，[2]莫得垂纓仕宦王朝。如有賢才而沒齒無用，朕甚憐之，非所謂與之更始也。諸以前妖惡禁錮者，一皆蠲除之，[3]以明弃咎之路，但不得在宿衞而已。"

【注】

〔1〕祗，敬也。《左傳》胥臣云："《康誥》曰：'父不慈，子不祗，兄不友，弟不恭，不相及也。'"今《康誥》之言，事同而文異。

〔2〕即三族也。謂父族、母族及妻族。

〔3〕《左傳》曰："以重幣錮之。"杜預注曰："禁錮勿令仕也。"

二年春正月乙酉，詔曰："《令》云'人有產子者復，勿筭三歲'。今諸懷妊者，[1]賜胎養穀人三斛，復其夫，勿筭一歲，著以為令。"又詔三公曰："方春生養，萬物孚甲，[2]宜助萌陽，以育時物。其令有司，罪非殊死且勿案驗，及吏人條書相告不得聽受，[3]冀以息事寧人，敬奉天氣。立秋如故。夫俗吏矯飾外貌，似是而非，揆之人事則悦耳，論之陰陽則傷化，朕甚饜之，甚苦之。安靜之吏，悃愊無華，[4]日計不足，月計有餘。[5]如襄城令劉方，[6]吏人同聲謂之不煩，雖未有它異，斯亦殆近之矣。閒勑二千石各尚寬明，而今富姦行賄於下，貪吏枉法於上，使有罪不論而無過被刑，甚大逆也。夫以苛為察，以刻為明，以輕為德，以重為威，四者或興，則下有怨心。吾詔書數下，冠蓋接道，而吏不加理，人或失職，其咎安在？勉思舊令，稱朕意焉。"

【注】

〔1〕《說文》曰："妊，孕也。"

〔2〕《前書音義》曰："孚，葉裏白皮也。"《易》曰"百果甲坼"也。

〔3〕條，事條也。

〔4〕《說文》云："悃愊，至誠也。"悃音苦本反。愊音孚逼反。

〔5〕《莊子》曰："有庚桑子者，偏得老聃之道，以居畏壘之山。畏壘之人相與云：'庚桑子之始來，吾洒然異之；今吾日計之不足，歲計之有餘，庶幾其聖人乎？'"

〔6〕方字伯況，平原人。

二月甲寅，始用《四分歷》。[1]

【注】
〔1〕《續漢書》曰："時待詔張盛、京房、鮑業等[二四]以《四分歷》請與待詔楊岑等共課歲餘，盛等所中多，《四分》之歷始頗施行。"

詔曰："今山川鬼神應典禮者，尚未咸秩。[1]其議增修群祀，以祈豐年。"

【注】
〔1〕咸，皆也。秩，序也。言山川之神尚未次序而祭之。《書》曰："咸秩無文。"

丙辰，東巡狩。己未，鳳皇集肥城。[1]乙丑，帝耕於定陶。詔曰："三老，尊年也。孝悌，淑行也。力田，勤勞也。國家甚休之。其賜帛人一匹，勉率農功。"使使者祠唐堯於成陽靈臺。[2]辛未，幸太山，柴告岱宗。有黃鵠三十從西南來，經祠壇上，東北過于宮屋，翱翔升降。進幸奉高。壬申，宗祀五帝于汶上明堂。[3]癸酉，告祠二祖、四宗，[4]大會外內群臣。丙子，詔曰："朕巡狩岱宗，柴望山川，告祀明堂，以章先勳。其二王之後，[5]先聖之胤，[6]東后蕃衛，[7]伯父伯兄，仲叔季弟，幼子童孫，[8]百僚從臣，宗室眾子，要荒四裔，[9]沙漠之北，葱領之西，[10]冒耏之類，[11]跋涉懸度，[12]陵踐阻絕，駿奔郊時，[13]咸來助祭。祖宗功德，延及朕躬。予一人空虛多疚，篡承尊明，[14]盥洗享薦，慙愧祇慄。《詩》不云乎：'君子如祉，亂庶遄已。'[15]歷數既從，靈燿著明，[16]亦欲與士大夫同心自新。其大赦天下。諸犯罪不當得赦者，皆除之。復博、奉高、嬴，無出今年田租、芻稾。"戊寅，進幸濟南。[17]三月己丑，進幸魯，祠東海恭王陵。庚寅，祠孔子於闕里，及七十二弟子，賜襃成侯及諸孔男女帛。壬辰，進幸東平，祠憲王陵。[18]

甲午，遣使者祠定陶太后、恭王陵。[19]乙未，幸東阿，北登太行山，至天井關。[20]夏四月乙巳，客星入紫宮。乙卯，車駕還宮。庚申，假于祖禰，[21]告祠高廟。

【注】

〔1〕肥城，縣名，屬太山郡，故城在今濟州平陰縣東南。

〔2〕成陽，縣，屬濟陰郡。郭緣生《述征記》曰："成陽縣東南有堯母慶都墓，[二五]上有祠廟。堯母陵俗亦名靈臺大母。"

〔3〕《前書》曰："濟南人公玉帶上《黃帝時明堂圖》，中有一殿，四面無壁，以茅蓋，通水，水圜宮垣為複道；上有樓，從西南入，名曰崑崙，以拜祀上帝。於是上作明堂於汶上，如帶圖焉。"汶水出太山朱虛縣萊蕪山。

〔4〕二祖謂高祖、世祖。四宗謂文帝為太宗，武帝為世宗，宣帝為中宗，明帝為顯宗。

〔5〕《禮記》曰："存二王之後，尊賢不過二代。"《公羊傳》[注]曰[二六]："存二王之後，所以通三正也。"[二七]漢之二王，殷、周之後也。

〔6〕《東觀記》曰："孔子後襃成侯等咸來助祭。"

〔7〕東后謂東方國君也。諸侯為天子藩屏，故曰藩衛。

〔8〕《尚書·呂刑》文。皆天子同姓諸侯，有父叔兄弟子孫列者，故總而言之。

〔9〕要、荒，二服名。要服去王城二千里，荒服去王城二千五百里。要者，言可要束以文教。荒者，言其荒忽無常也。裔，遠也。謂荒服之外也。

〔10〕《西河舊事》曰："葱領，山名，在敦煌西。其山高大多葱，故以為名焉。"

〔11〕《字書》曰："䣿，多須貌，音而。"言須鬢多，蒙冒其面。或曰，西域人多著冒而[須]長，[二八]故舉以為言也。

〔12〕草行曰跋，水行曰涉。《左傳》子太叔曰："跋涉山川。"《西域傳》曰："懸度者，石山也。谿谷不通，以繩索相引而度，去陽關五千八百五十里。[二九]"

〔13〕駿，疾也，音俊。《尚書》"駿奔走（在廟）"。〔三〇〕郊時，祭天處也。《前書音義》曰："時，神靈之居止者。"

〔14〕疢，病也。纂，繼也。

〔15〕《詩·小雅》。遄，速也。已，止也。祉，福也。鄭玄注云："福者，福賢者，謂爵祿之也。如此，則亂亦庶幾可疾止也。"

〔16〕歷數既從，謂行《四分歷》也。靈燿著明，謂日月貞明。

〔17〕濟南，縣名，故城在今淄州長山縣西北。

〔18〕陵在今鄆州須昌縣東。

〔19〕太后即元帝傅昭儀也。定陶恭王康，其陵在今曹州濟陰縣北。

〔20〕在今澤州晉城縣南，〔三一〕今太行山上，關南有天井泉三所也。

〔21〕假，至也，音格。禰，父廟。《易》曰："王假有廟。"

五月戊申，詔曰："乃者鳳皇、黃龍、鸞鳥比集七郡，[1]或一郡再見，及白烏、神雀、甘露屢臻。祖宗舊事，或班恩施。[2]其賜天下吏爵，人三級；高年、鰥、寡、孤、獨帛，人一匹。《經》曰：'無侮鰥寡，惠此煢獨。'加賜河南女子百戶牛酒，[3]令天下大酺五日。賜公卿已下錢帛各有差；及洛陽人當酺者布，戶一匹，城外三戶共一匹。賜博士員弟子見在太學者布，人三匹。令郡國上明經者，口十萬以上五人，不滿十萬三人。"

【注】

[1]孫柔之《瑞［應］圖》曰〔三二〕："鸞鳥者，赤神之精，鳳皇之佐。雞身赤（毛）［尾］，〔三三〕色亦被五彩，鳴中五音。人君進退有度，親疏有序，則至也。"比，頻也。

[2]武帝時芝草生于甘泉宮，宣帝時嘉穀玄稷降于郡國，神雀仍集，皆大赦天下。

[3]《前書音義》："蘇林曰，男賜爵，女子賜牛酒。姚察云，女子謂賜爵者之妻。"《史記·封禪書》："百戶牛一頭，酒十石。"臣賢案：此女子百

户，若是户頭之妻，不得更稱為户；此謂女户頭，即今之女户也。天下稱慶，恩當普洽，所以男户賜爵，女子賜牛酒。

改廬江為六安國，江陵復為南郡。〔1〕徙江陵王恭為六安王。

【注】
〔1〕建初四年改為江陵國，今又復之。

秋七月庚子，詔曰："《春秋》於春每月書'王'者，重三正，慎三微也。〔1〕律十二月立春，不以報囚。〔2〕《月令》冬至之後，有順陽助生之文，〔3〕而無鞫獄斷刑之政。朕咨訪儒雅，稽之典籍，以為王者生殺，宜順時氣。其定律，無以十一月、十二月報囚。"

【注】
〔1〕三正謂天、地、人之正。所以有三者，由有三微之月，王者所當奉而成之。《禮（記）[緯]》曰〔三四〕："正朔三而改，文質再而復。三微者，三正之始，萬物皆微，物色不同，故王者取法焉。十一月，時陽氣始施於黃泉之下，色皆赤。赤者陽氣，故周為天正，色尚赤。十二月，萬物始牙而色白。白者陰氣，故殷為地正，色尚白。十三月，萬物莩甲而出，其色皆黑，人得加功展業，故夏為人正，色尚黑。"《尚書大傳》曰："夏十三月為正，平旦為朔。殷以十二月為正，雞鳴為朔。周以十一月為正，夜半為朔。"必以三微之月為正者，當爾之時，物皆尚微，王者受命，〔三五〕當扶微理弱，奉成之義也。
〔2〕報猶論也。立春陽氣至，可以施生，故不論囚。
〔3〕《月令》仲冬："是月也，日短至，陰陽爭，諸生蕩，君子身欲寧，事欲静，以待陰陽之所定也。"

九月壬辰，詔："鳳皇、黃龍所見亭部無出二年租賦。〔1〕加賜男子爵，人二級；先見者帛二十匹，近者三匹，太守三十匹，令、長十五匹,丞、尉半之。《詩》云:'雖無德與汝,式歌且舞。'〔2〕它如賜爵故事。"

【注】

〔1〕《東觀記》曰:"鳳皇見肥城句窳亭槐樹上。"〔三六〕《古今注》云:"黃龍見洛陽元延亭部。"窳音庚。

〔2〕《詩·小雅》也。取雖無大德,要有喜悅之心,欲歌舞也。式,用也。

丙申,徵濟南王康、中山王焉會烝祭。
冬十一月壬辰,日南至,初閉關梁。〔1〕

【注】

〔1〕《易》曰:"先王以至日閉關,商旅不行。"王弼注曰:"冬至陰之復,夏至陽之復,故為復即至於寂然大靜,先王則天地而行者也。"

三年春正月乙酉,詔曰:"蓋君人者,視民如父母,有憯怛之憂,有忠和之教,匍匐之救。〔1〕其嬰兒無父母親屬,及有子不能養食者,稟給如《律》。"

【注】

〔1〕《周禮》:"(鄉)〔大〕司徒〔三七〕以鄉三物教萬民,一曰六德,謂智、仁、聖、義、忠、和。"《詩·邶風》曰:"凡民有喪,匍匐救之。"

丙申,北巡狩,濟南王康、中山王焉、西平王羨、六安王恭、樂成王黨、淮陽王昞、任城王尚、沛王定皆從。辛丑,帝耕于懷。
二月壬寅,告常山、魏郡、清河、鉅鹿、平原、東平郡太守、相曰:"朕惟巡狩之制,以宣聲教,考同遐邇,解釋怨結也。今'四國無政，不用其良'，[1]駕言出游，欲親知其劇易。前祠園陵，遂望祀華、霍，[2]東柴岱宗，為人祈福。今將禮常山，遂徂北土，歷魏郡，經平原，升踐隄防，詢訪耆老，咸曰'往者汴門未作，深者成淵，淺則泥塗'。追惟先帝勤人之德，[3]厎績遠圖，復禹弘業，[4]聖跡滂流，至于海表。不克堂(桓)[構]，[三八]朕甚慙焉。[5]《月令》，孟春善相丘陵土地所宜。[6]今肥田尚多，未有墾闢。其悉以賦貧民，給與糧種，務盡地力，勿令游手。所過縣邑，聽半入今年田租，以勸農夫之勞。"

【注】

〔1〕《詩·小雅》曰："日月告凶，不用其行。四國無政，不用其良。"言四方之國無政者，由天子不用善人也。

〔2〕華、霍，山名也。[霍]在(今)廬江灊縣西南，[三九]亦名天柱山。《爾雅》曰華山為西嶽，霍山為南嶽。

〔3〕謂永平十二年修汴渠。

〔4〕《尚書》曰："覃懷厎績。"孔安國注云："厎，置；績，功也。"遠圖猶長筭也。言能復禹為理水之大功。

〔5〕《尚書》曰："若考作室，既厎法，厥子乃不肯堂，矧肯(桓)[構]。"

〔6〕《月令》："孟春之月，善相丘陵、阪險、原隰土地所宜，五穀所殖，以教導人，必躬親之，田事既飭。"

乙丑，勑侍御史、司空曰："方春，所過無得有所伐殺。車可以引避，引避之；驂馬可輟解，輟解之。[1]《詩》云：'敦彼行葦，牛羊勿踐履。'[2]《禮》，人君伐一草木不時，謂之不孝。[3]俗知順人，莫知順天。其明稱朕意。"

【注】

〔1〕夾轅者為服馬，服馬外為驂馬。

〔2〕《詩·大雅》云。鄭玄注云："敦敦然道旁之葦，牧牛羊者無使踐履折傷之，況於人乎！"

〔3〕《禮記》孔子曰："伐一樹，殺一獸，不以其時，非孝也。"

戊辰，進幸中山，遣使者祠北嶽。出長城。[1]癸酉，還幸元氏，祠光武、顯宗於縣舍正堂；明日又祠顯宗于始生堂，皆奏樂。[2]三月丙子，詔高邑令祠光武於即位壇。復元氏七年徭役。己卯，進幸趙。庚辰，祠房山於靈壽。[3]辛卯，車駕還宮。賜從行者各有差。

【注】

〔1〕《史記》，蒙恬為秦築長城，西自臨洮，東至海。

〔2〕明帝生于常山元氏傳舍也。

〔3〕靈壽，縣名，屬常山郡，今恒州縣也。房山在今恒州房山縣（縣）西北，[四〇]俗名王母山，上有王母祠。

夏四月丙寅，太尉鄭弘免，大司農宋由為太尉。[1][四一]

【注】

〔1〕由字叔路，長安人。

五月丙子，司空第五倫罷，太僕袁安為司空。

秋八月乙丑，幸安邑，觀鹽池。[1]九月，至自安邑。

【注】

〔1〕許慎云："河東鹽池，袤五十一里，廣七里，周百一十六里。"今蒲州虞鄉縣西。

冬十月，北海王基薨。

燒當羌叛,寇隴西。
是歲,西域長史班超擊斬疏勒王。

章和元年春三月,護羌校尉傅育追擊叛羌,戰歿。
夏四月丙子,令郡國中都官繫囚減死一等,詣金城戍。
六月戊辰,司徒桓虞免。癸卯,司空袁安為司徒,光祿勳任隗為司空。[1]

【注】
[1]桓虞字仲春,馮翊萬年人。隗字仲和,南陽宛人。

秋七月癸卯,齊王晃有罪,貶為蕪湖侯。[1]壬子,淮陽王昞薨。

【注】
[1]蕪湖,縣名,屬丹陽,故城在今宣州當塗縣東南。

鮮卑擊破北單于,斬之。
燒當羌寇金城,護羌校尉劉盱討之,[四二]斬其渠帥。
壬戌,詔曰:"朕聞明君之德,啓迪鴻化,緝熙康乂,光照六幽,[1]訖惟人面,靡不率俾,仁風翔于海表,威霆行乎鬼區。[2]然後敬恭明祀,膺五福之慶,獲來儀之貺。[3]朕以不德,受祖宗弘烈。乃者鳳皇仍集,麒麟並臻,甘露宵降,嘉穀滋生,芝草之類,歲月不絕。朕夙夜祗畏上天,無以彰于先功。今改元和四年為章和元年。"

【注】
[1]緝熙,光明也。六幽謂六合幽隱之處也。
[2]鬼區即鬼方。
[3]《尚書》五福:一曰壽,二曰富,三曰康寧,四曰攸好德,五曰考終

命。來儀謂鳳也。《書》曰："鳳皇來儀。"

秋，令是月養衰老，授几杖，行糜粥飲食。[1]其賜高年二人共布帛各一匹，以為醴酪。死罪囚犯法在丙子赦前而後捕繫者，皆減死，勿笞，詣金城戍。

【注】
[1]《月令》仲秋之令。

八月癸酉，南巡狩。壬午，遣使者祠昭靈后於小黃園。[1]甲申，徵任城王尚會睢陽。戊子，幸梁。己丑，遣使祠沛高原廟，豐枌榆社。[2]乙未，幸沛，祠獻王陵，徵會東海王政。乙未晦，日有食之。九月庚子，幸彭城，東海王政、沛王定、任城王尚皆從。辛亥，幸壽春。壬子，詔郡國中都官繫囚減死罪一等，詣金城戍；犯殊死者，一切募下蠶室；其女子宮；繫囚鬼薪、白粲已上，減罪一等，輸司寇作。亡命者贖：死罪縑二十匹，右趾至髡鉗城旦舂七匹，完城旦至司寇三匹；吏民犯罪未發覺，詔書到自告者，半入贖。復封阜陵侯延為阜陵王。己未，幸汝陰。[3]冬十月丙子，車駕還宮。

【注】
[1]小黃，縣，屬陳留郡，故城在今汴州陳留縣東北。《漢舊儀》曰："昭靈后，高祖母，起兵時死小黃北，後為作園廟于小黃柵。"《陳留風俗傳》曰："沛公起兵野戰，喪皇妣于黃鄉。天下平定，(仍)[乃]使使者[四三]以梓宮招魂幽野，於是丹蛇在水，自洒濯之，入于梓宮，其浴處有遺髮，故謚曰昭靈夫人。"
[2]《前書音義》曰："枌，白榆。高祖里社在豐縣東北十五里。"原廟，解見《光武紀》。
[3]縣名，屬汝南郡，今潁(川)[州]縣。[四四]

北匈奴屋蘭儲等率衆降。

是歲，西域長史班超擊莎車，大破之。月氏國遣使獻扶拔、師子。〔1〕

【注】
〔1〕扶拔，似麟無角。拔音步末反。

二年春正月，濟南王康、阜陵王延、中山王焉來朝。

[二月]壬辰，〔四五〕帝崩於章德前殿，年三十三。〔四六〕遺詔無起寢廟，一如先帝法制。

論曰：魏文帝稱"明帝察察，章帝長者"。〔1〕章帝素知人厭明帝苛切，〔四七〕事從寬厚。感陳寵之義，〔四八〕除慘獄之科。〔2〕深元元之愛，著胎養之令。〔3〕奉承明德太后，盡心孝道。割裂名都，以崇建周親。〔4〕平徭簡賦，而人賴其慶。又體之以忠恕，文之以禮樂。故乃蕃輔克諧，群后德讓。謂之長者，不亦宜乎！在位十三年，郡國所上符瑞，合於圖書者數百千所。烏呼懋哉！〔5〕

【注】
〔1〕以上華嶠之辭。
〔2〕寵時為尚書，以吏政嚴切，乃上書除慘酷之科五十餘條，具本傳也。
〔3〕元和二年令，諸懷妊者賜穀，人三斛。
〔4〕周，至也。
〔5〕懋，美也。

贊曰：肅宗濟濟，天性愷悌。於穆后德，諒惟淵體。〔1〕左右藝文，斟酌律禮。〔2〕思服帝道，弘此長懋。儒館獻歌，戎亭虛候。〔3〕氣調時豫，憲平人富。

【注】
〔1〕於穆,歎美也。《尚書》曰"齊聖廣淵"也。
〔2〕蓺文謂諸儒講五經同異,帝親稱制論決也。律謂詔云"立春不以報囚"也。禮謂修禘祫,登靈臺之屬。
〔3〕獻歌謂崔駰游太學時上《四巡》等頌。

【校勘記】
〔一〕第五倫　"第"原作"弟",第弟古通作,今改歸一律。
〔二〕劬勞日昊　汲本、《集解》本"昊"作"晏",局本作"昃"。按:《校補》謂"昃"本作"厢",亦作"昊",昊乃俗字,晏又昊之譌變。
〔三〕前書蓺文志(曰)　據《刊誤》刪。
〔四〕三祧則時享　按:《刊誤》謂自古但有二祧,無三祧,明"三"字誤。
〔五〕立秋嘗粢盛酎　按:《刊誤》謂漢制立秋嘗粢,八月飲酎,此文誤出一"盛"字,少"八月飲"三字。
〔六〕其以見穀賑給貧人　按:《刊誤》謂詔無他語,不當有"其"字。
〔七〕稍(為)〔謂〕少　據《刊誤》改。按:為謂古通作,後如此不悉改。
〔八〕飢饉屢臻　按:饑饉之"饑"與飢餓之"飢"原有別,此當作"饑",然各本饑飢多通作,故不改。
〔九〕內中國而外諸夏內諸(侯)〔夏〕而外夷狄　據今《公羊傳》改。
〔一〇〕曷以內外之辭言自近者始也　《刊誤》謂案《公羊》本文"曷為以內外之辭言之,言自近者始也",少"之言"二字。今按:前人引書,每多刪節,無"之言"二字,義亦自明,故不依劉說補。
〔一一〕即今岷(山之)州　據《集解》王先謙說刪。
〔一二〕西域假司馬班超擊姑墨　按:《校補》引侯康說,謂據本傳當作"軍司馬",此與下五年均誤。
〔一三〕按:此注原在"千乘王"下,今據汲本、殿本移正。

〔一四〕葬明德皇（太）后　《集解》引錢大昕説，謂按光烈、章德、和熹、安思、順烈、桓思、靈思諸后之葬皆書皇后，此獨書太后，"太"字疑衍。今據删。

〔一五〕不書穀［名］　據《校補》補。

〔一六〕甲辰詔［曰］　據《刊誤》補。

〔一七〕日南者用犀角二　按：殿本《考證》謂"者"似當作"皆"。

〔一八〕——〔一九〕己酉進幸鄴　辛卯車駕還宮　按：己酉不當在辛卯前，疑有誤。

〔二〇〕前書曰　按："前書"下當有"音義"二字，此脱。

〔二一〕高祖初都櫟陽　按：《漢書》注引《三輔黄圖》作"高祖初居櫟陽"。又按：汲本、殿本、《集解》本"櫟陽"誤作"洛陽"。

〔二二〕三月辛卯　按：《校補》引錢大昭説，謂"辛卯"傳作"己卯"。

〔二三〕又景帝（京師）定箠令　據《刊誤》删。

〔二四〕時待詔張盛京房鮑業等　按：《集解》引錢大昕説，謂"京房"當作"景防"。

〔二五〕有堯母慶都墓　按：殿本"墓"作"臺"。

〔二六〕公羊傳［注］曰　據《校補》補。

〔二七〕所以通三正也　按：《公羊》隱二年注"正"作"統"。殿本"正"作"王"，誤。

〔二八〕西域人多著冒而［須］長　據《刊誤》補。

〔二九〕去陽關五千八百五十里　按：《前書》作"五千八百八十八里"。

〔三〇〕駿奔走（在廟）　按：《集解》引惠棟説，謂案梅氏《武成》，衍"在廟"二字，《周頌》有之，涉此而訛。今據删。

〔三一〕在今澤州晉城縣南　按："晉"原譌"普"，逕改正。

〔三二〕孫柔之瑞［應］圖曰　按：《御覽》九百十六及《廣韻·二十六桓》鸑字注引並作"瑞應圖"，今據補。

〔三三〕雞身赤（毛）［尾］　據殿本、《集解》本改。

〔三四〕禮（記）［緯］曰　據《集解》引惠棟説改。

〔三五〕王者受命　按："受"原譌"授"，逕改正。

〔三六〕鳳皇見肥城句窳亭槐樹上　按：《校補》謂殿本"鳳皇"作"黃龍"，與聚珍本《東觀記》合。惟"句窳亭"《東觀記》作"窳亭"。

〔三七〕周禮（鄉）〔大〕　司徒據殿本改。

〔三八〕不克堂（桓）〔構〕　據殿本、《集解》本改。注同。按：姚範謂正文及注"構"俱誤"桓"，蓋宋世避高宗之諱，刊本者不知，誤以為欽宗之諱也，故"桓"字猶缺下畫。

〔三九〕〔霍〕在（今）廬江灊縣西南　據張森楷《校勘記》改，與《郡國志》合。

〔四〇〕房山在今恒州房山縣（縣）西北　據殿本《考證》刪。按："在今"原誤"今在"，逕乙正。

〔四一〕大司農宋由為太尉　按：《集解》引惠棟說，謂袁《紀》"宋由"作"宗由"。

〔四二〕護羌校尉劉盱討之　按：《集解》引錢大昕說，謂以《西羌傳》校之，其時校尉乃張紆，非劉盱也。

〔四三〕（仍）〔乃〕使使者　據《刊誤》改。

〔四四〕今潁（川）〔州〕縣　張森楷《校勘記》謂監本"川"作"州"，是。今據改。

〔四五〕〔二月〕壬辰　《集解》引惠棟說，謂袁《紀》作"二月壬辰"。今據補。按：是年正月甲午朔，無壬辰。二月癸亥朔，壬辰，二月三十日也。又按：凡新君即位，皆在先帝崩日，《和帝紀》"章和二年二月壬辰即皇帝位"，益足證此"壬辰"之上實脫"二月"二字也。

〔四六〕年三十三　按：惠棟《補注》引蔣杲說，謂章帝即位年十九，在位十三年，年三十二。

〔四七〕章帝素知人厭明帝苛切　按：《群書治要》"人"作"民"。

〔四八〕感陳寵之義　按：張森楷《校勘記》謂《群書治要》"義"作"議"，是。

後漢書卷四

孝和孝殤帝紀第四

孝和皇帝諱肇,[1]肅宗第四子也。母梁貴人,為竇皇后所譖,憂卒,竇后養帝以為己子。建初七年,立為皇太子。

【注】
〔1〕《謚法》曰:"不剛不柔曰和。"伏侯《古今注》曰:"肇之字曰始。肇音兆。"臣賢案:許慎《說文》"肇音大可反,〔一〕上諱也"。但伏侯、許慎並漢時人,而帝諱不同,蓋應別有所據。

章和二年二月壬辰,即皇帝位,年十歲。尊皇后曰皇太后,太后臨朝。

三月丁酉,改淮陽為陳國,[1]楚郡為彭城國,[2]西平并汝南郡,[3]六安復為廬江郡。[4]遺詔徙西平王羨為陳王,六安王恭為彭城王。

【注】
〔1〕今陳州。
〔2〕今徐州。
〔3〕西平,縣,故柏子國也。在今豫州吳房縣西北。
〔4〕即今廬州廬江縣西故舒城是。

癸卯，葬孝章皇帝于敬陵。[1]

【注】
[1] 在洛陽城東南三十九里。《古今注》曰："陵周三百步，高六丈二尺。"

庚戌，皇太后詔曰："先帝以明聖，奉承祖宗至德要道，天下清靜，庶事咸寧。今皇帝以幼年，煢煢在疚，[1]朕且佐助聽政。外有大國賢王並為蕃屏，內有公卿大夫統理本朝，恭己受成，夫何憂哉！[2]然守文之際，必有內輔以參聽斷。侍中憲，朕之元兄，行能兼備，忠孝尤篤，先帝所器，親受遺詔，當以舊典輔斯職焉。憲固執謙讓，節不可奪。今供養兩宮，[3]宿衛左右，厥事已重，亦不可復勞以政事。故太尉鄧彪，元功之族，三讓彌高，[4]海內歸仁，為群賢首，先帝褒表，欲以崇化。今彪聰明康彊，可謂老成黃耉矣。[5]其以彪為太傅，賜爵關內侯，錄尚書事，百官總己以聽，[6]朕庶幾得專心內位。於戲！群公其勉率百僚，各修厥職，愛養元元，綏以中和，稱朕意焉。"

【注】
[1] 疚，病也。煢煢然在憂病之中也。"煢"或作"嬛"。《詩·周頌》云："嬛嬛在疚。"
[2] 孔子曰："舜何為哉？恭己正南面而已。"《尚書》曰："予小子垂拱仰成。"
[3] 兩宮謂帝宮、太后宮。
[4] 元功謂高密侯禹也。彪父邯，中興初有功，封鄅侯。父卒，彪讓國異母弟鳳。《論語》孔子曰："太伯三以天下讓，民無得而稱焉。"鄭玄注云："太伯，周太王之長子，欲讓其弟季歷。太王有疾，太伯因適吳、越採藥，太王薨而不返，季歷為喪主，一讓也。季歷赴之，不來奔喪，二讓也。終喪之後，遂斷髮文身，三讓也。"彪讓封弟，故以比之。鄅音莫杏反。

〔5〕老成言老而有成德也。《詩·大雅》曰:"雖無老成人。"黃謂髮落更生黃者。耇亦老也。《詩序》曰:"外尊事黃耇。"

〔6〕古者君在諒闇,百官總己之職事以聽於冢宰。錄尚書事則冢宰之任也。

辛酉,有司上奏:"孝章皇帝崇弘鴻業,德化普洽,垂意黎民,留念稼穡。文加殊俗,武暢方表,界惟人面,〔二〕無思不服。巍巍蕩蕩,莫與比隆。〔1〕《周頌》曰:'於穆清廟,肅雝顯相。'〔2〕請上尊廟曰肅宗,共進《武德》之舞。"制曰:"可。"

【注】
〔1〕"巍巍乎其有成功,蕩蕩乎人無能名焉。"孔子美帝堯之詞,見《論語》。
〔2〕清廟,文王廟也。於穆,歎美之詞,言助祭者禮儀敬且和也。

癸亥,陳王羨、彭城王恭、樂成王黨、下邳王衍、梁王暢始就國。〔1〕

【注】
〔1〕建初三年,章帝不忍與諸王乖離,皆留京師,今遣之國。

夏四月丙子,謁高廟。丁丑,謁世祖廟。
戊寅,詔曰:"昔孝武皇帝致誅胡、越,故權收鹽鐵之利,〔1〕以奉師旅之費。自中興以來,匈奴未賓,永平末年,復修征伐。先帝即位,務休力役,然猶深思遠慮,安不忘危,探觀舊典,復收鹽鐵,欲以防備不虞,寧安邊境。而吏多不良,動失其便,以違上意。先帝恨之,故遺戒郡國罷鹽鐵之禁,縱民煮鑄,入稅縣官如故事。〔2〕其申勑刺史、二千石,奉順聖旨,勉弘德化,布告天下,使明知朕意。"

【注】
〔1〕武帝使孔僅、東郭咸陽乘傳舉行天下鹽鐵，作官府收利，私家更不得鑄鐵煮鹽。
〔2〕《前書音義》曰："縣官謂天子。"

五月，京師旱。詔長樂少府桓郁侍講禁中。〔1〕

【注】
〔1〕長樂宮之少府也。郁，桓榮子也。

冬十月乙亥，以侍中竇憲為車騎將軍，伐北匈奴。安息國遣使獻師子、扶拔。〔1〕

【注】
〔1〕扶拔，解見《章紀》。

永元元年春三月甲辰，初令郎官詔除者得占丞、尉，以比秩為真。〔1〕

【注】
〔1〕《漢官儀》曰："羽林郎出補三百石丞、尉自占。丞、尉小縣（丞尉）三百石，〔三〕其次四百石，比秩為真，皆所以優之。"

夏六月，車騎將軍竇憲出雞鹿塞，〔1〕度遼將軍鄧鴻出（梱）[稒]陽塞，〔2〕〔四〕南單于出滿夷谷，〔3〕與北匈奴戰於稽落山，大破之，追至（和）[私]渠（北）[比]鞮海。〔五〕竇憲遂登燕然山，刻石勒功而還。北單于遣弟右溫禺鞮王〔4〕奉奏貢獻。

【注】

〔1〕今在朔方窳渾縣北。闞駰《十三州志》云："窳渾縣有大道,西北出雞鹿塞。"窳音羊主反。

〔2〕(楅)[稒]陽,縣,屬(九)[五]原郡,〔六〕故城在今勝州銀城縣界。(楅)[稒]音固。

〔3〕滿夷谷,闕。

〔4〕鞮音丁兮反。

秋七月乙未,會稽山崩。

閏月丙子,詔曰:"匈奴背叛,為害久遠。賴祖宗之靈,師克有捷,醜虜破碎,遂掃厥庭,〔1〕役不再籍,〔2〕萬里清蕩,非朕小子眇身所能克堪。有司其案舊典,告類薦功,以章休烈。"〔3〕

【注】

〔1〕《詩》曰:"仍執醜虜。"庭謂單于所常居也。

〔2〕猶言不籍再舉。

〔3〕類,祭天也。《書》曰:"類于上帝。"薦,進也,以功進告於天。

九月庚申,以車騎將軍竇憲為大將軍,以中郎將劉尚為車騎將軍。

冬十月,令郡國弛刑輸作軍營。其徙出塞者,〔七〕刑雖未竟,皆免歸田里。

庚子,阜陵王延薨。

是歲,郡國九大水。

二年春正月丁丑,大赦天下。

二月壬午,日有食之。〔1〕

【注】

〔1〕《東觀記》曰:"史官不覺,涿郡言之。"

己亥，復置西河、上郡屬國都尉官。〔1〕

【注】
〔1〕《前書》西河郡美稷縣、上郡龜茲縣並有屬國都尉，其秩比二千石。《十三州志》曰："典屬國，武帝置，掌納匈奴降者也，哀帝省并大鴻臚。"故今復置之。

夏五月庚戌，分太山為濟北國，分樂成、涿郡、勃海為河閒國。丙辰，封皇弟壽為濟北王，開為河閒王，淑為城陽王，紹封故淮陽王昞子側為常山王。賜公卿以下至佐史錢布各有差。
己未，遣副校尉閻磐討北匈奴，取伊吾盧地。
丁卯，紹封故齊王晃子無忌為齊王，北海王睦子威為北海王。
車師前後王並遣子入侍。〔1〕

【注】
〔1〕車師有後王、前王，前王即後王之子，其庭相去五百里。

月氏國遣兵攻西域長史班超，超擊降之。
六月辛卯，中山王焉薨。
秋七月乙卯，大將軍竇憲出屯涼州。九月，北匈奴遣使稱臣。
冬十月，遣行中郎將班固報命南單于。遣左谷蠡王師子〔1〕出雞鹿塞，擊北匈奴於河雲北，大破之。

【注】
〔1〕左谷蠡，匈奴王號，師子其名也。谷音鹿。蠡音離。

三年春正月甲子，皇帝加元服，〔1〕賜諸侯王、公、將軍、特進、〔2〕中二千石、列侯、宗室子孫在京師奉朝請者黃金，〔3〕將、大夫、郎吏、從官帛。[4]賜民爵及粟帛各有差，大酺五日。郡國中都官繫囚死罪贖縑，至司寇及亡命，各有差。庚辰，賜京師民酺，布兩户共一匹。

【注】
〔1〕元，首也。謂加冠於首。《儀禮》："冠者先筮日，後筮賓。"《東觀記》曰："時太后詔袁安為賓，賜束帛、乘馬。"
〔2〕《漢官儀》曰："諸侯功德優盛，朝廷所敬異者，賜位特進，在三公下。"
〔3〕奉朝請，無員，三公、外戚、宗室、諸侯多奉朝請。《漢律》："春曰朝，秋曰請。"
〔4〕將謂五官及左右郎將也。大夫謂光祿、太中、中散、諫議大夫也。《十三州志》曰："大夫皆掌顧問、應對、言議。夫之言扶也，言能扶持君父也。"

二月，大將軍竇憲遣左校尉耿夔出居延塞，[1]圍北單于於金微山，大破之，獲其母閼氏。[2]

【注】
〔1〕居延，縣，屬張掖郡，居延澤在東北。武帝使伏波將軍路博德築遮虜障於居延城。
〔2〕閼氏，匈奴后之號也，音焉支。

夏六月辛卯，尊皇太后母比陽公主[1]為長公主。

【注】
〔1〕東海恭王彊女。

辛丑，阜陵王种薨。[1][八]

【注】
〔1〕阜陵王延之子。

冬十月癸未，行幸長安。詔曰："北狄破滅，名王仍降，[1]西域諸國，納質內附，豈非祖宗迪哲重光之鴻烈歟？[2]瘧瘵歎息，想望舊京。其賜行所過二千石長吏已下及三老、官屬錢帛，各有差；鰥、寡、孤、獨、篤癃、貧不能自存者粟，人三斛。"

【注】
〔1〕仍，頻也。
〔2〕迪，蹈也。言由祖宗蹈履明智，有重光累聖之德，成此大業也。《書》曰"茲四人迪哲"，又曰"宣重光"也。

十一月癸卯，祠高廟，遂有事十一陵。詔曰："高祖功臣，蕭、曹為首，有傳世不絕之義。曹相國後容城侯無嗣。朕望長陵東門，見二臣之壠，[1]循其遠節，每有感焉。忠義獲寵，古今所同。可遣使者以中牢祠，大鴻臚求近親宜為嗣者，須景風紹封，以章厥功。"[2]

【注】
〔1〕《東觀記》曰："蕭何墓在長陵東司馬門道北百步。"《廟記》云："曹參冢在長陵旁道北，近蕭何冢。"
〔2〕《續漢志》曰："大鴻臚掌封拜諸侯及其嗣。"《春秋考異郵》曰："夏至四十五日，景風至，則封有功也。"

十二月，復置西域都護、騎都尉、戊己校尉官。
庚辰，至自長安，減弛刑徒從駕者刑五月。

四年春正月，北匈奴右谷蠡王於除鞬自立為單于，款塞乞降。[1]遣大將軍左校尉耿夔授璽綬。[2]

【注】
〔1〕於除鞬,其名也。鞬音九言反。
〔2〕《東觀記》曰:"賜玉具劍,羽蓋車一駟,中郎將持節衛護焉。"

三月癸丑,司徒袁安薨。閏月丁丑,太常丁鴻為司徒。
夏四月丙辰,大將軍竇憲還至京師。
六月戊戌朔,日有食之。丙辰,郡國十三地震。
竇憲潛圖弒逆。庚申,幸北宮。詔收捕憲黨射聲校尉郭璜,[1]璜子侍中舉,[九]衛尉鄧疊,疊弟步兵校尉磊,皆下獄死。使謁者僕射[2]收憲大將軍印綬,遣憲及弟篤、景就國,到皆自殺。

【注】
〔1〕郭況子也。《東觀記》(曰)[一〇]"璜"作"瑝",音同。
〔2〕《續漢書》曰"謁者僕射一人,秩千石,為謁者臺率,主謁者。天子出,奉引"也。

是夏,旱,蝗。
秋七月己丑,太尉宋由坐黨憲自殺。
八月辛亥,司空任隗薨。[1]

【注】
〔1〕任光子也。

癸丑,大司農尹睦為太尉,錄尚書事。[1]

【注】
〔1〕錄謂總領之也。錄尚書自牟融始也。

丁巳，賜公卿以下至佐史錢穀各有差。
冬十月己亥，宗正劉方為司空。
十二月壬辰，詔："今年郡國秋稼為旱蝗所傷，其什四以上勿收田租、芻稾；有不滿者，以實除之。"〔1〕

【注】
〔1〕所損十不滿四者，以見損除也。

武陵零陵澧中蠻叛。〔一〕燒當羌寇金城。

五年春正月乙亥，宗祀五帝於明堂，遂登靈臺，望雲物。大赦天下。
戊子，千乘王伉薨。
辛卯，封皇弟萬歲為廣宗王。〔1〕

【注】
〔1〕廣宗，縣名，今貝州宗城縣。隋煬帝諱廣，故改為宗城。

二月戊戌，詔有司省減內外廄及涼州諸苑馬。〔1〕自京師離宮果園上林廣成囿悉以假貧民，恣得采捕，不收其稅。

【注】
〔1〕《說文》曰："廄，馬舍也。"《漢官儀》曰："未央大廄，長樂、承華等廄令，皆秩六百石。"又云："牧師諸苑三十六所，分置西北邊，分養馬三十萬頭。"

丁未，詔曰："去年秋麥入少，恐民食不足。其上尤貧不能自給者戶口人數。往者郡國上貧民，以衣履釜䰝為賮，而豪右得其饒利。[1]詔書實覈，[2]欲有以益之，而長吏不能躬親，反更徵召會聚，令失農作，愁擾百姓。若復有犯者，二千石先坐。"

【注】
[1]䰝音尋。《方言》曰："甑，自關而東謂之䰝。"貧人既計釜甑以為資財，懼於役重，多即賣之，以避科稅。豪富之家乘賤買，故得其饒利。
[2]《說文》云："覈，考實事也。"

甲寅，太傅鄧彪薨。
戊午，隴西地震。
三月戊子，詔曰："選舉良才，為政之本。科別行能，必由鄉曲。[1]而郡國舉吏，不加簡擇，故先帝明勑在所，令試之以職，乃得充選。[2]又德行尤異，不須經職者，別署狀上。而宣布以來，出入九年，二千石曾不承奉，恣心從好，司隸、刺史訖無糾察。[3]今新蒙赦令，且復申勑，後有犯者，顯明其罰。在位不以選舉為憂，督察不以發覺為負，[4]非獨州郡也。是以庶官多非其人。下民被姦邪之傷，由法不行故也。"

【注】
[1]《周禮》："鄉大夫掌其鄉之政教，考其德行，察其道藝，三年而舉賢能者於王。"
[2]《漢官儀》曰："建初八年十二月己未，詔書辟士四科：一曰德行高妙，志節清白；二曰經明行脩，能任博士；三曰明曉法律，足以決疑，能案章覆問，文任御史；四曰剛毅多略，遭事不惑，明足照姦，勇足決斷，才任三輔令。皆存孝悌清公之行。自今已後，審四科辟召，及刺史、二千石察舉茂才尤異孝廉吏，務實校試以職。有非其人，不習曹事，正舉者故不以實法。[一二]"
[3]訖，竟也。

〔4〕負亦憂也。

庚寅，遣使者分行貧民，舉實流宂，^{〔1〕}開倉賑稟三十餘郡。

【注】
〔1〕宂，散也。流散者舉案其實而給之。

夏四月壬子，封阜陵王种兄魴為阜陵王。^{〔1〕}

【注】
〔1〕种無嗣，故以魴襲也。

六月丁酉，郡國三雨雹。^{〔1〕}

【注】
〔1〕《東觀記》曰："大如鴈子。"

秋九月辛酉，廣宗王萬歲薨，無子，國除。
匈奴單于於除鞬叛，遣中郎將任尚討滅之。
壬午，令郡縣勸民蓄蔬食以助五穀。^{〔1〕}其官有陂池，令得采取，勿收假稅二歲。^{〔2〕}

【注】
〔1〕蓄，積也。
〔2〕假猶租賃。

冬十月辛未，太尉尹睦薨。^{〔1〕}十一月乙丑，太僕張酺為太尉。

【注】
〔1〕《漢官儀》曰："睦字伯師,鞏人。"

是歲,武陵郡兵破叛蠻,降之。護羌校尉貫友討燒當羌,羌乃遁去。南單于安國叛,骨都侯喜斬之。

六年春正月,永昌徼外夷遣使譯獻犀牛、大象。
己卯,司徒丁鴻薨。
二月乙未,遣謁者分行稟貸三河、兗、冀、青州貧民。
許〔陽〕侯馬光自殺。〔1〕〔一三〕

【注】
〔1〕《東觀記》曰："光前坐黨附竇憲,歸國,為憲客奴所誣告,乃自殺。"

丁未,司空劉方為司徒,太常張奮為司空。
三月庚寅,詔流民所過郡國皆實稟之,其有販賣者勿出租稅,〔1〕又欲就賤還歸者,復一歲田租、更賦。〔2〕

【注】
〔1〕漢循周法,商賈有稅,流人販賣,故矜免之。
〔2〕復音福。

丙寅,詔曰:"朕以眇末,承奉鴻烈。陰陽不和,水旱違度,濟河之域,凶饉流亡,〔1〕而未獲忠言至謀,所以匡救之策。寤寐永歎,用思孔疚。〔2〕惟官人不得於上,黎民不安于下,有司不念寬和,而競為苛刻,覆案不急,以妨民事,〔3〕甚非所以上當天心,下濟元元也。思得忠良之士,以輔朕之不逮。其令三公、中二千石、二千石、內郡守相舉賢良方正能直言極諫之士各一人。昭巖穴，披幽隱，遣詣公車，[4]朕將悉聽焉。"帝乃親臨策問，選補郎吏。

【注】
〔1〕《尚書》曰"濟河惟兗州"，言東南據濟，西北距河。
〔2〕孔，甚也。疚，病也。《詩》云："憂心孔疚。"
〔3〕不急謂非要。
〔4〕《前書音義》曰："公車，署名也，公車所在，故以名焉。"《漢官儀》曰："公車令一人，秩六百石，掌殿門。諸上書詣闕下者，皆集奏之；凡所徵召，亦總領之。"

夏四月，蜀郡徼外羌率種人遣使內附。
五月，城陽王淑薨，無子，國除。[1]

【注】
〔1〕章帝子也。

六月己酉，初令伏閉盡日。[1]

【注】
〔1〕《漢官舊儀》曰："伏日萬鬼行，故盡日閉，不干它事。"

秋七月，京師旱。詔中都官徒各除半刑，謫其未竟，五月已下皆免遣。丁巳，幸洛陽寺，[1]錄囚徒；舉冤獄。收洛陽令下獄抵罪，司隸校尉、河南尹皆左降。未及還宮而澍雨。

【注】
〔1〕寺，官舍也。《風俗通》云："寺，嗣也。理事之吏，嗣續於其中。"

西域都護班超大破焉耆、尉犂,斬其王。自是西域降服,納質者五十餘國。
　　南單于安國從弟子逢侯率叛胡亡出塞。九月癸丑,以光祿勳鄧鴻行車騎將軍事,與越騎校尉馮柱、行度遼將軍朱徽、使匈奴中郎將杜崇討之。冬十一月,護烏桓校尉任尚率烏桓、鮮卑,大破逢侯,[1]馮柱遣兵追擊,復[破]之。〔一四〕

【注】
〔1〕闞駰《十三州志》曰:"護烏丸,擁節,秩比二千石,武帝置,以護內附烏丸,既而并於匈奴中郎將。中興初,班彪上言宜復此官,以招附東胡,乃復更置焉。"

　　詔以勃海郡屬冀州。
　　武陵漊中蠻叛,郡兵討平之。

　　七年春正月,行車騎將軍鄧鴻、度遼將軍朱徽、中郎將杜崇皆下獄死。[1]

【注】
〔1〕時南單于安國與崇不相平,乃上書告崇。崇令斷其章,緣此驚叛,安國卒見殺。帝後知之,皆徵下獄。

　　夏四月辛亥朔,日有食之。帝引見公卿問得失,令將、大夫、御史、謁者、博士、議郎、郎官會廷中,各言封事。[1]詔曰:"元首不明,化流無良,政失於民,謫見于天。[2]深惟庶事,五教在寬,是以舊典因孝廉之舉,以求其人。[3]有司詳選郎官寬博有謀才任典城者三十人。"[4]既而悉以所選郎出補長、相。[5]

【注】

〔1〕《十三州志》曰:"侍御史,周官,即柱下史。秩六百石,掌注記言行,糾諸不法,員十五人。出有所案,則稱使者焉。謁者,秦官也。員七十人,皆選孝廉年未五十,曉解儐贊者。歲盡拜縣令、長(史)及都官府丞、長史。〔一五〕博士,秦官。博通古今,秩皆六百石。孝武初置五經博士,後稍增至十四員。取聰明威重者一人為祭酒,主領焉。議郎、郎官,皆秦官也。宂無所掌,秩六百石或四百石。"

〔2〕譴,譴責也。《禮》曰:"陽事不得,譴見于天,日為之食。"

〔3〕武帝元光元年,董仲舒初開其議,詔郡國舉孝廉各一人。

〔4〕任,堪也,音仁林反。

〔5〕長,縣長;相,侯相也。《十三州志》云:"縣為侯邑,則令、長為相,秩隨令、長本秩。"

五月辛卯,改千乘國為樂安國。〔1〕

【注】

〔1〕千乘故城在今淄州高苑縣北。樂安故城在今青州博昌縣南。

六月丙寅,沛王定薨。
秋七月乙巳,易陽地裂。〔1〕九月癸卯,京師地震。

【注】

〔1〕易陽,縣,在易水之陽,今易州也。

八年春二月己丑,立貴人陰氏為皇后。賜天下男子爵,人二級,三老、孝悌、力田三級,民無名數及流民欲占者一級;鰥、寡、孤、獨、篤癃、貧不能自存者粟,人五斛。

夏四月癸亥,樂成王黨薨。

甲子，詔賑貸并州四郡貧民。

五月，河内、陳留蝗。

南匈奴右溫禺犢王叛，為寇。秋七月，行度遼將軍龐奮、越騎校尉馮柱追討之，斬右溫禺犢王。

車師後王叛，擊其前王。

八月辛酉，飲酎。詔郡國中都官繫囚減死一等，詣敦煌戍。其犯大逆，募下蠶室；其女子宮。自死罪已下，至司寇及亡命者入贖，各有差。

九月，京師蝗。吏民言事者，多歸責有司。詔曰："蝗蟲之異，殆不虛生，[1]萬方有罪，在予一人，而言事者專咎自下，非助我者也。朕寤寐恫矜，思弭憂釁。[2]昔楚嚴無災而懼，[3]成王出郊而反風。[4]將何以匡朕不逮，以塞災變？百僚師尹勉修厥職，刺史、二千石詳刑辟，理冤虐，恤鰥寡，矜孤弱，思惟致災興蝗之咎。"

【注】

〔1〕《禮記·月令》曰："孟夏行春令，則蝗蟲為災。"《洪範五行傳》曰："貪利傷人，則蝗蟲損稼。"

〔2〕《尚書》曰："恫矜乃身。"孔安國注曰："恫，痛也。矜，病也。言如痛病在身，欲除之也。"矜音古頑反。

〔3〕解見《明紀》。

〔4〕成王疑周公，天乃大風，禾則盡偃；王乃出郊祭，天乃反風起禾。事見《尚書》。

庚子，復置廣陽郡。[1]

【注】

〔1〕高帝時燕國也，昭帝元鳳元年為廣陽郡，宣帝本始元年更為國也。

冬十月乙丑，北海王威有罪自殺。[1]

【注】
[1]北海，郡，今青州縣。

十二月辛亥，陳王羨薨。
丁巳，南宮宣室殿火。

九年春正月，永昌徼外蠻夷及撣國重譯奉貢。[1]

【注】
[1]撣音擅。《東觀記》作"擅"，俗本以"禪"字相類或作"禪"者，誤也。《說文》曰："譯，傳四夷之語也。"

三月庚辰，隴西地震。
癸巳，濟南王康薨。
西域長史王林擊車師後王，斬之。
夏四月丁卯，封樂成王黨子巡為樂成王。
六月，蝗、旱。戊辰，詔："今年秋稼為蝗蟲所傷，皆勿收租、更、芻稾；若有所損失，以實除之，餘當收租者亦半入。其山林饒利，陂池漁採，以贍元元，勿收假稅。"秋七月，蝗蟲飛過京師。
八月，鮮卑寇肥如，[1]遼東太守祭參下獄死。[2]

【注】
[1]肥如，縣，屬遼西郡。《前書音義》曰："肥子奔燕，封於此。"今平州也。
[2]《東觀記》曰："鮮卑千餘騎攻肥如城，殺略吏人，祭參坐沮敗，下獄誅。"

閏月辛巳，皇太后竇氏崩。丙申，葬章德皇后。

燒當羌寇隴西，殺長吏，遣行征西將軍劉尚、越騎校尉趙世等討破之。〔一六〕

九月庚申，司徒劉方策免，自殺。

甲子，追尊皇妣梁貴人為皇太后。冬十月乙酉，改葬恭懷梁皇后于西陵。〔1〕

【注】
〔1〕《謚法》曰：“正德美容曰恭，執義揚善曰懷。”《東觀記》曰：“改殯承光宮，儀比敬園。初，后葬有闕，竇后崩後，乃議改葬。”

十一月癸卯，光祿勳河南呂蓋為司徒。〔1〕十二月丙寅，司空張奮罷。壬申，太僕韓稜為司空。

【注】
〔1〕蓋字君上，宛陵人也。〔一七〕

己丑，復置若盧獄官。〔1〕

【注】
〔1〕《前書》曰，若盧獄屬少府。《漢舊儀》曰“主鞫將相大臣”也。

十年春三月壬戌，詔曰：“隄防溝渠，所以順助地理，通利壅塞。〔1〕今廢慢懈弛，不以為負。刺史、二千石其隨宜疏導。勿因緣妄發，以為煩擾，將顯行其罰。”

【注】
〔1〕《禮記·月令》曰：“季春之月，修利隄防，導達溝瀆，開通道路，無

有障塞。"

夏五月，京師大水。[1]

【注】
[1]《東觀記》曰："京師大雨，南山水流出至東郊，壞人廬舍。"

秋七月己巳，司空韓稜薨。八月丙子，太常太山巢堪為司空。[1]

【注】
[1]堪字次朗，太山南城人。

九月庚戌，復置廩犧官。[1]

【注】
[1]《漢官儀》曰"廩犧令一人，秩六百石"也。

冬十月，五州雨水。
十二月，燒當羌豪迷唐等率種人詣闕貢獻。
戊寅、梁王暢薨。

十一年春二月，遣使循行郡國，稟貸被災害不能自存者，令得漁采山林池澤，不收假稅。
丙午，詔郡國中都官徒及篤癃老小女徒各除半刑，其未竟三月者，皆免歸田里。
夏四月丙寅，大赦天下。
己巳，復置右校尉官。[1]

【注】
〔1〕《東觀記》曰:"置在西河鵠澤縣。"

秋七月辛卯,詔曰:"吏民踰僭,厚死傷生,是以舊令節之制度。頃者貴戚近親,百僚師尹,莫肯率從,有司不舉,怠放日甚。又商賈小民,或忘法禁,奇巧靡貨,流積公行。其在位犯者,當先舉正。市道小民,但且申明憲綱,〔一八〕勿因科令,加虐羸弱。"

十二年春二月,旄牛徼外白狼、貗薄夷率種人內屬。〔1〕

【注】
〔1〕闞駰《十三州志》曰:"旄牛縣屬蜀郡。"《前書》曰,旄牛所出,歲貢其尾,以為節旄。

詔貸被災諸郡民種糧。賜下貧、鰥、寡、孤、獨、不能自存者,及郡國流民,聽入陂池漁采,以助蔬食。

三月丙申,詔曰:"比年不登,百姓虛匱。〔1〕京師去冬無宿雪,〔2〕今春無澍雨,黎民流離,困於道路。朕痛心疾首,靡知所濟。'瞻仰昊天,何辜今人?'〔3〕三公朕之腹心,而未獲承天安民之策。數詔有司,務擇良吏。今猶不改,競為苛暴,侵愁小民,以求虛名,委任下吏,假執行邪。是以令下而姦生,禁至而詐起。〔4〕巧法析律,飾文增辭,〔5〕貨行於言,罪成乎手,朕甚病焉。公卿不思助明好惡,將何以救其咎罰?咎罰既至,復令災及小民。若上下同心,庶或有瘳。其賜天下男子爵,人二級,三老、孝悌、力田三級,民無名數及流民欲占者人一級;鰥、寡、孤、獨、篤癃、貧不能自存者粟,人三斛。"

【注】
〔1〕匱,乏也。

〔2〕以其經冬，故言宿也。
〔3〕《詩·大雅》周宣王遇旱之詩。言今人何罪，而天令饑饉乎？
〔4〕董仲舒曰："法出而姦生，令下而詐起。"
〔5〕《禮記·王制》曰"析言破律"也。

壬子，賜博士員弟子在太學者布，人三匹。[1]

【注】
〔1〕武帝時置博士弟子，太常擇人年十八以上，儀狀端正者補焉。昭帝增員滿百人，宣帝倍之，元帝更設員千人，成帝更增員三千人。

夏四月，日南象林蠻夷反，[1]郡兵討破之。

【注】
〔1〕象林，縣，屬日南郡，今鬱林州。

閏月，賑貸敦煌、張掖、五原民下貧者穀。
戊辰，秭歸山崩。[1]

【注】
〔1〕秭歸，縣，屬南郡，古之夔國，今歸州也。袁山松曰："屈原此縣人，既被流放，忽然蹔歸，其姊亦來，因名其地為秭歸。"秭亦姊也。《東觀記》曰："秭歸山高四百餘丈，崩填谿水，厭殺百餘人。"

六月，舞陽大水，賜被水災尤貧者穀，人三斛。
秋七月辛亥朔，日有食之。
九月戊午，太尉張酺免。丙寅，大司農張禹為太尉。
冬十一月，西域蒙奇、兜勒二國遣使內附，賜其王金印紫綬。

是歲，燒當羌復叛。

十三年春正月丁丑，帝幸東觀，覽書林，閱篇籍，博選術藝之士以充其官。

二月，任城王尚薨。

丙午，賑貸張掖、居延、朔方、日南貧民及孤、寡、羸弱不能自存者。

秋八月，詔象林民失農桑業者，賑貸種糧，稟賜下貧穀食。

己亥，北宮盛饌門閣火。

護羌校尉周鮪擊燒當羌，破之。

荊州雨水。九月壬子，詔曰："荊州比歲不節，今茲淫水為害，[1]餘雖頗登，而多不均浹，[2][一九]深惟四民農食之本，慘然懷矜。其令天下半入今年田租、芻槀；有宜以實除者，如故事。貧民假種食，皆勿收責。"

【注】

[1]《淮南子》曰："女媧積蘆灰以止淫水。"高誘注云："平地出水為淫水。"

[2]浹，洽。

冬十一月，安息國遣使獻師子及條枝大爵。[1]

【注】

[1]《西域傳》曰："安息國居和櫝城，去洛陽二萬五千里。條支國臨西海，出師子、大雀。"郭義恭《廣志》曰："大爵，頸及身膺蹄都似橐駝，[二〇]舉頭高八九尺，張翅丈餘，食大麥，其卵如甕，即今之駝鳥也。"

丙辰，詔曰："幽、并、涼州戶口率少，邊役眾劇，束脩良吏，進仕路狹。撫接夷狄，以人為本。其令緣邊郡口十萬以上歲舉孝廉一人，不滿十萬二歲舉一人，五萬以下三歲舉一人。"

鮮卑寇右北平，遂入漁陽，漁陽太守擊破之。

戊辰，司徒呂蓋罷。十二月丁丑，光祿勳魯恭為司徒。

辛卯，巫蠻叛，寇南郡。[1]

【注】
[1]巫，縣，屬南郡，故城在今夔州巫山縣也。

十四年春二月乙卯，東海王政薨。
繕修故西海郡，[1]徙金城西部都尉以戍之。

【注】
[1]平帝時金城塞外羌獻地，以為西海郡也。光武建武中省金城入隴西郡，至是復繕修之。金城即今蘭州縣也。

三月戊辰，臨辟雍，饗射，大赦天下。
夏四月，遣使者督荊州兵討巫蠻，破降之。
庚辰，賑貸張掖、居延、敦煌、五原、漢陽、會稽流民下貧穀，各有差。
五月丁未，初置象林將兵長史官。[1]

【注】
[1]闞駰《十三州志》曰："將兵長史居在日南郡，又有將兵司馬，去雒陽九千六百三十里。"

六月辛卯，廢皇后陰氏，后父特進綱自殺。
秋七月甲寅，詔復象林縣更賦、田租、芻稾二歲。

壬子，常山王側薨。

是秋，三州雨水。冬十月甲申，詔："兗、豫、荆州今年水雨淫過，多傷農功。其令被害什四以上皆半入田租、芻稾；其不滿者，以實除之。"

辛卯，立貴人鄧氏為皇后。

丁酉，司空巢堪罷。十一月癸卯，大司農徐防為司空。

是歲，初復郡國上計補郎官。[1]

【注】

[1] 上計，今計吏也。《前書音義》曰："舊制，使郡丞奉歲計，武帝元朔中令郡國舉孝廉各一人與計偕，拜為郎中。"中廢，今復之。

十五年春閏月乙未，詔流民欲還歸本而無糧食者，過所實稟之，疾病加致醫藥；其不欲還歸者，勿強。

二月，詔稟貸潁川、汝南、陳留、江夏、梁國、敦煌貧民。[1]

【注】

[1]《前書音義》曰："陳留本鄭邑也，後為陳所并，故曰陳留。"今汴州縣也。江夏郡，高帝置。沔水自江別至南郡華容為夏水，過郡入江，故曰江夏。

夏四月甲子晦，日有食之。五月戊寅，南陽大風。

六月，詔令百姓鰥寡漁采陂池，勿收假稅二歲。

秋七月丙寅，濟南王錯薨。[1]

【注】

[1] 錯音七故反。

復置涿郡故安鐵官。[1][二一]

【注】
[1]《續漢書》曰："其郡縣有鹽官、鐵官者，隨事廣狹，置令、長及丞，秩次皆如縣也。"

九月壬午，南巡狩，清河王慶、濟北王壽、河閒王開並從。賜所過二千石長吏以下、三老、官屬及民百年者錢布，各有差。是秋，四州雨水。冬十月戊申，幸章陵，祠舊宅。癸丑，祠園廟，會宗室於舊廬，勞賜作樂。戊午，進幸雲夢，臨漢水而還。[1]十一月甲申，車駕還宮，賜從臣及留者公卿以下錢布，各有差。

【注】
[1]雲夢，今安州縣也，即在雲夢澤中。

十二月庚子，琅邪王宇薨。
有司奏，以為夏至則微陰起，靡草死，可以決小事。[1]

【注】
[1]《禮記·月令》曰："孟夏之月，靡草死，麥秋至，斷薄刑，決小罪。"鄭玄注云："靡草，薺、亭歷之屬。"臣賢案：五月一陰爻生，可以言微陰，今《月令》云"孟夏"，乃是純陽之月；此言"夏至"者，與《月令》不同。

是歲，初令郡國以日北至案薄刑。

十六年春正月己卯，詔貧民有田業而以匱乏不能自農者，貸種糧。二月己未，詔兗、豫、徐、冀四州比年雨多傷稼，禁沽酒。夏四月，遣三府掾分行四州，貧民無以耕者，為雇犂牛直。

五月壬午，趙王商薨。

秋七月，旱。戊午，詔曰："今秋稼方穗而旱，雲雨不霑，疑吏行慘刻，不宣恩澤，妄拘無罪，幽閉良善所致。其一切囚徒於法疑者勿決，以奉秋令。〔1〕方察煩苛之吏，顯明其罰。"

【注】

〔1〕《禮記·月令》曰："孟秋之月，命有司修法制，繕囹圄，具桎梏，斷薄刑，決小罪。"

辛酉，司徒魯恭免。庚午，光祿勳張酺為司徒。

辛巳，詔令天下皆半入今年田租、芻稾；其被災害者，以實除之。貧民受貸種糧及田租、芻稾，皆勿收責。

八月己酉，司徒張酺薨。冬十月辛卯，司空徐防為司徒，大鴻臚陳寵為司空。

十一月己丑，行幸緱氏，登百岯山，〔1〕賜百官從臣布，各有差。

【注】

〔1〕即柏岯山也，在洛州緱氏縣南。《爾雅》云"山一成曰岯"，《東觀記》作"坯"，並音平眉反，流俗本或作"杯"者，誤也。

北匈奴遣使稱臣貢獻。

十二月，復置遼東西部都尉官。〔1〕

【注】

〔1〕西部都尉，安帝時以為屬國都尉，在遼東郡昌黎城也。

元興元年春正月戊午，引三署郎召見禁中，〔1〕選除七十五人，補謁者、長、相。

【注】

〔1〕《漢官儀》:"三署謂五官署也,左、右署也,各置中郎將以司之。郡國舉孝廉以補三署郎,年五十以上屬五官,其次分在左、右署,凡有中郎、議郎、侍郎、郎中四等,無員。"禁中者,門戶有禁,非侍御者不得入,故謂禁中。

高句驪寇郡界。〔二〕
夏四月庚午,大赦天下,改元元興。宗室以罪絕者,悉復屬籍。
五月癸酉,雍地裂。〔1〕

【注】

〔1〕《東觀記》曰"右扶風雍地裂",流俗本"雍"下有"州"者,誤也。

秋九月,遼東太守耿夔擊貊人,破之。
冬十二月辛未,帝崩于章德前殿,年二十七。立皇子隆為皇太子。賜天下男子爵,人二級,三老、孝悌、力田人三級,民無名數及流民欲占者人一級;鰥、寡、孤、獨、篤癃、貧不能自存者粟,人三斛。
自竇憲誅後,帝躬親萬機。每有災異,輒延問公卿,極言得失。前後符瑞八十一所,自稱德薄,皆抑而不宣。舊南海獻龍眼、荔支,十里一置,五里一候,〔1〕奔騰阻險,死者繼路。時臨武長汝南唐羌,縣接南海,〔2〕乃上書陳狀。帝下詔曰:"遠國珍羞,本以薦奉宗廟。苟有傷害,豈愛民之本。其勑太官勿復受獻。"由是遂省焉。〔3〕

【注】

〔1〕南海,郡,秦置,今廣州縣也。《廣雅》曰:"益智,龍眼也。"《交州記》曰:"龍眼樹高五六丈,似荔支而小。"《廣州記》曰:"子似荔支而員,

七月熟。荔支樹高五六丈，大如桂樹，實如雞子，甘而多汁，似安石榴。有甜醋者，至日禺中，翕然俱赤，即可食。"置謂驛也。

〔2〕臨武，縣，屬桂陽郡，今郴州縣也。

〔3〕謝承《書》曰："唐羌字伯游，辟公府，補臨武長。縣接交州，舊獻龍眼、荔支及生鮮，獻之，驛馬晝夜傳送之，至有遭虎狼毒害，頓仆死亡不絕。道經臨武，羌乃上書諫曰：'臣聞上不以滋味為德，下不以貢膳為功，故天子食太牢為尊，不以果實為珍。伏見交阯七郡獻生龍眼等，鳥驚風發。南州土地，惡蟲猛獸不絕於路，至於觸犯死亡之害。死者不可復生，來者猶可救也。此二物升殿，未必延年益壽。'帝從之。章報，羌即弃官還家，不應徵召，著《唐子》三十餘篇。"

論曰：自中興以後，逮于永元，雖頗有弛張，而俱存不擾，是以齊民歲增，闢土世廣。[1]偏師出塞，則漠北地空；都護西指，則通譯四萬。[2]豈其道遠三代，術長前世？將服叛去來，自有數也？

【注】
〔1〕齊，平也。
〔2〕《西域傳》曰："班超定西域五十餘國，皆降服，西至海瀕，四萬里，皆重譯貢獻。"

孝殤皇帝諱隆，[1]和帝少子也。元興元年十二月辛未夜，即皇帝位，時誕育百餘日。[2]尊皇后曰皇太后，太后臨朝。[3]

【注】
〔1〕《謚法》曰："短折不成曰殤。"《古今注》曰："隆之字曰盛。"
〔2〕誕，大也。《詩·大雅》："誕彌厥月，先生如達。"鄭玄注云："大矣后稷之在其母懷也，終人道十月而生。"《詩》又云："載生載育。"育，長

也。達音它末反。
〔3〕儀見《皇后紀》。

北匈奴遣使稱臣,詣敦煌奉獻。

延平元年春正月辛卯,太尉張禹為太傅。司徒徐防為太尉,參錄尚書事,百官總己以聽。封皇兄勝為平原王。癸卯,光祿勳梁鮪為司徒。〔1〕

【注】
〔1〕《漢官儀》曰:"鮪字伯元,河東平陽人也。"

三月甲申,葬孝和皇帝于慎陵,〔1〕尊廟曰穆宗。

【注】
〔1〕在洛陽東南三十里。俗本作"順"者,誤。

丙戌,清河王慶、濟北王壽、河閒王開、常山王章始就國。
夏四月庚申,詔罷祀官不在祀典者。〔1〕

【注】
〔1〕《東觀記》曰:"鄧太后雅性不好淫祀。"

鮮卑寇漁陽,漁陽太守張顯追擊,戰沒。
丙寅,以虎賁中郎將鄧騭為車騎將軍。
司空陳寵薨。
五月辛卯,皇太后詔曰:"皇帝幼沖,承統鴻業,朕且權佐助聽政,〔二三〕兢兢寅畏,〔1〕不知所濟。深惟至治之本,道化在前,刑罰在後。

將稽中和，廣施慶惠，與吏民更始。其大赦天下。自建武以來諸犯禁錮，詔書雖解，有司持重，多不奉行，其皆復為平民。"

【注】
〔1〕寅，敬也。

壬辰，河東垣山崩。〔1〕

【注】
〔1〕垣，縣，今絳州縣也。《古今注》曰："山崩長七丈，廣四丈。"

六月丁未，太常尹勤為司空。
郡國三十七雨水。己未，詔曰："自夏以來，陰雨過節，煥氣不效，〔1〕將有厥咎。寤寐憂惶，未知所由。昔夏后惡衣服，菲飲食，孔子曰'吾無閒然'。〔2〕今新遭大憂，且歲節未和，徹膳損服，庶有補焉。其減太官、導官、尚方、內署諸服御珍膳靡麗難成之物。"〔3〕

【注】
〔1〕效猶驗也。
〔2〕菲，薄也。閒，非也。
〔3〕太官令，周官也，秩千石，典天子廚膳。導官，掌擇御米。導，擇也。尚方，掌作御刀劍諸器物；內署，掌內府衣物。秩皆六百石。並見《續漢書》。

丁卯，詔司徒、大司農、長樂少府曰："朕以無德，佐助統政，夙夜經營，懼失厥衷。思惟治道，由近及遠，先內後外。自建武之初以至于今，八十餘年，宮人歲增，房御彌廣。又宗室坐事沒入者，猶託名公族，甚可愍焉。今悉免遣，及掖庭宮人，皆為庶民，以抒幽隔鬱滯之情。〔1〕諸官府、郡國、王侯家奴婢姓劉及疲癃羸老，皆上其名，務令實悉。"

【注】
〔1〕抒，舒也，食汝反。

秋七月庚寅，勑司隸校尉、部刺史[1]曰："夫天降災戾，應政而至。閒者郡國或有水災，妨害秋稼。朝廷惟咎，憂惶悼懼。而郡國欲獲豐穰虛飾之譽，遂覆蔽災害，多張墾田，不揣流亡，[2]競增戶口，掩匿盜賊，令姦惡無懲，署用非次，選舉乖宜，貪苛慘毒，延及平民。[3]刺史垂頭塞耳，阿私下比，'不畏于天，不愧于人'。[4]假貸之恩，不可數恃，自今以後，將糾其罰。二千石長吏其各實覈所傷害，為除田租、芻稾。"

【注】
〔1〕秦有監御史，監諸郡，漢興省之，但遣丞相史分刺諸州，無有常官。孝武帝初置刺史十三人，秩六百石，成帝更為牧，秩二千石。建武十八年復為刺史，十二人，各主一州，其一州屬司隸校尉。諸州常以八月巡行所部郡國，錄囚徒，考殿最。初歲盡詣京都奏事，中興但因計吏。見《續漢書》。
〔2〕揣音初委反。
〔3〕平民謂善人也。《書》曰："延[及]于平人。"[二四]
〔4〕《詩·小雅》也。

八月辛亥，帝崩。癸丑，殯于崇德前殿。年二歲。

贊曰：孝和沈烈，率由前則。王赫自中，賜命彊慝。[1]抑沒祥符，登顯時德。[2]殤世何早，平原弗克。[3]

【注】
〔1〕慝，惡也。謂誅竇憲等。
〔2〕謂用鄧彪等委政也。
〔3〕平原王勝以固疾不得立也。《左傳》曰："弗克負荷。"

【校勘記】

〔一〕肇音大可反　按：《集解》引錢大昕說，謂《說文》無反切，乃後人所增益。今本《說文》用孫愐《唐韻》切音，讀肇為直小切，與兆音同，疑"大可"即"直小"兩字之譌。

〔二〕界惟人面　按：殿本"界"作"戒"。《校補》謂案《章紀》作"訖惟人面"，訖、界、戒皆有止義，猶云窮極也。界戒本又通作，《唐書·天文志》一行以為天下山河之象存乎兩戒是也。

〔三〕小縣（丞尉）三百石　據《刊誤》刪。

〔四〕度遼將軍鄧鴻出（稒）〔稒〕陽塞　據《前書·地理志》改。注同。

〔五〕追至（和）〔私〕渠（北）〔比〕鞮海　按：殿本《考證》引何焯說，謂《竇憲傳》及《通鑑》皆作"私渠比鞮海"。《補注》謂當從《憲傳》。今據改。

〔六〕屬（九）〔五〕原郡　按：《前書·地理志》"五原郡，秦九原郡，武帝元朔二年更名"。今據改。

〔七〕其徙出塞者　《刊誤》謂遷徙者不可投之塞外，明此"徙"字是"從"字。按：陳景雲《兩漢訂誤》謂"徙"當作"從"，出塞謂是夏北征之役。更以三年減從駕弛刑徒證之，此"徙"字之誤益明。

〔八〕阜陵王种薨　按：《集解》引錢大昕說，謂《光武十王傳》"种"字作"沖"，《說文》無种字，种即沖也。

〔九〕射聲校尉郭璜璜子侍中舉　按：《集解》引錢大昕說，謂《天文志》郭舉為侍中射聲校尉，舉父璜長樂少府，《皇后紀》《竇憲傳》亦同，紀似誤。

〔一〇〕東觀記（曰）　按："曰"字當衍，今刪。

〔一一〕武陵零陵澧中蠻叛　按：《校補》謂"零陵"當作"零陽"，即武陵郡屬縣。後漢武陵郡治當今常德府武陵縣，西與澧州接壤，零陽縣治即今澧州慈利縣東境，澧中蠻即澧水之蠻，並屬武陵，故紀並舉之。若零陵郡之蠻，相距甚遠，不當與澧中蠻錯舉。

〔一二〕有非其人不習曹事正舉者故不以實法　按：《御覽》六百二十八引作"有非其人，不習官事，正舉者故舉不實，為法罪之"。又按：《續漢·百官志一》注引《漢官儀》，世祖詔云云，與此注所引略同，則光武有此詔，而章帝復申明之也。

〔一三〕許〔陽〕侯馬光自殺　《校補》引洪亮吉說，謂傳作"許陽侯"，此脫"陽"字。今據補。

〔一四〕復〔破〕之　據《刊誤》補。

〔一五〕歲盡拜縣令長（史）及都官府丞長史　據《刊誤》刪。

〔一六〕越騎校尉趙世等討破之　按：《集解》引錢大昕說，謂《趙憙傳》《西羌傳》"趙世"並作"趙代"，蓋章懷避唐諱改之，此作"世"，又唐以後人回改。

〔一七〕宛陵人也　按："宛"原譌"苑"，逕改正。

〔一八〕但且申明憲綱　按："綱"原譌"網"，逕改正。

〔一九〕而多不均浹　按："而"原譌"二"，逕改正。

〔二〇〕頸及身膺蹄都似橐駝　按：《御覽》九二二引，"橐駝"下有"色蒼"二字。

〔二一〕復置涿郡故安鐵官　按：各本"安"作"鹽"，《集解》引何焯、錢大昭、惠棟諸家說，並謂"鹽"當作"安"。

〔二二〕高句驪寇郡界　按：《校補》謂案《通鑑》作"高句驪王宮入遼東塞，寇略六縣"，此"郡"上應補"遼東"二字。

〔二三〕朕且權佐助聽政　按：殿本從監本，"權"下有"禮"字，《考證》謂"禮"字疑有誤，宋本無"禮"字，亦不成句。《校補》引《孟子》"男女授受不親，禮也，嫂溺援之以手者，權也"，謂此"權禮"二字所本。朕且權禮，即指佐助聽政為權禮耳，似非字誤。

〔二四〕延〔及〕于平人　按：《書‧呂刑》作"延及于平民"，此作"延于平民"，脫一"及"字，殿本、《集解》本作"延及平民"，則又脫一"于"字。

後漢書卷五

孝安帝紀第五

恭宗孝安皇帝諱祜,[1][一]肅宗孫也。父清河孝王慶,母左姬。帝自在邸第,[2]數有神光照室,又有赤蛇盤於牀第之間。[3][二]年十歲,好學《史書》,[4]和帝稱之,數見禁中。

【注】

〔1〕《諡法》曰:"寬容和平曰安。"伏侯《古今注》曰:"祜之字曰福。"

〔2〕《倉頡篇》曰:"邸,舍也。"《説文》云:"屬國之舍也。"《前書音義》曰:"第謂有甲乙之次第。"

〔3〕第,牀簀也。

〔4〕《史書》者,周宣王太史籀所作之書也。凡五十五篇,[三]可以教童幼。

延平元年,慶始就國,鄧太后特詔留帝清河邸。

八月,殤帝崩,[四]太后與兄車騎將軍鄧騭定策禁中。其夜,使騭持節,以王青蓋車迎帝,齋于殿中。[1]皇太后御崇德殿,百官皆吉服,[2]群臣陪位,引拜帝為長安侯。[3]皇太后詔曰:"先帝聖德淑茂,早弃天下。朕奉皇帝,夙夜瞻仰日月,冀望成就。豈意卒然顛沛,天年不遂,悲痛斷心。朕惟平原王素被痼疾,念宗廟之重,思繼嗣之統,唯長安侯祜質性忠孝,小心翼翼,[4]能通《詩》、《論》,篤學樂古,仁惠愛下。

年已十三,有成人之志。親德係後,莫宜於祜。[5]《禮》'昆弟之子猶己子';[6]《春秋》之義,為人後者為之子,不以父命辭王父命。[7]其以祜為孝和皇帝嗣,奉承祖宗,案禮儀奏。"又作策命曰:"惟延平元年秋八月癸丑,皇太后曰:咨長安侯祜:孝和皇帝懿德巍巍,光于四海;大行皇帝不永天年。[8]朕惟侯孝章帝世嫡皇孫,謙恭慈順,在孺而勤,[9]宜奉郊廟,承統大業。今以侯嗣孝和皇帝後。其審君漢國,允執其中。'一人有慶,萬民賴之。'皇帝其勉之哉!"讀策畢,太尉奉上璽綬,即皇帝位,年十三。太后猶臨朝。[10]

【注】

〔1〕《續漢志》曰:"皇太子、皇子皆安車,朱班輪,青蓋金華蚤。皇子為王,錫以乘之,故曰王青蓋車。皇孫則綠車。"

〔2〕洛陽南宮有崇德殿。不可以凶事臨朝,故吉服也。

〔3〕不即立為天子而封侯者,不欲從微即登皇位。

〔4〕翼翼,敬慎也。《詩》曰:"惟此文王,小心翼翼。"

〔5〕係即繼也。

〔6〕《禮記・檀弓》之文。

〔7〕為人後者謂出繼於人也。王父謂祖也。《穀梁傳》曰,衛靈公廢太子蒯聵,立孫,輒不受父之命,而受王父命。

〔8〕《前書音義》曰:"《禮》有大行人、小行人,主謚號官也。"韋昭云:"大行者,不反之辭也。天子崩,未有謚,[五]故稱大行也。"《穀梁傳》曰[六]:"大行受大名。"《風俗通》曰:"天子新崩,未有謚,故且稱大行皇帝。"義兩通。

〔9〕孺,幼也。或作"在孺卒勤"。

〔10〕《公羊傳》曰:"猶者,可止之辭也。"

九月庚子,謁高廟。辛丑,謁光武廟。

六州大水。己未,遣謁者分行虛實,舉災害,賑乏絕。

丙寅，葬孝殤皇帝于康陵。〔1〕

【注】
〔1〕陵在慎陵塋中庚地，高五丈五尺，周二百八步。

乙亥，隕石于陳留。
西域諸國叛，攻都護任尚，遣副校尉梁慬救尚，擊破之。〔1〕

【注】
〔1〕慬音勤。

冬十月，四州大水，雨雹。詔以宿麥不下，〔1〕賑賜貧人。

【注】
〔1〕宿，舊也。麥必經年而熟，故稱宿。

十二月甲子，清河王薨，使司空持節弔祭，車騎將軍鄧騭護喪事。
乙酉，罷魚龍曼延百戲。〔1〕

【注】
〔1〕《漢官典職》曰〔七〕："作九賓樂。舍利之獸從西方來，戲于庭，入前殿，激水化成比目魚，噀水作霧，化成黃龍，長八丈，出水遨戲於庭，炫燿日光。"曼延者，獸名也。張衡《西京賦》所云"巨獸百尋，是為曼延"。音以戰反。

永初元年春正月癸酉朔，大赦天下。
蜀郡徼外羌內屬。〔1〕

【注】

〔1〕《東觀記》曰:"徼外羌龍橋等六種慕義降附。"

戊寅,分犍為南部為屬國都尉。
稟司隸、兗、豫、徐、冀、并州貧民。〔1〕

【注】

〔1〕司隸,領河南、河內、河東、弘農,都於洛陽。魏末因為司州。

二月丙午,以廣成游獵地〔1〕及被灾郡國公田假與貧民。

【注】

〔1〕廣城,苑名,在汝州西。

丁卯,分清河國封帝弟常保為廣川王。〔1〕〔八〕

【注】

〔1〕廣川,縣,屬信都國,故城在今冀州棗彊縣東北。

庚午,司徒梁鮪薨。
三月癸酉,日有食之。詔公卿內外衆官、郡國守相,舉賢良方正,有道術之士、明政術、達古今、能直言極諫者,各一人。
己卯,永昌徼外僬僥種夷貢獻內屬。
甲申,葬清河孝王,贈龍旗、虎賁。
夏五月甲戌,長樂衛尉魯恭為司徒。〔1〕

【注】

〔1〕《前書》曰"衛尉,秦官,掌宮門衛屯兵"也。長樂、建章、甘泉宮,

皆隨所掌以為官名，秩中二千石也。

丁丑，詔封北海王睦孫壽光侯普為北海王。
九真徼外夜郎蠻夷舉土內屬。[1]

【注】
[1]九真，郡名，今愛州縣。

六月戊申，爵皇太后母陰氏為新野君。
丁巳，河東地陷。
壬戌，罷西域都護。
先零種羌叛，斷隴道，大為寇掠，遣車騎將軍鄧騭、征西校尉任尚討之。丁卯，赦除諸羌相連結謀叛逆者罪。
秋九月庚午，詔三公明申舊令，禁奢侈，無作浮巧之物，殫財厚葬。
是日，太尉徐防免。[1]辛未，司空尹勤免。[2]

【注】
[1]以災異屢見也。
[2]以水雨漂流也。

癸酉，調揚州五郡租米，[1]贍給東郡、濟陰、陳留、梁國、下邳、山陽。[九]

【注】
[1]五郡謂九江、丹陽、廬江、吳郡、豫章也。揚州領六郡，會稽最遠，蓋不調也。

丁丑，詔曰："自今長吏被考竟未報，[1]自非父母喪無故輒去職者，劇縣十歲、平縣五歲以上，乃得次用。"

【注】
[1]考謂考問其狀也。報謂斷決也。

壬午，詔太僕、少府減黃門鼓吹，以補羽林士；[1]廐馬非乘輿常所御者，皆減半食；[2]諸所造作，非供宗廟園陵之用，皆且止。

【注】
[1]《漢官儀》曰："黃門鼓吹百四十五人。羽林左監主羽林八百人，右監主九百人。"
[2]乘輿，天子所乘車輿也。不敢斥言尊者，故稱乘輿。見蔡邕《獨斷》。

丙戌，詔死罪以下及亡命贖，各有差。
庚寅，太傅張禹為太尉，太常周章為司空。[1]

【注】
[1]《漢官儀》曰："章字次叔，荊州隨縣人也。"

冬十月，倭國遣使奉獻。[1]

【注】
[1]倭國去樂浪萬二千里，男子黥面文身，以其文左右大小別尊卑之差。見本傳。

辛酉，新城山泉水大出。[1]

【注】
〔1〕《東觀記》曰："突壞人田，水深三丈。"

十一月丁亥，司空周章密謀廢立，策免，自殺。
戊子，勑司隸校尉、冀并二州刺史："民訛言相驚，弃捐舊居，老弱相攜，窮困道路。其各勑所部長吏，躬親曉喻。若欲歸本郡，在所為封長檄；不欲，勿強。"

【注】
〔1〕封謂印封之也。長檄猶今長牒也。欲歸者，皆給以長牒為驗。強音其兩反。

十二月乙卯，潁川太守張敏為司空。
是歲，郡國十八地震；四十一雨水，或山水暴至；二十八大風，雨雹。

二年春正月，稟河南、下邳、東萊、河內貧民。〔1〕

【注】
〔1〕《古今注》曰："時州郡大飢，米石二千，人相食，老弱相弃道路。"

車騎（大）將軍鄧騭〔一〇〕為種羌所敗於冀西。〔1〕

【注】
〔1〕《續漢書》曰："種羌九千餘户，在隴西臨洮谷。"冀，縣，屬天水郡也。

二月乙丑，遣光祿大夫樊準、呂倉分行冀兗二州，稟貸流民。

夏四月甲寅，漢陽城中火，〔一〕燒殺三千五百七十人。

五月，旱。丙寅，皇太后幸洛陽寺及若盧獄，錄囚徒，賜河南尹、廷尉、卿及官屬以下各有差，即日降雨。

六月，京師及郡國四十大水，大風，雨雹。〔1〕

【注】

〔1〕《東觀記》曰："雹大如芋魁、雞子，風拔樹發屋。"

秋七月戊辰，詔曰："昔在帝王，承天理民，莫不據琁機玉衡，以齊七政。〔1〕朕以不德，遵奉大業，而陰陽差越，變異並見，萬民飢流，羌貊叛戾。夙夜克己，憂心京京。〔2〕閒令公卿郡國舉賢良方正，遠求博選，開不諱之路，冀得至謀，以鑒不逮，而所對皆循尚浮言，無卓爾異聞。〔3〕其百僚及郡國吏人，有道術明習灾異陰陽之度琁機之數者，各使指變以聞。二千石長吏明以詔書，博衍幽隱，〔4〕朕將親覽，待以不次，冀獲嘉謀，以承天誡。"

【注】

〔1〕孔安國《尚書》注曰，琁，美玉也。以琁為機，以玉為衡，（玉）[王]者正天文之器也。〔一二〕七政，日月五星，各異其政制。即今之渾儀。

〔2〕《詩·小雅》曰："憂心京京。"《爾雅》曰〔一三〕："京京，憂也。"

〔3〕卓爾，高遠之皃也。《論語》曰："如有所立卓爾。"

〔4〕衍猶引也。

閏月辛丑，廣川王常保薨，無子，國除。

癸未，蜀郡徼外羌舉土內屬。〔1〕

【注】

〔1〕《東觀記》曰："徼外羌薄申等八種舉衆降。"

九月庚子，詔王（主）〔國〕官屬〔一四〕墨綬下至郎、謁者，[1]其經明任博士，居鄉里有廉清孝順之稱，才任理人者，國相歲移名，與計偕上尚書，公府通調，令得外補。[2]

【注】
〔1〕《續漢書》曰："王國有中大夫，秩比六百石。謁者，比四百石。郎中，二百石。"
〔2〕移，書也。調，選也。

冬十月庚寅，稟濟陰、山陽、玄菟貧民。
征西校尉任尚與先零羌戰于平襄，尚軍敗績。[1]

【注】
〔1〕平襄，縣，屬天水郡，故襄戎邑也。

十一月辛酉，拜鄧騭為大將軍，徵還京師，留任尚屯隴右。先零羌滇零稱天子於北地，[1]遂寇三輔，東犯趙、魏，南入益州，殺漢中太守董炳。

【注】
〔1〕滇零，羌名，音丁田反。

十二月辛卯，稟東郡、鉅鹿、廣陽、安定、定襄、沛國貧民。
廣漢塞外參狼羌降，分廣漢北部為屬國都尉。
是歲，郡國十二地震。
三年春正月庚子，皇帝加元服。[1]大赦天下。賜王、主、貴人、公、卿以下金帛各有差；男子為父後，及三老、孝悌、力田爵，人二級，流民欲占者人一級。

【注】
〔1〕元服謂加冠也。《士冠禮》曰："令月吉辰,加爾元服。"鄭玄云:"元,首也。"

遣騎都尉任仁討先零羌,不利,羌遂破沒臨洮。〔1〕

【注】
〔1〕縣名,屬隴西郡。

高句驪遣使貢獻。
三月,京師大飢,民相食。壬辰,公卿詣闕謝。詔曰:"朕以幼沖,奉承鴻業,不能宣流風化,而感逆陰陽,至令百姓飢荒,更相噉食。永懷悼歎,若墜淵水。咎在朕躬,非羣司之責,而過自貶引,重朝廷之不德。〔1〕其務思變復,以助不逮。"癸巳,詔以鴻池假與貧民。〔2〕

【注】
〔1〕貶引謂貶損引過也。重音直用反。
〔2〕《續漢書》曰:"鴻池在洛陽東二十里。"假,借也。令得漁采其中。

壬寅,司徒魯恭免。夏四月丙寅,大鴻臚九江夏勤為司徒。〔1〕

【注】
〔1〕勤字伯宗,壽春人也。

三公以國用不足,奏令吏人入錢穀,得為關內侯、虎賁羽林郎、五大夫、官府吏、緹騎、營士各有差。〔1〕

【注】

〔1〕《續漢志》曰："執金吾，緹騎二百人。"緹，赤黃色。營士謂五校營士也。《漢官儀》曰"屯騎、越騎、步兵、射聲各領士七百人。長水領士千三百六十七人"也。

己巳，詔上林、廣成苑可墾闢者，賦與貧民。
甲申，清河王虎威薨。五月丙申，封樂安王寵子延平為清河王。
丁酉，沛王正薨。
癸丑，京師大風。
六月，烏桓寇代郡、上谷、涿郡。
秋七月，海賊張伯路等寇略緣海九郡，遣侍御史龐雄督州郡兵討破之。
庚子，詔長吏案行在所，皆令種宿麥蔬食，務盡地力，其貧者給種餉。
九月，鴈門烏桓及鮮卑叛，敗五原郡兵於高渠谷。〔1〕

【注】

〔1〕《東觀記》曰："戰九原高梁谷。"渠梁相類，必有誤也。

冬十月，南單于叛，圍中郎將耿种於美稷。十一月，遣行車騎將軍何熙討之。
十二月辛酉，郡國九地震。乙亥，有星孛于天苑。〔1〕

【注】

〔1〕天苑，星名。

是歲，京師及郡國四十一雨水雹。〔1〕并涼二州大飢，人相食。

【注】
〔1〕《續漢書》曰"雹大如鴈子"也。

四年春正月元日,會,徹樂,不陳充庭車。[1]

【注】
〔1〕每大朝會,必陳乘輿法物車輦於庭,故曰充庭車也。以年饑,故不陳。

辛卯,詔以三輔比遭寇亂,人庶流冗,除三年逋租、過更、口筭、芻稾;[1]稟上郡貧民各有差。

【注】
〔1〕《前書音義》曰:"天下人皆戍邊三日。不可人人自行,行者自戍三日,不可往便還,因便住一歲。諸不行者,出錢三百入官,官以給戍者。言過其本更之日,故曰過更。"又曰:"人年十五至五十六,出賦錢,人百二十為一筭。"

海賊張伯路復與勃海、平原劇賊劉文河、周文光等攻厭次,殺縣令,遣御史中丞王宗督青州刺史法雄討破之。
度遼將軍梁慬、遼東太守耿夔討破南單于於屬國故城。
丙午,詔減百官及州郡縣奉各有差。
二月丁巳,稟九江貧民。
南匈奴寇常山。
乙丑,初置長安、雍二營都尉官。[1]

【注】
〔1〕《漢官儀》曰:"京兆虎牙、扶風都尉[一五]以涼州近羌,數犯三輔,

將兵衛護園陵。扶風都尉居雍縣，故俗人稱雍營焉。"《西羌傳》云："虎牙都尉居長安。"

乙亥，詔自建初以來，諸袄言它過坐徙邊者，各歸本郡；其没入官為奴婢者，免為庶人。

詔謁者劉珍及五經博士，校定東觀五經、諸子、傳記、百家藝術，整齊脱誤，是正文字。[1]

【注】

[1]《洛陽宮殿名》曰："南宮有東觀。"《前書》曰"凡諸子百八十九家"，言百家，舉全數也。

三月，南單于降。

先零羌寇褒中，[1] 漢中太守鄭勤戰殁。徙金城郡都襄武。[2]

【注】

[1] 縣名，屬漢中郡，今梁州褒城縣。
[2] 襄武，縣名，屬隴西郡，今渭州縣。

戊子，杜陵園火。癸巳，郡國九地震。夏四月，六州蝗。[1] 丁丑，大赦天下。秋七月乙酉，三郡大水。

【注】

[1]《東觀記》曰："司隸、豫、兗、徐、青、冀六州。"

己卯，騎都尉任仁下獄死。
九月甲申，益州郡地震。
冬十月甲戌，新野君陰氏薨，[1] 使司空持節護喪事。

【注】
〔1〕《東觀記》曰:"新野君薨,贈以玄玉赤紱,賻錢三千萬,布三萬匹。"

大將軍鄧騭罷。

五年春正月庚辰朔,日有食之。丙戌,郡國十地震。
己丑,太尉張禹免。甲申,光禄勳李脩為太尉。〔1〕

【注】
〔1〕《漢官儀》曰:"脩字伯游,豫州襄城人也。"

二月丁卯,詔省減郡國貢獻太官口食。
先零羌寇河東,遂至河内。
三月,詔隴西徙襄武,安定徙美陽,〔1〕北地徙池陽,〔2〕上郡徙衙。〔3〕

【注】
〔1〕安定,郡,今涇州也。美陽,縣,故城在今武功縣北。
〔2〕北地,郡,今寧州也。池陽,縣,故城在今涇陽縣北也。
〔3〕上郡,今綏州也。衙,縣,故城在同州白水縣東北。《左傳》曰"秦晉戰于彭衙",即此也。

夫餘夷犯塞,殺傷吏人。
閏月丁酉,赦涼州河西四郡。
戊戌,詔曰:"朕以不德,奉郊廟,承大業,不能興和降善,為人祈福。災異蜂起,寇賊縱橫,夷狄猾夏,〔1〕戎事不息,百姓匱乏,疲於徵發。重以蝗蟲滋生,害及成麥,秋稼方收,甚可悼也。朕以不明,統理失中，亦未獲忠良以毗闕政。傳曰：'顛而不扶，危而不持，則將焉用彼相矣。'公卿大夫將何以匡救，濟斯艱厄，承天誡哉？蓋為政之本，莫若得人，褒賢顯善，聖制所先。'濟濟多士，文王以寧。'[2]思得忠良正直之臣，以輔不逮。其令三公、特進、侯、中二千石、二千石、郡守、諸侯相舉賢良方正，有道術、達於政化、能直言極諫之士，各一人，及至孝與衆卓異者，并遣詣公車，朕將親覽焉。"

【注】
〔1〕猾，亂也。夏，華夏也。
〔2〕《詩・大雅》之詞也。

六月甲辰，樂成王巡薨。
秋七月己巳，詔三公、特進、九卿、校尉，[1]舉列將子孫明曉戰陳任將帥者。

【注】
〔1〕九卿，奉常、光祿、衛尉、太僕、鴻臚、廷尉、少府、宗正、司農。校尉謂城門、屯騎、越騎、步兵、長水、（胡騎）[射聲]等。[一六]

九月，漢陽人杜琦、王信叛，[1]與先零諸種羌攻陷上邽城。十二月，漢陽太守趙博遣客刺殺杜琦。[2]

【注】
〔1〕《東觀記》曰："琦自稱安漢將軍。"
〔2〕《東觀記》曰："漢陽故吏杜習手刺殺之。"

是歲，九州蝗，郡國八雨水。

六年春正月庚申，詔越巂置長利、高望、始昌三苑，又令益州郡置萬歲苑，犍為置漢平苑。[1]

【注】
[1] 犍為，郡名。《前書音義》曰："故夜郎國也。"故城在今眉州隆山縣西北也。

三月，十州蝗。
夏四月乙丑，司空張敏罷。
己卯，太常劉（凱）[愷]為司空。[一七]
五月，旱。
丙寅，詔令中二千石下至黃綬，一切復秩還贖，賜爵各有差。
戊辰，皇太后幸雒陽寺，錄囚徒，理冤獄。
六月壬辰，豫章、員谿、原山崩。[1]

【注】
[1] 員谿闕。

辛巳，大赦天下。
遣侍御史唐喜討漢陽賊王信，破斬之。[1]

【注】
[1]《續漢志》曰："傳信首詣洛陽，梟穀城門外。"

冬十一月辛丑，護烏桓校尉吳祉下獄死。
是歲，先零羌滇零死，子零昌復襲偽號。

七年春正月庚戌，皇太后率大臣命婦謁宗廟。[1]

【注】
〔1〕《喪服傳》曰:"命夫者,其男子之為大夫也。命婦者,其大夫之妻也。"臣賢案:《東觀》,《續漢》,〔一八〕袁山松、謝沈《書》,《古今注》,皆云"六年正月甲寅,謁宗廟",此云"七年庚戌",疑紀誤也。

二月丙午,郡國十八地震。
夏四月乙未,平原王勝薨。
丙申晦,日有食之。五月庚子,京師大雩。〔1〕

【注】
〔1〕《左傳》曰:"龍見而雩。"杜預注云:"謂建巳之月,龍星角、亢見東方。雩,遠也,遠為百穀求膏雨。"《周禮》司巫職曰:"若國大旱,則帥巫而舞雩。"鄭玄注云:"雩,吁也,嗟而求雨。"

秋,護羌校尉侯霸、騎都尉馬賢破先零羌。
八月丙寅,京師大風,蝗蟲飛過洛陽。詔賜民爵。郡國被蝗傷稼十五以上,勿收今年田租;不滿者,以實除之。
九月,調零陵、桂陽、丹陽、豫章、會稽租米,〔1〕賑給南陽、廣陵、下邳、彭城、山陽、廬江、九江飢民;又調濱水縣穀輸敖倉。〔2〕

【注】
〔1〕零陵,郡名,今永州縣也。丹陽,郡名,今潤州江寧縣也。餘並見上。
〔2〕《詩》曰"薄狩於敖",即此地。秦於此築太倉,亦曰敖庚,在今鄭州滎陽縣西北。《東觀記》曰:"濱水縣彭城、廣陽、廬江、九江穀九十萬斛,送敖倉。"

元初元年春正月甲子,改元元初。賜民爵,人二級,孝悌、力田人三級，爵過公乘，得移與子若同產、同產子，民脫無名數及流民欲占者人一級；鰥、寡、孤、獨、篤癃、[貧]不能自存者〔一九〕穀，人三斛，貞婦帛，人一匹。

二月己卯，日南地坼。[1]三月癸酉，日有食之。〔二〇〕

【注】
〔1〕《東觀記》曰："坼長百八十二里，廣五十六里。"

夏四月丁酉，大赦天下。
京師及郡國五旱、蝗。
詔三公、特進、列侯、中二千石、二千石、郡守舉敦厚質直者，各一人。
五月，先零羌寇雍城。
六月丁巳，河東地陷。
秋七月，蜀郡夷寇蠶陵，殺縣令。[1]

【注】
〔1〕蠶陵，縣，屬蜀郡，故城在今翼州翼水縣西。有蠶陵山，因以為名焉。

九月乙丑，太尉李脩罷。
先零羌寇武都、漢中，絕隴道。
辛未，大司農山陽司馬苞為太尉。[1]

【注】
〔1〕謝承《書》曰："苞字仲成，東緡人也。"

冬十月戊子朔，日有食之。

先零羌敗涼州刺史皮陽於狄道。〔二一〕

乙卯，詔除三輔三歲田租、更賦、口筭。〔1〕

【注】

〔1〕解見《光武紀》也。

十一月。是歲，郡國十五地震。〔二二〕

二年春正月，詔稟三輔及并、涼六郡流冗貧人。

蜀郡青衣道夷奉獻內屬。〔1〕

【注】

〔1〕青衣道，縣名，在大江、青衣二水之會，今嘉州龍遊縣也。《東觀記》曰："青衣蠻夷堂律等歸義。"

修理西門豹所分漳水為支渠，以漑民田。〔1〕

【注】

〔1〕《史記》曰："西門豹為鄴令，發人鑿十二渠，引水灌田。"所鑿之渠，在今相州鄴縣西也。

二月戊戌，遣中謁者收葬京師客死無家屬及棺槨朽敗者，皆為設祭；其有家屬，尤貧無以葬者，賜錢人五千。

辛酉，詔三輔、河內、河東、上黨、趙國、太原各修理舊渠，通利水道，以漑公私田疇。〔1〕

【注】

〔1〕《前書音義》曰："美田曰疇。"

三月癸亥，京師大風。

先零羌寇益州，遣中郎將尹就討之。

夏四月丙午，立貴人閻氏為皇后。

五月，京師旱，河南及郡國十九蝗。甲戌，詔曰："朝廷不明，庶事失中，災異不息，憂心悼懼。被蝗以來，七年于茲，而州郡隱匿，裁言頃畝。[1]今群飛蔽天，為害廣遠，所言所見，寧相副邪？三司之職，內外是監，既不奏聞，又無舉正。天災至重，欺罔皋大。今方盛夏，且復假貸，以觀厥後。[2]其務消救災眚，安輯黎元。"

【注】

〔1〕"裁"與"纔"同，古字通。

〔2〕假貸猶寬容也。盛夏不可即加刑罰，故且寬容。

六月丙戌，太尉司馬苞薨。[1]

【注】

〔1〕謝承《書》曰："苞為太尉，常食麤飯，著布衣，妻子不歷官舍。會司徒楊震為樊豐等所譖，連及苞，苞乞骸骨，未見聽，以疾薨也。"

洛陽新城地裂。

秋七月辛巳，太僕太山馬英為太尉。[1]

【注】

〔1〕英字文思，兗州蓋縣人也。

八月，遼東鮮卑圍無慮縣。[1]九月，又攻夫犂營，[二三]殺縣令。[2]

【注】
〔1〕屬遼東郡。慮音閭。有醫無閭山，因以為名焉。
〔2〕夫犁，縣名，屬遼東屬國。

壬午晦，日有食之。
冬十月，遣中郎將任尚屯三輔。
詔郡國中都官繫囚減死一等，勿笞，詣馮翊、扶風屯，妻子自隨，占著所在；女子勿輸。〔1〕亡命死罪以下贖，各有差。其吏人聚為盜賊，有悔過者，除其罪。

【注】
〔1〕不輸作也。

乙未，右扶風仲光、安定太守杜恢、京兆虎牙都尉耿溥與先零羌戰於丁奚城，〔1〕光等大敗，並沒。左馮翊司馬鈞下獄，自殺。〔2〕

【注】
〔1〕《東觀記》曰"至北地靈州丁奚城"也。
〔2〕《東觀記》曰"安定太守杜恢與鈞等并威擊羌，恢乘勝深入，為虜所害，鈞擁兵不救，收鈞下獄"也。

十一月庚申，郡國十地震。
十二月，武陵澧中蠻叛，州郡擊破之。〔1〕

【注】
〔1〕《東觀記》曰："蠻田山、高少等攻城，殺長吏。州郡募五里蠻夷、六亭兵追擊，山等皆降。賜五里、六亭渠率金帛各有差。"

己酉，司徒夏勤罷。庚戌，司空劉愷為司徒，光祿勳袁敞為司空。

三年春正月甲戌，修理太原舊溝渠，溉灌官私田。[1]

【注】
[1] 酈元《水經注》曰："昔智伯遏晉水以灌晉陽，後人踵其遺跡，蓄以為沼，分為二派，北瀆即智氏故渠也。其瀆乘高，東北注入晉陽城，以溉灌，東南出城注於汾水。"今所修溝渠即謂此。

東平陸上言木連理。[1]

【注】
[1] 東平陸，縣名，古厥國也，屬東平國，今兗州平陸縣也。《序例》曰："凡瑞應，自和帝以上，政事多美，近於有實，故書見於某處。自安帝以下，王道衰缺，容或虛飾，故書某處上言也。"

蒼梧、鬱林、合浦蠻夷反叛，[1]二月，遣侍御史任逴督州郡兵討之。[1]

【注】
[1] 蒼梧，郡，今梧州縣也。合浦，郡，今廉州縣也。
[2] 逴音丁角反。

郡國十地震。三月辛亥，日有食之。
丙辰，赦蒼梧、鬱林、合浦、南海吏人為賊所迫者。
夏四月，京師旱。
五月，武陵蠻復叛，州郡討破之。
癸酉，度遼將軍鄧遵率南匈奴擊先零羌於靈州，破之。[1]

【注】
〔1〕靈州,縣名,屬北地郡,故城在今慶州馬領縣西北。

越嶲徼外夷舉種內屬。
六月,中郎將任尚遣兵擊破先零羌於丁奚城。
秋七月,武陵蠻復叛,州郡討平之。
緱氏地坼。
九月辛巳,趙王宏薨。
冬十一月,蒼梧、鬱林、合浦蠻夷降。
丙戌,初聽大臣、二千石、刺史行三年喪。〔1〕

【注】
〔1〕文帝遺詔以日易月,於後大臣遂以為常,至此復遵古制也。

癸卯,郡國九地震。
十二月丁巳,任尚遣兵擊破先零羌於北地。

四年春二月乙巳朔,日有食之。乙卯,大赦天下。壬戌,武庫災。
夏四月戊申,司空袁敞薨。
己巳,鮮卑寇遼西,遼西郡兵與烏桓擊破之。〔1〕

【注】
〔1〕遼西,郡,故城在今平州東陽樂城是。

五月丁丑,太常李郃為司空。
六月戊辰,三郡雨雹。〔二四〕
秋七月辛丑,陳王鈞薨。
京師及郡國十雨水。詔曰:"今年秋稼茂好,垂可收穫,而連雨未霽,[1]懼必淹傷。夕惕惟憂,思念厥咎。夫霖雨者,人怨之所致。[2]其武吏以威暴下,文吏妄行苛刻,鄉吏因公生姦,為百姓所患苦者,有司顯明其罰。又《月令》'仲秋養衰老,授几杖,行糜粥'。[3]方今案比之時,[4]郡縣多不奉行。雖有糜粥,[二五]糠秕相半,長吏怠事,莫有躬親,甚違詔書養老之意。其務崇仁恕,賑護寡獨,稱朕意焉。"

【注】
〔1〕霽,雨止也。
〔2〕《左傳》曰:"凡雨三日以上為霖。"京房別對灾異曰:"人勞怨苦,雨水絕道。"
〔3〕鄭玄注云:"助老氣也。行猶賜也。"
〔4〕《東觀記》曰:"方今八月案比之時。"謂案驗戶口,次比之也。

九月,護羌校尉任尚使客刺殺叛羌零昌。
冬十一月己卯,彭城王恭薨。
十二月,越巂夷寇遂久,殺縣令。[1]

【注】
〔1〕遂久,縣,屬越巂郡。

甲子,任尚及騎都尉馬賢與先零羌戰于富平上河,大破之。[1]虔人羌率眾降,[2]隴右平。

【注】
〔1〕富平,縣,屬北地郡,故城在今靈州回樂縣西南。酈元《水經注》曰:"河水於此有上河之名也。"
〔2〕虔人,羌號也。《東觀記》曰:"虔人種羌大豪恬狼等詣度遼將軍降。"

是歲，郡國十三地震。

五年春正月，越巂夷叛。
二月壬戌，中山王憲薨。
三月，京師及郡國五旱，詔稟遭旱貧人。
夏六月，高句驪與穢貊寇玄菟。[1]

【注】
[1] 郡名，在遼東［東］。[二六]

秋七月，越巂蠻夷及旄牛豪叛，殺長吏。[1]

【注】
[1] 旄牛，縣，屬蜀郡。《華陽國志》曰在邛崍山表也。

丙子，詔曰："舊令制度，各有科品，[1]欲令百姓務崇節約。遭永初之際，人離荒戹，朝廷躬自菲薄，去絕奢飾，食不兼味，衣無二綵。比年雖獲豐穰，尚乏儲積，而小人無慮，不圖久長，嫁娶送終，紛華靡麗，至有走卒奴婢被綺縠，著珠璣。[2]京師尚若斯，何以示四遠？設張法禁，懇惻分明，而有司惰任，訖不奉行。秋節既立，鷙鳥將用，[3]且復重申，以觀後效。"

【注】
[1]《漢令》今亡。
[2] 綺，文繒；縠，紗也。璣，珠不圓者也。
[3] 鷙鳥謂鷹鸇之類也。《廣雅》曰："鷙，執也。以其能服執衆鳥。"《月令》："孟秋，鷹乃祭鳥，始用行戮。"言有司怠惰，不遵法令，將欲糾其罪，順秋行誅，同鷹鸇之鷙擊也。

八月丙申朔，日有食之。

鮮卑寇代郡，殺長吏。冬十月，鮮卑寇上谷。

十二月丁巳，中郎將任尚有辠，弃市。

是歲，郡國十四地震。

六年春二月乙巳，京師及郡國四十二地震，或坼裂，水泉涌出。

壬子，詔三府選掾屬高第，能惠利牧養者各五人，光禄勳與中郎將選孝廉郎寬博有謀，清白行高者五十人，出補令、長、丞、尉。

乙卯，詔曰："夫政，先京師，後諸夏。《月令》仲春'養幼小，存諸孤'，季春'賜貧窮，賑乏絕，省婦使，表貞女'，所以順陽氣，崇生長也。"[1]其賜人尤貧困、孤弱、單獨穀，人三斛；貞婦有節義十斛，甄表門閭，旌顯厥行。"[2]

【注】

[1] 鄭玄云："婦使謂組紃之事。"

[2] 節謂志操。義謂推讓。甄，明也。旌，章也。里門謂之閭。旌表者，若今樹闕而顯之。

三月庚辰，始立六宗，祀於洛城西北。[1]

【注】

[1]《續漢志》曰："元初六年，以《尚書》歐陽家說，謂六宗者，在天地四方之中，為上下四方之宗。以元始中故事，謂六宗《易》六子之氣，日、月、雷公、風伯、山、澤者，非也，乃更六宗，祠於戌亥之地，禮比大社也。"

夏四月，會稽大疫，遣光禄大夫將太醫循行疾病，賜棺木，[1]除田租、口賦。

【注】
〔1〕《漢官儀》："太醫令一人，秩六百石。"

沛國、勃海大風，雨雹。五月，京師旱。
六月丁丑，樂成王賓薨。丙戌，平原王得薨。
秋七月，鮮卑寇馬城，[1]度遼將軍鄧遵率南單于擊破之。

【注】
〔1〕《搜神記》曰："昔秦人築城於武周塞以備胡，將成而崩者數矣。有馬馳走，周旋反覆，父老異之，因依以築城，城乃不崩，遂以名焉。"其故城，今朔州也。

九月癸巳，陳王竦薨。
十二月戊午朔，日有食之，既。郡國八地震。
是歲，永昌、益州蜀郡夷叛，與越巂夷殺長吏，燔城邑，益州刺史張喬討破降之。
永寧元年春正月甲辰，任城王安薨。三月丁酉，濟北王壽薨。
車師後王叛，殺部司馬。
沈氏羌寇張掖。[1]

【注】
〔1〕沈氏，羌號也。《續漢志》曰"羌在上郡西河者，號沈氏"也。

夏四月丙寅，立皇子保為皇太子，改元永寧，大赦天下。賜王、主、三公、列侯下至郎吏、從官金帛；又賜民爵及布粟各有差。
己巳，紹封陳王羨子崇為陳王，濟北王子萇為樂成王，河間王子翼為平原王。
壬午，琅邪王壽薨。

六月，沈氐種羌叛，寇張掖，〔二七〕護羌校尉馬賢討沈氐羌，破之。
秋七月乙酉朔，日有食之。〔二八〕
冬十月己巳，司空李郃免。癸酉，衛尉廬江陳襃為司空。[1]

【注】
〔1〕襃字伯仁，舒縣人也。

自三月至是月，京師及郡國三十三大風，雨水。
十二月，永昌徼外撣國遣使貢獻。[1]

【注】
〔1〕撣音擅。

戊辰，司徒劉愷罷。
遼西鮮卑降。
癸酉，太常楊震為司徒。
是歲，郡國二十三地震。夫餘王遣子詣闕貢獻。燒當羌叛。

建光元年春正月，幽州刺史馮煥率二郡太守討高句驪、穢貊，不克。
二月癸亥，大赦天下。賜諸園貴人、[1]王、主、公、卿以下錢布各有差。以公、卿、校尉、尚書子弟一人為郎、舍人。

【注】
〔1〕謂宮人無子守園陵者也。

三月癸巳，皇太后鄧氏崩。丙午，葬和熹皇后。
丁未，樂安王寵薨。

戊申，追尊皇考清河孝王曰孝德皇，皇妣左氏曰孝德皇后，祖妣宋貴人曰敬隱皇后。
夏四月，穢貊復與鮮卑寇遼東，遼東太守蔡諷〔二九〕追擊，戰歿。
丙辰，以廣川并清河國。
丁巳，尊孝德皇元妃耿氏為甘陵大貴人。[1]

【注】
[1] 甘陵，孝德皇后之陵也，因以為縣，今貝州清河縣東也。

甲子，樂成王萇有罪，廢為臨湖侯。[1]〔三〇〕

【注】
[1]《續漢書》曰"坐輕慢不孝"，故貶。臨湖，縣名，屬廬江郡也。

己巳，令公、卿、特進、侯、中二千石、二千石、郡國守相，舉有道之士各一人。賜鰥、寡、孤、獨、貧不能自存者穀，人三斛。
甲戌，遼東屬國都尉龐奮，承偽璽書殺玄菟太守姚光。〔三一〕
五月庚辰，特進鄧騭及度遼將軍鄧遵，並以譖自殺。[1]

【注】
[1] 乳母王聖與中黃門李閏等誣告尚書鄧訪等謀廢立，宗族皆免官，騭與遵皆自殺。

丙申，貶平原王翼為都鄉侯。
秋七月己卯，改元建光，大赦天下。
壬寅，太尉馬英薨。
八月，護羌校尉馬賢討燒當羌於金城，不利。
甲子，前司徒劉愷為太尉。

鮮卑寇居庸關，九月，雲中太守成嚴擊之，戰歿。鮮卑圍烏桓校尉於馬城，度遼將軍耿夔救之。

戊子，幸衛尉馮石府。〔1〕

【注】
〔1〕《續漢書》曰："賜賞寶劍、玉玦、雜繒布等。"

是秋，京師及郡國二十九雨水。

冬十一月己丑，郡國三十五地震，或坼裂。〔三二〕詔三公以下，各上封事陳得失。遣光禄大夫案行，賜死者錢，人二千。除今年田租。其被灾甚者，勿收口賦。

鮮卑寇玄菟。

庚子，復斷大臣二千石以上服三年喪。

癸卯，詔三公、特進、侯、卿、校尉，舉武猛堪將帥者各五人。

丙午，詔京師及郡國被水雨傷稼者，隨頃畝減田租。

甲子，初置漁陽營兵。〔1〕〔三三〕

【注】
〔1〕伏侯《古今注》曰"置營兵千人"也。

冬十二月，高句驪、馬韓、穢貊圍玄菟城，夫餘王遣子與州郡并力討破之。

延光元年春二月，夫餘王遣子將兵救玄菟，〔1〕擊高句驪、馬韓、穢貊，破之，遂遣使貢獻。

【注】
〔1〕夫餘王子，尉仇台也。

三月丙午,改元延光。大赦天下。還徙者,復戶邑屬籍。賜民爵及三老、孝悌、力田,人二級;加賜鰥、寡、孤、獨、篤癃、貧不能自存者粟,人三斛;貞婦帛,人二匹。

夏四月癸未,京師郡國二十一雨雹。

癸巳,司空陳褒免。

五月庚戌,宗正彭城劉授為司空。[1]

【注】

[1]《漢官儀》曰:"宗正卿,秩中二千石。"授字孟春,徐州武原人也。

己巳,改樂成國為安平,封河閒王開子得為安平王。

六月,郡國蝗。秋七月癸卯,京師及郡國十三地震。

高句驪降。

虔人羌叛,攻穀羅城,[1]度遼將軍耿夔討破之。

【注】

[1]穀羅屬西河郡。

八月戊子,陽陵園寢火。[1]辛卯,九真言黃龍見無功。[2]

【注】

[1]景帝陵也。

[2]無功,縣,屬九真郡。

己亥,詔三公、中二千石,舉刺史、二千石、令、長、相,視事一歲以上至十歲,清白愛利,能勑身率下,防姦理煩,有益於人者,無拘官簿。[1]刺史舉所部,郡國太守相舉墨綬,隱親悉心,勿取浮華。[2]

【注】

〔1〕清白謂貞正也。愛利謂愛人而利之也。無拘官簿謂受超遷之,〔三四〕不拘常牒也。

〔2〕墨綬謂令、長之屬也。隱親猶親自隱也。悉,盡也。言令三公以下各舉所知,皆隱審盡心,勿取浮華不實者。

九月甲戌,郡國二十七地震。〔三五〕
冬十月,鮮卑寇鴈門、定襄。十一月,鮮卑寇太原。
燒當羌豪降。
十二月,九真徼外蠻夷貢獻內屬。
是歲,京師及郡國二十七雨水,大風,殺人。詔賜壓溺死者年七歲以上錢,人二千;其壞敗廬舍、失亡穀食,粟,人三斛;又田被淹傷者,一切勿收田租;若一家皆被災害而弱小存者,郡縣為收斂之。虔人羌(反)攻穀羅城,〔三六〕度遼將軍耿夔討破之。

二年春正月,旄牛夷叛,寇靈關,殺縣令。〔1〕益州刺史蜀郡西部都尉討之。

【注】
〔1〕靈關,道,屬越嶲郡。

詔選三署郎〔1〕及吏人能通《古文尚書》、《毛詩》、《穀梁春秋》各一人。

【注】
〔1〕三署,解見《和帝紀》。

丙辰,河東、潁川大風。夏六月壬午,郡國十一大風。九真言嘉禾生。[1]

【注】
[1]《東觀記》曰:"禾百五十六本,七百六十八穗。"

丙申,北海王普薨。
秋七月,丹陽山崩。
八月庚午,初令三署郎通達經術任牧民者,視事三歲以上,皆得察舉。
九月,郡國五雨水。
冬十月辛未,太尉劉愷罷。甲戌,司徒楊震為太尉,光祿勳東萊劉熹為司徒。[1]

【注】
[1]熹字季明,青州長廣人也。

十一月甲辰,校獵上林苑。
鮮卑敗南匈奴於曼柏。
是歲,分蜀郡西部為屬國都尉。京師及郡國三地震。[三七]

三年春二月丙子,東巡狩。丁丑,告陳留太守,祠南頓君、光武皇帝于濟陽,復濟陽今年田租、芻稾。庚寅,遣使者祠唐堯於成陽。[1]

【注】
[1]古成伯國也,故城在今濮州雷澤縣北。《述征記》云:"成陽東南有堯冢。"

戊子,濟南上言,鳳皇集臺縣丞霍收舍樹上。[1]賜臺長帛五十匹,丞二十匹，尉半之，吏卒人三匹。鳳皇所過亭部，無出今年田租。賜男子爵，人二級。辛卯，幸太山，柴告岱宗。[2] 齊王無忌、北海王（普）[翼]、[三八] 樂安王延來朝。壬辰，宗祀五帝于汶上明堂。癸巳，告祀二祖、六宗，[3] 勞賜郡縣，作樂。

【注】

〔1〕臺縣屬濟南郡，故城在今齊州平陵縣北。

〔2〕太山，王者告代之處，為五岳之宗，故曰岱宗。燔柴以告天。

〔3〕二祖，高祖、光武也。六宗謂孝文曰太宗，孝武曰代宗，孝宣曰中宗，孝元曰高宗，孝明曰顯宗，孝章曰肅宗。

三月甲午，陳王崇薨。戊戌，祀孔子及七十二弟子於闕里，自魯相、令、丞、尉及孔氏親屬、婦女、諸生悉會，賜襃成侯以下帛各有差。還，幸東平，至東郡，歷魏郡、河內。壬戌，車駕還京師，幸太學。是日，太尉楊震免。

夏四月乙丑，車駕入宮，假于祖禰。[1] 壬戌，沛國言甘露降豐縣。戊辰，光祿勳馮石為太尉。

【注】

〔1〕假音格。格，至也。

五月，南匈奴左日逐王叛，[三九] 使匈奴中郎將馬翼討破之。

日南徼外蠻夷內屬。

六月，鮮卑寇玄菟。

庚午，閬中山崩。[1] 辛未，扶風言白鹿見雍。

【注】

〔1〕閬中，縣，屬巴郡，臨閬中水，因以為名，今隆州縣也。

辛巳，遣侍御史分行青冀二州災害，督録盜賊。
秋七月丁酉，初復右校（令）、左校［令］丞官。[1][四〇]

【注】
〔1〕《續漢志》曰："將作大匠屬官有左右校，皆有令、丞。"中興未置，今始復。

日南徼外蠻豪帥詣闕貢獻。
馮翊言甘露降頻陽、衙。[1]潁川上言木連理。白鹿、麒麟見陽翟。

【注】
〔1〕頻陽，縣，故城在今雍州美原縣西南。衙見上。

鮮卑寇高柳。
梁王堅薨。[1]

【注】
〔1〕明帝孫，節王暢之子也。

八月辛巳，大鴻臚耿寶為大將軍。[四一]
戊子，潁川上言麒麟一、白虎二見陽翟。
九月丁酉，廢皇太子保為濟陰王。[1]

【注】
〔1〕常侍江京等譖之也。

乙巳，詔郡國中都官死皋繫囚減罪一等，（詔）［詣］敦煌、隴西及度遼營；[1][四二]其右趾以下及亡命者贖，各有差。

【注】
〔1〕《漢官儀》曰"度遼將軍屯五原曼柏縣"也。

辛亥,濟南上言黃龍見歷城。[1]庚申晦,日有食之。

【注】
〔1〕歷城,縣,屬濟南國,今齊州縣也。

冬十月,行幸長安。壬午,新豐上言鳳皇集西界亭。[1]丁亥,會三輔守、令、掾史於長安,作樂。閏月乙未,祠高廟,遂有事十一陵,歷觀上林、昆明池。遣使者祠太上皇于萬年,以中牢祠蕭何、曹參、霍光。十一月乙丑,至自長安。

【注】
〔1〕今新豐縣西南有鳳皇原,俗傳云即此時鳳皇所集之處也。

十二月乙未,琅邪言黃龍見諸縣。[1]

【注】
〔1〕諸,縣名,故城在今密州諸城縣西南。

是歲,京師及(諸)郡國二十三地震;[四三]三十六雨水,疾風,雨雹。

四年春正月壬午,東郡言黃龍二、麒麟一見濮陽。[1]

【注】
〔1〕縣名,屬東郡,即古昆吾國,帝顓頊之墟,今濮州縣。

二月乙亥，下邳王衍薨。

甲辰，南巡狩。

三月戊午朔，日有食之。

庚申，幸宛，帝不豫。辛酉，令大將軍耿寶行太尉事。祠章陵園廟，告長沙、零陵太守，祠定王、節侯、鬱林府君。乙丑，自宛還。丁卯，幸葉，帝崩于乘輿，年三十二。祕不敢宣，所在上食問起居如故。庚午，還宮。辛未夕，乃發喪。尊皇后為皇太后。太后臨朝，以后兄大鴻臚閻顯為車騎將軍，定策禁中，立章帝孫濟北惠王壽子北鄉侯懿。[1]

【注】

[1]《東觀記》及《續漢書》並曰"北鄉侯犢"，今作"懿"，蓋二名。

甲戌，濟南王香薨。[1]

【注】

[1]光武曾孫簡王錯之子也。

乙酉，北鄉侯即皇帝位。

夏四月丁酉，太尉馮石為太傅，[1]司徒劉熹為太尉，參錄尚書事；前司空李郃為司徒。

【注】

[1]石字次初，荊州湖陽人也，馮魴之孫。

辛卯，大將軍耿寶、中常侍樊豐、侍中謝惲、周廣、乳母野王君王聖，坐相阿黨，豐、惲、廣下獄死，寶自殺，聖徙鴈門。

己酉，葬孝安皇帝于恭陵。[1]廟曰恭宗。

【注】
〔1〕在今洛陽東北二十七里。伏侯《古今注》曰"陵山周二百六十丈，高十五丈"也。

六月乙巳，大赦天下。詔先帝巡狩所幸，皆半入今年田租。
秋七月，西域長史班勇[1]擊車師後王，斬之。

【注】
〔1〕西域都護之長史也。

丙午，東海王肅薨。
冬十月丙午，越巂山崩。
辛亥，少帝薨。
是冬，京師大疫。

論曰：孝安雖稱尊享御，而權歸鄧氏，至乃損徹膳服，克念政道。然令自房帷，威不逮遠，始失根統，歸成陵敝。遂復計金授官，[1]移民逃寇，[2]推咎台衡，以荅天眚。[3]既云哲婦，亦"惟家之索"矣。[4]

【注】
〔1〕永初元年，令吏人入錢穀得至關內侯也。
〔2〕羌既轉盛，詔隴西徙襄武，安定徙美陽，北地徙池陽。
〔3〕台謂三台，三公象也。衡，平也，言天下所取平。伊尹為阿衡，即其義也。
〔4〕哲，智也。索，盡也。謂鄧后專制國柄也。《詩》曰："哲夫成城，哲婦傾城。"《書》曰："牝雞之晨，惟家之索。"

贊曰：安德不升，秕我王度。[1]降奪儲嫡，開萌邪蠹。[2]馮石承

歡，楊公逢怒。〔3〕彼日而微，遂祲天路。〔4〕

【注】

〔1〕秕，穀不成也。諭政教之穢。《左傳》《祈招》之詩曰："思我王度。"

〔2〕儲嫡謂太子也。邪蠹謂江京等也。

〔3〕《續漢（志）[書]》曰〔四四〕"上賜衛尉馮石寶劍、玉玦、雜繒布等"，故曰承歡也。楊公，楊震。逢怒謂樊豐等譖震，〔四五〕云有恚恨心，帝免之。

〔4〕日，君道也。微，不明也。祲，陰陽相侵之氣也。《詩》曰："彼月而微，此日而微。"言君道闇亂，政化陵遲，漢祚衰微，自此而始，故言遂祲天路也。

【校勘記】

〔一〕恭宗孝安皇帝諱祜　按：《集解》引錢大昕說，謂獻帝初平元年有司奏，和、安、順、桓四帝無功德，不宜稱宗，故和帝、順帝、桓帝《紀》俱不稱某宗，獨此紀書"恭宗"，蓋刪之不盡也。

〔二〕又有赤蛇盤於牀笫之間　按：《集解》引惠棟說，謂《東觀記》及《宋書·符瑞志》"於"皆作"紆"，《易林》曰"盤紆九曲"，似當作"紆"。

〔三〕凡五十五篇　按：王鳴盛《十七史商榷》謂《藝文志》《史籀》十五篇，此上"五"字衍。

〔四〕八月殤帝崩　按：據《殤帝紀》，"八月"下應有"辛亥"二字，否則下文"其夜"二字無著，疑傳寫者誤脫也。

〔五〕天子崩未有謚　按："謚"原譌"論"，逕改正。

〔六〕穀梁傳曰　按：《校補》引侯康說，謂見《穀梁》桓十八年傳注。

〔七〕漢官典職曰　汲本"職"作"儀"。按：《校補》引孫星衍說，謂《隋志》《漢官典職儀式》二卷，漢衛尉蔡質撰，《唐志》蔡質《漢官典儀》一卷，諸書所引，又有作"漢官典職"、"漢官典職儀"者，皆後人省文也。

〔八〕分清河國封帝弟常保為廣川王　按：《集解》引錢大昕說，謂安帝弟名常保，子亦名保，必有一誤。

〔九〕贍給東郡濟陰陳留梁國下邳山陽　按：殿本"梁國"下有"陳國"二字。

〔一〇〕車騎（大）將軍鄧騭　據《刊誤》刪。

〔一一〕漢陽城中火　按：袁《紀》作"濮陽阿城中失火"。

〔一二〕（玉）〔王〕者正天文之器也　按：汲本、殿本"玉"作"二"，誤。此作"玉"，與今本《書‧舜典》偽孔傳合，阮元《校勘記》謂"玉"當作"王"，今據改。

〔一三〕爾雅曰　按：此"爾"字及下"卓爾"之"爾"，原皆作"尔"，逕依汲本、殿本改。

〔一四〕詔王（主）〔國〕官屬　據《刊誤》改。

〔一五〕京兆虎牙扶風都尉　按：姚範謂案《續志》，"京兆虎牙"下當有"都尉"二字。

〔一六〕校尉謂城門屯騎越騎步兵長水（胡騎）〔射聲〕等　據《刊誤》改。

〔一七〕太常劉（凱）〔愷〕為司空　據《校補》引錢大昭說改。

〔一八〕東觀續漢　殿本《考證》萬承蒼謂"東觀"下脫一"記"字，"續漢"下脫一"書"字。今按：章懷注引書常用簡稱，非必脫譌也。

〔一九〕〔貧〕不能自存者　據汲本、殿本補。

〔二〇〕二月己卯日南地坼三月癸酉日有食之　"二月己卯"汲本作"三月己卯"。《通鑑考異》謂本志及袁《紀》皆云"三月己卯，日南地坼"。案《長曆》，是年二月壬辰朔，無己卯，三月壬戌朔，癸酉十二日，不應日食。二月當是乙卯，三月當是癸亥。按：《校補》引洪亮吉說，謂日南地坼《五行志》作"三月己卯"，逆推至此年正月甲子，則己卯定在三月，當以《五行志》為是。惟己卯後同月不得有癸酉日，且一歲不容有兩日食。細校《五行志》，乃知此係永初元年三月事，范史複載耳。

〔二一〕先零羌敗涼州刺史皮陽於狄道　按：《集解》引惠棟說，謂"皮陽"《西羌傳》作"皮楊"。

〔二二〕十一月是歲郡國十五地震　按：《校補》引洪亮吉說，謂"十一月"下有闕文。

〔二三〕又攻夫犁營　按：《集解》引惠棟説，謂《鮮卑傳》"夫犁"作"扶黎"，章懷注"縣名，屬遼東郡"，《通鑑》胡注以為兩漢無此縣。棟案遼東屬國有昌黎縣，都尉所治，昌黎即前漢之交黎也，夫交相似而誤耳。

〔二四〕三郡雨雹　按：《御覽》八七八引作"郡國三雨雹"。《續五行志》同。

〔二五〕雖有糜粥　按："糜"原譌"麋"，逕改正。

〔二六〕在遼東〔東〕　據《校補》説補。

〔二七〕沈氏種羌叛寇張掖　按：《校補》引錢大昭説，謂三月已書"沈氏羌寇張掖"矣，此重出。

〔二八〕秋七月乙酉朔日有食之　按：推是年七月合朔乙酉，無日食，參閲《續五行志》六校記。

〔二九〕遼東太守蔡諷　按：《集解》引惠棟説，謂"諷"一作"風"。

〔三〇〕廢為臨湖侯　按：《集解》引惠棟説，謂《通鑑》作"蕪湖侯"。

〔三一〕甲戌遼東屬國都尉龐奮承偽璽書殺玄菟太守姚光　按：《通鑑考異》謂姚光實以延光元年被殺，紀誤以"延"為"建"。《考異》又云，延光元年四月無甲戌。

〔三二〕冬十一月己丑郡國三十五地震或坼裂　按：沈家本謂《續志》書"九月己丑"，此紀後文有"冬十二月"，不得重言"冬"。上文書"九月"，又書"戊子"，戊子與己丑相接。然則"冬十一月"四字乃衍文也。

〔三三〕甲子初置漁陽營兵　按：沈家本謂甲子距上文己丑三十六日，疑上奪某月二字。

〔三四〕謂受超遷之　《刊誤》謂"受"當作"將"。按：汲本無"受"字。

〔三五〕九月甲戌郡國二十七地震　沈家本謂"甲戌"志作"戊申"。今按：是年九月壬寅朔，無甲戌，當依《續志》作"戊申"。

〔三六〕虔人羌（反）攻穀羅城　《校補》謂虔人羌叛，攻穀羅城，已見上文七月，耿夔至是始討破之耳。承上攻穀羅城為文，不當更書"反"。今據删。

〔三七〕京師及郡國三地震　按：沈家本謂《續志》作"三十二地震"，疑此奪"十二"兩字。

〔三八〕北海王（普）〔翼〕　據殿本《考證》引何焯説改。

〔三九〕南匈奴左日逐王叛　按：沈家本謂按《匈奴傳》，叛者乃新降一部大人阿族等，非左日逐王。

〔四〇〕初復右校（令）左校〔令〕丞官　按：《校補》引侯康説，謂"右校令左校丞官"當作"右校左校令丞官"，以《續志》言左右校皆有令丞，劉注並言安帝復也。今據改。

〔四一〕大鴻臚耿寶為大將軍　按：袁《紀》"寶"作"珍"。

〔四二〕（詔）〔詣〕敦煌隴西及度遼營　據《刊誤》改。按：汲本作"詣"。

〔四三〕京師及（諸）郡國二十三地震　據《刊誤》刪。

〔四四〕續漢（志）〔書〕曰　據《刊誤》改。

〔四五〕逢怒謂樊豐等譖震　按："謂"原譌"請"，逕改正。

後漢書卷六

孝順孝沖孝質帝紀第六

孝順皇帝諱保，[1]安帝之子也。母李氏，為閻皇后所害。永寧元年，立為皇太子。延光三年，安帝乳母王聖、大長秋江京、[2]中常侍樊豐譖太子乳母王男、廚監邴吉，殺之，太子數為歎息。王聖等懼有後禍，遂與豐、京共搆陷太子，太子坐廢為濟陰王。明年三月，安帝崩，北鄉侯立，濟陰王以廢黜，不得上殿親臨梓宮，悲號不食，內外群僚莫不哀之。及北鄉侯薨，車騎將軍閻顯及江京，與中常侍劉安、陳達等白太后，祕不發喪，而更徵立諸國王子，乃閉宮門，屯兵自守。

【注】

〔1〕《謚法》曰："慈和徧服曰順。"伏侯《古今注》曰："保之字曰守。"

〔2〕《前書》曰："長秋，皇后官，本秦官將行也，景帝更名大長秋。或用中人，或用士人。秩二千石。"中興常用宦者。

十一月丁巳，京師及郡國十六地震。是夜，中黃門孫程等十九人[1]共斬江京、劉安、陳達等，迎濟陰王於德陽殿西鍾下，[2]即皇帝位，年十一。近臣尚書以下，從輦到南宮，登雲臺，召百官。尚書令劉光等奏言："孝安皇帝聖德明茂，早弃天下。陛下正統，當奉宗廟，而姦臣交搆,遂令陛下龍潛蕃國,[3]群僚遠近莫不失望。天命有常,北鄉不永,漢德盛明,福祚孔章。[4]近臣建策,左右扶翼,内外同心,稽合神明。陛下踐祚,奉遵鴻緒,為郊廟主,承續祖宗無窮之烈,上當天心,下猒民望。而即位倉卒,典章多缺,請條案禮儀,分別具奏。"制曰:"可。"乃召公卿百僚,使虎賁、羽林士屯南、北宮諸門。[5]閻顯兄弟聞帝立,率兵入北宮,尚書(郎)[郭]鎮與交鋒刃,[一]遂斬顯弟衛尉景。戊午,遣使者入省,奪得璽綬,乃幸嘉德殿,遣侍御史持節收閻顯及其弟城門校尉耀、執金吾晏,並下獄誅。己未,開門,罷屯兵。壬戌,詔司隸校尉:"惟閻顯、江京近親當伏辜誅,其餘務崇寬貸。"壬申,謁高廟。癸酉,謁光武廟。

【注】

[1]十九人,見《孫程傳》。

[2]《漢官儀》曰"崇賢門內德陽殿"也。

[3]從太子廢為王,故曰龍潛蕃國。

[4]孔,甚也。章,明也。

[5]《漢官儀》曰:"《書》稱'虎賁三百人',言其猛怒如虎之奔赴也。孝武建元三年初置期門,平帝元始元年更名虎賁郎。"又:"武帝太初元年初置建章營騎,後更名羽林。以天有羽林之星,故取名焉。又取從軍死事之子孫養羽林官,教以五兵,號曰羽林孤兒。光武中興,以征伐之士勞苦者為之,故曰羽林士。"

乙亥,詔益州刺史罷子午道,通襃斜路。[1]

【注】

[1]子午道,平帝時王莽通之。《三秦記》曰,子午,長安正南。山名秦領谷,一名樊川。襃斜,漢中谷名。南谷名襃,北谷名斜,首尾七百里。

己卯，葬少帝以諸王禮。司空劉授免。〔1〕賜公卿以下錢穀各有差。十二月甲申，以少府河南陶敦為司空。〔2〕

【注】
〔1〕《東觀記》曰："以阿附惡逆，辟召非其人，策罷。"
〔2〕敦字文理，京縣人也。

（其）令郡國守相視事未滿歲者，〔二〕一切得舉孝廉吏。〔1〕

【注】
〔1〕漢法，視事滿歲乃得舉。今帝新即位，施恩惠，雖未滿歲，得令舉人。

癸卯，尚書奏請下有司，收還延光三年九月丁酉以皇太子為濟陰王詔書。奏可。

京師大疫。

辛亥，詔公卿、郡守、國相，舉賢良方正能直言極諫之士各一人。尚書令以下從輦幸南宮者，皆增秩賜布各有差。

永建元年春正月甲寅，詔曰："先帝聖德，享祚未永，早棄鴻烈。姦慝緣間，人庶怨讟，上干和氣，疫癘為災。朕奉承大業，未能寧濟。蓋至理之本，〔三〕稽弘德惠，蕩滌宿惡，與人更始。其大赦天下。賜男子爵，人二級，為父後、三老、孝悌、力田［人］三級，〔四〕流民欲自占者一級；鰥、寡、孤、獨、篤癃、貧不能自存者粟，人五斛；貞婦帛，人三匹。坐法當徙，勿徙；亡徒當傳，勿傳。〔1〕宗室以罪絕，皆復屬籍。其與閻顯、江京等交通者，悉勿考。勉修厥職，以康我民。"

【注】
〔1〕徒囚逃亡當傳捕者,〔五〕放之勿捕。

辛未,皇太后閻氏崩。
辛巳,太傅馮石、太尉劉熹、司徒李郃免。〔1〕

【注】
〔1〕馮石字次初。《東觀記》曰:"馮、劉以阿黨權貴,李郃以人多疾疫免。"

二月甲申,葬安思皇后。
丙戌,太常桓焉為太傅;大鴻臚朱寵為太尉,參錄尚書事;長樂少府九江朱倀為司徒。〔1〕賜百官隨輦宿衛及拜除者布各有差。〔六〕

【注】
〔1〕朱寵字仲威,京兆杜陵人。朱倀字孫卿,壽春人也。倀音丑良反。

隴西鍾羌叛,護羌校尉馬賢討破之。
夏五月丁丑,詔幽、并、涼州刺史,使各實二千石以下至黃綬,〔1〕年老劣弱不任軍事者,上名。嚴勑障塞,繕設屯備,立秋之後,簡習戎馬。

【注】
〔1〕實謂驗實之也。二千石,太守也。黃綬,丞、尉也。《前書》曰"比二百石以上,銅印黃綬"也。

六月己亥,封濟南王錯子顯為濟南王。
秋七月庚午,衛尉來歷為車騎將軍。

八月，鮮卑寇代郡，代郡太守李超戰歿。

九月辛亥，初令三公、尚書入奏事。

冬十月辛巳，詔減死罪以下徙邊；其亡命贖，各有差。

丁亥，司空陶敦免。

鮮卑犯邊。庚寅，遣黎陽營兵出屯中山北界。告幽州刺史，其令緣邊郡增置步兵，列屯塞下。調五營弩師，郡舉五人，〔七〕令教習戰射。[1]

【注】

〔1〕調，選也。五營，五校也，謂長水、步兵、射聲、（胡）〔屯〕騎、（車）〔越〕騎〔八〕等五校尉也。

壬寅，廷尉張皓為司空。

甲辰，詔以疫癘水潦，令人半輸今年田租；傷害什四以上，勿收責；不滿者，以實除之。

十二月辛巳，賜王、主、貴人、公卿以下布各有差。

二年春正月戊申，樂安王鴻來朝。

丁卯，常山王章薨。

二月，鮮卑寇遼東、玄菟。

甲辰，詔稟貸荊、豫、兗、冀四州流冗貧人，所在安業之；疾病致醫藥。

護烏桓校尉耿曄率南單于擊鮮卑，破之。

三月，旱，遣使者錄囚徒。

疏勒國遣使奉獻。

夏六月乙酉，追尊諡皇妣李氏為恭愍皇后，葬于恭北陵。

西域長史班勇、敦煌太守張朗討焉耆、尉犂、危須三國，破之；並遣子貢獻。

秋七月甲戌朔，日有食之。

壬午，太尉朱寵、司徒朱倀罷。庚子，太常劉光為太尉，錄尚書事；光祿勳許敬為司徒。[1]

【注】
[1]劉光字仲遼，即太尉劉矩之弟。[九]許敬字鴻卿，平輿人。

辛丑，下邳王成薨。

三年春正月丙子，京師地震，漢陽地陷裂。甲午，詔實覈傷害者，賜年七歲以上錢，人二千；一家被害，郡縣為收斂。乙未，詔勿收漢陽今年田租、口賦。

夏四月癸卯，遣光祿大夫案行漢陽及河內、魏郡、陳留、東郡，稟貸貧人。

六月，旱。遣使者錄囚徒，理輕繫。

甲寅，濟南王顯薨。

秋七月丁酉，茂陵園寢災，帝縞素避正殿。[1]辛亥，使太常王龔持節告祠茂陵。

【注】
[1]《爾雅》曰"縞，晧也"，繒之精白者曰縞。

九月，鮮卑寇漁陽。

冬十二月己亥，太傅桓焉免。[1]

【注】
[1]《東觀記》曰："無清介辟召，策罷。"

是歲，車騎將軍來歷罷。

四年春正月丙寅，詔曰："朕託王公之上，涉道日寡，政失厥中，陰陽氣隔，寇盜肆暴，庶獄彌繁，憂悴永歎，疢如疾首。《詩》云：'君子如祉，亂庶遄已。'[1]三朝之會，朔旦立春，嘉與海內洗心自新。其赦天下。從甲寅赦令已來復秩屬籍，三年正月已來還贖。其閻顯、江京等知識婚姻禁錮，一原除之。[2]務崇寬和，敬順時令，遵典去苛，以稱朕意。"

【注】
[1]解見《章紀》。
[2]妻父曰婚，壻父曰姻。一猶皆也。

丙子，帝加元服。[1]賜王、主、貴人、公卿以下金帛各有差。賜男子爵及流民欲占者人一級，為父後、三老、孝悌、力田人二級；鰥、寡、孤、獨、篤癃、[貧]不能自存帛，[人]一匹。[一〇]

【注】
[1]冠也。

二月戊戌，詔以民入山鑿石，發洩藏氣，勑有司檢察所當禁絕，如建武、永平故事。
夏五月壬辰，詔曰："海內頗有災異，朝廷修政，太官減膳，珍玩不御。而桂陽太守文礱，[1][一一]不惟竭忠，宣暢本朝，而遠獻大珠，以求幸媚，今封以還之。"

【注】
[1]音力公反。

五州雨水。秋八月庚子，遣使實覈死亡，收斂稟賜。

丁巳，太尉劉光、司空張皓免。[1]

【注】

[1]《東觀記》曰："以陰陽不和，久託病，策罷。"

九月，復安定、北地、上郡歸舊土。[1]

【注】

[1]安帝永初五年徙，今復之。

癸酉，大鴻臚龐參為太尉，錄尚書事。太常王龔為司空。
冬十一月庚辰，司徒許敬免。[1]

【注】

[1]《東觀記》曰："為陵轢使(官)[者]策罷，[一二]以千石祿終身。"

鮮卑寇朔方。
十二月乙卯，宗正劉崎為司徒。[1]

【注】

[1]崎字叔峻，華陰人也。

是歲，分會稽為吳郡。拘彌國遣使貢獻。

五年春正月，疏勒王遣侍子，及大宛、莎車王皆奉使貢獻。
夏四月，京師旱。辛巳，詔郡國貧人被災者，勿收責今年過更。京師及郡國十二蝗。
冬十月丙辰，詔郡國中都官死罪繫囚皆減罪一等，詣北地、上郡、安定戍。

乙亥，定遠侯班始坐殺其妻陰城公主，腰斬，[1]同産皆弃市。

【注】
[1]始，班超孫也，尚順帝姑陰城公主。《東觀記》曰："陰城公主名賢得。"[一三]

六年春二月庚午，河閒王開薨。

三月辛亥，復伊吾屯田，[1]復置伊吾司馬一人。

【注】
[1]章帝建初二年罷也。

秋九月辛巳，繕起太學。

護烏桓校尉耿曄遣兵擊鮮卑，破之。

丁酉，于闐王遣侍子貢獻。

冬十一月辛亥，詔曰："連年災潦，冀部尤甚。比蠲除實傷，贍恤窮匱，而百姓猶有弃業，流亡不絕。疑郡縣用心怠惰，恩澤不宣。《易》美'損上益下'，《書》稱'安民則惠'。[1]其令冀部勿收今年田租、芻稾。"

【注】
[1]《易·益卦》曰："損上益下，人悦無疆。"惠，愛也。《尚書》曰："安人則惠，黎人懷之。"

十二月，日南徼外葉調國、撣國遣使貢獻。[1]

【注】

〔1〕《東觀記》曰:"葉調國王遣使師會詣闕貢獻,以師會為漢歸義葉調邑君,賜其君紫綬,及撣國王雍(田)〔由〕〔一四〕亦賜金印紫綬。"撣音擅。

壬申,客星出牽牛。
于闐王遣侍子詣闕貢獻。

陽嘉元年春正月乙巳,立皇后梁氏。賜爵,人二級,三老、孝悌、力田三級,爵過公乘,得移與子若同產、同產子,民無名數及流民欲占著者人一級;鰥、寡、孤、獨、篤癃、貧不能自存者粟,人五斛。
二月,海賊曾旌等寇會稽,殺句章、鄞、鄮三縣長,〔1〕攻會稽東部都尉。詔緣海縣各屯兵戍。

【注】

〔1〕三縣皆屬會稽郡。鄞縣今越州縣也。句章故城在今鄞縣西。鄮故城在鄞縣東南。鄞音銀。鄮音茂。

丁巳,皇后謁高廟、光武廟,詔稟甘陵貧人,大小口各有差。
京師旱。庚申,勑郡國二千石各禱名山岳瀆,遣大夫、謁者詣嵩高、首陽山,并祠河、洛,請雨。〔1〕戊辰,雩。

【注】

〔1〕首陽山在洛陽東北也。

以冀部比年水潦,民食不贍,詔案行稟貸,勸農功,賑乏絕。
甲戌,詔曰:"政失厥和,陰陽隔并,冬鮮宿雪,春無澍雨。分禱祈請,靡神不祭。〔1〕深恐在所慢違'如在'之義,〔2〕今遣侍中王輔等,持節分詣岱山、東海、滎陽、河、洛,盡心祈焉。"〔3〕

【注】
〔１〕《說文》曰："禜，設緜蕞為營，以祈水旱。"禜音詠。《詩》曰："靡神不舉。"
〔２〕《論語》曰："祭神如神在。"
〔３〕濟水，四瀆之一，至河南溢為滎澤，故於滎陽祠焉。

三月，楊州六郡妖賊章河〔一五〕等寇四十九縣，殺傷長吏。

庚寅，帝臨辟雍饗射，大赦天下，改元陽嘉。詔宗室絕屬籍者，一切復籍；稟冀州尤貧民，勿收今年更、租、口賦。

夏五月戊寅，阜陵王恢薨。

秋七月，史官始作候風地動銅儀。〔１〕

【注】
〔１〕時張衡為太史令，作之。

丙辰，以太學新成，試明經下第者補弟子，增甲、乙科員各十人。〔１〕除郡國耆儒九十人補郎、舍人。

【注】
〔１〕《前書音義》曰："甲科謂作簡策難問，列置案上，(在)〔任〕試者意投射取而荅之，〔一六〕謂之射策。上者為甲，次〔者〕為乙。〔一七〕若錄政化得失，顯而問之，謂之對策也。"

九月，詔郡國中都官繫囚皆減死一等，亡命者贖，各有差。

鮮卑寇遼東。

冬十一月甲申，望都、蒲陰狼殺女子九十七人，〔１〕〔一八〕詔賜狼所殺者錢，人三千。

【注】

〔1〕望都,縣名,屬中山國,今定州縣也。章帝改曲逆為蒲陰,亦屬中山,與望都相近,故城在今定州北。《東觀記》亦作"蒲",本多作"滿"(滿)字者,誤也。〔一九〕《東觀》又云:"為不祠北岳所致。詔曰'政失厥中,狼災為應,至乃殘食孤幼。博訪其故,山岳尊靈,國所望秩,而比不奉祠,淫刑放濫,害加孕婦'也。"

辛卯,初令郡國舉孝廉,限年四十以上,諸生通章句,文吏能牋奏,乃得應選;其有茂才異行,若顏淵、子奇,不拘年齒。〔1〕

【注】

〔1〕《史記》曰:"顏回,魯人,好學,年二十九髮盡白,早死。"《新序》曰:"子奇年十八,齊君使之化阿。至阿,鑄其庫兵以為耕器,出倉廩以賑貧窮,阿縣大化。"

十二月丁未,東平王敞薨。
庚戌,復置玄菟郡屯田六(郡)[部]。〔二〇〕
閏月丁亥,令諸以詔除為郎,年四十以上課試如孝廉科者,得參廉選,歲舉一人。
戊子,客星出天苑。
辛卯,詔曰:"間者以來,吏政不勤,故災眚屢臻,盜賊多有。退省所由,皆以選舉不實,官非其人,是以天心未得,人情多怨。《書》歌股肱,《詩》刺三事。〔1〕今刺史、二千石之選,歸任三司。〔2〕其簡序先後,精覈高下,歲月之次,文武之宜,務存厥衷。"

【注】

〔1〕《尚書·益稷篇》帝作歌曰:"元首明哉!股肱良哉!"《詩·小雅》曰"三事大夫,莫肯夙夜。邦君諸侯,莫肯朝夕"也。

〔2〕三司，三公也，即太尉、司空、司徒也。歸猶委任也。

庚子，恭陵百丈廡灾。[1]

【注】
〔1〕恭陵，安帝陵也。廡，廊屋也。《說文》曰"堂下周屋曰廡"也。

是歲，起西苑，修飾宮殿。

二年春二月甲申，詔以吳郡、會稽飢荒，貸人種糧。
三月，使匈奴中郎將王稠率左骨都侯等擊鮮卑，破之。
辛酉，除京師耆儒年六十以上四十八人補郎、舍人及諸王國郎。
夏四月，復置隴西南部都尉官。[1]

【注】
〔1〕武帝元朔四年，初置南部都尉於隴西臨洮縣，中興以來廢，至此復置之也。

己亥，京師地震。五月庚子，詔曰："朕以不德，統奉鴻業，無以奉順乾坤，協序陰陽，灾眚屢見，咎徵仍臻。地動之異，發自京師，矜矜祗畏，不知所裁。群公卿士將何以匡輔不逮，奉荅戒異？異不空設，必有所應，其各悉心直言厥咎，靡有所諱。"
戊午，司空王龔免。六月辛未，太常魯國孔扶為司空。[1]

【注】
〔1〕扶字仲淵。

疏勒國獻師子、封牛。[1]

【注】
〔1〕《東觀記》曰："疏勒王盤遣使文時詣闕。"師子似虎，正黃，有髯耏，尾端茸毛大如斗。封牛，其領上肉隆起若封然，因以名之，即今之峰牛。

丁丑，洛陽地陷。是月，旱。
秋七月己未，太尉龐參免。八月己巳，大鴻臚沛國施延為太尉。[1]

【注】
〔1〕延字君子，蘄縣人也。

鮮卑寇代郡。
冬十月庚午，行禮辟雍，奏應鍾，始復黃鍾，作樂器隨月律。[1]

【注】
〔1〕子為黃鍾，律長九寸，聲有輕重長短，度量皆出黃鍾。隨月律謂《月令》"正月律中太蔟，二月律中夾鍾，三月律中姑洗，四月律中仲呂，五月律中蕤賓，六月律中林鍾，七月律中夷則，八月律中南呂，九月律中無射，十月律中應鍾，十一月律中黃鍾，十二月律中大呂"。《東觀記》曰："元和以來，音戾不調，修復如舊典。"蔟音湊。

三年春二月己丑，詔以久旱，京師諸獄無輕重皆且勿考竟，須得澍雨。
三月庚戌，益州盜賊劫質令長，殺列侯。
夏四月丙寅，車師後部司馬率後部王加特奴等掩擊匈奴，大破之，獲其季母。
五月戊戌，制詔曰："昔我太宗，丕顯之德，假于上下，儉以恤民，政致康乂。朕秉事不明，政失厥道，天地譴怒，大變仍見。春夏連旱，寇賊彌繁，元元被害，朕甚愍之。嘉與海內洗心更始。其大赦天下，自殊死以下謀反大逆諸犯不當得赦者，皆赦除之。賜民年八十以上米，[人]一斛，〔二一〕肉二十斤，酒五斗；九十以上加賜帛，人二匹，絮三斤。"

秋七月庚戌，鍾羌寇隴西、漢陽。冬十月，護羌校尉馬續擊破之。

十一月壬寅，司徒劉崎、〔二二〕司空孔扶免。乙巳，大司農南郡黃尚為司徒，光祿勳河東王卓為司空。[1]

【注】
〔1〕黃尚字伯，河南郡邵人也。王卓字仲遼，河東解人也。邵音求紀反。

丙午，武都塞上屯羌及外羌攻破屯官，驅略人畜。

四年春二月丙子，初聽中官得以養子為後，世襲封爵。
自去冬旱，至于是月。
謁者馬賢擊鍾羌，大破之。
夏四月甲子，太尉施延免。[1]戊寅，執金吾梁商為大將軍，前太尉龐參為太尉。

【注】
〔1〕《東觀記》曰"以選舉貪污策罷"也。

六月己未，梁王匡薨。秋七月己亥，濟北王登薨。
閏月丁亥朔，日有食之。
冬十月，烏桓寇雲中。十一月，圍度遼將軍耿曄於蘭池，[1]發諸郡兵救之，烏桓退走。

【注】
〔1〕《續漢志》曰："雲中郡沙南縣有蘭池城。"

十二月甲寅，京師地震。

永和元年春正月，夫餘王來朝。
乙卯，詔曰："朕秉政不明，灾眚屢臻。典籍所忌，震食為重。今日變方遠，〔二三〕地搖京師，〔1〕咎徵不虛，必有所應。群公百僚其各上封事，指陳得失，靡有所諱。"

【注】
〔1〕《東觀記》曰："陽嘉四年詔曰'朕以不德，謫見于天，零陵言日食，京師不覺'。"故此言日變方遠。

己巳，宗祀明堂，登靈臺，改元永和，大赦天下。
秋七月，偃師蝗。
冬十月丁亥，承福殿火，〔二四〕帝避御雲臺。
十一月丙子，太尉龐參罷。
十二月，象林蠻夷叛。
乙巳，以前司空王龔為太尉。

二年春正月，武陵蠻叛，圍充縣，又寇夷道。〔1〕

【注】
〔1〕充縣屬武陵郡，故城在澧州崇義縣東北。充音衝。夷道屬南郡也。

二月，廣漢屬國都尉擊破白馬羌。
武陵太守李進擊叛蠻，破之。
三月辛亥，北海王翼薨。
乙卯，司空王卓薨。丁丑，光祿勳馮翊郭虔為司空。〔1〕

【注】
〔1〕虔字君賢，池陽人。

夏四月丙申，京師地震。
五月，日南叛蠻攻郡府。
秋七月，九真、交阯二郡兵反。
八月庚子，熒惑犯南斗。[1]

【注】
〔1〕熒惑，火星也。南斗，北方之宿也。《前書音義》曰："犯謂七寸內光芒相及。"

江夏盜賊殺邾長。[1]

【注】
〔1〕邾，縣，屬江夏郡，故城在今復州竟陵縣東。邾音朱。

冬十月甲申，行幸長安，所過鰥、寡、孤、獨、貧不能自存者賜粟，人五斛。庚子，幸未央宮，會三輔郡守、都尉及官屬，勞賜作樂。十一月丙午，祠高廟。丁未，遂有事十一陵。丁卯，京師地震。十二月乙亥，至自長安。

三年春二月乙亥，京師及金城、隴西地震，二郡山岸崩，地陷。戊子，太白犯熒惑。
夏四月，九江賊蔡伯流寇郡界，及廣陵，殺江都長。
戊戌，遣光祿大夫案行金城、隴西，賜壓死者年七歲以上錢，人二千；一家皆被害，為收斂之。除今年田租，尤甚者勿收口賦。
閏月，蔡伯流等率衆詣徐州刺史應志降。[1]

【注】
〔1〕《續漢書》曰："志字仲節，汝南南頓人也。曾祖父順。"

己酉，京師地震。
五月，吳郡丞羊珍反，攻郡府，太守王衡破斬之。
六月辛丑，琅邪王遵薨。
九真太守祝良、交阯刺史張喬慰誘日南叛蠻，降之，嶺外平。[1]

【注】
〔1〕《續漢書》曰："祝良字邵卿，長沙臨湘人。"

秋七月丙戌，濟北王多薨。
八月己未，司徒黃尚免。九月己酉，光禄勳長沙劉壽為司徒。[1]

【注】
〔1〕壽字伯長，臨湘人也。

丙戌，令大將軍、三公各舉故刺史、二千石及見令、長、郎、謁者、四府掾屬剛毅武猛有謀謨任將帥者各二人，特進、卿、校尉各一人。
冬十月，燒當羌寇金城，護羌校尉馬賢擊破之，羌遂相招而叛。
十二月戊戌朔，日有食之。

四年春正月庚辰，中常侍張逵、蘧政、楊定等有罪誅，[1]連及弘農太守張鳳、安平相楊晧，下獄死。

【注】
〔1〕事見《梁商傳》也。

三月乙亥,京師地震。

夏四月癸卯,護羌校尉馬賢討燒當羌,大破之。

戊午,大赦天下。賜民爵及粟帛各有差。

五月戊辰,封故濟北惠王壽子安為濟北王。〔二五〕

秋八月,太原郡旱,民庶流冗。癸丑,遣光祿大夫案行稟貸,除更賦。

冬十月戊午,校獵上林苑,歷函谷關而還。十一月丙寅,幸廣成苑。

五年春二月戊申,京師地震。

夏四月庚子,中山王弘薨。

南匈奴左部句龍大人吾斯〔二六〕、車紐等叛,圍美稷。〔1〕

【注】

〔1〕美稷,縣,屬西河郡也。

五月,度遼將軍馬續討吾斯、車紐,破之,使匈奴中郎將陳龜迫殺南單于。

己丑晦,日有食之。

且凍羌寇三輔,殺令長。〔1〕

【注】

〔1〕且音子余反。

丁丑,令死罪以下及亡命贖,各有差。

九月,令扶風、漢陽築隴道塢三百所,置屯兵。

辛未,太尉王龔罷。

且凍羌寇武都,燒隴關。〔1〕

【注】
〔1〕隴山之關也，今名大震關，在今隴州汧源縣西也。

壬午，太常桓焉為太尉。
丁亥，徙西河郡居離石，[1]上郡居夏陽，朔方居五原。

【注】
〔1〕離石，縣名，在郡南五百九里。西河本都平定縣，至此徙於離石。

句龍吾斯等東引烏桓，西收羌胡，寇上郡，立車紐為單于。冬十一月辛巳，遣使匈奴中郎將張耽擊破之，車紐降。

六年春正月丙子，征西將軍馬賢與且凍羌戰于射姑山，賢軍敗沒，安定太守郭璜下獄死。
詔貸王、侯國租一歲。
閏月，鞏唐羌寇隴西，遂及三輔。
二月丁巳，有星孛于營室。
三月，武（都）〔威〕太守趙沖[二七]討鞏唐羌，破之。
庚子，司空郭虔免。
（丁）〔乙〕巳，河閒王政薨。[二八]
丙午，太僕趙戒為司空。[1]

【注】
〔1〕戒字志伯，蜀郡成都人也。

夏五月庚子，齊王無忌薨。
使匈奴中郎將張耽大破烏桓、羌胡於天山。[1]

【注】
〔1〕《東觀記》曰："耽將吏兵，繩索相懸，上通天山。"

鞏唐羌寇北地。〔二九〕
秋七月甲午，詔假民有貲者户錢一千。
八月丙辰，大將軍梁商薨；壬戌，河南尹梁冀為大將軍。
九月，諸種羌寇武威。
辛亥晦，日有食之。
冬十月癸丑，徙安定居扶風，北地居馮翊。
十一月庚子，以執金吾張喬行車騎將軍事，將兵屯三輔。

漢安元年春正月癸巳，宗祀明堂，大赦天下，改元漢安。
二月丙辰，詔大將軍、公、卿舉賢良方正能探賾索隱者各一人。[1]

【注】
〔1〕賾，幽深也。索，求也。

秋七月，始置承華廄。[1]

【注】
〔1〕《東觀記》曰："時以遠近獻馬衆多，園廄充滿，始置承華廄令，秩六百石。"

八月，南匈奴左部大人句龍吾斯與薁鞬臺耆等反叛。[1]

【注】
〔1〕薁音於六反。鞬音居言反。

丁卯，遣侍中杜喬、光祿大夫周舉、守光祿大夫郭遵、馮羨、欒巴、張綱、周栩、劉班等八人分行州郡，班宣風化，舉實臧否。
九月庚寅，廣陵盜賊張嬰等寇郡縣。
冬十月辛未，太尉桓焉、司徒劉壽免。甲戌，行車騎將軍張喬罷。十一月壬午，司隸校尉趙峻為太尉，大司農胡廣為司徒。[1]

【注】
[1]峻字伯師，下邳徐人也。

癸卯，詔大將軍、三公選武猛試用有效驗任為將校者各一人。
是歲，廣陵賊張嬰等詣太守張綱降。

二年春二月丙辰，鄯善國遣使貢獻。
夏四月庚戌，護羌校尉趙沖與漢陽太守張貢擊燒（當）[何]羌[三〇]於參戀，破之。[1]

【注】
[1]參戀，縣，屬安定郡。戀音力全反。

六月乙丑，熒惑犯鎮星。
丙寅，立南匈奴守義王兜樓儲為南單于。
冬十月辛丑，令郡國中都官繫囚殊死以下出縑贖，各有差；其不能入贖者，遣詣臨羌縣居作二歲。
甲辰，減百官奉。丙午，禁沽酒，又貸王、侯國租一歲。
閏月，趙沖擊燒當羌於（河）[阿]陽，[三一]破之。[1]

【注】
[1]阿陽，縣，屬（天水）[漢陽]郡，[三二]故城在今秦州隴城縣西北。

十一月，使匈奴中郎將馬寔遣人刺殺句龍吾斯。

十二月，楊、徐盜賊攻燒城寺，殺略吏民。

是歲，涼州地百八十震。

建康元年春正月辛丑，詔曰："隴西、漢陽、張掖、北地、武威、武都，自去年九月已來，地百八十震，山谷坼裂，壞敗城寺，殺害民庶。夷狄叛逆，賦役重數，內外怨曠，惟咎歎息。其遣光祿大夫案行，宣暢恩澤，惠此下民，勿為煩擾。"

三月庚子，沛王廣薨。

領護羌校尉衛琚追討叛羌，破之。〔1〕

【注】

〔1〕琚音居。

南郡、江夏盜賊寇掠城邑，州郡討平之。

夏四月，使匈奴中郎將馬寔擊南匈奴左部，破之，於是胡羌、烏桓悉詣寔降。

辛巳，立皇子炳為皇太子，改年建康，大赦天下。賜人爵各有差。

秋七月丙午，〔三三〕清河王延平薨。

八月，楊、徐盜賊范容、周生等寇掠城邑，遣御史中丞馮赦督州郡兵討之。〔三四〕

庚午，帝崩于玉堂前殿，時年三十。遺詔無起寢廟，斂以故服，珠玉玩好皆不得下。

論曰：古之人君，離幽放而反國祚者有矣，莫不矯鑒前違，審識情偽，無忘在外之憂，〔1〕故能中興其業。觀夫順朝之政，殆不然乎？何其徼僻之多與？〔2〕

【注】

〔1〕離,遭也。矯,正也。《左傳》曰:"晉侯在外十九年矣,險阻艱難備嘗之矣,人之情偽盡知之矣。"

〔2〕殆,近也。言順帝傚前之僻,不能改正也。

孝沖皇帝諱炳,[1]順帝之子也。母曰虞貴人。

【注】

〔1〕《謚法》曰:"幼少在位曰沖。"司馬彪曰:"沖幼早夭,故謚曰沖。"伏侯《古今注》曰:"炳之字曰明。"

建康元年立為皇太子,其年八月庚午,即皇帝位,年二歲。尊皇后曰皇太后。太后臨朝。

丁丑,以太尉趙峻為太傅;大司農李固為太尉,參錄尚書事。

九月丙午,葬孝順皇帝于憲陵,[1]廟曰敬宗。

【注】

〔1〕在洛陽西十五里,陵高八丈四尺,周三百步。

是日,京師及太原、鴈門地震,三郡水涌土裂。

庚戌,詔三公、特進、侯、卿、校尉,舉賢良方正幽逸修道之士各一人,百僚皆上封事。

己未,九江太守丘騰有罪,下獄死。[1]

【注】

〔1〕《東觀記》曰"騰知罪法深大,懷挾姦巧,稽留道路,下獄死"也。

楊州刺史尹耀、九江太守鄧顯討賊范容等於歷陽，軍敗，耀、顯為賊所殁。

冬十月，日南蠻夷攻燒城邑，交阯刺史夏方招誘降之。

壬申，常山王儀薨。

己卯，零陵太守劉康坐殺無辜，下獄死。

十一月，九江盜賊徐鳳、馬勉等稱"無上將軍"，攻燒城邑。

己酉，令郡國中都官繫囚減死一等，徙邊；謀反大逆，不用此令。

十二月，九江賊黃虎等攻合肥。

是歲，群盜發憲陵。護羌校尉趙沖追擊叛羌於鸇陰河，戰殁。[1]

【注】
〔1〕涼州姑臧縣東南有鸇陰縣故城，因水以為名。

永（嘉）〔憙〕元年[三五]春正月戊戌，帝崩于玉堂前殿，年三歲。清河王蒜徵至京師。

孝質皇帝諱纘，[1]肅宗玄孫。曾祖父千乘貞王伉，祖父樂安夷王寵，父勃海孝王鴻，母陳夫人。沖帝不豫，大將軍梁冀徵帝到洛陽都亭。及沖帝崩，皇太后與冀定策禁中，丙辰，使冀持節，以王青蓋車迎帝入南宮。丁巳，封為建平侯，其日即皇帝位，年八歲。

【注】
〔1〕《謚法》："忠正無邪曰質。"《古今注》曰："纘之字曰繼。"

己未，葬孝沖皇帝于懷陵。[1]

【注】
〔1〕在洛陽西北十五里。伏侯《古今注》曰："高四丈六尺，周百八十三步。"

廣陵賊張嬰等復反，攻殺堂邑、江都長。[1]九江賊徐鳳等攻殺曲陽、東城長。[2]

【注】
〔1〕堂邑，縣，屬廣陵郡，今揚州六合縣也。
〔2〕曲陽，縣，屬九江郡，在淮曲之陽，故城在今豪州定遠縣西北。東城，縣，故城在定遠縣東南也。

甲申，謁高廟。乙酉，謁光武廟。
二月，豫章太守虞續坐贓，下獄死。
乙酉，大赦天下。賜人爵及粟帛各有差。還王侯所削户邑。
彭城王道薨。
叛羌詣左馮翊梁並降。
三月，九江賊馬勉稱"黃帝"。[三六]九江都尉滕撫討馬勉、范容、周生，大破斬之。[1]

【注】
〔1〕《東觀記》曰："傳勉頭及所帶玉印、鹿皮冠、黃衣詣洛陽，詔懸夏城門外，章示百姓。"

夏四月壬申，雹。
庚辰，濟北王安薨。
丹陽賊陸宮等圍城，燒亭寺，丹陽太守江漢擊破之。
五月甲午，詔曰："朕以不德，託母天下，布政不明，每失厥中。

自春涉夏，大旱炎赫，憂心京京，[1]故得禱祈明祀，[三七]冀蒙潤澤。前雖得雨，而宿麥頗傷；比日陰雲，還復開霽。寤寐永歎，重懷慘結。[2]將二千石、令長不崇寬和，暴刻之為乎？其令中都官繫囚罪非殊死考未竟者，一切任出，以須立秋。[3]郡國有名山大澤能興雲雨者，二千石長吏各絜齊請禱，謁誠盡禮。又兵役連年，死亡流離，或支骸不斂，或停棺莫收，朕甚愍焉。昔文王葬枯骨，人賴其德。[4]今遣使者案行，若無家屬及貧無資者，隨宜賜卹，以慰孤魂。"

【注】

〔1〕《爾雅》曰："京京，憂也。"

〔2〕寤，覺也。寐，臥也。《詩》曰："寤寐永歎，唯憂用老。"

〔3〕任，保也。

〔4〕《呂氏春秋》曰："周文王使人掘地，得死人骸。文王曰：'更葬之。'吏曰：'此無主。'文王曰：'有天下者，天下之主，今我非其主邪？'遂令吏以衣棺葬之。天下聞之，曰：'文王賢矣。澤及枯骨，又況人乎！'"

是月，下邳人謝安應募擊徐鳳等，斬之。

丙辰，詔曰："孝殤皇帝雖不永休祚，而即位踰年，君臣禮成。孝安皇帝承襲統業，而前世遂令恭陵在康陵之上，先後相踰，失其次序，非所以奉宗廟之重，垂無窮之制。昔定公追正順祀，《春秋》善之。[1]其令恭陵次康陵，憲陵次恭陵，以序親秩，為萬世法。"

【注】

〔1〕魯閔公立二年而薨，次僖公立，僖雖是閔庶兄，然嘗為閔臣，位次當在閔下。後文公即位，乃進僖公神位居閔之上。《左傳》曰："躋僖公，逆祀也。"定公八年《經》書"從祀先公"。從，順也。順祀謂退僖神位於閔下。《穀梁》曰："從祀先公，貴正也。"

六月,鮮卑寇代郡。

秋七月庚寅,阜陵王代薨。

廬江盜賊攻尋陽,又攻盱台,[1]滕撫遣司馬王章擊破之。

【注】

[1]音吁夷,今楚州縣也。

九月庚戌,太傅趙峻薨。

冬十一月己丑,南陽太守韓昭坐贓下獄死。[1]

【注】

[1]《東觀記》曰:"強賦一億五千萬,檻車徵下獄。"

丙午,中郎將滕撫擊廣陵賊張嬰,破之。

丁未,中郎將趙序坐事弃市。[1]

【注】

[1]《東觀記》曰:"取錢縑三百七十五萬。"

歷陽賊華孟自稱"黑帝",攻殺九江太守楊岑,滕撫率諸將擊孟等,大破斬之。

本初元年春正月丙申,詔曰:"昔堯命四子,以欽天道,[1]《鴻範》九疇,休咎有象。[2]夫瑞以和降,異因逆感,禁微應大,前聖所重。[3]頃者,州郡輕慢憲防,競逞殘暴,造設科條,陷入無罪。或以喜怒驅逐長吏,恩阿所私,罰枉仇隙,至令守闕訴訟,前後不絕。送故迎新,人離其害,怨氣傷和,以致災眚。《書》云:'明德慎罰。'[4]方春東作,育微敬始。其勑有司,罪非殊死,且勿案驗,以崇在寬。"[5]

【注】

〔1〕四子謂羲仲、羲叔、和仲、和叔也。《尚書》曰："乃命羲、和,欽若昊天。"

〔2〕《尚書》曰："天乃錫禹《洪範》九疇。"孔安國注云："洪,大也。範,法也。疇,類也。言天與禹,洛出書,神龜負文而出,列於背,有數至于九,禹遂因而第之,以成九類。"其八曰庶徵,有休徵、咎徵之應。休,美也。咎,惡也。徵,驗也。人君行善政,則百穀用成,家用平康,是休徵也。政有乖失,則百穀用不成,家用不寧,是咎徵也。休之與咎,皆象人君之政,故言"休咎有象"也。"象"或作"家"。

〔3〕言君政純和則瑞氣降,若逆時令則灾異感。所禁雖微,其應乃大。前聖所重,即謂唐堯欽若昊天,箕子休咎之應。

〔4〕眚,過也。"明德慎罰",《尚書·康誥》之言。

〔5〕言東作之時,須育養細微,敬事之始。《禮記·月令》:"孟春之月,無殺[孩]蟲胎夭〔三八〕飛鳥,無麛無卵。慶賜遂行,無有不當。"《書》曰:"敬敷五教,五教在寬。"

壬子,廣陵太守王喜坐討賊逗留,下獄死。

二月庚辰,詔曰:"九江、廣陵二郡數離寇害,殘夷最甚。〔1〕生者失其資業,死者委尸原野。昔之為政,一物不得其所,若己為之,〔2〕況我元元,嬰此困毒。方春戒節,賑濟乏匱,掩骼埋胔之時。〔3〕其調比郡見穀,出稟窮弱,收葬枯骸,務加埋瘞,〔三九〕以稱朕意。"

【注】

〔1〕謂比年張嬰寇廣陵,華孟寇九江也。

〔2〕《尚書》曰:"一夫弗獲,則曰時予之辜。"

〔3〕《月令》:"孟春之月,行慶施惠,下及兆人。"又曰:"掩骼埋胔。"鄭玄注曰:"為死氣逆生氣也。"骨枯曰骼,肉腐曰胔。

夏四月庚辰，令郡國舉明經，年五十以上、七十以下詣太學。自大將軍至六百石，皆遣子受業，歲滿課試，以高第五人補郎中，次五人太子舍人。又千石、六百石、四府掾屬、三署郎、四姓小侯先能通經者，各令隨家法，[1]其高第者上名牒，當以次賞進。

【注】
〔1〕四府掾屬謂大將軍府掾屬二十九人，太尉府掾屬二十四人，司徒府三十一人，司空府二十九人。《漢官》："左、右中郎將，皆秦官也，比二千石，三署郎皆屬焉。"三署謂五官署，左、右署也。儒生為《詩》者謂之《詩》家，《禮》者謂之《禮》家，故言各隨家法也。四姓小侯，解見《明紀》也。

　　五月庚寅，徙樂安王為勃海王。
　　海水溢。戊申，使謁者案行，收葬樂安、北海人為水所漂沒死者，又稟給貧羸。
　　庚戌，太白犯熒惑。
　　六月丁巳，大赦天下，賜民爵及粟帛各有差。
　　閏月甲申，大將軍梁冀潛行鴆弒，帝崩于玉堂前殿，年九歲。
　　丁亥，太尉李固免。戊子，司徒胡廣為太尉，司空趙戒為司徒，與梁冀參錄尚書事。太僕袁湯為司空。

　　贊曰：孝順初立，時髦允集。[1]匪砥匪革，終淪嬖習。[2]保阿傳土，后家世及。[3]沖夭未識，質弒以聰。陵折在運，天緒三終。[4]

【注】
〔1〕《爾雅》曰："髦，俊也。"郭璞注曰："士中之俊，猶毛中之髦。"時張晧、王龔、龐參、張衡、李郃、李固、黃瓊之儔也。
〔2〕砥，礪也。革，改也。淪，沒也。言順帝初升天位，又群賢總集，不能因茲自礪，改革前非，而終溺於私嬖近習也。謂封孫程等十九人為侯，又詔

中官養子，聽襲封爵之類。

〔3〕保，安也。阿，倚也。言可依倚以取安，傅姆之類也。傅土謂阿母山陽君宋娥更相貨賂，求增邑土也。后家謂拜后父梁商為大將軍，商薨，仍拜子冀為大將軍，弟不疑為河南尹。

〔4〕言陵遲夭折，在於時運，所以天之胤緒，頻致三終也。

【校勘記】

〔一〕尚書（郎）〔郭〕鎮與交鋒刃　據汲本、殿本改。

〔二〕（其）令郡國守相視事未滿歲者　據《刊誤》刪。

〔三〕蓋至理之本　按：李慈銘謂"至理"本當作"至治"。

〔四〕三老孝悌力田〔人〕三級　據殿本補。按：《校補》引錢大昭説，謂閩本"田"下有"人"字。

〔五〕徒囚逃亡當傳捕者　按："徒"原譌"徙"，逕改正。

〔六〕賜百官隨輦宿衛及拜除者布各有差　按：《刊誤》謂衍一"及"字。

〔七〕郡舉五人　按：《刊誤》謂"舉"當作"與"。

〔八〕（胡）〔屯〕騎（車）〔越〕騎　據《刊誤》改。

〔九〕劉光字仲遼即太尉劉矩之弟　《集解》引錢大昕説，謂《劉矩傳》稱叔父劉光，此注誤。按：張森楷《校勘記》謂疑"弟"下脱"子"字。

〔一〇〕〔貧〕不能自存帛〔人〕一匹　據汲本、殿本補。

〔一一〕桂陽太守文礱　按：《集解》引惠棟説，謂袁宏《紀》作"漢陽都尉"。

〔一二〕為陵轢使（官）〔者〕策罷　據《刊誤》改。

〔一三〕陰城公主名賢得　按：《集解》引惠棟説，謂《續志》作"堅得"。

〔一四〕撣國王雍（田）〔由〕　據殿本改。按：《校補》引錢大昭説，謂《西南夷傳》作"雍由調"。

〔一五〕妖賊章河　按：《集解》引錢大昕説，謂《續志》作"章何"。

〔一六〕（在）〔任〕試者意投射取而答之　據殿本改。

〔一七〕次〔者〕為乙　據汲本、殿本補。

〔一八〕狼殺女子九十七人　按：《集解》引惠棟説，謂"女子"《續志》作"兒童"。

〔一九〕本多作滿（満）字者誤也　據《刊誤》删。

〔二〇〕復置玄菟郡屯田六（郡）〔部〕　據《集解》引陳景雲、錢大昭説改。按：《東夷傳》作"六部"。

〔二一〕賜民年八十以上米〔人〕一斛　據汲本、殿本補。

〔二二〕司徒劉崎　按：袁《紀》"崎"作"愷"。

〔二三〕今日變方遠　按：《刊誤》謂"方遠"當作"遠方"。注同。

〔二四〕冬十月丁亥承福殿火　按：《校補》引洪亮吉説，謂《續志》作"丁未"，以下"十一月丙子"推之，志為是。

〔二五〕封故濟北惠王壽子安為濟北王　按：《集解》引惠棟説，謂傳作"安國"。

〔二六〕左部句龍大人吾斯　姚範謂"大人"當在"左部"之下。按：《南匈奴傳》作"句龍王吾斯"。

〔二七〕武（都）〔威〕太守趙沖　《集解》引惠棟説，謂《應奉》及《西羌傳》皆作"武威"。胡三省云，傳云詔沖督河西四郡兵，為節度，則"武威太守"為是。武都西北接漢陽，東北接扶風，南接漢中，無緣遠督河西四郡兵也。今據改。

〔二八〕（丁）〔乙〕巳河間王政薨　據張森楷《校勘記》改。按：是年三月乙酉朔，以下云"丙午"推之，當作"乙巳"。

〔二九〕鞏唐羌寇北地　按：《集解》引惠棟説，謂《考異》云《西羌傳》作"罕種羌"。

〔三〇〕擊燒（當）〔何〕羌　按：《集解》引《通鑑》胡注，謂"當"當作"何"，燒當、燒何，羌兩種也。今據改。

〔三一〕趙沖擊燒當羌於（河）〔阿〕陽　據汲本改。按：錢大昭謂《前志》天水郡、《續志》漢陽郡均止有阿陽，作"河陽"者誤。

〔三二〕阿陽縣屬（天水）〔漢陽〕郡　據《集解》本改。按：《校補》引錢大昭説，謂明帝永平十七年已改天水為漢陽，不應注仍稱"天水"。又按：

《西羌傳》作"阿陽",注亦作"漢陽郡"。

〔三三〕秋七月丙午　按:"七"原譌"十",逕改正。

〔三四〕遣御史中丞馮赦督州郡兵討之　按:《集解》引惠棟說,謂據《滕撫傳》,"馮赦"當作"馮緄"。袁宏《紀》作"馮放",亦誤。

〔三五〕永(嘉)〔憙〕元年　據《集解》引錢大昕說及惠棟說改。按:史繩祖《學齋佔畢》記邛州蒲江縣發地得石刻,有"永憙元年"字樣,故知"永嘉"為"永憙"之誤。又《左雄傳》有"迄于永熹,察選清平"之文,錢大昭《後漢書辨疑》謂"熹"即"憙"之譌。

〔三六〕九江賊馬勉稱黃帝　按:袁《紀》"九江"作"揚州"。汲本、殿本"黃帝"作"皇帝",袁《紀》同。

〔三七〕故得禱祈明祀　按:《刊誤》謂"得"當作"復"。

〔三八〕無殺〔孩〕蟲　據今本《禮記·月令》補。

〔三九〕務加埋瘞　按:"埋"原譌"理",逕據汲本、殿本改正。

後漢書卷七

孝桓帝紀第七

孝桓皇帝諱志，[1]肅宗曾孫也。祖父河間孝王開，父蠡吾侯翼，[2]母匽氏。[3]翼卒，帝襲爵為侯。

【注】

〔1〕《謚法》曰："克敵服遠曰桓。"志之字曰意。

〔2〕順帝時，開上書，願分蠡吾縣以封翼，帝許之。蠡吾故城在今瀛州博野縣西。蠡音禮。

〔3〕諱明，本蠡吾侯之媵妾。《史記》曰，匽姓，咎繇之後也。匽音偃。

本初元年，梁太后徵帝到夏門亭，[1]將妻以女弟。[2]會質帝崩，太后遂與兄大將軍冀定策禁中，閏月庚寅，使冀持節，以王青蓋車[3]迎帝入南宮，其日即皇帝位，時年十五。太后猶臨朝政。[4]

【注】

〔1〕洛陽城北面西頭門也，門外有萬壽亭。

〔2〕妻音七計反。

〔3〕《續漢志》曰："皇太子、皇子皆安車，朱班輪，青蓋，金華蚤。"故曰王青蓋車也。

〔4〕《東觀記》曰："太后御卻非殿。"

秋七月乙卯，葬孝質皇帝于靜陵。[1]

【注】
〔1〕在洛陽東南三十里，陵高五丈五尺，周百三十八步。

齊王喜薨。
辛巳，謁高廟、光武廟。[一]
丙戌，詔曰："孝廉、廉吏皆當典城牧民，禁姦舉善，興化之本，恆必由之。詔書連下，分明懇惻，而在所翫習，遂至怠慢，選舉乖錯，害及元元。頃雖頗繩正，猶未懲改。方今淮夷未珍，軍師屢出，[1]百姓疲悴，困於徵發。庶望群吏，惠我勞民，蠲滌貪穢，以祈休祥。其令秩滿百石，十歲以上，有殊才異行，乃得參選。臧吏子孫，不得察舉。杜絕邪偽請託之原，令廉白守道者得信其操。[2]各明守所司，將觀厥後。"

【注】
〔1〕本初元年，廬江賊攻盱台，廣陵賊張嬰等殺江都長。盱台、江都並近淮，故言淮夷。時中郎將滕撫屢擊破之，其餘眾猶未珍也。
〔2〕信音申，古字通。

九月戊戌，追尊皇祖河閒孝王曰孝穆皇，夫人趙氏曰孝穆皇后，皇考蠡吾侯曰孝崇皇。冬十月甲午，尊皇母匽氏為孝崇博園貴人。[1]

【注】
〔1〕博本漢蠡吾縣之地也。帝既追尊父為孝崇皇，其陵曰博陵，置園廟焉，故曰博園，在今瀛州博野縣西。貴人位次皇后，金印紫綬。

建和元年春正月辛亥朔，日有食之。詔三公、九卿、校尉各言得失。

戊午，大赦天下。賜吏更勞一歲；男子爵，人二級，為父後及三老、孝悌、力田人三級；鰥、寡、孤、獨、篤癃、貧不能自存者粟，人五斛；貞婦帛，人三匹。災害所傷什四以上，勿收田租；其不滿者，以實除之。

二月，荊揚二州人多餓死，遣四府掾分行賑給。

沛國言黃龍見譙。

夏四月庚寅，京師地震。詔大將軍、公、卿、校尉舉賢良方正能直言極諫者各一人。又命列侯、將、大夫、御史、謁者、千石、六百石、〔1〕博士、議郎、郎官各上封事，指陳得失。〔2〕又詔大將軍、公、卿、郡、國舉至孝篤行之士各一人。

【注】

〔1〕將謂五官、左、右、虎賁、羽林中郎將也。大夫謂光祿大夫、太中大夫、中散大夫、諫議大夫。

〔2〕博士掌通古今，比六百石。議郎比六百石。郎官謂三中郎將下之屬官也。有中郎、侍郎、郎中。

壬辰，詔州郡不得迫脅驅逐長吏。長吏臧滿三十萬而不糾舉者，刺史、二千石以縱避為罪。若有擅相假印綬者，與殺人同弃市論。

丙午，詔郡國繫囚減死罪一等，勿笞。唯謀反大逆，不用此書。又詔曰："比起陵塋，〔1〕彌歷時歲，力役既廣，徒隸尤勤。頃雨澤不沾，密雲復散，儻或在茲。〔2〕其令徒作陵者減刑各六月。"

【注】

〔1〕作靜陵也。

〔2〕《易》曰："密雲不雨，自我西郊。"

是月，立阜陵王代兄勃遒亭侯便為阜陵王。[1]

【注】
[1]便，光武玄孫也，阜陵王恢之子，以順帝陽嘉中封為敕遒亭侯，[二]今改封也。遒音子由反。本傳作"便親"，紀傳不同，蓋有誤。

郡國六地裂，水涌井溢。[1]芝草生中黃藏府。[2]

【注】
[1]《續漢志》曰："水溢壞城寺室屋，殺人。時梁太后攝政，兄冀枉殺李固、杜喬。"
[2]《漢官儀》曰"中黃藏府掌中幣帛金銀諸貨物"也。

六月，太尉胡廣罷，大司農杜喬為太尉。[三]
秋七月，勃海王鴻薨，[1]立帝弟蠡吾侯悝為勃海王。

【注】
[1]章帝曾孫也，樂安夷王寵之子，質帝之父也。梁太后改封勃海。

[八月]乙未，立皇后梁氏。[四]
九月丁卯，京師地震。
太尉杜喬免，冬十月，司徒趙戒為太尉，[1]司空袁湯為司徒，前太尉胡廣為司空。

【注】
[1]戒字志伯，蜀郡人也。

十一月，濟陰言有五色大鳥見于己氏。[1]

【注】

〔1〕《續漢志》曰："時以為鳳皇。政既衰缺，梁冀專權，皆羽孽也。"己氏，縣名，屬濟陰郡，故城在今宋州楚丘縣也，古戎州己氏之邑也。

戊午，減天下死罪一等，戍邊。

清河劉文反，殺國相射暠，〔五〕欲立清河王蒜為天子；事覺伏誅。蒜坐貶為尉氏侯，徙桂陽，自殺。〔1〕

【注】

〔1〕尉氏，縣，屬陳留郡，今汴州縣也。

前太尉李固、杜喬皆下獄死。〔1〕

【注】

〔1〕《續漢志》曰："順帝之末，京都童謠曰：'直如弦，死道邊；曲如鉤，反封侯。'曲如鉤謂梁冀、胡廣等。直如弦謂李固等。"

陳留盜賊李堅自稱皇帝，伏誅。〔1〕

【注】

〔1〕《東觀記》曰江舍及李堅等。

二年春正月甲子，皇帝加元服。庚午，大赦天下。賜河閒、勃海二王黃金各百斤，〔1〕彭城諸國王各五十斤；〔2〕公主、大將軍、三公、特進、侯、中二千石、二千石、將、大夫、郎吏、從官、四姓及梁鄧小侯、諸夫人以下帛，各有差。年八十以上賜米、酒、肉，九十以上加帛二匹，綿三斤。

【注】
〔1〕河間王建，勃海王悝。
〔2〕彭城王定。

三月戊辰，帝從皇太后幸大將軍梁冀府。
白馬羌寇廣漢屬國，殺長吏，益州刺史率板楯蠻討破之。[1]

【注】
〔1〕板楯，西南蠻之號。

夏四月丙子，封帝弟（顧）[碩]為平原王，[六]奉孝崇皇祀。尊孝崇皇夫人馬氏為孝崇園貴人。
嘉禾生大司農帑藏。[1]五月癸丑，北宫掖廷中德陽殿及左掖門火，車駕移幸南宫。

【注】
〔1〕《説文》曰："帑者，金布所藏之府也。"帑，佗朗反。

六月，改清河為甘陵，立安平王得子經侯理為甘陵王。[1]

【注】
〔1〕安平，今定州縣也。經，今貝州經城縣。

秋七月，京師大水。河東言木連理。
冬十月，長平陳景自號"黃帝子"，署置官屬，又南頓管伯亦稱"真人"，並圖舉兵，悉伏誅。

三年春三月甲申，彭城王定薨。

夏四月丁卯晦，日有食之。[1]五月乙亥，詔曰："蓋聞天生蒸民，不能相理，為之立君，使司牧之。君道得於下，則休祥著乎上；庶事失其序，則咎徵見乎象。[2]閒者，日食毀缺，陽光晦暗，朕祗懼潛思，匪遑啓處。[3]傳不云乎：'日食修德，月食修刑。'[4]昔孝章帝愍前世禁徙，故建初之元，並蒙恩澤，流徙者使還故郡，没入者免為庶民。[七]先皇德政，可不務乎！其自永建元年迄乎今歲，凡諸妖惡，支親從坐，及吏民減死徙邊者，悉歸本郡；唯没入者不從此令。"

【注】

[1]《續漢志》曰："在東井二十三度。東井主法，梁太后枉殺公卿，犯天法也。"

[2]已上略成帝詔詞。

[3]遑，暇也。啓，跪也。《詩·小雅》曰："王事靡盬，不遑啓處。"

[4]《公羊傳》之文也。[八]

六月庚子，詔大將軍、三公、特進、侯，其與卿、校尉舉賢良方正能直言極諫之士各一人。

乙卯，震憲陵寢屋。秋七月庚申，廉縣雨肉。[1]八月乙丑，有星孛于天市。[2]京師大水。九月己卯，地震。庚寅，地又震。詔死罪以下及亡命者贖，各有差。郡國五山崩。

【注】

[1]《續漢志》曰："肉似羊肺，或大如手。"《五行傳》云："弃法律，逐功臣，時則有羊禍，時則有赤眚赤祥。"是時梁太后攝政，兄冀專權，枉誅李固、杜喬，天下冤之。廉縣屬北地郡也。

[2]《前書》曰："旗星中四星，名曰天市。"

冬十月，太尉趙戒免。司徒袁湯為太尉，大司農河內張歆為司

徒。〔1〕

【注】
〔1〕歆字敬讓。

十一月甲申，詔曰："朕攝政失中，災眚連仍，三光不明，陰陽錯序。監寐寤歎，疢如疾首。〔1〕今京師廝舍，死者相枕，〔2〕郡縣阡陌，處處有之，甚違周文掩骼之義。其有家屬而貧無以葬者，給直，人三千，喪主布三匹；若無親屬，可於官壖地葬之，〔3〕表識姓名，為設祠祭。又徒在作部，疾病致醫藥，死亡厚埋藏。民有不能自振及流移者，稟穀如科。州郡檢察，務崇恩施，以康我民。"

【注】
〔1〕監寐言雖寢而不寐也。寤，覺也。
〔2〕廝舍，賤役人之舍。
〔3〕壖，官之餘地也。《前書音義》曰："壖，城郭旁地。"音奴喚、而戀二反。

和平元年春正月甲子，〔九〕大赦天下，改元和平。
（己）〔乙〕丑，詔曰〔一〇〕："曩者遭家不造，先帝早世。〔1〕永惟大宗之重，深思嗣續之福，詢謀台輔，稽之兆占。既建明哲，克定統業，天人協和，萬國咸寧。元服已加，將即委付，而四方盜竊，頗有未靜，故假延臨政，以須安謐。幸賴股肱禦侮之助，殘醜消蕩，〔2〕民和年稔，普天率土，遐邇洽同。遠覽'復子明辟'之義，〔3〕近慕先姑歸授之法，〔4〕及今令辰，皇帝稱制。群公卿士，虔恭爾位，勠力一意，勉同斷金。〔5〕'展也大成'，則所望矣。"〔6〕

【注】
〔1〕謂順帝崩也。《詩·周頌》曰："閔予小子，遭家不造。"鄭玄注云："造，成也。言成王遭武王崩，家道未成。"
〔2〕謂建和二年長安陳景反，南頓管伯等謀反，並伏誅。
〔3〕《尚書》曰："周公曰'朕復子明辟'。"復，還也。子謂成王也。辟，君也。謂周公攝政已久，故復還明君之政於成王；今太后亦還政於帝也。
〔4〕先姑謂安帝閻皇后也。《爾雅》曰"婦人謂夫之父曰舅，夫之母曰姑。在則曰君舅、君姑，歿則曰先舅、先姑"也。
〔5〕金者，剛之物也。言人能同心，則其利可以斷之也。《易》曰："二人同心，其利斷金。"
〔6〕《詩·小雅》曰："允矣君子，展也大成。"鄭玄注云："允，信也。展，誠也。大成謂致太平也。"言誠能致太平，是所望也。

二月，扶風妖賊裴優自稱皇帝，伏誅。〔1〕

【注】
〔1〕裴，姓；優，名也。《風俗通》曰："裴，伯益之後。"

甲寅，皇太后梁氏崩。
三月，車駕徙幸北宮。
甲午，葬順烈皇后。〔一〕
夏五月庚辰，尊博園匽貴人曰孝崇皇后。
秋七月，梓潼山崩。〔1〕

【注】
〔1〕梓潼，縣，屬廣漢郡，今始州縣也，有梓潼水。

冬十一月辛巳，〔二〕減天下死罪一等，徙邊戍。

元嘉元年春正月，京師疾疫，使光祿大夫將醫藥案行。
癸酉，大赦天下，改元元嘉。
二月，九江、廬江大疫。
甲午，河間王建薨。夏四月己丑，安平王得薨。[1]

【注】
[1]河間孝王開之子，初為樂成王，後改曰安平。

京師旱。任城、梁國飢，民相食。
司徒張歆罷，光祿勳吳雄為司徒。
秋七月，武陵蠻叛。
冬十月，司空胡廣罷。
十一月辛巳，京師地震。
閏月庚午，任城王崇薨。太常黃瓊為司空。

二年春正月，西域長史王敬為于寘國所殺。[1]

【注】
[1]敬殺于寘王建，故國人殺之。

丙辰，京師地震。
夏四月甲寅，孝崇皇后匽氏崩。庚午，常山王豹薨。五月辛卯，葬孝崇皇后于博陵。
秋七月庚辰，日有食之。[一三]八月，濟陰言黃龍見句陽，[1]金城言黃龍見允街。[2]冬十月乙亥，京師地震。

【注】
[1]縣名，屬濟陰郡，《左傳》曰"盟于句瀆之丘"是也，故城在今曹州

乘氏縣北,一名穀丘。

〔2〕允街,縣名,屬金城郡,音緣皆。

十一月,司空黃瓊免。十二月,特進趙戒為司空。
右北平太守和旻坐臧,下獄死。

永興元年春二月,張掖言白鹿見。
三月丁亥,幸鴻池。
夏五月丙申,大赦天下,改元永興。
丁酉,濟南王廣薨,無子,國除。
秋七月,郡國三十二蝗。河水溢。百姓飢窮,流冗道路,至有數十萬戶,冀州尤甚。詔在所賑給乏絕,安慰居業。
冬十月,太尉袁湯免,太常胡廣為太尉。司徒吳雄罷,司空趙戒免;以太僕黃瓊為司徒,光祿勳房植為司空。
十一月丁丑,詔減天下死罪一等,徙邊戍。
是歲,武陵太守應奉招誘叛蠻,降之。

二年春正月甲午,大赦天下。
二月辛丑,初聽刺史、二千石行三年喪服。
癸卯,京師地震,詔公、卿、校尉舉賢良方正能直言極諫者各一人。詔曰:"比者星辰謬越,坤靈震動,災異之降,必不空發。勑己修政,庶望有補。其興服制度有踰侈長飾者,皆宜損省。〔1〕郡縣務存儉約,申明舊令,如永平故事。"

【注】
〔1〕長音直亮反。

六月,彭城泗水增長逆流。〔1〕詔司隸校尉、部刺史曰:"蝗灾為害,水變仍至，五穀不登，人無宿儲。其令所傷郡國種蕪菁以助人食。"

【注】
〔1〕張衡對策曰："水者，五行之首。逆流者，人君之恩不能下及，而教逆也。"

京師蝗。東海朐山崩。〔1〕

【注】
〔1〕朐，山名也，在今海州朐山縣南。

九月丁卯朔，日有食之。詔曰："朝政失中，雲漢作旱，〔1〕川靈涌水，蝗螽孳蔓，殘我百穀，太陽虧光，飢饉荐臻。其不被害郡縣，當為飢餒者儲。天下一家，趣不糜爛，則為國寶。其禁郡國不得賣酒，祠祀裁足。"

【注】
〔1〕《雲漢》，《詩·大雅》篇名也。周宣王時大旱，故作詩曰："倬彼雲漢，昭回于天。"鄭玄注云："雲漢，天河也。倬然轉運於天。時旱渴雨，故宣王夜視天河，望其候焉。"

太尉胡廣免，司徒黃瓊為太尉。閏月，光祿勳尹頌為司徒。〔1〕

【注】
〔1〕頌字公孫，鞏人。

減天下死罪一等，徙邊戍。
蜀郡李伯詐稱宗室，當立為"太初皇帝"，伏誅。

冬十一月甲辰，校獵上林苑，遂至函谷關，賜所過道傍年九十以上錢，各有差。

太山、琅邪賊公孫舉等反叛，殺長吏。

永壽元年春正月戊申，大赦天下，改元永壽。

二月，司隸、冀州飢，人相食。[1]勑州郡賑給貧弱。若王侯吏民有積穀者，一切貣十分之三，[2]以助稟貸；其百姓吏民者，以見錢雇直。[3]王侯須新租乃償。[4]

【注】

〔1〕司隸，州，即洛陽。

〔2〕貣音吐得反，又音徒得反。

〔3〕雇猶酬也。

〔4〕須，待也。

夏四月，白烏見齊國。

六月，洛水溢，壞鴻德苑。[1]南陽大水。

【注】

〔1〕《續漢志》曰："水溢至津城門，漂流人物。時梁冀專政，疾害忠良，威權震主，後遂誅滅也。"

司空房植免，太常韓縯為司空。[1]

【注】

〔1〕縯音翼善反。

詔太山、琅邪遇賊者，勿收租、賦，復更、筭三年。又詔被水死流失屍骸者，令郡縣鉤求收葬；及所唐突壓溺物故，七歲以上賜錢，人二千。壞敗廬舍，亡失穀食，尤貧者稟，人二斛。

巴郡、益州郡山崩。[1]

【注】
[1]益州，郡名也，武帝置。諸本無"郡"字者，誤也。

秋七月，初置太山、琅邪都尉官。[1]

【注】
[1]《漢官儀》曰："秦郡有尉一人，典兵禁，捕盜賊，景帝更名都尉，建武（七）[六]年[一四]省，唯邊郡往往置都尉及屬國都尉。"今二郡寇賊不息，故置。

南匈奴左[薁鞬]臺[耆]、且渠伯德等叛，[一五]寇美稷，[1]安定屬國都尉張奐討除之。

【注】
[1]美稷，西河縣也。

二年春正月，初聽中官得行三年服。[1]

【注】
[1]中官，常侍以下。

二月甲申，東海王臻薨。
三月，蜀郡屬國夷叛。
秋七月，鮮卑寇雲中。太山賊公孫舉等寇青、兗、徐三州，遣中郎將段熲討，破斬之。
　冬十一月，置太官右監丞官。〔1〕

【注】
〔1〕《漢官儀》太官右監丞，秩比六百石也。

　十二月，京師地震。

　三年春正月己未，〔一六〕大赦天下。
　夏四月，九真蠻夷叛，太守兒式討之，戰歿；遣九真都尉魏朗擊破之。復屯據日南。
　閏月庚辰晦，日有食之。
　六月，初以小黃門為守宮令，置冗從右僕射官。〔1〕

【注】
〔1〕《漢官儀》曰"守宮令一人，黃門冗從僕射一人，並秩六百石"也。

　京師蝗。秋七月，河東地裂。
　冬十一月，司徒尹頌薨。
　長沙蠻叛，寇益陽。〔1〕

【注】
〔1〕縣名，屬長沙國，在益水之陽，今潭州縣也，故城在縣東。

　司空韓縯為司徒，太常北海孫朗為司空。〔1〕

【注】
〔1〕朗字代平。

延熹元年春三月己酉，初置鴻德苑令。[1]

【注】
〔1〕《漢官儀》曰："苑令一人，秩六百石。"

夏五月己酉，大會公卿以下，賞賜各有差。
甲戌晦，日有食之。京師蝗。
六月戊寅，大赦天下，改元延熹。
丙戌，分中山置博陵郡，以奉孝崇皇園陵。[1]大雩。

【注】
〔1〕博陵郡，故城在今瀛州博野縣也。後徙安平。

秋七月己巳，〔一七〕雲陽地裂。
甲子，太尉黃瓊免，太常胡廣為太尉。
冬十月，校獵廣成，遂幸上林苑。
十二月，鮮卑寇邊，使匈奴中郎將張奐率南單于擊破之。

二年春二月，鮮卑寇鴈門。
己亥，阜陵王便薨。
蜀郡夷寇蠶陵，殺縣令。
三月，復斷刺史、二千石行三年喪。
夏，京師雨水。
六月，鮮卑寇遼東。
秋七月，初造顯陽苑，置丞。
丙午，皇后梁氏崩。乙丑，葬懿獻皇后于懿陵。
大將軍梁冀謀為亂。八月丁丑，帝御前殿，詔司隸校尉張彪將兵圍冀第，收大將軍印綬，冀與妻皆自殺。衛尉梁淑、河南尹梁胤、屯騎

校尉梁讓、越騎校尉梁忠、長水校尉梁戟等，及中外宗親數十人，皆伏誅。太尉胡廣坐免。司徒韓縯、司空孫朗下獄。〔1〕

【注】
〔1〕《東觀記》曰："並坐不衛宮，止長壽亭，減死一等，以爵贖之。"

壬午，立皇后鄧氏，追廢懿陵為貴人冢。詔曰："梁冀姦暴，濁亂王室。孝質皇帝聰敏早茂，冀心懷忌畏，私行殺毒。永樂太后親尊莫二，〔1〕冀又遏絕，禁還京師，〔2〕使朕離母子之愛，隔顧復之恩。禍害深大，罪釁日滋。賴宗廟之靈，及中常侍單超、徐璜、具瑗、左悺、〔3〕唐衡、尚書令尹勳等激憤建策，內外協同，漏刻之閒，桀逆梟夷。〔4〕斯誠社稷之祐，臣下之力，宜班慶賞，以酬忠勳。其封超等五人為縣侯，勳等七人為亭侯。"〔5〕於是舊故恩私，多受封爵。

【注】
〔1〕和平元年有司奏，太后所居皆以永樂為稱，置官屬太僕、少府焉。
〔2〕謂太后常居博園，不得在洛陽。
〔3〕《說文》曰："悹，憂也。"音工奐反。今作心旁官，即"悺"字也，今相傳音綰。
〔4〕梟，縣首於木也。
〔5〕五縣侯謂單超新豐侯、徐璜武原侯、具瑗東武陽侯、左悺上蔡侯、唐衡汝陽侯。七亭侯謂尹勳宜陽都鄉、霍諝鄴都亭、張敬山陽西鄉、歐陽參脩武仁亭、李瑋宜陽金門、虞放冤句呂都亭、周永下邳高遷鄉。

大司農黃瓊為太尉，光祿大夫中山祝恬為司徒，〔1〕大鴻臚梁國盛允為司空。〔2〕初置祕書監官。〔3〕

【注】
〔１〕恬字伯休，盧奴人。
〔２〕允字伯代。〔一八〕
〔３〕《漢官儀》："祕書監一人，秩六百石。"

冬十月壬申，行幸長安。乙酉，幸未央宮。甲午，祠高廟。十一月庚子，遂有事十一陵。
壬寅，中常侍單超為車騎將軍。
十二月己巳，至自長安，賜長安民粟人十斛，園陵人五斛，行所過縣三斛。
燒當等八種羌叛，寇隴右，護羌校尉段熲追擊於羅亭，破之。〔１〕

【注】
〔１〕《東觀記》曰追到積石山，即與羅亭相近，在今鄯州也。

天竺國來獻。

三年春正月丙申，大赦天下。
丙午，車騎將軍單超薨。
閏月，燒何羌叛，寇張掖，護羌校尉段熲追擊於積石，大破之。〔１〕

【注】
〔１〕積石山在今鄯州龍支縣南，即《禹貢》云"導河積石"是也。

白馬令李雲坐直諫，下獄死。
夏四月，上郡言甘露降。五月甲戌，漢中山崩。
六月辛丑，司徒祝恬薨。秋七月，司空盛允為司徒，太常虞放為司空。〔１〕

【注】
〔1〕放字子仲，陳留人也。

長沙蠻寇郡界。
九月，太山、琅邪賊勞丙等復叛，寇掠百姓，遣御史中丞趙某[1]持節督州郡討之。

【注】
〔1〕史闕名也。

丁亥，詔無事之官權絕奉，豐年如故。
冬十一月，日南蠻賊率衆詣郡降。
勒姐羌圍允街，[1]段熲擊破之。

【注】
〔1〕勒姐，羌號也。姐音子野反。

太山賊叔孫無忌攻殺都尉侯章。十二月，遣中郎將宗資討破之。
武陵蠻寇江陵，車騎將軍馮緄討，皆降散。荊州刺史度尚討長沙蠻，平之。〔一九〕

四年春正月辛酉，南宮嘉德殿火。戊子，丙署火。[1]大疫。二月壬辰，武庫火。

【注】
〔1〕丙署，署名也。《續漢志》曰："丙署長七人，秩四百石，黃綬，宦者為之，主中宮別處。"

司徒盛允免，大司農种暠為司徒。三月，省冗從右僕射官。[1]太尉黃瓊免。夏四月，太常劉矩為太尉。

【注】
〔1〕永壽三年置。

甲寅，封河閒王開子博為任城王。
五月辛酉，有星孛于心。丁卯，原陵長壽門火。己卯，京師雨雹。[1]六月，京兆、扶風及涼州地震。庚子，岱山及博尤來山並穨裂。[2]

【注】
〔1〕《東觀記》曰大如雞子。《續漢志》曰"誅殺過差，寵小人"也。
〔2〕博，今博城縣也。太山有徂來山，一名尤來。

己酉，大赦天下。
司空虞放免，前太尉黃瓊為司空。
犍為屬國夷寇鈔百姓，益州刺史山昱擊破之。
零吾羌與先零諸種並叛，寇三輔。
秋七月，京師雩。
減公卿以下奉，貸王侯半租。占賣關內侯、虎賁、羽林、緹騎營士、五大夫錢各有差。
九月，司空黃瓊免，大鴻臚劉寵為司空。
冬十月，天竺國來獻。
南陽黃武與襄城惠得、昆陽樂季訞言相署，皆伏誅。
先零沈氐羌與諸種羌寇并涼二州，十一月，中郎將皇甫規擊破之。
十二月，夫餘王遣使來獻。

五年春正月，省太官右監丞。[1]

【注】
[1]永壽三年置。

壬午，南宮丙署火。
三月，沈氐羌寇張掖、酒泉。
壬午，濟北王次薨。
夏四月，長沙賊起，寇桂陽、蒼梧。[1]

【注】
[1]《東觀記》曰："時攻没蒼梧，取銅虎符，太守甘定、刺史侯輔各奔出城。"桂陽，郡，在桂水之陽，今連州縣。

驚馬逸象突入宮殿。乙丑，恭陵東闕火。[1][二〇]戊辰，虎賁掖門火。己巳，太學西門自壞。五月，康陵園寢火。[2]

【注】
[1]安帝陵也。
[2]殤帝陵也。

長沙、零陵賊起，攻桂陽、蒼梧、南海、交阯，遣御史中丞盛脩督州郡討之，不克。
乙亥，京師地震。詔公、卿各上封事。甲申，中藏府承禄署火。秋七月己未，南宮承善闥火。[1]

【注】
[1]《爾雅》曰："宮中門謂之闥。"《廣雅》曰："闥謂之闠。"

鳥吾羌寇漢陽、隴西、金城，諸郡兵討破之。

八月庚子，詔減虎賁、羽林住寺不任事者半奉，勿與冬衣；[1]其公卿以下給冬衣之半。

【注】

[1]《東觀記》曰："以京師水旱疫病，[二]帑藏空虛，虎賁、羽林不任事者住寺，減半奉。"據此，謂簡選疲弱不勝軍事者，留住寺也。

艾縣賊焚燒長沙郡縣，寇益陽，殺令。[1]又零陵蠻亦叛，寇長沙。

【注】

[1]《東觀記》曰："時賊乘刺史車，屯據臨湘，居太守舍。賊萬人以上屯益陽，殺長吏。"艾，縣名，屬豫章郡，故城在今洪州建昌縣。

己卯，罷琅邪都尉官。[1]

【注】

[1]永壽元年置。

冬十月，武陵蠻叛，寇江陵，南郡太守李肅坐奔北弃市；辛丑，以太常馮緄為車騎將軍，討之。假公卿以下奉。又換王侯租以助軍糧，出濯龍中藏錢還之。十一月，馮緄大破叛蠻於武陵。

京兆虎牙都尉宗謙[二]坐贓，下獄死。[1]

【注】

[1]京兆虎牙都尉屯長安，見《西羌傳》。

滇那羌寇武威、張掖、酒泉。

太尉劉矩免，太常楊秉為太尉。

六年春二月戊午，司徒种暠薨。
三月戊戌，大赦天下。
衛尉潁川許栩為司徒。[1]

【注】
〔1〕栩字季闕，鄢人。

夏四月辛亥，康陵東署火。
五月，鮮卑寇遼東屬國。
秋七月甲申，平陵園寢火。[1]

【注】
〔1〕平陵，昭帝陵也。

桂陽盜賊李研等寇郡界。
武陵蠻復叛，太守陳奉與戰，大破降之。
隴西太守孫羌討滇那羌，破之。
八月，車騎將軍馮緄免。
冬十月丙辰，校獵廣成，遂幸函谷關、上林苑。
十一月，司空劉寵免。
南海賊寇郡界。
十二月，衛尉周景為司空。

七年春正月庚寅，沛王榮薨。
三月癸亥，隕石于鄗。
夏四月丙寅，梁王成薨。

五月己丑,京師雨雹。
秋七月辛卯,趙王乾薨。
野王山上有死龍。〔二三〕
荊州刺史度尚擊零陵、桂陽盜賊及蠻夷,大破平之。
冬十月壬寅,南巡狩。庚申,幸章陵,祠舊宅,遂有事于園廟,賜守令以下各有差。戊辰,幸雲夢,臨漢水;還,幸新野,祠湖陽、新野公主、魯哀王、壽張敬侯廟。〔1〕

【注】
〔1〕光武姊湖陽長公主、新野長公主,兄魯哀王,舅壽張敬侯樊重,並光武時立廟。

護羌校尉段熲擊當煎羌,破之。
十二月辛丑,車駕還宮。

八年春正月,遣中常侍左悺之苦縣,祠老子。〔1〕

【注】
〔1〕《史記》曰:"老子者,楚苦縣厲鄉曲仁里人也。名耳,字聃,姓李氏。為周守藏(吏)〔史〕。〔二四〕"有神廟,故就祠之。苦縣屬陳國,故城在今亳州谷陽縣也。苦音户,又如字。

勃海王悝謀反,降為(瘦)〔廮〕陶王。〔1〕〔二五〕

【注】
〔1〕(瘦)〔廮〕陶,縣,屬鉅鹿郡,故城在今趙州(瘦)〔廮〕陶縣西南。

丙申晦,日有食之。詔公、卿、校尉舉賢良方正。

[二月]己酉，南宮嘉德署黃龍見。千秋萬歲殿火〔二六〕。
太僕左稱有皐自殺。
癸亥，皇后鄧氏廢。河南尹鄧萬世、〔1〕虎賁中郎將鄧會下獄死。〔2〕

【注】
〔1〕鄧后之叔父。
〔2〕鄧后之兄子。

護羌校尉段熲擊罕姐羌，〔二七〕破之。
三月辛巳，大赦天下。
夏四月甲寅，安陵園寢火。〔1〕

【注】
〔1〕惠帝陵也。

丁巳，壞郡國諸房祀。〔1〕

【注】
〔1〕房謂祠堂也。《王渙傳》曰："時唯密縣存故太傅卓茂廟，洛陽留令王渙祠。"

濟陰、東郡、濟北河水清。
五月壬申，罷太山都尉官。〔1〕丙戌，太尉楊秉薨。

【注】
〔1〕永壽元年置。

[六月]丙辰，緱氏地裂。〔二八〕

桂陽胡蘭、朱蓋等復反,〔二九〕攻没郡縣,轉寇零陵,零陵太守陳球拒之;遣中郎將度尚、長沙太守抗徐等擊蘭、蓋,大破斬之。[1]蒼梧太守張敍為賊所執,又桂陽太守任胤背敵畏懦,皆弃市。

【注】
〔1〕謝承《書》曰:"抗徐字伯徐,丹陽人。少為郡佐史,有膽智策略,三府表徐有將率之任,特遷長沙太守。"《風俗通》曰:"衛大夫三抗之後,漢有抗喜,為漢中太守。"

閏月甲午,南宮長秋和歡殿後鉤楯、掖庭、朔平署火。[1]

【注】
〔1〕長秋,宮名。《漢官》曰:"朔平署司馬一人。"

六月,段熲擊當煎羌於湟中,大破之。[1]

【注】
〔1〕湟,水名,在今鄯州湟水縣。

秋七月,太中大夫陳蕃為太尉。
八月戊辰,初令郡國有田者畝斂稅錢。[1]

【注】
〔1〕畝十錢也。〔三〇〕

九月丁未,京師地震。
冬十月,司空周景免,太常劉茂為司空。[1]

【注】
〔1〕茂字叔盛，彭城人也。

辛巳，立貴人竇氏為皇后。
勃海妖賊蓋登等〔1〕稱"太上皇帝"，有玉印、珪、璧、鐵券，相署置，皆伏誅。〔2〕

【注】
〔1〕蓋音古盍反。
〔2〕《續漢書》曰："時登等有玉印五，皆如白石，文曰'皇帝信璽'、'皇帝行璽'，其三無文字。璧二十二，珪五，鐵券十一。開王廟，帶王綬，〔三一〕衣絳衣，相署置也。"

十一月壬子，德陽殿西閣、黃門北寺火，延及廣義、神虎門，燒殺人。〔1〕

【注】
〔1〕廣義、神虎，洛陽宮西門也，在金商門外。袁山松《書》曰："是時連月火災，諸宮寺或一日再三發。又夜有訛言，擊鼓相驚。陳蕃等上疏諫曰'唯善政可以已之'，書奏不省。"

使中常侍管霸之苦縣，祠老子。

九年春正月辛（亥）［卯］朔，〔三二〕日有食之。詔公、卿、校尉、郡國舉至孝。
沛國戴異得黃金印，無文字，遂與廣陵人龍尚等共祭井，作符書，稱"太上皇"，伏誅。〔1〕

【注】
〔1〕《東觀記》曰:"戴異鉏田得金印,到廣陵以與龍尚。"

己酉,詔曰:"比歲不登,民多飢窮,又有水旱疾疫之困。盜賊徵發,南州尤甚。〔1〕災異日食,譴告累至。政亂在予,仍獲咎徵。其令大司農絕今歲調度徵求,及前年所調未畢者,勿復收責。其災旱盜賊之郡,勿收租,餘郡悉半入。"

【注】
〔1〕謂長沙、桂陽、零陵等郡也,並屬荊州。

三月癸巳,京師有火光轉行,人相驚譟。
司隸、豫州飢死者什四五,至有滅戶者,遣三府掾賑稟之。
陳留太守韋毅坐臧自殺。
夏四月,濟陰、東郡、濟北、平原河水清。
司徒許栩免。五月,太常胡廣為司徒。
六月,南匈奴及烏桓、鮮卑寇緣邊九郡。
秋七月,沈氐羌寇武威、張掖。詔舉武猛,三公各二人,卿、校尉各一人。
太尉陳蕃免。
庚午,祠黃、老於濯龍宮。
遣使匈奴中郎將張奐擊南匈奴、烏桓、鮮卑。
九月,光祿勳周景為太尉。
南陽太守成瑨、〔三三〕太原太守劉瓆,〔三四〕並以譖弃市。〔1〕

【注】
〔1〕時小黃門趙津犯法,瓆考殺之,宦官怨恚,有司承旨奏瓆等。

司空劉茂免。
大秦國王遣使奉獻。[1]

【注】
[1]時國王安敦獻象牙、犀角、玳瑁等。

冬十二月，洛城傍竹柏枯傷。
光祿勳汝南宣酆為司空。[1]

【注】
[1]酆字伯應，封東陽亭侯。

南匈奴、烏桓率眾詣張奐降。
司隸校尉李膺等二百餘人受誣為黨人，並坐下獄，書名王府。[1]

【注】
[1]河內牢脩告之，事具《劉淑傳》。

永康元年春正月，先零羌寇三輔，中郎將張奐破平之。當煎羌寇武威，護羌校尉段熲追擊於鸞鳥，大破之。[1]西羌悉平。

【注】
[1]鸞鳥，縣名，屬武威郡。鸞音董。

夫餘王寇玄菟，太守公孫域與戰，破之。
夏四月，先零羌寇三輔。
五月丙申，京師及上黨地裂。
廬江賊起，寇郡界。

壬子晦，日有食之。詔公、卿、校尉舉賢良方正。
六月庚申，大赦天下，悉除黨錮，改元永康。[1]

【注】
[1]時李膺等頗引宦者子弟，宦官多懼，請帝以天時當赦，帝許之，故除黨錮也。

丙寅，阜陵王統薨。
秋八月，魏郡言嘉禾生，甘露降。巴郡言黃龍見。[1]

【注】
[1]《續漢志》曰："時人欲就沱浴，見沱水濁，因戲相恐：'此中有黃龍。'語遂行人[聞]，聞郡，[三五]欲以為美，故上言之，時史以書帝紀。桓帝政化衰缺，而多言瑞應，皆此類也。先儒言瑞興非時，則為妖孽，而人言生龍，皆龍孽也。"

六州大水，勃海海溢。詔州郡賜溺死者七歲以上錢，人二千；一家皆被害者，悉為收斂；其亡失穀食，稟人三斛。
冬十月，先零羌寇三輔，使匈奴中郎將張奐擊破之。
十一月，西河言白菟見。
十二月壬申，復（瘦）[癭]陶王悝為勃海王。
丁丑，帝崩于德陽前殿，年三十六。戊寅，尊皇后曰皇太后，太后臨朝。
是歲，復博陵、河間二郡，比豐、沛。

論曰：前史稱桓帝好音樂，善琴笙。[1]飾芳林而考濯龍之宮，[2]設華蓋以祠浮圖、老子，[3]斯將所謂"聽於神"乎！[4]及誅梁冀，奮威怒，天下猶企其休息。而五邪嗣虐，流衍四方。[5]自非忠賢力爭，屢折姦鋒,[6]雖願依斟流彘,亦不可得已。

【注】

〔1〕前史謂《東觀記》。

〔2〕薛綜注《東京賦》云:"濯龍,殿名。芳林謂兩旁樹木蘭也。"考,成也。既成而祭之。《左傳》曰"考仲子之宮"也。

〔3〕浮圖,今佛也。《續漢志》曰:"祠老子於濯龍宮,文罽為壇,飾淳金(鉛)〔釦〕器,[三六]設華蓋之坐,用郊天樂。"

〔4〕《左傳》曰:"史嚚曰:'國將興,聽於人;將亡,聽於神。'"

〔5〕五邪謂單超、徐璜、左悺、唐衡、具瑗也。

〔6〕忠賢謂李膺、陳蕃、竇武、黃瓊、朱穆、劉淑、劉陶等,各上書極諫,以折宦官等姦謀之鋒也。

〔7〕《帝王紀》曰:"夏帝相為羿所逐,相乃都商丘,依同姓諸侯斟灌、斟尋氏。"《史記》曰:"周厲王好利暴虐,周人相與畔,而襲厲王,王出奔于彘。"言帝寵幸宦豎,令執威權,賴忠臣李膺等竭力諫爭,以免篡弒之禍。不然,則雖願如夏相依斟,周王流彘,不可得也。斟灌、斟尋,國,故城在今青州。彘,晉地也。

贊曰:桓自宗支,越躋天祿。[1]政移五倖,刑淫三獄。[2]傾宮雖積,皇身靡續。[3]

【注】

〔1〕越謂非次也。躋,升也。天祿,天位也。《左傳》子家羈曰:"天祿不再。"

〔2〕倖,佞也。淫,濫也。五倖即上"五邪"也。三獄謂李固、杜喬、李雲、杜衆、成瑨、劉質也。

〔3〕《帝王紀》曰:"紂多發美女以充傾宮之室,婦人衣綾紈者三百餘人。"據桓帝納三皇后,又博採宮女五六千人,並無子也。

【校勘記】

〔一〕謁高廟光武廟　按：殿本《考證》引何焯説，謂"光武廟"上疑脱"壬午謁"三字。

〔二〕以順帝陽嘉中封為敖迺亭侯　按：汲本、殿本"為敖"二字誤倒。又按：敖即勃之俗字，汲本、殿本俱作"勃"。

〔三〕大司農杜喬為太尉　按："大司農"當作"光禄勳"。《杜喬傳》"遷光禄勳，建和元年代胡廣為太尉"。袁《紀》亦云光禄勳杜喬代胡廣為太尉。

〔四〕[八月]乙未立皇后梁氏　《集解》引惠棟説，謂《考異》云《皇后紀》、袁《紀》皆云八月，而無日。以長曆考之，七月戊申朔，無乙未，乙未八月十八日，此上脱"八月"二字。今據補。

〔五〕殺國相射暠　按：《清河王傳》云文等劫相謝暠，章懷注云帝紀"謝"作"射"，蓋紀傳不同。《集解》引惠棟説，謂《三輔決録》云漢末大鴻臚射咸，本姓謝名服，天子以將軍出征，姓謝名服不祥，改之為射氏名咸。案此謝氏至漢末時始改射，故吳時有射慈。暠在桓帝初，不應先姓射氏，當從傳為正。又按：據《清河王傳》章懷注，則紀本作"射"，汲本、殿本作"謝"，殆後人據傳改也。

〔六〕封帝弟（顧）[碩]為平原王　按：《河間王開傳》作"帝兄都鄉侯碩"，《孝崇匽王后紀》又作"帝弟平原王石"。《校補》引侯康説，謂作"碩"者是，顧則形近之誤，石則聲近之誤也。作"帝弟"者是，桓帝為蠡吾侯長子，不得有兄也。今據改。

〔七〕没入者免為庶民　按："民"當作"人"，此後人回改之譌。

〔八〕公羊傳之文也　按：《集解》引蘇輿説，謂《公羊傳》無此文，語見《管子》。

〔九〕和平元年春正月甲子　按：李慈銘謂據《通鑑目録》甲子是朔，"甲子"下當脱一"朔"字。

〔一〇〕（己）[乙]丑詔曰　按：汲本、殿本作"己亥"，袁《紀》作"己丑"，《通鑑》作"乙丑"，《校補》謂當以《通鑑》為正。今據改。

〔一一〕甲午葬順烈皇后　按：李慈銘謂按《通鑑目録》，三月癸亥朔，不得有甲午，若是甲子，則距崩十一日，太促，疑"甲"當作"庚"。

〔一二〕冬十一月辛巳　按：汲本、殿本、《集解》本無"辛巳"二字。

〔一三〕秋七月庚辰日有食之　按：推是年七月合朔己卯，無日食，參閱《續五行志》六校記。

〔一四〕建武（七）〔六〕年　汲本作"十年"，《校補》謂據《光武紀》及《續志》，皆"六年"之誤。今據改。

〔一五〕南匈奴左〔薁鞬〕臺〔耆〕且渠伯德等叛　沈家本謂按《張奐傳》及《南匈奴傳》"左"下奪"薁鞬"二字，"臺"下奪"耆"字。今據補。按：《通鑑》亦作"左薁鞬臺耆"，《考異》云從《張奐傳》。

〔一六〕春正月己未　按："己未"當依袁宏《紀》作"癸未"，是年正月癸未朔，無己未。

〔一七〕秋七月己巳　按：當依《續志》作"乙巳"，詳《五行志》四校記。

〔一八〕允字伯代　按：據《司徒盛允碑》，允字伯世，此作"代"，章懷避唐諱改也。

〔一九〕武陵蠻寇江陵車騎將軍馮緄討皆降散荊州刺史度尚討長沙蠻平之　《集解》引惠棟説，謂《考異》云事在五年，重出。按：《校補》謂案後五年十月，緄始由太常為車騎將軍，十一月，大破蠻於武陵，此為重出。《度尚傳》度自右校令擢為荊州刺史，亦在延熹五年，其討蠻同屬五年事，今載入三年紀，而五年紀無之，是為誤出。

〔二○〕乙丑恭陵東闕火　按：錢大昕謂《五行志》作"恭北陵"，恭北陵者，順帝母李氏陵也。

〔二一〕以京師水旱疫病　按："京"原譌"軍"，逕據汲本、殿本改正。

〔二二〕京兆虎牙都尉宗謙　按：《集解》引惠棟説，謂《續志》作"宋謙"。

〔二三〕秋七月辛卯趙王乾薨野王山上有死龍　按：《校補》引錢大昭説，謂《襄楷傳》七年六月十三日河內野王山上有龍死，長可數十丈，《續志》作六月壬子，此云"七月"，似誤。

〔二四〕為周守藏（吏）〔史〕　據汲本、殿本改。

〔二五〕降為（瘦）〔廖〕陶王　據殿本改。注同。按：廖字從广翏聲，鉅鹿有麖陶縣，見《說文》。作"瘦"者誤。

〔二六〕[二月]己酉南宮嘉德署黃龍見千秋萬歲殿火　《集解》引錢大昕說，謂按此上承正月丙申晦日食，則"己酉"上當脫"二月"二字，《五行志》亦云二月。今據補。按：錢氏又謂依此文似龍見一事，火災又一事。志於"黃龍"下無"見"字，"萬歲殿"下多"皆"字，則"黃龍"亦是殿名，與嘉德署同日火也。

〔二七〕護羌校尉段熲擊罕姐羌　按：殿本"罕"作"勒"，與《段熲傳》合。張森楷《校勘記》謂案《西羌傳》有罕羌，無罕姐羌，則"罕"字譌也。又按：《通鑑》亦作"罕姐"，章鈺《校記》據張敦仁《通鑑刊本識誤》云"罕"作"勒"。

〔二八〕[六月]丙辰緱氏地裂　《校補》謂案《續志》乃六月丙辰也，紀文脫"六月"二字。且五月既書壬申於前，不應有丙辰也。今據補。

〔二九〕桂陽胡蘭朱蓋等復反　按："陽"原譌"楊"，逕改正。

〔三〇〕畝十錢也　按：《集解》引《通鑑》胡注，謂《宦者傳》張讓等說帝斂天下田，畝稅十錢，非此時事也。蓋漢法田租三十稅一，而計畝斂錢，則自此始。又《校補》引沈銘彝說，謂此所云畝斂稅錢，乃出於常賦三十取一之外，今所謂稅錢始此。

〔三一〕帶王綬　按：汲本、殿本"王"作"玉"。

〔三二〕春正月辛（亥）[卯]朔　據《集解》引錢大昕說改。

〔三三〕南陽太守成瑨　按：《集解》引惠棟說，謂"瑨"《車騎將軍馮緄碑》作"晉"。

〔三四〕太原太守劉瓆　按：《集解》引惠棟說，謂"瓆"《馮緄碑》及《天文志》作"瓆"。又引錢大昕說，謂按陳蕃、王允、劉般、襄楷傳俱作"劉瓆"，攷《說文》無瓆字，當以瓆為正也。

〔三五〕語遂行人[閒]聞郡　按：汲本有"閒"字，無"聞"字。今據《續志》補一"閒"字。

〔三六〕飾淳金（鉛）[釦]器　據《續志》改。按：鉛與釦形近而誤。汲本、殿本作"銀"，誤。

後漢書卷八

孝靈帝紀第八

　　孝靈皇帝諱宏,〔1〕肅宗玄孫也。曾祖河間孝王開,祖淑,父萇。〔一〕世封解瀆亭侯,〔2〕帝襲侯爵。母董夫人。桓帝崩,無子,皇太后與父城門校尉竇武定策禁中,使守光祿大夫劉儵持節,將左右羽林至河間奉迎。〔3〕

【注】

　〔1〕《謚法》曰:"亂而不損曰靈。"(伏侯古今注曰)宏之字曰大。〔二〕

　〔2〕淑以河間王子封為解瀆亭侯,萇襲父封,故言世封也。解瀆亭在今定州義豐縣東北也。

　〔3〕《續漢志》曰:"桓帝之初,京都童謠曰:'城上烏,尾畢逋,父為吏,子為徒。一徒死,百乘車。車班班,入河間。河間妊女工數錢,以錢為室金為堂,石上慊慊舂黃粱。(粱)〔梁〕下有懸鼓,〔三〕我欲擊之丞卿怒。''城上烏'者,處高獨食,不與下共,謂人主多聚斂也。'父為吏,子為徒'者,言蠻夷叛逆,父既為軍吏,子弟又為卒徒往擊之也。'一徒死,百乘車'者,言前一人討胡既死矣,後又遣百乘車往也。'車班班'者,言乘輿班班入河間迎靈帝也。'妊女數錢',言帝既立,其母永樂太后好聚金以為堂室也。'石上慊慊'者,言太后雖積金錢,猶慊慊常若不足,使人舂黃粱而食之也。'我欲擊之'者,言太后教帝使賣官受錢,天下忠篤之士怨望,欲擊鼓求見〔丞〕卿,(懸)〔主〕鼓者復怒而止我也。"〔四〕

建寧元年春正月壬午，城門校尉竇武為大將軍。己亥，帝到夏門亭，[1]使竇武持節，以王青蓋車迎入殿中。庚子，即皇帝位，年十二。改元建寧。以前太尉陳蕃為太傅，與竇武及司徒胡廣參錄尚書事。

【注】
〔1〕《東觀記》曰："到夏門外萬壽亭，群臣謁見。"

使護羌校尉段熲討先零羌。
二月辛酉，葬孝桓皇帝于宣陵，[1]廟曰威宗。

【注】
〔1〕在洛陽東南三十里，高十二丈，周三百步。

庚午，謁高廟。辛未，謁世祖廟。大赦天下。賜民爵及帛各有差。段熲大破先零羌於逢義山。[1]

【注】
〔1〕山在今原州（高）平〔高〕縣。[五]"逢"一作"途"。

閏月甲午，追尊皇祖為孝元皇，夫人夏氏為孝元皇后，考為孝仁皇，夫人董氏為慎園貴人。[1]

【注】
〔1〕慎園在今瀛州樂壽縣東南，俗呼為二皇陵。

夏四月戊辰，[六]太尉周景薨。司空宣酆免，長樂衛尉王暢為司空。
五月丁未朔，日有食之。詔公卿以下各上封事，及郡國守相舉有道之士各一人；又故刺史、二千石清高有遺惠，為眾所歸者，皆詣公車。

太中大夫劉矩為太尉。
六月,京師雨水。
秋七月,破羌將軍段熲復破先零羌於涇陽。〔1〕

【注】
〔1〕涇陽,縣名,屬安定,故城在今原州平涼縣南也。

八月,司空王暢免,宗正劉寵為司空。
九月(丁)〔辛〕亥,〔七〕中常侍曹節矯詔誅太傅陳蕃、大將軍竇武及尚書令尹勳、侍中劉瑜、屯騎校尉馮述,皆夷其族。皇太后遷于南宮。〔1〕司徒胡廣為太傅,錄尚書事。司空劉寵為司徒,大鴻臚許栩為司空。

【注】
〔1〕太后與竇武密謀欲誅曹節,今武等既誅,故太后被遷。

冬十月甲辰晦,日有食之。令天下繫囚罪未決入縑贖,各有差。
十一月,太尉劉矩免,太僕沛國聞人襲為太尉。〔1〕

【注】
〔1〕姓聞人,名襲,字定卿。《風俗通》曰:"少正卯,魯之聞人,其後氏焉。"

十二月,鮮卑及濊貊寇幽并二州。

二年春正月丁丑,大赦天下。
三月乙巳,尊慎園董貴人為孝仁皇后。〔1〕

【注】
〔1〕《續漢志》曰："置永樂宮，儀如桓帝尊匽貴人之禮。"

　　夏四月癸巳，大風，雨雹。詔公卿以下各上封事。
　　五月，太尉聞人襲罷，司空許栩免。六月，司徒劉寵為太尉，太常許訓為司徒，〔1〕太僕長沙劉囂為司空。〔2〕

【注】
〔1〕訓字季師，平輿人。
〔2〕囂字重寧。

　　秋七月，破羌將軍段熲大破先零羌於射虎塞外谷，東羌悉平。
　　九月，江夏蠻叛，州郡討平之。
　　丹陽山越賊圍太守陳夤，夤擊破之。
　　冬十月丁亥，中常侍侯覽諷有司奏前司空虞放、太僕杜密、長樂少府李膺、司隸校尉朱（瑀）[寓]、〔八〕潁川太守巴肅、沛相荀（翌）[昱]、〔九〕河內太守魏朗、山陽太守翟超皆為鉤黨，下獄，〔1〕死者百餘人，妻子徙邊，諸附從者錮及五屬。〔2〕制詔州郡大舉鉤黨，於是天下豪桀及儒學行義者，一切結為黨人。〔3〕

【注】
〔1〕鉤謂相牽引也。事具劉淑、李膺《傳》。
〔2〕五屬謂五服內親也。
〔3〕《續漢志》曰："建寧中，京都長者皆以葦方笥為裝具，時有識者竊言，葦笥郡國讞篋也。後黨人禁錮，會赦，有疑者皆讞廷尉，人名悉入方笥中。"

　　（庚子）[戊戌]晦，日有食之。〔一〇〕

十一月，太尉劉寵免，太僕郭禧為太尉。〔1〕

【注】
〔1〕字公房，扶溝人也。禧音僖。

鮮卑寇并州。
是歲，長樂太僕曹節為車騎將軍，百餘日罷。

三年春正月，河內人婦食夫，河南人夫食婦。
三月丙寅晦，日有食之。〔一一〕
夏四月，太尉郭禧罷，太中大夫聞人襲為太尉。秋七月，司空劉囂罷。八月，大鴻臚橋玄為司空。
九月，執金吾董寵下獄死。
冬，濟南賊起，攻東平陵。〔1〕

【注】
〔1〕東平陵，縣名，屬濟南國，故城在今（濟）〔齊〕州東。〔一二〕

鬱林烏滸民相率內屬。〔1〕

【注】
〔1〕烏滸，南方夷號也。《廣州記》曰："其俗食人，以鼻飲水，口中進噉如故。"

四年春正月甲子，帝加元服，大赦天下。賜公卿以下各有差，唯黨人不赦。二月癸卯，地震，海水溢，河水清。
三月辛酉朔，日有食之。
太尉聞人襲免，〔一三〕太僕李咸為太尉。〔1〕

【注】
〔1〕字元卓，汝南西平人。

詔公卿至六百石各上封事。
大疫，使中謁者巡行致醫藥。
司徒許訓免，司空橋玄為司徒。夏四月，太常來豔為司空。〔1〕

【注】
〔1〕豔字季德，南陽新野人。

五月，河東地裂，雨雹，山水暴出。
秋七月，司空來豔免。
癸丑，立貴人宋氏為皇后。〔1〕〔一四〕

【注】
〔1〕執金吾宋酆女，前年入掖庭為貴人。

司徒橋玄免。太常宗俱為司空，〔1〕前司空許栩為司徒。

【注】
〔1〕俱字伯儷，南陽安眾人。

冬，鮮卑寇并州。

熹平元年春三月壬戌，太傅胡廣薨。
夏五月己巳，大赦天下，改元熹平。
長樂太僕侯覽有罪，自殺。
六月，京師雨水。

癸巳，皇太后竇氏崩。秋七月甲寅，葬桓思皇后。

宦官諷司隸校尉段熲捕繫太學諸生千餘人。[1]冬十月，渤海王悝被誣謀反，丁亥，悝及妻子皆自殺。

【注】

[1]時有人書朱雀闕云"天下大亂，公卿皆尸祿"，故捕之。事見《宦者傳》。

十一月，會稽人許生自稱"越王"，[一五]寇郡縣，[1]遣楊州刺史臧旻、丹陽太守陳夤討破之。[一六]

【注】

[1]《東觀記》曰："會稽許昭聚衆自稱大將軍，[一七]立父生為越王，攻破郡縣。"

十二月，司徒許栩罷，大鴻臚袁隗為司徒。
鮮卑寇并州。
是歲，甘陵王恢薨。[一八]

二年春正月，大疫，使使者巡行致醫藥。
丁丑，司空宗俱薨。
二月壬午，大赦天下。
以光祿勳楊賜為司空。
三月，太尉李咸免。夏五月，以司隸校尉段熲為太尉。
沛相師遷坐誣罔國王，下獄死。[1]

【注】

[1]國王，陳愍王寵也。臣賢案：《陳敬王傳》云"國相師遷"。又《東觀

記》曰"陳行相師遷奏，沛相魏愔，前為陳相，與陳王寵交通"。明魏愔為沛相，此言師遷為沛相，蓋誤也。

六月，北海地震。東萊、北海海水溢。[1]

【注】
[1]《續漢志》曰："時出大魚二枚，各長八九丈，高二丈餘。"

秋七月，司空楊賜免，太常潁川唐珍為司空。
冬十二月，日南徼外國重譯貢獻。
太尉段熲罷。
鮮卑寇幽并二州。
癸酉晦，日有食之。[一九]

三年春正月，夫餘國遣使貢獻。
二月己巳，大赦天下。
太常陳耽為太尉。[1]

【注】
[1]耽字漢公，東海人也。

三月，中山王暢薨，無子，國除。[二〇]
夏六月，封河間王利子康為濟南王，奉孝仁皇祀。
秋，洛水溢。
冬十月癸丑，令天下繫囚罪未決，入縑贖。
十一月，楊州刺史臧旻率丹陽太守陳夤，大破許生於會稽，斬之。
任城王博薨。
十二月，鮮卑寇北地，北地太守夏育追擊破之。鮮卑又寇并州。

司空唐珍罷，永樂少府許訓為司空。

四年春三月，詔諸儒正五經文字，刻石立于太學門外。
封河閒王建（孫）[子]佗為任城王。[1][二一]

【注】
[1] 建，桓帝弟也。

夏四月，郡國七大水。[二二]
五月丁卯，大赦天下。
延陵園災，[1]遣使者持節告祠延陵。

【注】
[1] 成帝陵也，在今咸陽縣西。

鮮卑寇幽州。
六月，弘農、三輔螟。
遣守宮令之鹽監，穿渠為民興利。[1]

【注】
[1]《前書·地理志》及《續漢·郡國志》並無[鹽]監，今蒲州安邑縣西南有鹽池[監也]。[二三]

令郡國遇災者，減田租之半；其傷害十四以上，勿收責。
冬十月丁巳，令天下繫囚罪未決，入縑贖。
拜沖帝母虞美人為憲園貴人，[1]質帝母陳夫人為渤海孝王妃。[2]

【注】
〔1〕順帝虞美人也。憲園在洛陽東北。
〔2〕渤海孝王鴻之夫人也。

改平準為中準,〔1〕使宦者為令,列於內署。自是諸署悉以閹人為丞、令。

【注】
〔1〕《漢官儀》曰:"平準令一人,秩六百石也。"

五年夏四月癸亥,大赦天下。
益州郡夷叛,太守李顒討平之。
復崇高山名為嵩高山。〔1〕

【注】
〔1〕《前書》武帝祠中嶽,改嵩高為崇高。《東觀記》曰:"使中郎將堂谿典請雨,因上言改之,名為嵩高山。"

大雩。使侍御史行詔獄亭部,理冤枉,原輕繫,休囚徒。
五月,太尉陳耽罷,司空許訓為太尉。
閏月,永昌太守曹鸞坐訟黨人,弃市。〔1〕詔黨人門生故吏父兄子弟在位者,皆免官禁錮。

【注】
〔1〕訟謂申理之也。其言切直,帝怒,檻車送槐里獄掠殺之也。

六月壬戌,太常南陽劉逸〔1〕為司空。

【注】
〔1〕逸字大過，〔二四〕安衆人。

秋七月，太尉許訓罷，光祿勳劉寬為太尉。
冬十月壬午，御殿後槐樹自拔倒豎。
司徒袁隗罷。十一月丙戌，光祿大夫楊賜為司徒。
十二月，甘陵王定薨。
試太學生年六十以上百餘人，除郎中、太子舍人至王家郎、郡國文學吏。〔1〕

【注】
〔1〕《漢官儀》曰："太子舍人、王家郎中並秩二百石，無員。"

是歲，鮮卑寇幽州。沛國言黃龍見譙。
六年春正月辛丑，大赦天下。
二月，南宮平城門及武庫東垣屋自壞。〔1〕〔二五〕

【注】
〔1〕平城門，洛陽城南門也。蔡邕曰："平城門，正陽之門，與宮連，郊祀法駕所從出，門之最尊者。"武庫，禁兵所藏。東垣，庫之外障。《易傳》曰："小人在位，厥妖城門自壞。"

夏四月，大旱，七州蝗。
鮮卑寇三邊。〔1〕

【注】
〔1〕謂東、西與北邊。

市賈民為宣陵孝子者數十人，皆除太子舍人。

秋七月，司空劉逸免，衛尉陳球為司空。

八月，遣破鮮卑中郎將田晏出雲中，使匈奴中郎將臧旻與南單于出鴈門，護烏桓校尉夏育出高柳，並伐鮮卑，晏等大敗。

冬十月癸丑朔，日有食之。

太尉劉寬免。

帝臨辟雍。

辛丑，京師地震。〔二六〕

辛亥，令天下繫囚罪未決，入縑贖。〔二七〕

十一月，司空陳球免。十二月甲寅，太常河南孟戫為太尉。[1] 庚辰，司徒楊賜免。太常陳耽為司空。

【注】

〔1〕戫字叔達，音乙六反。

鮮卑寇遼西。

永安太僕王旻下獄死。[1]

【注】

〔1〕永安宮之太僕也。

光和元年春正月，合浦、交阯烏滸蠻叛，招引九真、日南民攻沒郡縣。

太尉孟戫罷。

二月辛亥朔，日有食之。〔二八〕

癸丑，光祿勳陳國袁滂為司徒。[1]

【注】
〔1〕滂字公喜。

己未，地震。
始置鴻都門學生。[1]

【注】
〔1〕鴻都，門名也，於内置學。時其中諸生，皆勅州、郡、三公舉召能為尺牘辭賦及工書鳥篆者相課試，至千人焉。

三月辛丑，大赦天下，改元光和。
太常常山張顥為太尉。[1]

【注】
〔1〕顥字智明。《搜神記》曰："顥為梁相，新雨後，有鵲飛翔近地，令人摘之，墮地化為圓石，顥命椎破，得一金印，文曰'忠孝侯印'。"

夏四月丙辰，地震。
侍中寺雌雞化為雄。
司空陳耽免，太常來豔為司空。
五月壬午，有白衣人入德陽殿門，亡去不獲。[1]六月丁丑，有黑氣墮所御溫德殿庭中。[2]秋七月壬子，青虹見御坐玉堂後殿庭中。[3]八月，有星孛于天市。

【注】
〔1〕《東觀記》曰："白衣人言'梁伯夏教我上殿'，與中黃門桓賢語，因忽不見。"
〔2〕《東觀記》曰："墮所御溫明殿庭中，如車蓋隆起，奮迅，五色，有

頭，體長十餘丈，形兒似龍。"
〔3〕《洛陽宮殿名》，南宮有玉堂前、後殿。據《楊賜傳》，云壇嘉德殿前。

九月，太尉張顥罷，太常陳球為太尉。司空來豔薨。冬十月，屯騎校尉袁逢為司空。
皇后宋氏廢，后父執金吾酆下獄死。
丙子晦，日有食之。
十一月，太尉陳球免。十二月丁巳，光祿大夫橋玄為太尉。
是歲，鮮卑寇酒泉。京師馬生人。[1] 初開西邸賣官，自關內侯、虎賁、羽林，入錢各有差。[2] 私令左右賣公卿，公千萬，卿五百萬。

【注】
〔1〕京房《易傳》曰："諸侯相伐，厥妖馬生人。"
〔2〕《山陽公載記》曰："時賣官，二千石二千萬，四百石四百萬，其以德次應選者半之，或三分之一，於西園立庫以貯之。"

二年春，大疫，使常侍、中謁者巡行致醫藥。
三月，司徒袁滂免，大鴻臚劉郃為司徒。[1] 乙丑，太尉橋玄罷，太中大夫段熲為太尉。

【注】
〔1〕郃字季承。

京兆地震。
司空袁逢罷，太常張濟為司空。[1]

【注】
〔1〕濟字元江，細陽人。

夏四月甲戌朔，日有食之。
辛巳，中常侍王甫及太尉段熲並下獄死。〔二九〕
丁酉，大赦天下，諸黨人禁錮小功以下皆除之。〔1〕

【注】
〔1〕時上祿長和海上言："黨人錮及五族，有乖典訓。"帝從之。

東平王端薨。
五月，衛尉劉寬為太尉。
秋七月，使匈奴中郎將張脩有罪，下獄死。〔1〕

【注】
〔1〕時張脩擅斬單于呼微，更立羌渠為單于，故坐死。

冬十月甲申，司徒劉郃、永樂少府陳球、衛尉陽球、步兵校尉劉納謀誅宦者，事泄，皆下獄死。
巴郡板楯蠻叛，遣御史中丞蕭瑗督益州刺史討之，不剋。
十二月，光祿勳楊賜為司徒。
鮮卑寇幽并二州。
是歲，河間王利薨。洛陽女子生兒，兩頭四臂。〔1〕

【注】
〔1〕京房《易傳》曰："二首，下不一也，厥妖人生兩頭。"

三年春正月癸酉，大赦天下。

二月，公府駐駕廡自壞。[1]

【注】
〔1〕公府，三公府也。駐駕，停車處也。廡，廊屋也，音無禹反。《續漢志》云："南北四十餘間壞。"

三月，梁王元薨。
夏四月，江夏蠻叛。
六月，詔公卿舉能通《[古文]尚書》〔三〇〕、《毛詩》、《左氏》、《穀梁春秋》各一人，悉除議郎。
秋，表是地震，涌水出。[1]

【注】
〔1〕表是，縣，屬酒泉郡，故城在今甘州張掖縣西北也。

八月，令繫囚罪未決，入縑贖，各有差。
冬閏月，〔三一〕有星孛于狼、弧。[1]

【注】
〔1〕二星名也。

鮮卑寇幽、并二州。
十二月己巳，立貴人何氏為皇后。[1]

【注】
〔1〕南陽宛人也，車騎將軍何（貢）[真]女也。〔三二〕

是歲，作罼圭、靈昆苑。[1]

【注】
〔1〕罼圭苑有二,東罼圭苑周一千五百步,中有魚梁臺,西罼圭苑周三千三百步,並在洛陽宣平門外也。

四年春正月,初置騄驥廄丞,領受郡國調馬。[1]豪右辜搉,馬一匹至二百萬。[2]

【注】
〔1〕騄驥,善馬也。調謂徵發也。
〔2〕《前書音義》曰:"辜,障也。搉,專也。謂障餘人賣買而自取其利。"

二月,郡國上芝英草。夏四月庚子,大赦天下。
交阯刺史朱儁討交阯、合浦烏滸蠻,破之。
六月庚辰,雨雹。[1]秋七月,河南言鳳皇見新城,群鳥隨之;賜新城令及三老、力田帛,各有差。九月庚寅朔,日有食之。

【注】
〔1〕《續漢書》曰:"雹大如雞子。"

太尉劉寬免,衛尉許馘為太尉。[三三]
閏月辛酉,北宮東掖庭永巷署災。[1]

【注】
〔1〕永巷,宮中署名也。《漢官儀》曰:"令一人,宦者為之,秩六百石,掌宮婢侍使。[三四]"

司徒楊賜罷。冬十月,太常陳耽為司徒。

鮮卑寇幽并二州。

是歲帝作列肆於後宮，使諸采女販賣，更相盜竊爭鬭。帝著商估服，飲宴為樂。又於西園弄狗，著進賢冠，帶綬。[1]又駕四驢，帝躬自操轡，驅馳周旋，京師轉相放效。[2]

【注】

[1]《三禮圖》曰："進賢冠，文官服之，前高七寸，後高三寸，長八寸。"《續漢志》曰："靈帝寵用便嬖子弟，轉相汲引，賣關内侯直五百萬。令長強者貪如豺狼，弱者略不類物，實狗而冠也。"昌邑王見狗冠方山冠，龔遂曰："王之左右皆狗而冠。"

[2]《續漢志》曰："驢者乃服重致遠，上下山谷，野人之所用耳，何有帝王君子而驂駕之乎！天意若曰，國且大亂，賢愚倒植，凡執政者皆如驢也。"

五年春正月辛未，大赦天下。
二月，大疫。
三月，司徒陳耽免。
夏四月，旱。
太常袁隗為司徒。
五月庚申，永樂宮署灾。[1]秋七月，有星孛于太微。

【注】

[1]《續漢志》曰："德陽前殿西北入門内永樂太后宮署灾。"

巴郡板楯蠻詣太守曹謙降。
癸酉，令繫囚罪未決，入縑贖。
八月，起四百尺觀於阿亭道。
冬十月，太尉許馘罷，太常楊賜為太尉。
校獵上林苑，歷函谷關，遂巡狩于廣成苑。十二月，還，幸太學。

六年春正月，日南徼外國重譯貢獻。

二月，復長陵縣，比豐、沛。三月辛未，大赦天下。

夏，大旱。

秋，金城河水溢。五原山岸崩。

始置圃囿署，以宦者為令。

冬，東海、東萊、琅邪井中冰厚尺餘。〔三五〕

大有年。

中平元年春二月，鉅鹿人張角自稱"黃天"，其部（師）〔帥〕有三十六（萬）〔方〕〔三六〕，皆著黃巾，同日反叛。[1]安平、甘陵人各執其王以應之。[2]

【注】

[1]《續漢書》曰："三十六萬餘人。"

[2]安平王續、甘陵王忠。

三月戊申，以河南尹何進為大將軍，將兵屯都亭。置八關都尉官。[1]壬子，大赦天下黨人，還諸徙者，[2]唯張角不赦。詔公卿出馬、弩，舉列將子孫及吏民有明戰陣之略者，詣公車。遣北中郎將盧植討張角，左中郎將皇甫嵩、右中郎將朱儁討潁川黃巾。庚子，南陽黃巾張曼成攻殺郡守褚貢。

【注】

[1]都亭在洛陽。八關謂函谷、廣城、伊闕、大谷、轘轅、旋門、小平津、孟津也。

[2]時中常侍呂彊言於帝曰："黨錮久積，若與黃巾合謀，悔之無救。"帝懼，皆赦之。

夏四月，太尉楊賜免，太僕弘農鄧盛為太尉。[1]司空張濟罷，大司農張温為司空。

【注】
〔1〕盛字伯能。

朱儁為黃巾波才所敗。
侍中向栩、張鈞[三七]坐言宦者，下獄死。[1]

【注】
〔1〕時鈞上書曰："今斬常侍，懸其首於南郊以謝天下，即兵自消也。"帝以章示常侍，故下獄也。

汝南黃巾敗太守趙謙於邵陵。[1]廣陽黃巾殺幽州刺史郭勳及太守劉衛。

【注】
〔1〕邵陵，縣名，屬汝南郡，故城在今豫州郾城縣東。

五月，皇甫嵩、朱儁復與波才等戰於長社，大破之。[1]

【注】
〔1〕長社，今許州縣也，故城在長葛縣西。

六月，南陽太守秦頡擊張曼成，斬之。
交阯屯兵執刺史及合浦太守來達，自稱"柱天將軍"，遣交阯刺史賈琮討平之。
皇甫嵩、朱儁大破汝南黃巾於西華。[1]詔嵩討東郡，朱儁討南陽。

盧植破黃巾，圍張角於廣宗。宦官誣奏植，抵罪。[2]遣中郎將董卓攻張角，不尅。

【注】

〔1〕西華，縣，屬汝南郡，故城在今陳州項城縣西。

〔2〕植連破張角，垂當拔之，小黃門左豐言於帝曰："盧中郎固壘息軍，以待天誅。"帝怒，遂檻車徵植，減死一等。

洛陽女子生兒，兩頭共身。[1]

【注】

〔1〕《續漢志》曰[三八]："上西門外女子生兒，兩頭，異肩共胸，以為不祥，墮地弃之。其後政在私門，上下無別，二頭之象。"

秋七月，巴郡妖巫張脩反，寇郡縣。[1]

【注】

〔1〕劉艾《紀》曰："時巴郡巫人張脩療病，愈者雇以米五斗，號為'五斗米師'。"

河南尹徐灌下獄死。

八月，皇甫嵩與黃巾戰於倉亭，獲其帥。[1]

【注】

〔1〕其帥，卜已也。倉亭在東郡。

乙巳，詔皇甫嵩北討張角。

九月，安平王續有罪誅，國除。

冬十月，皇甫嵩與黃巾賊戰於廣宗，獲張角弟梁。角先死，乃戮其屍。[1]以皇甫嵩為左車騎將軍。十一月，皇甫嵩又破黃巾于下曲陽，斬張角弟寶。

【注】
〔1〕發棺斷頭，傳送馬市。

　　湟中義從胡北宮伯玉與先零羌叛，以金城人邊章、韓遂為軍帥，攻殺護羌校尉伶徵、金城太守陳懿。[1]

【注】
〔1〕伶，姓也，周有大夫伶州鳩。

　　癸巳，朱儁拔宛城，斬黃巾別帥孫夏。
　　詔減太官珍羞，御食一肉；廄馬非郊祭之用，悉出給軍。
　　十二月己巳，大赦天下，改元中平。
　　是歲，下邳王意薨，無子，國除。〔三九〕郡國生異草，備龍蛇鳥獸之形。[1]

【注】
〔1〕《風俗通》曰："亦作人狀，操持兵弩，一一備具。"《續漢志》曰："龍蛇鳥獸，其狀毛羽頭目足翅皆具。是歲黃巾賊起，漢遂微弱。"

　　二年春正月，大疫。
　　琅邪王據薨。
　　二月己酉，南宮大災，火半月乃滅。[1]（己）〔癸〕亥，廣陽門外屋自壞。[2]〔四〇〕

【注】
〔1〕《續漢志》曰："時燒靈臺殿、樂成殿，延及北闕度道，西燒嘉德、和驩殿。"
〔2〕洛陽城西面南頭門也。

税天下田，畝十錢。[1]

【注】
〔1〕以修宫室。

黑山賊張牛角等十餘輩並起，所在寇鈔。
司徒袁隗免。三月，廷尉崔烈爲司徒。
北宫伯玉等寇三輔，遣左車騎將軍皇甫嵩討之，不尅。
夏四月庚戌，大風，雨雹。
五月，太尉鄧盛罷，太僕河（南）［内］張延爲太尉。[1]〔四一〕

【注】
〔1〕延字公威，歆之子。

秋七月，三輔螟。
左車騎將軍皇甫嵩免。八月，以司空張温爲車騎將軍，討北宫伯玉。九月，特進楊賜爲司空。冬十月庚寅，司空楊賜薨，〔四二〕光禄大夫許相爲司空。[1]

【注】
〔1〕相字公弼，平輿人，許訓之子。

前司徒陳耽、諫議大夫劉陶坐直言，下獄死。

十一月，張溫破北宮伯玉於美陽，因遣盪寇將軍周慎追擊之，圍榆中；[1]又遣中郎將董卓討先零羌，慎、卓並不克。

【注】
〔1〕縣名，故城在今蘭州金城縣東也。

鮮卑寇幽、并二州。
是歲，造萬金堂於西園。洛陽民生兒，兩頭四臂。

三年春二月，江夏兵趙慈反，殺南陽太守秦頡。
庚戌，大赦天下。
太尉張延罷。車騎將軍張溫為太尉，中常侍趙忠為車騎將軍。
復修玉堂殿，鑄銅人四，黃鍾四，[1]及天祿、蝦蟆，又鑄四出文錢。[2]

【注】
〔1〕其音中黃鍾也。子為黃鍾。
〔2〕天祿，獸也。時使掖廷令畢嵐鑄銅人，列於倉龍、玄武闕外，鍾懸於玉堂及雲臺殿前，天祿、蝦蟆吐水於平門外。事具《宦者傳》。案：今鄧州南陽縣北有宗資碑，旁有兩石獸，鐫其膊一曰天祿，一曰辟邪。據此，即天祿、辟邪並獸名也。漢有天祿閣，亦因獸以立名。

五月壬辰晦，日有食之。
六月，荊州刺史王敏討趙慈，斬之。
車騎將軍趙忠罷。
秋八月，懷陵上有雀萬數，悲鳴，因鬭相殺。[1]

【注】

〔1〕懷陵，沖帝陵也。《續漢志》曰："天戒若曰：諸懷爵祿而尊厚者，還自相害也。"

冬十月，武陵蠻叛，寇郡界，郡兵討破之。
前太尉張延為宦人所譖，下獄死。
十二月，鮮卑寇幽并二州。

四年春正月己卯，大赦天下。
二月，滎陽賊殺中牟令。〔1〕

【注】

〔1〕中牟，今鄭州縣。劉艾紀曰："令落皓及主簿潘業，臨陣不顧，皆被害。"

己亥，南宮內殿罘罳自壞。〔1〕

【注】

〔1〕《前書音義》曰："罘罳，連闕曲閣也，音浮思。"

三月，河南尹何苗討滎陽賊，破之，拜苗為車騎將軍。
夏四月，涼州刺史耿鄙討金城賊韓遂，鄙兵大敗，遂寇漢陽，漢陽太守傅燮戰沒。扶風人馬騰、漢陽人王國並叛，寇三輔。
太尉張溫免，司徒崔烈為太尉。五月，司空許相為司徒，光祿勳沛國丁宮為司空。〔1〕

【注】

〔1〕宮字元雄。

六月，洛陽民生男，兩頭共身。[1]

【注】
[1]劉艾紀曰"上西門外劉倉妻生"也。

漁陽人張純與同郡張舉舉兵叛，攻殺右北平太守劉政、遼東太守楊終、[四三]護烏桓校尉公綦稠等。舉（兵）自稱天子，[四四]寇幽、冀二州。
秋九月丁酉，令天下繫囚罪未決，入縑贖。
冬十月，零陵人觀鵠[1]自稱"平天將軍"，寇桂陽，長沙太守孫堅擊斬之。

【注】
[1]觀，姓；鵠，名。

十一月，太尉崔烈罷，大司農曹嵩為太尉。
十二月，休屠各胡叛。
是歲，賣關內侯，假金印紫綬，傳世，入錢五百萬。

五年春正月，休屠各胡寇西河，殺郡守邢紀。
丁酉，大赦天下。
二月，有星孛于紫宮。
黃巾餘賊郭太[四五]等起於西河白波谷，寇太原、河東。
三月，休屠各胡攻殺并州刺史張懿，遂與南匈奴左部胡合，殺其單于。
夏四月，汝南葛陂黃巾攻沒郡縣。[1]

【注】
[1]葛陂在今豫州新蔡縣西北。

太尉曹嵩罷。五月，永樂少府樊陵為太尉。[1]

【注】
〔1〕陵字德雲，胡陽人也。[四六]

六月丙寅，大風。
太尉樊陵罷。
益州黃巾馬相攻殺刺史郄儉，自稱天子，又寇巴郡，殺郡守趙部，益州從事賈龍擊相，斬之。
郡國七大水。
秋七月，射聲校尉馬日磾為太尉。
八月，初置西園八校尉。[1]

【注】
〔1〕樂資《山陽公載記》曰："小黃門蹇碩為上軍校尉，虎賁中郎將袁紹為中軍校尉，屯騎校尉鮑鴻為下軍校尉，議郎曹操為典軍校尉，趙融為助軍左校尉，馮芳為助軍右校尉，諫議大夫夏牟為左校尉，淳于瓊為右校尉：凡八校〔尉〕，[四七]皆統於蹇碩。"

司徒許相罷，司空丁宮為司徒。光祿勳南陽劉弘為司空。[1]衛尉董重為票騎將軍。

【注】
〔1〕字子高，安眾人。

九月，南單于叛，與白波賊寇河東。[四八]遣中郎將孟益率騎都尉公孫瓚討漁陽賊張純等。
冬十月，（壬午御殿後槐樹自拔倒豎）青、徐黃巾復起，[四九]寇郡縣。

甲子，帝自稱"無上將軍"，燿兵於平樂觀。[1]

【注】
[1]平樂觀在洛陽城西。

十一月，涼州賊王國圍陳倉，右將軍皇甫嵩救之。
遣下軍校尉鮑鴻討葛陂黃巾。
巴郡板楯蠻叛，遣上軍別部司馬趙瑾討平之。
公孫瓚與張純戰於石門，大破之。[1]

【注】
[1]時烏桓反叛，與賊張純等攻薊中，故瓚追擊之。石門，山名也，在今營州西南。

是歲，改刺史，新置牧。

六年春二月，左將軍皇甫嵩大破王國於陳倉。
三月，幽州牧劉虞購斬漁陽賊張純。
下軍校尉鮑鴻下獄死。
夏四月丙午朔，日有食之。
太尉馬日磾免，幽州牧劉虞為太尉。
丙辰，帝崩于南宮嘉德殿，年三十四。[五〇]戊午，皇子辯即皇帝位，年十七。尊皇后曰皇太后，太后臨朝。大赦天下，改元為光（喜）[熹]。[五一]封皇弟協為渤海王。後將軍袁隗為太傅，與大將軍何進參錄尚書事。上軍校尉蹇碩下獄死。[1]五月辛巳，票騎將軍董重下獄死。[2]六月辛亥，孝仁皇后董氏崩。

【注】

〔1〕時蹇碩謀欲立渤海王協，發覺。

〔2〕董重，[孝仁]皇后之（弟）[兄]子也。[五二]

辛酉，葬孝靈皇帝于文陵。[1]

【注】

〔1〕在洛陽西北二十里，陵高十二丈，周回三百步。

雨水。
秋七月，甘陵王忠薨。
庚寅，孝仁皇后歸葬河間慎陵。
徙渤海王協為陳留王。司徒丁宮罷。
八月戊辰，中常侍張讓、段珪等殺大將軍何進，於是虎賁中郎將袁術燒東西宮，攻諸宦者。庚午，張讓、段珪等劫少帝及陳留王幸北宮德陽殿。何進部曲將吳匡與車騎將軍何苗戰於朱雀闕下，苗敗斬之。辛未，司隸校尉袁紹勒兵收偽司隸校尉樊陵、河南尹許相及諸閹人，無少長皆斬之。讓、珪等復劫少帝、陳留王走小平津。[1]尚書盧植追讓、珪等，斬數人，其餘投河而死。[2]帝與陳留王協夜步逐熒光行數里，得民家露車，共乘之。

【注】

〔1〕小平津在今鞏縣西北。《續漢志》曰："時京師童謠曰'侯非侯，王非王，千乘萬騎上北邙。'案獻帝未有爵號，為段珪等所執，公卿百官皆隨其後，到河上乃得還。"

〔2〕《獻帝春秋》曰："河南中部掾閔貢見天子出，率騎追之，（北）[比曉]到河上。[五三]天子飢渴，貢宰羊進之，厲聲責讓等曰：'君以閹宦之隸，刀鋸之殘，越從洿泥，扶侍日月，賣弄國恩，階賤為貴，劫迫帝主，蕩覆王室，

假息漏刻，遊魂河津。自亡新以來，姦臣賊子未有如君者。今不速死，吾射殺汝。'讓等惶怖，叉手再拜叩頭，向天子辭曰：'臣等死，陛下自愛。'遂投河而死。"

辛未，還宫。〔五四〕大赦天下，改光（喜）[熹]為昭寧。并州牧董卓殺執金吾丁原。司空劉弘免，董卓自為司空。
九月甲戌，董卓廢帝為弘農王。
自六月雨，至于是月。

論曰：《秦本紀》説趙高譎二世，指鹿為馬，〔1〕而趙忠、張讓亦紿靈帝不得登高臨觀，〔2〕故知亡敝者同其致矣。然則靈帝之為靈也優哉！

【注】
〔1〕《史記》曰，趙高欲為亂，恐群臣不聽，乃先設驗。持鹿獻胡亥曰："馬也。"胡亥曰："丞相誤也。"以問群臣，左右或言馬，或言鹿者高皆陰法中之，自此左右不敢言之也。
〔2〕時宦官並起第宅，擬則宫室。帝嘗登永安候臺，宦官恐望見之，乃使趙忠等諫曰："人君不當登高，登高則百姓散離。"自是不敢復登臺榭。見《宦者傳》。

贊曰：靈帝負乘，委體宦孽。〔1〕徵亡備兆，《小雅》盡缺。〔2〕麋鹿霜露，遂棲宫衛。〔3〕

【注】
〔1〕《易》曰："負且乘，致寇至。"言帝以小人而乘君子之器。
〔2〕《詩·小雅》曰："《小雅》廢，則四夷交侵，中國微矣。"缺亦廢也。
〔3〕《史記》曰，伍子胥諫吳王，吳王不聽，子胥曰："臣今見麋鹿遊于姑

蘇之臺，宮中生荊棘，露沾衣也。"言帝為政貪亂，任寄不得其人，尋以獻帝遷播，洛陽丘墟，故麋鹿棲宮衛也。衛，協韻音于別反。

【校勘記】

〔一〕父萇　按：《集解》引錢大昕說，謂《河間王開傳》作"長"，古書長萇多通用。

〔二〕(伏侯古今注曰)宏之字曰大　據《集解》引沈宇說刪。按：沈氏謂據《伏湛傳》注，章懷親見伏侯《古今注》，其書終於質帝，不及桓帝，今桓獻二《紀》俱無此六字，此傳寫者妄增。

〔三〕(梁)〔梁〕下有懸鼓　據殿本改。按：《續志》亦作"梁"。

〔四〕欲擊鼓求見〔丞〕卿(懸)〔主〕鼓者復怒而止我也　據《續志》補改。

〔五〕今原州(高)平〔高〕縣　據《集解》引惠棟說改。

〔六〕夏四月戊辰　按：《校補》引錢大昭說，謂是月戊寅朔，不得有戊辰。《校補》又謂袁《紀》亦書"夏四月戊辰以王暢為司空"，則誤不自范《書》始。

〔七〕九月(丁)〔辛〕亥　《集解》引惠棟說，謂是年九月乙巳朔，無丁亥，當從袁《紀》作"辛亥"。今據改。

〔八〕司隸校尉朱(瑀)〔寓〕　《集解》引錢大昕說，謂《黨錮》及《竇武傳》皆作"朱寓"，此作"瑀"，誤。今據改。

〔九〕沛相荀(翌)〔昱〕　洪頤軒《讀書叢錄》謂"翌"當作"昱"，《荀淑傳》《黨錮傳序》及《竇武傳》並作"昱"。今據改。

〔一〇〕(庚子)〔戊戌〕晦日有食之　據《集解》引錢大昕說改，與《五行志》合。

〔一一〕三月丙寅晦日有食之　按：推是年四月合朔丁卯晨夜，日食不能見。參閱《續五行志》六校記。

〔一二〕故城在今(濟)〔齊〕州東　錢大昕《廿二史考異》謂"濟州"當作"齊州"。今據改。按：唐無"濟州"。

〔一三〕太尉聞人襲免　《集解》引惠棟説，謂案蔡質《漢官典職儀》載建寧四年七月立宋皇后儀，稱太尉襲使持節奉璽綬。襲於三月罷，不應七月尚與立后之事。何焯云蔡氏所載是詔書，不應有誤，當是本紀所書拜罷未審也。按：《校補》謂袁《紀》建寧四年三月，太尉劉寵、司空橋玄以災異免，免太尉者不作聞人襲，其他拜罷亦多與范《書》異，則何説信也。

〔一四〕癸丑立貴人宋氏為皇后　《集解》引何焯説，謂《禮儀志》載蔡質所記立后儀，下詔之日非癸丑，乃乙未。奉璽綬者乃聞人襲，非李咸，疑范氏誤。今按：此云七月癸丑，蔡質所記則云七月乙未。建寧四年七月己未朔，無癸丑，亦無乙未。疑此"癸丑"上脱"八月"二字，而蔡質所記之七月乙未，亦八月乙未之誤也。

〔一五〕會稽人許生自稱越王　按：《集解》引何焯説，謂"許生"《吴志》作"許昌"。又引惠棟説，謂《天文志》《臧洪傳》皆作"許生"。

〔一六〕丹陽太守陳夤討破之　《集解》引惠棟説，謂"夤"《天文志》作"寅"。按：前建寧二年作"陳夤"，下熹平三年又作"陳寅"，紀前後亦不一律也。

〔一七〕會稽許昭聚衆自稱大將軍　按：《集解》引何焯説，謂"許昭"《吴志》作"許韶"。又引惠棟説，謂晉諱昭，故作"韶"。

〔一八〕甘陵王恢薨　按：《集解》引錢大昕説，謂《清河王慶傳》梁太后立安平孝王子經侯理為甘陵王，是為威王，理立二十五年薨，子貞王定嗣，定立四年薨，子獻王忠嗣，別無名恢者。考理以桓帝建和二年封，至熹平元年恰二十五年，則恢與理實一人也。

〔一九〕癸酉晦日有食之　按：熹平二年十二月乙巳朔，三年正月乙亥朔，則晦為甲戌而非癸酉。今推熹平三年正月合朔甲戌，日食可見，紀書月日有誤。參閱《續五行志》六校記。

〔二〇〕三月中山王暢薨無子國除　按：《集解》引錢大昕説，謂按《中山王焉傳》，穆王暢立三十四年薨，子節王稚嗣，無子，國除。是暢本有子，而國亦未即除也。

〔二一〕封河閒王建（孫）[子]佗為任城王　《集解》引錢大昕説，謂

《光武十王傳》佗為建子，非建孫。今據改。

〔二二〕夏四月郡國七大水　按：《校補》謂《續志》但云"郡國三水"。

〔二三〕並無〔鹽〕監今蒲州安邑縣西南有鹽池〔監也〕　據《刊誤》並參照《校補》改。

〔二四〕逸字大過　按：殿本、《集解》本"過"作"迥"。

〔二五〕二月南宮平城門及武庫東垣屋自壞　按：《集解》引惠棟說，謂謝承《書》及《續漢志》皆云光和元年事，疑紀誤也。

〔二六〕辛丑京師地震　按：是年十月癸丑朔，不得有辛丑。《校補》謂袁《紀》於癸丑朔日食下接書地震，不另出日，似兩事同日，"辛丑"或即"癸丑"之誤。

〔二七〕辛亥令天下繫囚罪未決入縑贖　按：是年十月癸丑朔，不得有辛亥，辛亥當在下月，疑有誤。

〔二八〕二月辛亥朔日有食之　按：今推是年二月合朔辛亥，無日食。參閱《續五行志》六校記。

〔二九〕中常侍王甫及太尉段熲並下獄死　按：李慈銘謂"並"下當增"有罪"二字。

〔三〇〕詔公卿舉能通〔古文〕尚書　殿本《考證》引顧炎武說，謂"尚書"上脫"古文"二字。今據補。按：李慈銘謂以《古文尚書》及《毛詩》、《左氏》、《穀梁春秋》皆不立學官，故詔能通之者得拜議郎也，與《安紀》延光二年所書正同。

〔三一〕冬閏月　按：光和三年無閏月，"閏月"二字衍。

〔三二〕車騎將軍何（貢）〔真〕女也　據《校補》引洪亮吉說改。

〔三三〕衛尉許馘為太尉　按：《集解》引惠棟說，謂"許馘"袁宏《紀》作"許郁"。

〔三四〕掌宮婢侍使　按：《刊誤》謂"使"當作"史"，即尚書郎侍史之類。

〔三五〕冬東海東萊琅邪井中冰厚尺餘　按：《校補》引錢大昭說，謂《續五行志》"東海"作"北海"。

〔三六〕其部（師）〔帥〕有三十六（萬）〔方〕　據殿本《考證》及《集解》引惠棟説改。

〔三七〕張鈞　按：《集解》引惠棟説，謂袁宏《紀》作"均"。

〔三八〕續漢志曰　按："志"原作"書"，逕據汲本、殿本改。

〔三九〕下邳王意薨無子國除　按：《集解》引錢大昕説，謂《下邳王衍傳》中平元年意薨，子哀王宜嗣，數月薨，無子，建安十一年國除。是意亦有子。

〔四〇〕（己）〔癸〕亥廣陽門外屋自壞　《集解》引錢大昕説，謂《五行志》作"癸亥"，以《四分術》推之，是年二月庚子朔，不得有己亥日，紀誤。今據改。

〔四一〕太僕河（南）〔內〕張延爲太尉　據《集解》引惠棟説改。

〔四二〕冬十月庚寅司空楊賜薨　《集解》引錢大昕説，謂以《四分術》推，是月丙申朔，無庚寅，庚寅乃九月二十四也，月日必有一誤。今按：《楊賜傳》云二年九月復代張溫爲司空，其月薨，則紀作"十月"，誤也。

〔四三〕遼東太守楊終　按：《集解》引惠棟説，謂《水經注》作"楊紘"。

〔四四〕舉（兵）自稱天子　據《刊誤》刪。

〔四五〕黃巾餘賊郭太　按："太"原作"大"，逕據汲本、殿本改。《集解》引惠棟説，謂"太"本作"泰"，范氏以家諱改也。

〔四六〕陵字德雲胡陽人也　按：陵，樊英之孫，《英傳》稱南陽魯陽人，此作"胡陽"，非。

〔四七〕凡八校〔尉〕　據汲本、殿本補。

〔四八〕九月南單于叛與白波賊寇河東　按：《集解》引惠棟説，謂《考異》云《匈奴傳》六年帝崩之後，於扶羅乃與白波賊爲寇，紀誤。

〔四九〕冬十月（壬午御殿後槐樹自拔倒豎）青徐黃巾復起　按：熹平五年已書"冬十月壬午御殿後槐樹自拔倒豎"，此重出，且是年十月己酉朔，無壬午，今刪。

〔五〇〕年三十四　按：當作"三十三"。張熷《讀史舉正》謂帝即位年十二,是年改元建寧,至此凡二十二年,時帝年三十三。

〔五一〕改元為光(喜)〔熹〕　據汲本、殿本改。下同。

〔五二〕董重〔孝仁〕皇后之(弟)〔兄〕子也　據《集解》引陳景雲説改。

〔五三〕(北)〔比曉〕到河上　《集解》謂《御覽》引《獻帝春秋》作"比曉到河上",注脱"曉"字,復誤"比"為"北"也。今據改。

〔五四〕辛未還宮　《集解》引陳景雲説,謂上文已書"辛未",不應複書。

後漢書卷九

孝獻帝紀第九

孝獻皇帝諱協,靈帝中子也。[1][一]母王美人,為何皇后所害。中平六年四月,少帝即位,封帝為勃海王,徙封陳留王。

【注】
〔1〕《謚法》曰:"聰明睿智曰獻。"協之字曰合。《張璠記》曰:"靈帝以帝似己,故名曰協。"《帝王紀》曰:"協字伯和。"

九月甲戌,即皇帝位,年九歲。遷皇太后於永安宮。[1]大赦天下。改昭寧為永漢。丙子,董卓殺皇太后何氏。

【注】
〔1〕董卓遷也。《洛陽宮殿名》曰:"永安宮周迴六百九十八丈,故基在洛陽故城中。"

初令侍中、給事黃門侍郎員各六人。[1]賜公卿以下至黃門侍郎家一人為郎,以補宦官所領諸署,侍於殿上。[2]

【注】
〔1〕《續漢志》曰:"侍中,比二千石,無員。"《漢官儀》曰:"侍中,

左蟬右貂，本秦丞相史，往來殿內，故謂之侍中。分掌乘輿服物，下至褻器虎子之屬。武帝時，孔安國為侍中，以其儒者，特聽掌御唾壺，朝廷榮之。至東京時，屬少府，亦無員。駕出，則一人負傳國璽，操斬蛇劍，〔參〕乘。（輿）〔與〕中官俱止禁中。〔二〕"又曰："給事黃門侍郎，六百石，無員。掌侍從左右，給事中使，關通中外。"應劭曰："黃門侍郎，每日暮向青瑣門拜，謂之夕郎。"《輿服志》曰："禁門曰黃闥，以中人主之，故號曰黃門令。"然則黃門郎給事黃闥之內，故曰黃門郎。本既無員，於此各置六人也。《獻帝起居注》曰："自誅黃門後，侍中、侍郎出入禁中，機事頗露，由是王允乃奏侍中、黃門不得出入。不通賓客，自此始也。"

〔2〕靈帝（建元）〔熹平〕四年，改平準為中準，〔三〕使宦者為令。自是諸內署令、丞悉以閹人為之，故今並令士人代領之。

乙酉，以太尉劉虞為大司馬。董卓自為太尉，加鈇鉞、虎賁。〔1〕丙戌，太中大夫楊彪為司空。甲午，豫州牧黃琬為司徒。

【注】
〔1〕《禮記》曰："諸侯賜鈇鉞然後專殺。"《說文》曰："鈇，莝刃也。"《蒼頡篇》曰："鈇，斧也。"加鈇鉞者，得專殺也。

遣使弔祠故太傅陳蕃、大將軍竇武等。冬十月乙巳，葬靈思皇后。白波賊寇河東，〔1〕董卓遣其將牛輔擊之。

【注】
〔1〕薛瑩《書》曰："黃巾郭泰等起於西河白波谷，時謂之白波賊。"

十一月癸酉，董卓〔自〕為相國。〔四〕十二月戊戌，司徒黃琬為太尉，司空楊彪為司徒，光祿勳荀爽為司空。
省扶風都尉，置漢安都護。〔1〕

【注】
〔1〕扶風都尉，比二千石，武帝元鼎四年置，中興不改，至此以羌擾三輔，故省之。置都護，令總統西方。

詔除光熹、昭寧、永漢三號，還復中平六年。

初平元年春正月，山東州郡起兵以討董卓。
辛亥，大赦天下。
癸酉，董卓殺弘農王。
白波賊寇東郡。
二月乙亥，太尉黃琬、司徒楊彪免。
庚辰，董卓殺城門校尉伍瓊、督軍校尉周珌。[1]以光祿勳趙謙為太尉，[2]太僕王允為司徒。

【注】
〔1〕珌音必。《東觀記》曰："周珌，豫州刺史慎之子也。"《續漢書》、《魏志》並作"毖"，音秘。
〔2〕謝承《書》曰："謙字彥信，太尉趙戒之孫，蜀郡成都人也。"

丁亥，遷都長安。董卓驅徙京師百姓悉西入關，自留屯畢圭苑。
壬辰，白虹貫日。
三月乙巳，車駕入長安，幸未央宮。[1]

【注】
〔1〕未央宮，蕭何所造也。張璠《記》曰："將入宮日，大雨，晝晦，翟雉飛入長安宮。"

己酉，董卓焚洛陽宮廟及人家。

戊午，董卓殺太傅袁隗、太僕袁基，夷其族。[1]

【注】
〔1〕隗，紹之叔父。基，袁術之母兄。卓以山東兵起，依紹、術為主，故誅其親屬。《獻帝春秋》曰："尺口以上男女五十餘人，皆下獄死。"

夏五月，司空荀爽薨。六月辛丑，光祿大夫种拂為司空。
大鴻臚韓融、少府陰脩、執金吾胡母班、[1]將作大匠吳脩、越騎校尉王瓌安集關東，後將軍袁術、河內太守王匡各執而殺之，[2]唯韓融獲免。

【注】
〔1〕《風俗通》云："胡母，姓，本陳胡公之後也。公子完奔齊，遂有齊國，齊宣王母弟別封母鄉，遠本胡公，近取母邑，故曰胡母氏也。"
〔2〕《英雄記》曰："匡字公節，太山人也。輕財好施，以任俠聞，為袁紹河內太守。"

董卓壞五銖錢，更鑄小錢。[1]

【注】
〔1〕光武中興，除王莽貨泉，更用五銖錢。

冬十一月庚戌，鎮星、熒惑、太白合於尾。
是歲，有司奏，和、安、順、桓四帝無功德，不宜稱宗，又恭懷、敬隱、恭愍三皇后並非正嫡，不合稱后，皆請除尊號。制曰："可。"[1]孫堅殺荊州刺史王叡，[2]又殺南陽太守張咨。

【注】

〔1〕和帝號穆宗，安帝號恭宗，順帝號敬宗，桓帝號威宗。和帝尊母梁貴人曰恭懷皇后，安帝尊祖母宋貴人曰敬隱皇后，順帝尊母李氏曰恭愍皇后。

〔2〕《王氏譜》曰：「叡字通曜，晉太保祥伯父也。」《吳錄》曰：「叡素遇堅無禮，堅此時欲殺叡。叡曰：『我何罪？』堅曰：『坐無所知。』叡窮迫，刮金飲之而死。」

二年春正月辛丑，大赦天下。
二月丁丑，董卓自為太師。
袁術遣將孫堅與董卓將胡軫戰於陽人，[1]軫軍大敗。董卓遂發掘洛陽諸帝陵。夏四月，董卓入長安。

【注】

〔1〕陽人，聚名，屬河南郡，故城在今汝州梁縣西。《史記》秦滅東周，徙其君於陽人聚，即此地也。

六月丙戌，地震。
秋七月，司空种拂免，光祿大夫濟南淳于嘉為司空。太尉趙謙罷，太常馬日磾為太尉。
九月，蚩尤旗見于角、亢。[1]

【注】

〔1〕《天官書》曰：「蚩尤之旗，類彗而後曲，象旗。」熒惑之精也。《呂氏春秋》云：「其色黃上白下，見則王者征伐四方。」角、亢，蒼龍之星。

冬十月壬戌，董卓殺衛尉張溫。
十一月，青州黃巾寇太山，太山太守應劭擊破之。黃巾轉寇勃海，公孫瓚與戰於東光，復大破之。[1]

【注】
〔1〕東光，今滄州縣。

是歲，長沙有人死經月復活。

三年春正月丁丑，大赦天下。
袁術遣將孫堅攻劉表於襄陽，堅戰歿。〔五〕
袁紹及公孫瓚戰于界橋，〔1〕瓚軍大敗。

【注】
〔1〕今貝州宗城縣東有古界城，近枯漳水，則界橋在此也。

夏四月辛巳，誅董卓，夷三族。司徒王允錄尚書事，總朝政，遣使者張种撫慰山東。
青州黄巾擊殺兗州刺史劉岱於東平。東郡太守曹操大破黄巾於壽張，降之。
五月丁酉，大赦天下。
丁未，征西將軍皇甫嵩為車騎將軍。
董卓部曲將李傕、郭汜、〔六〕樊稠、張濟等反，攻京師。六月戊午，陷長安城，太常种拂、太僕魯旭、大鴻臚周奐、〔1〕城門校尉崔烈、越騎校尉王頎並戰歿，〔2〕吏民死者萬餘人。李傕等並自為將軍。

【注】
〔1〕《三輔決錄注》曰："奐字文明，茂陵人。"
〔2〕頎音祈。

己未，大赦天下。
李傕殺司隸校尉黄琬，甲子，殺司徒王允，皆滅其族。丙子，前將軍趙謙為司徒。

秋七月庚子，太尉馬日磾為太傅，錄尚書事。八月，遣日磾及太僕趙岐，[七]持節慰撫天下。車騎將軍皇甫嵩為太尉。司徒趙謙罷。

九月，李傕自為車騎將軍，郭汜後將軍，樊稠右將軍，張濟鎮東將軍。濟出屯弘農。

甲申，司空淳于嘉為司徒，光祿大夫楊彪為司空，並錄尚書事。

冬十二月，太尉皇甫嵩免。光祿大夫周忠為太尉，參錄尚書事。

四年春正月甲寅朔，日有食之。[1]

【注】
[1]袁宏《紀》曰："時未晡八刻。太史令王立奏曰：'晷過度，無變也。'朝臣皆賀。帝令候焉，未晡一刻而食。賈詡奏曰：'立司候不明，疑誤上下，請付理官。'帝曰：'天道遠，事驗難明，欲歸咎史官，益重朕之不德也。'"

丁卯，大赦天下。
三月，袁術殺楊州刺史陳溫，據淮南。
長安宣平城門外屋自壞。[1]

【注】
[1]《三輔黃圖》曰："長安城東面北頭門也。"

夏五月癸酉，[八]無雲而雷。六月，扶風大風，雨雹。華山崩裂。
太尉周忠免，太僕朱儁為太尉，錄尚書事。
下邳賊闕宣自稱天子。[1]

【注】
〔1〕《風俗通》曰:"闕,姓也,承闕黨童子之後也。縱橫家有闕子著書。"

雨水。遣侍御史裴茂訊詔獄,原輕繫。六月辛丑,天狗西北行。[1]

【注】
〔1〕《前書音義》曰:"有聲為天狗,無聲為枉矢。"

九月甲午,試儒生四十餘人,[九]上第賜位郎中,次太子舍人,下第者罷之。詔曰:"孔子歎'學之不講',[1]不講則所識日忘。今耆儒年踰六十,去離本土,營求糧資,不得專業。結童入學,白首空歸,長委農野,永絕榮望,朕甚愍焉。其依科罷者,聽為太子舍人。"[2]

【注】
〔1〕講,習也。《論語》之文。
〔2〕劉艾《獻帝紀》曰:"時長安中為之謠曰:'頭白皓然,食不充粮。裹衣褰裳,當還故鄉。聖主愍念,悉用補郎。舍是布衣,被服玄黃。'"

冬十月,太學行禮,車駕幸永福城門,臨觀其儀,賜博士以下各有差。
辛丑,京師地震。有星孛于天市。[1]

【注】
〔1〕袁宏《紀》曰:"孛于天市,將從天子移都,其後上東遷之應也。"

司空楊彪免,太常趙溫為司空。
公孫瓚殺大司馬劉虞。
十二月辛丑,地震。

司空趙溫免，乙巳，衛尉張喜為司空。[1]

【注】
[1]《獻帝春秋》(曰)"喜"作"嘉"。[一○]

是歲，琅邪王容薨。

興平元年春正月辛酉，大赦天下，改元興平。甲子，帝加元服。二月壬午，追尊諡皇妣王氏為靈懷皇后，甲申，改葬于文昭陵。丁亥，帝耕于藉田。
三月，韓遂、馬騰與郭汜、樊稠戰於長平觀，遂、騰敗績，左中郎將劉範、前益州刺史种劭戰殁。[1]

【注】
[1]《前書音義》曰："長平，阪名也，上有觀，在池陽宮南，去長安五十里，今涇水南原眭城是也。"袁宏《紀》曰："是時馬騰以李傕等專亂，以益州刺史劉焉宗室大臣，遣使招引共誅傕。焉遣子範將兵就騰。故涼州刺史种劭，太常拂之子也。拂為傕所害，劭欲報仇，遂為此戰。"

夏六月丙子，分涼州河西四郡為廱州。[1]

【注】
[1]謂金城、酒泉、燉煌、張掖。

丁丑，地震；戊寅，又震。乙巳晦，日有食之，帝避正殿，寢兵，不聽事五日。大蝗。
秋七月壬子，太尉朱儁免。戊午，太常楊彪為太尉，錄尚書事。
三輔大旱，自四月至于是月。帝避正殿請雨，遣使者洗囚徒，原輕繫。[1]是時穀一斛五十萬，豆麥一斛二十萬，人相食啖，白骨委積。帝使侍御史侯汶出太倉米豆，為飢人作糜粥，經日而死者無降。帝疑賦卹有虛，[一]乃親於御坐前量試作糜，乃知非實，[2]使侍中劉艾出讓有司。於是尚書令以下皆詣省閤謝，奏收侯汶考實。詔曰："未忍致汶于理，可杖五十。"自是之後，多得全濟。

【注】
〔1〕洗謂蕩滌也。
〔2〕袁宏《紀》曰："時敕侍中劉艾取米豆五升於御前作糜，得滿三盂，於是詔尚書曰：'米豆五升，得糜三盂，而人委頓，何也？'"

八月，馮翊羌叛，寇屬縣，郭汜、樊稠擊破之。
九月，桑復生椹，人得以食。
司徒淳于嘉罷。
冬十月，長安市門自壞。
以衞尉趙溫為司徒，錄尚書事。
十二月，分安定、扶風為新平郡。
是歲，楊州刺史劉繇與袁術將孫策戰于曲阿，[1]繇軍敗績，孫策遂據江東。[2]太傅馬日磾薨于壽春。[3]

【注】
〔1〕策字伯符，孫堅子。曲阿，今潤州縣。
〔2〕《吳志》曰："孫策既破繇，遂度兵據會稽，策自領會稽太守。"
〔3〕壽春，縣名，屬九江郡，今壽春縣也。

二年春正月癸丑，大赦天下。
二月乙亥，李傕殺樊稠而與郭汜相攻。三月丙寅，李傕脅帝幸其營，焚宮室。

夏四月甲午，立貴人伏氏為皇后。

丁酉，郭汜攻李傕，矢及御前。[1]是日，李傕移帝幸北塢。[2]

【注】

[1]《山陽公載記》曰："時弓弩並發，矢下如雨，及御所止高樓殿前帷簾[一二]也。"

[2]服虔《通俗文》曰"營居曰塢，一曰庫城"也。《山陽公載記》曰："時帝在南塢，傕在北塢。時流矢中傕左耳，乃迎帝幸北塢。帝不肯從，強之乃行。"

大旱。

五月壬午，李傕自為大司馬。六月庚午，張濟自陝來和傕、汜。

秋七月甲子，車駕東歸。郭汜自為車騎將軍，楊定為後將軍，楊奉為興義將軍，董承為安集將軍，並侍送乘輿。張濟為票騎將軍，還屯陝。八月甲辰，幸新豐。冬十月戊戌，郭汜使其將伍習夜燒所幸學舍，逼脅乘輿。楊定、楊奉與郭汜戰，破之。壬寅，幸華陰，露次道南。是夜，有赤氣貫紫宮。[1]張濟復反，與李傕、郭汜合。十一月庚午，李傕、郭汜等追乘輿，戰於東澗，王師敗績，殺光祿勳鄧泉、[一三]衛尉士孫瑞、廷尉宣璠、大長秋苗祀、[2]步兵校尉魏桀、侍中朱展、射聲校尉沮儁。[3]壬申，幸曹陽，露次田中。[4]楊奉、董承引白波帥胡才、李樂、韓暹及匈奴左賢王去卑，率師奉迎，與李傕等戰，破之。十二月庚辰，車駕乃進。李傕等復來追戰，王師大敗，殺略宮人，少府田芬、[一四]大司農張義等皆戰歿。進幸陝，夜度河。乙亥，幸安邑。

【注】

[1]《獻帝春秋》曰："赤氣廣六七尺，東至寅，西至戌地。"

[2]《獻帝春秋》"播"作"璠"也。

[3]《風俗通》曰："沮，姓也。黃帝時史官沮誦之後。"音側余反。

〔4〕曹陽，澗名，在今陝州西南七里，俗謂之七里澗。崔浩云："自南山北通於河。"

是歲，袁紹遣將麴義與公孫瓚戰於鮑丘，[1]瓚軍大敗。

【注】
〔1〕鮑丘，水名，出北塞中，南流經九莊嶺東，俗謂之大榆河。又東南經漁陽縣故城東，是瓚之戰處。見《水經注》。

建安元年春正月癸酉，郊祀上帝於安邑，大赦天下，改元建安。
二月，韓暹攻衞將軍董承。
夏六月乙未，幸聞喜。秋七月甲子，車駕至洛陽，幸故中常侍趙忠宅。丁丑，郊祀上帝，大赦天下。己卯，謁太廟。八月辛丑，幸南宮楊安殿。
癸卯，安國將軍張楊為大司馬，韓暹為大將軍，楊奉為車騎將軍。
是時，宮室燒盡，百官披荊棘，依牆壁間。州郡各擁彊兵，而委輸不至，群僚飢乏，尚書郎以下自出採稆，[1]或飢死牆壁間，或為兵士所殺。

【注】
〔1〕稆音呂。《埤蒼》曰："穭自生也。"稆與穭同。

辛亥，鎮東將軍曹操自領司隸校尉，錄尚書事。曹操殺侍中臺崇、尚書馮碩等。[1]封衞將軍董承為輔國將軍伏完等十三人為列侯，[一五]贈沮儁為弘農太守。

【注】
〔1〕《風俗通》曰："金天氏裔孫曰臺駘，其後氏焉。"《山陽公載記》

(曰)〔一六〕"臺"字作"壺"。

庚申,遷都許。己巳,幸曹操營。
九月,太尉楊彪、司空張喜罷。冬十一月丙戌,曹操自為司空,行車騎將軍事,百官總己以聽。

二年春,袁術自稱天子。三月,袁紹自為大將軍。
夏五月,蝗。秋九月,漢水溢。
是歲飢,江淮間民相食。袁術殺陳王寵。孫策遣使奉貢。

三年夏四月,遣謁者裴茂率中郎將段煨討李傕,夷三族。[1]

【注】
〔1〕《獻帝起居注》曰"傳傕首到許,有詔高懸之"也。

呂布叛。
冬十一月,盜殺大司馬張楊。
十二月癸酉,曹操擊呂布於徐州,斬之。

四年春三月,袁紹攻公孫瓚于易京,獲之。[1]

【注】
〔1〕公孫瓚頻失利,乃臨易河築京以自固,故號易京。其城三重,周回六里。今內城中有土京,在幽州歸義縣南。《爾雅》曰:"絕高謂之京,非人力為之丘。"

衛將軍董承為車騎將軍。
夏六月,袁術死。

是歲，初置尚書左右僕射。武陵女子死十四日復活。[1]

【注】
〔1〕《續漢志》曰："女子李娥，年六十餘死，瘞於城外。有行人聞冢中有聲，告家人出之。"

五年春正月，車騎將軍董承、偏將軍王服、越騎校尉种輯受密詔誅曹操，事洩。壬午，曹操殺董承等，夷三族。
秋七月，立皇子馮為南陽王。壬午，南陽王馮薨。
九月庚午朔，日有食之。詔三公舉至孝二人，九卿、校尉、郡國守相各一人。皆上封事，靡有所諱。
曹操與袁紹戰於官度，[1]紹敗走。

【注】
〔1〕裴松之《北征記》曰："中牟臺下臨汴水，是為官度，袁紹、曹操壘尚存焉。"在今鄭州中牟縣北。

冬十月辛亥，有星孛于大梁。[1]

【注】
〔1〕大梁，酉之分。

東海王祇薨。
是歲，孫策死，[1]弟權襲其餘業。[2]

【注】
〔1〕為許貢客所射傷。
〔2〕權字仲謀。

六年春(三)[二]月丁卯朔，日有食之。[一七]

七年夏五月庚戌，袁紹薨。
于寘國獻馴象。[1]

【注】
[1]馴象謂隨人意也。

是歲，越嶲男子化為女子。

八年冬十月己巳，公卿初迎冬於北郊，[1]總章始復備八佾舞。[2]

【注】
[1]斯禮久廢，故曰初。
[2]袁宏《紀》云："迎氣北郊，始用八佾。"佾，列也。謂舞者之行列。往因亂廢，今始備之。總章，樂官名。古之《安代樂》。

初置司直官，督中都官。[1]

【注】
[1]司直，秩比二千石，武帝元狩五年置，掌佐丞相，舉不法也。建武十一年省，今復置之。

九年秋八月戊寅，曹操大破袁尚，平冀州，自領冀州牧。
冬十月，有星孛于東井。
十二月，賜三公已下金帛各有差。自是三年一賜，以為常制。

十年春正月，曹操破袁譚於青州，斬之。[1]

【注】
〔1〕《魏書》曰："操攻譚不剋，乃自執枹鼓，應時破之。"

夏四月，黑山賊張燕率衆降。[1]

【注】
〔1〕《魏志》曰："燕，本姓褚，常山真定人也。黄巾起，燕合聚少年為群盜，萬餘人，博陵人張牛角為主。牛角死，燕代為主，故改姓張。燕剽勇，軍中號曰張飛燕。衆至百萬，號曰黑山賊。"

秋九月，賜百官尤貧者金帛各有差。

十一年春正月，有星孛于北斗。
三月，曹操破高幹於并州，獲之。[1]

【注】
〔1〕《典論》曰："上洛都尉王琰敗之，追斬其首。"

秋七月，武威太守張猛殺雍州刺史邯鄲商。[1]

【注】
〔1〕袁宏《漢紀》(曰)[一八] "雍州"作"涼州"也。

是歲，立故琅邪王容子熙為琅邪王。齊、北海、阜陵、下邳、常山、甘陵、濟(陰)[北]、[一九]平原八國皆除。

十二年秋八月，曹操大破烏桓於柳城，斬其蹋頓。[1][二〇]

【注】
〔1〕蹋頓，匈奴王號。柳城，縣名，屬遼西郡，今營州縣。

冬十月辛卯，有星孛于鶉尾。[1]

【注】
〔1〕鶉尾，巳之分也。

乙巳，黃巾賊殺濟南王贇。[1]

【注】
〔1〕河間孝王五代孫。

十一月，遼東太守公孫康殺袁尚、袁熙。

十三年春正月，司徒趙溫免。
夏六月，罷三公官，置丞相、御史大夫。癸巳，曹操自為丞相。
秋七月，曹操南征劉表。
八月丁未，光祿勳郗慮為御史大夫。[1]

【注】
〔1〕《續漢書》曰："慮字鴻豫，山陽高平人也。少受學於鄭玄。"

壬子，曹操殺太中大夫孔融，夷其族。
是月，劉表卒，少子琮立，琮以荊州降操。
冬十月癸未朔，日有食之。
曹操以舟師伐孫權，權將周瑜敗之於烏林、赤壁。

十四年冬十月，荆州地震。

十五年春二月乙巳朔，日有食之。

十六年秋九月庚戌，曹操與韓遂、馬超戰於渭南，遂等大敗，關西平。[1]

【注】
[1]《曹瞞傳》曰："時婁子伯説操曰：'今天寒，可起沙為城，以水灌之，可一夜而成。'公從之，比明城立。超、遂數挑戰不利，操縱虎騎夾擊，大破之，超、遂走涼州。"

是歲，趙王赦薨。

十七年夏五月癸未，誅衛尉馬騰，夷三族。
六月庚寅晦，日有食之。
秋七月，洧水、潁水溢。螟。
八月，馬超破涼州，殺刺史韋康。
九月庚戌，立皇子熙為濟陰王，懿為山陽王，邈為濟北王，敦為東海王。[1]

【注】
[1]《山陽公載記》曰："時許靖在巴郡，聞立諸王，曰：'將欲歙之，必姑張之；將欲奪之，必姑與之。其孟德之謂乎！'"

冬十二月，星孛于五諸侯。[1]

【注】
〔1〕五諸侯，星名也。

十八年春正月庚寅，復《禹貢》九州。﹝1﹞

【注】
〔1〕《獻帝春秋》曰："時省幽、并州，以其郡國并於冀州；省司隸校尉及涼州，以其郡國并為雍州；省交州，并荊州、益州。於是有兗、豫、青、徐、荊、楊、冀、益、雍也。"九數雖同，而《禹貢》無益州有梁州，然梁、益亦一地也。

夏五月丙申，曹操自立為魏公，加九錫。﹝1﹞

【注】
〔1〕案《禮含文嘉》曰："九錫謂一曰車馬，二曰衣服，三曰樂器，四曰朱戶，五曰納陛，六曰虎賁士百人，七曰斧鉞，八曰弓矢，九曰秬鬯。"

大雨水。
徙趙王珪為博陵王。
是歲，歲星、鎮星、熒惑俱入太微。﹝1﹞彭城王和薨。

【注】
〔1〕是年秋，三星逆行入太微，守帝坐五十日。

十九年，夏四月，旱。五月，雨水。
劉備破劉璋，據益州。
冬十月，曹操遣將夏侯淵討宋建于枹罕，﹝二﹞獲之。﹝1﹞

【注】
〔1〕枹罕，縣，屬金城郡，今河州縣也。《魏志》曰："淵字妙才，沛國譙人。"

十一月丁卯，曹操殺皇后伏氏，滅其族及二皇子。[1]

【注】
〔1〕《山陽公載記》曰："劉備在蜀聞之，遂發喪。"

二十年春正月甲子，立貴人曹氏為皇后。賜天下男子爵，人一級，孝悌、力田二級。賜諸王侯公卿以下穀各有差。
秋七月，曹操破漢中，張魯降。

二十一年夏四月甲午，曹操自進號魏王。
五月己亥朔，日有食之。
秋七月，匈奴南單于來朝。
是歲，曹操殺琅邪王熙，國除。[1]

【注】
〔1〕坐謀欲渡江，被誅。

二十二年夏六月，丞相軍師華歆為御史大夫。
冬，有星孛于東北。
是歲大疫。

二十三年春正月甲子，少府耿紀、丞相司直韋晃起兵誅曹操，不克，夷三族。[1]

【注】
〔1〕《三輔決錄》〔注〕曰：〔二二〕"時有京兆全禕，〔二三〕字德偉，自以代為漢臣，乃發憤，與耿紀、韋晃欲挾天子以攻魏，南援劉備。事敗，夷三族。"

三月，有星孛于東方。〔1〕〔二四〕

【注】
〔1〕杜預注《左傳》云"平旦，衆星皆没，而孛星乃見"，故不言所在之次。

二十四年春二月壬子晦，日有食之。
夏五月，劉備取漢中。
秋七月庚子，劉備自稱漢中王。
八月，漢水溢。
冬十一月，孫權取荊州。

二十五年春正月庚子，魏王曹操薨。〔1〕子丕襲位。〔2〕

【注】
〔1〕《魏志》曰，操字孟德，薨時年六十六。
〔2〕《魏志》曰，丕字子桓，操之太子。

二月丁未朔，日有食之。
三月，改元延康。
冬十月乙卯，皇帝遜位，魏王丕稱天子。〔1〕〔二五〕奉帝為山陽公，〔2〕邑一萬户，位在諸侯王上，奏事不稱臣，受詔不拜，以天子車服郊祀天地，宗廟、祖、臘皆如漢制，都山陽之濁鹿城。〔3〕四皇子封王者，皆降為列侯。

【注】

〔1〕遜,讓也。《獻帝春秋》曰:"帝時召群臣卿士告祠高廟,詔太常張音持節,奉策璽綬,禪位于魏王。乃為壇於繁陽故城,魏王登壇,受皇帝璽綬。"

〔2〕山陽,縣名,屬河内郡,故城在今懷州脩武縣西北。

〔3〕濁鹿一名濁城,亦名清陽城,在今懷州脩武縣東北。

明年,劉備稱帝于蜀,孫權亦自王於吳,於是天下遂三分矣。

魏青龍二年三月庚寅,山陽公薨。自遜位至薨,十有四年,年五十四,謚孝獻皇帝。八月壬申,以漢天子禮儀葬于禪陵,[1]置園邑令丞。

【注】

〔1〕《續漢書》曰:"天子葬,太僕駕四輪輔為賓車,大練為屋幬。中黃門、虎賁各二十人執紼。司空擇土造穿,太史卜日,將作作黃腸題湊、便房,如禮。大駕,大僕御。方相氏黃金四目,蒙熊皮,玄衣朱裳,執戈揚楯,立乘四馬先駈。旂長三刃,十有二旒曳地,畫日、月、升龍。書旂曰'天子之柩'。謁者二人,立乘六馬為次。太常跪〔曰〕哭,(日)十五舉音,止哭。[二六]畫漏上〔水〕,請發。[二七]司徒、河南尹先引車轉,太常曰請拜送。車著白絲三紖,紼長三十丈,圍七寸;六行,行五十人。公卿已下子弟凡三百人,皆素幘,委貌冠,衣素裳,挽。校尉三(百)人,[二八]皆赤幘,不冠,持幢幡,皆銜枚。羽林孤兒、《巴俞》擢歌者六十人,為六列。司馬八人,執鐸。至陵南羨門,司徒跪請就下房,都導東園武士奉入房,執事下明器,太祝進醴獻。司空將校復土。"擢音徒了反。《帝王紀》曰:"禪陵在濁鹿城西北十里,在今懷州脩武縣北二十五里。陵高二丈,周回二百步。"劉澄之《地記》云:"以漢禪魏,故以名焉。"

太子早卒,孫康立五十一年,晉太康六年薨。子瑾立四年,太康十年薨。子秋立二十年，永嘉中為胡賊所殺，國除。

論曰：傳稱鼎之為器，雖小而重，故神之所寶，不可奪移。[1]至令負而趨者，此亦窮運之歸乎！[2]天厭漢德久矣，山陽其何誅焉！[3]

【注】
〔1〕《左氏傳》王孫滿曰：﹁桀有昏德，鼎遷於商；商紂暴虐，鼎遷於周。德之休明，雖小，重也；其姦回昏亂，雖大，輕也。﹂故言神之所寶，不可奪移。
〔2〕言神器至重，被人負而趨走者，斯亦窮盡之運歸於此時乎，言不可復振也。《莊子》曰：﹁藏舟於壑，藏山於澤，謂之固矣。然而有力者負之而趨，而昧者不知。﹂
〔3〕厭，倦；誅，責也。漢自和帝以後，政教陵遲，故言天厭漢德久矣。禍之來也，非獨山陽公之過，其何所誅責乎？《左傳》宋子魚曰：﹁天既厭商德。﹂孔子曰：﹁於予（予）〔與〕何誅。[二九]﹂

贊曰：獻生不辰，身播國屯。[1]終我四百，永作虞賓。[2]

【注】
〔1〕辰，時也。播，遷也。言獻帝生不逢時，身既播遷，國又屯難。《詩》曰：﹁我生不辰。﹂《左傳》曰：﹁震蕩播越。﹂
〔2〕《春秋演孔圖》[三〇]曰：﹁劉四百歲之際，褒漢王輔，皇王以期，有名不就。﹂宋均注曰：﹁雖褒族人為漢王以自輔，以當有應期，名見攝錄者，故名不就也。﹂虞賓謂舜以堯子丹朱為賓，（商）《〔虞〕書》曰[三一]﹁虞賓在位﹂是也。以喻山陽公為魏之賓也。

【校勘記】
〔一〕靈帝中子也　按：《集解》引惠棟說，謂《續志》作﹁靈帝少子﹂。

〔二〕［叄］乘（輿）［與］中官俱止禁中　依《刊誤》删補。按《御覽》卷二一九引《漢官儀》，正作"參乘，與中官俱止禁中"。

〔三〕靈帝（建元）［熹平］四年改平準爲中準　據殿本、《集解》本改，與《靈紀》合。按：兩"準"字原俱作"准"，逕據汲本、殿本改。

〔四〕董卓［自］爲相國　據殿本《考證》引何焯説補。

〔五〕袁術遣將孫堅攻劉表於襄陽堅戰殁　按：《校補》謂案《通鑑》堅被黄祖部曲兵射殺，敍在二年冬十月後。

〔六〕董卓部曲將李傕郭汜　汲本"汜"作"氾"，殿本則前作"氾"，後又作"汜"，不一律。按：《通鑑》作"汜"，胡注汜音祀，又孚梵反。然則作"汜"或"氾"，初無一定，亦猶氾水之又作汜水矣。

〔七〕太僕趙岐　按："岐"原譌"歧"，逕據汲本、殿本改正。後如此，不悉出校記。

〔八〕夏五月癸酉　按："五"原譌"三"，逕改正。

〔九〕試儒生四十餘人　按袁《紀》作"三十餘人"。

〔一〇〕獻帝春秋（曰）喜作嘉　按："曰"字當衍，今删。

〔一一〕帝疑賦邺有虚　按：《御覽》八三八引"賦"作"賑"。

〔一二〕帷簾　按："簾"原誤"廉"，逕據汲本、殿本改正。

〔一三〕殺光禄勳鄧泉　按：《集解》引錢大昕説，謂《五行志》作"鄧淵"，此章懷避諱改。

〔一四〕少府田芬　按：《集解》引惠棟説，謂《五行志》作"田邠"。

〔一五〕封衛將軍董承爲輔國將軍伏完等十三人爲列侯　按：惠棟、王鳴盛、錢大昕皆謂"董承"下衍"爲"字。李慈銘謂當云"以執金吾伏完爲輔國將軍，封衛將軍董承等十三人爲列侯"，紀文傳寫脱誤。

〔一六〕山陽公載記（曰）　據《刊誤》删。

〔一七〕六年春（三）［二］月丁卯朔日有食之　《集解》引錢大昕説，謂《五行志》作"十月癸未"。按：推是年二月丁卯朔，日食可見，"三月"乃"二月"之誤，今改，與《通鑑目録》引本志合。

〔一八〕袁宏漢紀（曰）　按："曰"字當衍，今删。

〔一九〕濟（陰）［北］　據《集解》引錢大昕説及《校補》引錢大昭説改。

〔二〇〕斬其蹋頓　殿本《考證》引何焯説，謂"其"字應衍。《校補》謂案《烏桓傳》，蹋頓為遼西烏桓王丘力居從子，代丘力居立為王，是蹋頓乃烏桓王名，故何氏謂"其"字應衍，不解注何以釋為匈奴王號。今按：如依《烏桓傳》，則"其"字當刪，"蹋頓"應加標號。

〔二一〕曹操遣將夏侯淵討宋建于枹罕　按：汲本、《集解》本"宋建"作"朱建"。《集解》引錢大昕説，謂《天文志》作"宋建"，《董卓傳》作"宗建"，《三國志》亦作"宋建"。

〔二二〕三輔決録［注］曰　按：《三輔決録》趙岐著。《集解》引陳景雲説，謂"決録"下當有"注"字，趙岐卒於建安六年，不及見此事。今據補。

〔二三〕時有京兆金褘　按：汲本、殿本"全褘"作"金褘"。

〔二四〕有星孛于東方　按：袁《紀》"東方"作"東井"。

〔二五〕冬十月乙卯皇帝遜位魏王丕稱天子　按：《集解》引惠棟説，謂《魏受禪碑》作"十月辛未"。據裴松之注《魏志》，漢實以十月乙卯策詔魏王，使張愔奉璽綬，而魏王辭讓，往返三四而後受也。又據侍中劉廙奏，問太史令許芝，今月十七日乙未，可治壇墠。又據尚書桓階等奏，云輒下太史令擇元辰，今月二十九日可登壇受命。蓋自十七日乙未至二十九日，正得辛未。以此據之，《漢》《魏》二紀皆謬，而獨此碑為是也。

〔二六〕太常跪［曰］哭（日）十五舉音止哭　據《刊誤》改。

〔二七〕晝漏上［水］請發　據《續志》補。

〔二八〕校尉三（百）人　據《續志》刪。

〔二九〕於予（予）［與］何誅　據《刊誤》改。

〔三〇〕春秋演孔圖　按：原作"春秋孔演圖"，誤，逕乙正。

〔三一〕（商）［虞］書曰　據殿本、《集解》本改。

後漢書卷十上

皇后紀第十上

夏、殷以上，后妃之制，其文略矣。《周禮》王者立后，[1]三夫人，九嬪，二十七世婦，八十一女御，以備內職焉。后正位宮闈，同體天王。夫人坐論婦禮，[2]九嬪掌教四德，[3]世婦主喪、祭、賓客，[4]女御序于王之燕寢。[5]頒官分務，各有典司。女史彤管，記功書過。[6]居有保阿之訓，動有環佩之響。[7]進賢才以輔佐君子，哀窈窕而不淫其色。[8]所以能述宣陰化，修成內則，[9]閨房肅雍，險謁不行也。[10]故康王晚朝，《關雎》作諷；[11]宣后晏起，姜氏請愆。[12]及周室東遷，禮序凋缺。[13]諸侯僭縱，軌制無章。齊桓有如夫人者六人，[14]晉獻升戎女為元妃，[15]終於五子作亂，[16]冢嗣遘屯。[17]爰逮戰國，風憲逾薄，適情任欲，顛倒衣裳，[18]以至破國亡身，不可勝數。斯固輕禮弛防，先色後德者也。

【注】

〔1〕鄭玄注《禮記》曰："后之言後，言在夫之後也。"

〔2〕鄭玄注《周禮》云"夫人之於后，猶三公之於王，坐而論婦禮"也。

〔3〕九嬪比九卿。《周禮》曰"九嬪，掌婦學之法，以教九御"也。四德謂婦德、婦言、婦容、婦功也。

〔4〕婦，服也，明其能服事於人也，比二十七大夫。《周禮》："世婦，掌

祭祀、賓客、喪紀之事。祭之日，泣陳女宮之具，凡內羞之物，掌弔臨于卿大夫之喪。"

〔5〕御謂進御于王也，比八十一元士。《周禮》曰"女御，〔掌〕敘于王之燕寢，〔一〕以歲時獻功事"也。

〔6〕《周禮》云"女史，掌王后之禮，書內令，凡后之事以禮從"也。鄭玄注云"亦如大史之於王"也。彤管，赤管筆也。《詩》云："詒我彤管。"注云"古者，后夫人必有女史彤管之法"也。

〔7〕《列女傳》曰："齊孝公孟姬，華氏之女。從孝公遊，車奔，姬墮，車碎，孝公使駟馬立車載姬。姬泣曰：'妾聞妃下堂，必從傅母保阿，進退則鳴玉佩環；今立車無軿，非敢受命。'"

〔8〕《詩序》云："《關雎》，樂得淑女以配君子，憂在進賢，不淫其色，哀窈窕，思賢才，而無傷善之心。"毛萇注云："窈窕，幽閒也。"

〔9〕《周禮》內宰職曰："以陰禮教六宮，以婦職之法教九御。"

〔10〕肅，敬也。雍，和也。謁，請也。言能輔佐君子，和順恭敬，不行私謁。《詩序》曰："雖則王姬，猶執婦道，以成肅雍之德。"又曰："而無險詖私謁之心。"

〔11〕《前書音義》曰："后夫人雞鳴佩玉去君所。周康王后不然，故詩人歎而傷之。"見《魯詩》。

〔12〕《列女傳》曰："周宣姜后，齊侯之女也。宣王嘗夜臥晏起，后夫人不出房。姜后既出，乃脫簪珥，待罪於永巷，使傅母通言於王曰：'妾不才，淫心見矣，至使君王失禮而晏起，以見君王樂色忘德。敢請罪，惟君王之命。'王曰：'寡人之過，夫人何辜。'遂勤政事，成中興之名焉。"

〔13〕幽王時，西夷、犬戎共攻殺幽王于驪山之下。太子宜臼立，是為平王，東遷洛邑，以避犬戎，政遂微弱。

〔14〕《左傳》曰，桓公多內寵，有如夫人者六人：長衛姬，少衛姬、鄭姬、葛嬴、密姬、宋華子也。

〔15〕元妃，嫡夫人也。《史記》曰，晉獻公伐驪戎，得驪姬，愛幸，立以為妃。

〔16〕桓公六夫人，生六子。桓公卒，立公子昭，於是公子無虧、公子元、公子潘、公子商人、公子雍等五公子皆求立，公子昭奔宋，是作亂也。

〔17〕冢，大也。遘，遇也。屯，難也。晉獻公受驪姬之譖，殺太子申生，故曰遇屯。

〔18〕上曰衣，下曰裳。《詩》曰："緑兮衣兮，緑衣黄裳。"鄭玄曰："褖衣黑，今反以黄為裹，非其禮制，諭妾上僭也。"

秦并天下，多自驕大，宫備七國，[1][二]爵列八品。[2]漢興，因循其號，而婦制莫釐。[3]高祖帷薄不修，[4]孝文衽席無辯。[5]然而選納尚簡，飾翫少華。自武、元之後，世增淫費，至乃掖庭三千，增級十四。[6]妖倖毁政之符，外姻亂邦之迹，前史載之詳矣。

【注】

[1]《史記》曰："始皇破六國，寫放其宫室，作之咸陽北坂上，南臨渭水，殿屋複道，周閣相屬，所得諸侯美人，以充入之。"并秦為七也。

[2]《前書》曰："漢興因秦之稱號，正嫡稱皇后，妾皆稱夫人，又有美人、良人、八子、七子、長使、少使之號。"

[3]釐，理。

[4]《大戴禮》曰："大臣坐污穢男女無別者，不曰污穢，曰帷薄不修。"謂周昌入奏事，高帝擁戚姬，是不修也。

[5]鄭玄注《禮記》曰："衽，臥席也。"孝文幸慎夫人，每與皇后同坐，是無辯也。

[6]婕妤一，娙娥二，容華三，充衣四，已上武帝置；昭儀五，元帝置；美人六，良人七，七子八，八子九，長使十，少使十一，五官十二，順常十三，無涓、共和、娛靈、保林、良使、夜者十四，此六官品秩同為一等也。

及光武中興，斲彫為朴，[1]六宫稱號，唯皇后、貴人。[2]貴人金印紫綬，奉不過粟數十斛。又置美人、宫人、采女三等，並無爵秩，歲時賞賜充給而已。漢法常因八月筭人,[3]遣中大夫與掖庭丞及相工,於洛陽鄉中閱視良家童女,年十三以上,二十已下,姿色端麗,合法相者,載還後宮,擇視可否,乃用登御。所以明慎聘納,詳求淑哲。明帝聿遵先旨,宮教頗修,登建嬪后,必先令德,內無出閫之言,[4]權無私溺之授,可謂矯其敝矣。向使因設外戚之禁,編著《甲令》,[5]改正后妃之制,貽厥方來,豈不休哉!雖御已有度,而防(閒)[閑]未篤,[三]故孝章以下,漸用色授,恩隆好合,遂忘淄蠹。[6]

【注】

[1]彫謂刻鏤也。《史記》曰:"漢興,破觚而為圓,斲琱而為璞。"

[2]鄭玄注《周禮》曰"皇后正寢一,燕寢五,是為六宮"也。夫人已下分居焉。

[3]《漢儀注》曰:"八月初為筭賦,故曰筭人。"

[4]閫,門限也。《禮記》曰"外言不入於閫,內言不出於閫"也。

[5]《前書音義》曰:"《甲令》者,前帝第一令也,有《甲令》《乙令》《丙令》。"

[6]淄,黑也。蠹,食木蟲。以諭傾敗也。

自古雖主幼時艱,王家多釁,必委成冢宰,簡求忠賢,未有專任婦人,斷割重器。唯秦芈太后始攝政事,[1][四]故穰侯權重於昭王,家富於嬴國。[2]漢仍其謬,知患莫改。東京皇統屢絕,權歸女主,外立者四帝,[3]臨朝者六后,[4]莫不定策帷帟,委事父兄,貪孩童以久其政,抑明賢以專其威。[5]任重道悠,利深禍速。身犯霧露於雲臺之上,[6]家嬰縲紲於圄犴之下。[7]湮滅連踵,傾輈繼路。[8]而赴蹈不息,燋爛為期,終於陵夷大運,淪亡神寶。[9]《詩》《書》所歎,略同一揆。故考列行跡,以為《皇后本紀》。雖成敗事異,而同居正號者,並列于篇。其以私恩追尊,非當時所奉者,則隨它事附出。[10]親屬別事,各依列傳。其餘無所見,則係之此紀,[11]以續西京《外戚》云爾。[12]

【注】

〔1〕芈音亡爾反。

〔2〕太后，昭王母也，號宣太后。《史記》曰，昭王立，年少，宣太后自知事，以同母弟魏冉為將軍，任政，封為穰侯。太后攝政，始於此也。

〔3〕謂安、質、桓、靈。

〔4〕章帝竇太后、和熹鄧太后、安思閻太后、順烈梁太后、桓思竇太后、靈思何太后也。

〔5〕《周禮》："幕人，掌帷帟幄幕之事。"鄭玄注曰："帟，幄中坐上承塵也。"殤帝崩，鄧太后與兄騭等迎立安帝，年十三。沖帝崩，梁太后與兄冀迎立質帝，年八歲。質帝崩，太后與兄冀迎立桓帝，年十五。桓帝崩，竇太后與父武迎立靈帝，年十二。

〔6〕霧露謂疾病也。不可指言死，故假霧露以言之。靈帝時，中常侍曹節矯詔遷太后於雲臺。謝弼上封事曰："伏惟皇太后援立明聖，幽居空宮，如有霧露之疾，陛下當何面目以見天下！"

〔7〕縲，索也。紲，繫也。囹圄，周獄名也。鄉亭之獄曰犴，音五旦反。謂外戚等被誅也。

〔8〕踵，跡也。軌，車轍也。賈誼曰："前車覆，後車誡。"

〔9〕陵夷猶頹替。神寶，帝位也。

〔10〕謂安帝母左姬及祖母宋貴人之類，並見《清河孝王傳》。

〔11〕謂賈貴人、虞美人之類是。

〔12〕纘，繼也。

光武郭皇后諱聖通，真定槀人也。[1][五]為郡著姓。父昌，讓田宅財產數百萬與異母弟，國人義之。仕郡功曹。娶真定恭王女，號郭主，[2]生后及子況。昌早卒。郭主雖王家女，而好禮節儉，有母儀之德。更始二年春，光武擊王郎，至真定，因納后，有寵。及即位，以為貴人。

【注】
〔1〕槀,縣名,故城在今恒州槀城縣西。
〔2〕恭王名普,景帝七代孫。

建武元年,生皇子彊。帝善況小心謹慎,〔六〕年始十六,拜黄門侍郎。二年,貴人立為皇后,彊為皇太子,封況綿蠻侯。以后弟貴重,賓客輻湊。況恭謙下士,頗得聲譽。十四年,遷城門校尉。其後,后以寵稍衰,數懷怨懟。十七年,遂廢為中山王太后,進后中子右翊公輔為中山王,以常山郡益中山國。徙封況大國,為陽安侯。〔1〕后從兄竟,以騎都尉從征伐有功,封為新郪侯,官至東海相。〔2〕竟弟匡為發干侯,〔3〕官至太中大夫。后叔父梁,早終,無子。其壻南陽陳茂,以恩澤封南繺侯。〔4〕

【注】
〔1〕陽安,縣,屬汝南郡,故城在今豫州朗山縣,故道國城是也。
〔2〕新郪,縣,屬汝南郡,故城在今潁州汝陰縣西北郪丘城是也。音七私反。
〔3〕發干,縣,屬東郡,故城在今博州堂邑縣西南。
〔4〕繺音力全反。

二十年,中山王輔復徙封沛王,后為沛太后。況遷大鴻臚。帝數幸其第,會公卿諸侯親家飲燕,賞賜金錢縑帛,豐盛莫比,京師號況家為金穴。二十六年,后母郭主薨,帝親臨喪送葬,百官大會,遣使者迎昌喪柩,與主合葬,追贈昌陽安侯印綬,謚曰思侯。二十八年,后薨,葬于北芒。〔七〕

帝憐郭氏,詔況子璜尚淯陽公主,除璜為郎。顯宗即位,況與帝舅陰識、陰就並為特進,數授賞賜,〔八〕恩寵俱渥。禮待陰、郭,每事必均。永平二年,況卒,贈賜甚厚,帝親自臨喪,謚曰節侯,子璜嗣。

元和三年，肅宗北巡狩，過真定，會諸郭，朝見上壽，引入倡飲甚歡。[1]以太牢具上郭主冢，賜粟萬斛，錢五十萬。永元初，璜為長樂少府，[2]子舉為侍中，兼射聲校尉。及大將軍竇憲被誅，舉以憲女壻謀逆，故父子俱下獄死，家屬徙合浦，[3]宗族為郎吏者，悉免官。新郪侯竟初為騎將，[4]從征伐有功，拜東海相。永平中卒，子嵩嗣；嵩卒，追坐染楚王英事，國廢。建初二年，章帝紹封嵩子勤為伊亭侯，勤無子，國除。發干侯匡，官至太中大夫，建武三十年卒，子勳嗣；勳卒，子駿嗣，永平十三年，亦坐楚王英事，失國。建初三年，復封駿為觀都侯，卒，無子，國除。郭氏侯者凡三人，皆絕國。

【注】
〔1〕《說文》曰："倡，樂也。"《聲類》曰"俳"。
〔2〕長樂少府，掌皇太后宮，秩二千石。居長信宮曰長信少府，長樂宮曰長樂少府。
〔3〕郡名，今廉州縣。
〔4〕《前書》曰："車、户、騎將，屬光祿，秩比千石。"

　　論曰：物之興衰，情之起伏，理有固然矣。而崇替去來之甚者，必唯寵惑乎？當其接牀笫，承恩色，雖險情贅行，莫不德焉。[1]及至移意愛，析嫌私，雖惠心妍狀，愈獻醜焉。愛升，則天下不足容其高；歡墜，故九服無所逃其命。斯誠志士之所沉溺，君人之所抑揚，未或違之者也。郭后以衰離見貶，恚怨成尤，而猶恩加別館，增寵黨戚。至乎東海逡巡，去就以禮，使後世不見隆薄進退之隙，不亦光於古乎！

【注】
〔1〕《說文》曰："贅，肬也。"《老子》曰："餘食贅行。"河上公注曰："行之無當為贅。"《莊子》曰："附贅懸肬。"言醜惡也。

光烈陰皇后諱麗華，〔1〕南陽新野人。初，光武適新野，聞后美，心悅之。後至長安，見執金吾車騎甚盛，因歎曰："仕宦當作執金吾，娶妻當得陰麗華。"更始元年六月，遂納后於宛當成里，時年十九。及光武為司隸校尉，方西之洛陽，令后歸新野。及鄧奉起兵，后兄識為之將，后隨家屬徙淯陽，止於奉舍。

【注】
〔1〕《謚法》曰："執德遵業曰烈。"《東觀記》："有陰子公者，生子方，方生幼公，公生君孟，名睦，即后之父也。"今世本"睦"作"陸"。

　　光武即位，令侍中傅俊迎后，與湖陽、寧平主諸宮人俱到洛陽，以后為貴人。〔1〕帝以后雅性寬仁，欲崇以尊位，后固辭，以郭氏有子，終不肯當，故遂立郭皇后。建武四年，從征彭寵，生顯宗於元氏。九年，有盜劫殺后母鄧氏及弟訢，〔2〕帝甚傷之，乃詔大司空曰："吾微賤之時，娶於陰氏，因將兵征伐，遂各別離。幸得安全，俱脫虎口。〔3〕以貴人有母儀之美，宜立為后，而固辭弗敢當，列於媵妾。〔4〕朕嘉其義讓，許封諸弟。未及爵土，而遭患逢禍，母子同命，憫傷于懷。《小雅》曰：'將恐將懼，惟予與汝。將安將樂，汝轉棄予。'〔5〕風人之戒，可不慎乎？其追爵謚貴人父陸為宣恩哀侯，弟訢為宣義恭侯，以弟就嗣哀侯後。及尸柩在堂，使太中大夫拜授印綬，如在國列侯禮。魂而有靈，嘉其寵榮！"

【注】
〔1〕寧平，縣，屬淮陽，故城在今亳州谷陽縣西南。
〔2〕音欣。
〔3〕《莊子》曰，孔子見盜跖，謂柳下惠曰："幾不免於虎口。"
〔4〕《爾雅》曰："媵，送也。"孫炎曰："送女曰媵。"
〔5〕《谷風》之詩。

十七年,廢皇后郭氏而立貴人。制詔三公曰:"皇后懷執怨懟,數違教令,不能撫循它子,訓長異室。宮闈之內,若見鷹鸇。〔1〕既無《關雎》之德,而有呂、霍之風,豈可託以幼孤,恭承明祀。今遣大司徒涉、〔2〕宗正吉持節,其上皇后璽綬。陰貴人鄉里良家,歸自微賤,〔3〕'自我不見,于今三年。'〔4〕宜奉宗廟,為天下母。主者詳案舊典,時上尊號。異常之事,非國休福,不得上壽稱慶。"后在位恭儉,少嗜玩,不喜笑謔。性仁孝,多矜慈。七歲失父,〔九〕雖已數十年,言及未曾不流涕。〔一〇〕帝見,常歎息。

【注】

〔1〕《爾雅》曰:"宮中小門謂之闈。"

〔2〕戴涉也。

〔3〕《公羊傳》曰:"婦人謂嫁曰歸。"

〔4〕《詩·豳風·東山》之詞也。

顯宗即位,尊后為皇太后。永平三年冬,帝從太后幸章陵,置酒舊宅,會陰、鄧故人諸家子孫,並受賞賜。七年,崩,在位二十四年,年六十,合葬原陵。

明帝性孝愛,追慕無已。十七年正月,當謁原陵,夜夢先帝、太后如平生歡。既寤,悲不能寐,即案歷,明旦日吉,遂率百官及故客上陵。其日,降甘露於陵樹,帝令百官采取以薦。會畢,帝從席前伏御牀,視太后鏡奩中物,〔1〕感動悲涕,令易脂澤裝具。左右皆泣,莫能仰視焉。

【注】

〔1〕奩,鏡匣也,音廉。

明德馬皇后諱某,[1]伏波將軍援之小女也。少喪父母。兄客卿敏惠早夭,母藺夫人悲傷發疾慌惚。后時年十歲,幹理家事,勅制僮御,[2]內外諮稟,事同成人。初,諸家莫知者,後聞之,咸歎異焉。后嘗久疾,太夫人令筮之,筮者曰:"此女雖有患狀而當大貴,兆不可言也。"後又呼相者使占諸女,見后,大驚曰:"我必為此女稱臣。然貴而少子,若養它子者得力,乃當踰於所生。"

【注】
〔1〕《諡法》曰:"忠和純淑曰德。"諱某者,史失其名。下皆類此。
〔2〕幹,正也。《廣雅》曰"僮、御,皆使者"也。

初,援征五溪蠻,卒於師,虎賁中郎將梁松、黃門侍郎竇固等因譖之,由是家益失勢,又數為權貴所侵侮。后從兄嚴不勝憂憤,白太夫人絕竇氏婚,求進女掖庭。乃上書曰:"臣叔父援孤恩不報,[1]而妻子特獲恩全,戴仰陛下,為天為父。人情既得不死,便欲求福。竊聞太子、諸王妃匹未備,援有三女,大者十五,次者十四,小者十三,儀狀髮膚,上中以上。[2]皆孝順小心,婉靜有禮。[3]願下相工,簡其可否。如有萬一,援不朽於黃泉矣。又援姑姊妹並為成帝婕妤,葬於延陵。臣嚴幸得蒙恩更生,冀因緣先姑,當充後宮。"由是選后入太子宮。時年十三。奉承陰后,傍接同列,禮則脩備,上下安之。遂見寵異,常居後堂。

【注】
〔1〕孤,負也。
〔2〕《東觀記》曰:"明帝馬皇后美髮,為四起大髻,但以髮成,尚有餘,繞髻三匝。眉不施黛,獨左眉角小缺,補之如粟。常稱疾而終身得意。"
〔3〕婉,順也。

顯宗即位，以后為貴人。時后前母姊女賈氏亦以選入，生肅宗。帝以后無子，命令養之。謂曰："人未必當自生子，但患愛養不至耳。"后於是盡心撫育，勞悴過於所生。肅宗亦孝性淳篤，恩性天至，母子慈愛，始終無纖介之閒。[1]后常以皇嗣未廣，每懷憂歎，薦達左右，若恐不及。後宮有進見者，每加慰納。若數所寵引，輒增隆遇。永平三年春，有司奏立長秋宮，[2]帝未有所言。皇太后曰："馬貴人德冠後宮，即其人也。"遂立為皇后。

【注】
〔1〕纖介猶細微也。閒，隙也。
〔2〕皇后所居宮也。長者久也，秋者萬物成孰之初也，故以名焉。請立皇后，不敢指言，故以宮稱之。

　　先是數日，夢有小飛蟲無數赴著身，又入皮膚中而復飛出。既正位宮闈，愈自謙肅。身長七尺二寸，方口，美髮。能誦《易》，好讀《春秋》、《楚辭》，尤善《周官》、董仲舒書。[1]常衣大練，裙不加緣。[2]朔望諸姬主朝請，[3]望見后袍衣疎麤，反以為綺縠，就視，乃笑。后辭曰："此繒特宜染色，故用之耳。"六宮莫不歎息。帝嘗幸苑囿離宮，后輒以風邪露霧為戒，辭意款備，多見詳擇。帝幸濯龍中，[4]並召諸才人，下邳王已下皆在側，請呼皇后。帝笑曰："是家志不好樂，雖來無歡。"是以遊娛之事希嘗從焉。

【注】
〔1〕《周官》，《周禮》也。仲舒書，《玉杯》、《蕃露》、《清明》、《竹林》之屬也。蕃音繁。
〔2〕大練，大帛也。杜預注《左傳》曰："大帛，厚繒也。"太后兄廖上書曰"今陛下躬服厚繒"是也。
〔3〕《漢律》春曰朝，秋曰請。

〔4〕《續漢志》曰，濯龍，園名也，近北宮。

十五年，帝案地圖，將封皇子，悉半諸國。后見而言曰："諸子裁食數縣，於制不已儉乎？"帝曰："我子豈宜與先帝子等乎？歲給二千萬足矣。"時楚獄連年不斷，囚相證引，坐繫者甚衆。后慮其多濫，乘閒言及，惻然。帝感悟之，夜起仿偟，為思所納，〔1〕卒多有所降宥。時諸將奏事及公卿較議難平者，〔2〕帝數以試后。后輒分解趣理，各得其情。每於侍執之際，輒言及政事，多所毗補，而未嘗以家私干。（欲）[故]寵敬日隆，〔一一〕始終無衰。

【注】
〔1〕思后所納之言。
〔2〕《廣雅》曰："較，明也。"

及帝崩，肅宗即位，尊后曰皇太后。諸貴人當徙居南宮，太后感析別之懷，各賜王赤綬，加安車駟馬，白越三千端，〔1〕〔一二〕雜帛二千匹，黄金十斤。自撰《顯宗起居注》，削去兄防參醫藥事。帝請曰："黄門舅旦夕供養且一年，既無襃異，又不錄勤勞，無乃過乎！"太后曰："吾不欲令後世聞先帝數親後宮之家，故不著也。"

【注】
〔1〕白越，越布。

建初元年，[帝]欲封爵諸舅，〔一三〕太后不聽。明年夏，大旱，言事者以為不封外戚之故，有司因此上奏，宜依舊典。〔1〕太后詔曰："凡言事者皆欲媚朕以要福耳。昔王氏五侯同日俱封，〔2〕其時黄霧四塞，不聞澍雨之應。又田蚡、竇嬰，寵貴橫恣，傾覆之禍，為世所傳。〔3〕故先帝防慎舅氏，不令在樞機之位。〔4〕諸子之封，裁令半楚、淮陽諸國，常謂

'我子不當與先帝子等'。今有司奈何欲以馬氏比陰氏乎！吾為天下母，而身服大練，食不求甘，左右但著帛布，無香薰之飾者，欲身率下也。以為外親見之，當傷心自勅，但笑言太后素好儉。前過濯龍門上，見外家問起居者，車如流水，馬如游龍，倉頭衣綠褠，領袖正白，[5]顧視御者，不及遠矣。故不加譴怒，但絕歲用而已，冀以默愧其心，而猶懈怠，無憂國忘家之慮。知臣莫若君，況親屬乎？吾豈可上負先帝之旨，下虧先人之德，重襲西京敗亡之禍哉！"固不許。[6]

【注】
〔1〕漢制，外戚以恩澤封侯，故曰舊典也。
〔2〕成帝封太后弟王譚、王商、王立、王根、王逢時等，同時為關內侯。
〔3〕田蚡，景帝王皇后同母弟武安侯也。為丞相，貪驕，與淮南王霸上私語。後薨，武帝曰："使武安侯在者，族矣！"竇嬰，文帝竇皇后從兄子魏其侯也，為丞相，坐與灌夫朋黨棄市也。
〔4〕樞機，近要之官也。[一四]《春秋運斗樞》曰："北斗，第一天樞，第二琁，第三機也。"
〔5〕褠，臂衣，今之臂韛，以縛左右手，於事便也。
〔6〕西京外戚呂祿、呂產、竇嬰、上官桀安父子、霍禹等皆被誅。

帝省詔悲歎，復重請曰："漢興，舅氏之封侯，猶皇子之為王也。太后誠存謙虛，奈何令臣獨不加恩三舅乎？且衛尉年尊，兩校尉有大病，[1]如令不諱，使臣長抱刻骨之恨。宜及吉時，不可稽留。"

【注】
〔1〕衛尉，太后兄廖。兩校尉，兄防、兄光也。

太后報曰："吾反覆念之，思令兩善。豈徒欲獲謙讓之名，而使帝受不外施之嫌哉！[1]昔竇太后欲封王皇后之兄，[2]丞相條侯言受高祖約,無軍功,非劉氏不侯。〔3〕今馬氏無功於國,豈得與陰、郭中興之后等邪?常觀富貴之家,禄位重疊,猶再實之木,其根必傷。〔4〕且人所以願封侯者,欲上奉祭祀,下求溫飽耳。今祭祀則受四方之珍,衣食則蒙御府餘資,斯豈不足,而必當得一縣乎?吾計之孰矣,勿有疑也。夫至孝之行,安親為上。今數遭變異,穀價數倍,憂惶晝夜,不安坐臥,而欲先營外封,違慈母之拳拳乎!〔5〕吾素剛急,有匈中氣,不可不順也。若陰陽調和,邊境清靜,然後行子之志。吾但當含飴弄孫,〔6〕不能復關政矣。"

【注】

〔1〕以恩澤封爵外家為外施也。

〔2〕竇太后,文帝后也。王皇后,景帝后也。兄即王信,後封為蓋侯。

〔3〕條侯,周亞夫也。《前書》曰:"高帝與功臣約,非劉氏不王,非有功不侯。不如約,天下共擊之。"

〔4〕《文子》曰〔一五〕"再實之木根必傷,掘臧之家後必殃"也。

〔5〕拳拳猶勤勤也,音權。

〔6〕《方言》曰:"飴,餳也。陳、楚、宋、衛之閒通語。"

時新平主家御者失火,延及北閣後殿。太后以為己過,起居不歡。時當謁原陵,自引守備不慎,慙見陵園,遂不行。初,太夫人葬,起墳微高,太后以為言,兄廖等即時減削。其外親有謙素義行者,輒假借溫言,賞以財位。〔一六〕如有纖介,則先見嚴恪之色,然後加譴。其美車服不軌法度者,便絕屬籍,遣歸田里。廣平、鉅鹿、樂成王車騎朴素,無金銀之飾,帝以白太后,太后即賜錢各五百萬。於是內外從化,被服如一,諸家惶恐,倍於永平時。乃置織室,蠶於濯龍中,〔1〕數往觀視,以為娛樂。常與帝旦夕言道政事,及教授諸小王,論議經書,述敘平生,雍和終日。

【注】
〔1〕《前書》有東織、西織,屬少府,平帝改名織室。

　　四年,天下豐稔,方垂無事,帝遂封三舅廖、防、光為列侯。並辭讓,願就關內侯。太后聞之,曰:"聖人設教,各有其方,知人情性莫能齊也。[1]吾少壯時,但慕竹帛,志不顧命。[2]今雖已老,而復'戒之在得',[3]故日夜惕厲,思自降損。[4]居不求安,食不念飽。冀乘此道,不負先帝。所以化導兄弟,共同斯志,欲令瞑目之日,無所復恨。何意老志復不從哉?萬年之日長恨矣!"廖等不得已,受封爵而退位歸第焉。

【注】
〔1〕《禮記·王制》曰:"凡居人材,必因天地寒煖燥濕,廣谷大川異制,人居其間異俗。修其教不易其俗,齊其政不易其宜。中國戎夷五方之人,皆有性也,不可推移。"
〔2〕言少慕古人,書名竹帛,不顧命之長短。
〔3〕《論語》孔子曰:"少之時,戒之在色;及其老也,戒之在得。"得,貪嗇也。言彌復吝惜封爵,不欲濫封親戚也。
〔4〕惕,懼也。厲,危也。

　　太后其年寢疾,不信巫祝小醫,數勑絕禱祀。至六月,崩。在位二十三年,年四十餘。合葬顯節陵。

　　賈貴人,南陽人。建武末選入太子宮,中元二年生肅宗,而顯宗以為貴人。帝既為太后所養,專以馬氏為外家,故貴人不登極位,賈氏親族無受寵榮者。及太后崩,乃策書加貴人王赤綬,[1]安車一駟,永巷宮人二百,[2]御府雜帛二萬匹,大司農黃金千斤,錢二千萬。諸史並闕後事,故不知所終。

【注】
〔1〕《續漢書》曰諸侯王赤綬也。
〔2〕永巷,宮中署名也,後改為掖庭。永巷宮人,即官婢也。

章德竇皇后諱某,扶風平陵人,大司(徒)〔空〕融之曾孫也。〔一七〕祖穆,父勳,坐事死,事在《竇融傳》。勳尚東海恭王彊女沘陽公主,后其長女也。家既廢壞,數呼相工問息耗,〔1〕見后者皆言當大尊貴,非臣妾容貌。年六歲能書,親家皆奇之。建初二年,后與女弟俱以選例入見長樂宮,進止有序,風容甚盛。肅宗先聞后有才色,數以訊諸姬傅。〔2〕及見,雅以為美,馬太后亦異焉,因入掖庭,見於北宮章德殿。后性敏給,傾心承接,稱譽日聞。明年,遂立為皇后,妹為貴人。七年,追爵謚后父勳為安成思侯。〔3〕后寵幸殊特,專固後宮。

【注】
〔1〕薛氏《韓詩章句》曰:"耗,惡也。"息耗猶言善惡也。
〔2〕訊,問也。傅謂傅母。
〔3〕安成,縣,屬汝南郡,故城在今豫州吳房縣東南。

初,宋貴人生皇太子慶,梁貴人生和帝。后既無子,並疾忌之,數閒於帝,漸致疏嫌。因誣宋貴人挾邪媚道,遂自殺,廢慶為清河王,語在《慶傳》。

梁貴人者,褒親愍侯梁竦之女也。少失母,為伯母舞陰長公主所養。〔1〕年十六,亦以建初二年與中姊俱選入掖庭為貴人。四年,生和帝。后養為己子。欲專名外家而忌梁氏。八年,乃作飛書以陷竦,〔2〕竦坐誅,貴人姊妹以憂卒。自是宮房慄息,〔3〕后愛日隆。

【注】

〔1〕長公主,光武女,梁松尚焉。

〔2〕飛書,若今匿名書也。

〔3〕慴,懼也,音牒。《周書》曰"臨捕以威,而氣慴懼"也。

及帝崩,和帝即位,尊后為皇太后。皇太后臨朝,尊母沘陽公主為長公主,益湯沐邑三千戶。兄憲、弟篤、景,並顯貴,擅威權,後遂密謀不軌。永元四年,發覺被誅。

九年,太后崩,未及葬,而梁貴人姊(嫕)[嫕]〔1〕〔一八〕上書陳貴人枉歿之狀。太尉張酺、司徒劉方、司空張奮上奏,依光武黜呂太后故事,〔2〕貶太后尊號,不宜合葬先帝。百官亦多上言者。帝手詔曰:"竇氏雖不遵法度,而太后常自減損。朕奉事十年,深惟大義,禮,臣子無貶尊上之文。恩不忍離,義不忍虧。案前世上官太后亦無降黜,〔3〕其勿復議。"於是合葬敬陵。在位十八年。

【注】

〔1〕音一計反。

〔2〕中元元年,黜呂后不宜配食高廟。

〔3〕上官太后,昭帝后也。父安與燕王謀反誅。太后以年少,又霍光外孫,故不廢也。

帝以貴人酷歿,斂葬禮闕,乃改殯於承光宮,上尊謚曰恭懷皇后,〔1〕追服喪制,百官縞素,與姊大貴人俱葬西陵,儀比敬園。〔2〕

【注】

〔1〕《謚法》曰:"敬事尊上曰恭,慈仁哲行曰懷。"

〔2〕敬園,安帝祖母宋貴人之園也。

和帝陰皇后諱某,光烈皇后兄執金吾識之曾孫也。后少聰慧,善書蓺。永元四年,選入掖庭,以先后近屬,故得為貴人。有殊寵。八年,遂立為皇后。

自和熹鄧后入宮,[1]愛寵稍衰,數有恚恨。后外祖母鄧朱出入宮掖。十四年夏,有言后與朱共挾巫蠱道,[2]事發覺,帝遂使中常侍張慎與尚書陳襃於掖庭獄雜考案之。朱及二子奉、毅與后弟軼、輔、敞辭語相連及,以為祠祭祝詛,大逆無道。奉、毅、輔考死獄中。帝使司徒魯恭持節賜后策,上璽綬,遷于桐宮,以憂死。立七年,葬臨平亭部。[3]父特進綱自殺,軼、敞及朱家屬徙日南比景縣,宗親外內昆弟皆免官還田里。永初四年,鄧太后詔赦陰氏諸徙者悉歸故郡,還其資財五百餘萬。

【注】
〔1〕熹音許其反。
〔2〕巫師為蠱,故曰巫蠱。《左傳》注曰:"蠱,惑也。"
〔3〕葬於亭部內之地也。

和熹鄧皇后諱綏,[1]太傅禹之孫也。父訓,護羌校尉;母陰氏,光烈皇后從弟女也。后年五歲,太傅夫人愛之,自為翦髮。夫人年高目冥,[一九]誤傷后額,忍痛不言。左右見者怪而問之,后曰:"非不痛也,太夫人哀憐為斷髮,難傷老人意,故忍之耳。"六歲能《史書》,[2]十二通《詩》、《論語》。諸兄每讀經傳,輒下意難問。[3]志在典籍,不問居家之事。母常非之,曰:"汝不習女工以供衣服,乃更務學,寧當舉博士邪?"后重違母言,晝修婦業,暮誦經典,家人號曰"諸生"。父訓異之,事無大小,輒與詳議。

【注】

〔1〕蔡邕曰:"《謚法》,有功安人曰熹。"

〔2〕《史書》,周宣王太史籀所作大篆十五篇也。《前書》曰"教學童之書"也。

〔3〕下意猶出意也。〔二〇〕

永元四年,當以選入,會訓卒,后晝夜號泣,終三年不食鹽菜,憔悴毀容,親人不識之。后嘗夢捫天,[1]蕩蕩正青,若有鍾乳狀〔二一〕,乃仰嗽飲之。以訊諸占夢,言堯夢攀天而上,湯夢及天而咶之,[2]斯皆聖王之前占,吉不可言。又相者見后驚曰:"此成湯之法也。[3]〔二二〕"家人竊喜而不敢宣。后叔父陔〔二三〕言:"常聞活千人者,子孫有封。兄訓為謁者,使修石臼河,歲活數千人。天道可信,家必蒙福。"初,太傅禹歎曰:"吾將百萬之衆,未嘗妄殺一人,其後世必有興者。〔二四〕"

【注】

〔1〕捫,摸也。

〔2〕咶音是。

〔3〕《續漢書》曰:"相者待詔相工蘇大曰:'此成湯之骨法。'"

七年,后復與諸家子俱選入宮。后長七尺二寸,姿顏姝麗,[1]絶異於衆,左右皆驚。八年冬,入掖庭為貴人,時年十六。恭肅小心,動有法度。承事陰后,夙夜戰兢。接撫同列,常克己以下之,雖宮人隸役,皆加恩借。帝深嘉愛焉。及后有疾,特令后母兄弟入視醫藥,不限以日數。后言於帝曰:"宮禁至重,而使外舍久在內省,[2]上令陛下有幸私之譏,下使賤妾獲不知足之謗。上下交損,誠不願也。"帝曰:"人皆以數入為榮,貴人反以為憂,深自抑損,誠難及也。"每有讌會,諸姬貴人競自修整,簪珥光采,袿裳鮮明,[3]而后獨著素,裝服無飾。其衣有與陰后同色者,即時解易。若並時進見,則不敢正坐離立,行則僂身自卑。[4]帝每有所問,常逡巡後對,不敢先陰后言。帝知后勞心曲體,歎曰:"修德之勞,乃如是乎!"後陰后漸疎,每當御見,輒辭以疾。時帝數失皇子,后憂繼嗣不廣,恒垂涕歎息,數選進才人,以博帝意。

【注】
〔1〕姝,美色也。《詩》曰:"彼姝者子。"
〔2〕外舍,外家。
〔3〕《説文》曰:"簪,笄也。珥,瑱也,以玉充耳。"《釋名》曰:"婦人上服曰袿。"
〔4〕離,並也。《禮記》曰:"離坐離立,無往參焉。"

陰后見后德稱日盛,不知所為,遂造祝詛,欲以為害。帝嘗寢病危甚,陰后密言:"我得意,不令鄧氏復有遺類!"后聞,乃對左右流涕言曰:"我竭誠盡心以事皇后,竟不為所祐,而當獲罪於天。婦人雖無從死之義,然周公身請武王之命,[1]越姬心誓必死之分,[2]上以報帝之恩,中以解宗族之禍,下不令陰氏有人豕之譏。"[3]即欲飲藥,宮人趙玉者固禁之,因詐言屬有使來,上疾已愈。后信以為然,乃止。明日,帝果瘳。

【注】
〔1〕武王有疾,周公為之請命於大王、王季、文王,曰"若爾三王有丕子之責于天,以旦代某之身"也。
〔2〕越姬,楚昭王之姬,越王句踐女也。昭王讌遊,越姬從,謂姬曰:"樂乎?"對曰:"樂則樂矣,而不可久也。"王曰:"願與子生死若此。"姬曰:"君王樂遊,要妾以死,不敢聞命。"後王病,有赤雲夾日如飛鳥。王問周太史。史曰:"是害王身,請移於將相。"王曰:"將相於孤,猶股肱也。"不聽。姬曰:"大哉君王之德。妾請從王死矣。昔日遊樂,是以不敢聽命,今君王復禮,國人為君王死,何況妾乎?妾願先驅狐狸於地下。昔日口雖不言,心許

之矣。妾聞信者不負其心。"遂自殺。故曰"心誓"。事見《列女傳》也。

〔3〕高帝愛幸戚夫人。帝崩，呂太后斷夫人手足，去眼薰耳，使居鞠室中，名曰"人彘"也。

十四年夏，陰后以巫蠱事廢，后請救不能得，帝便屬意焉。后愈稱疾篤，深自閉絕。會有司奏建長秋宮，帝曰："皇后之尊，與朕同體，承宗廟，母天下，豈易哉！唯鄧貴人德冠後庭，乃可當之。"至冬，立為皇后。辭讓者三，然後即位。手書表謝，深陳德薄，不足以充小君之選。是時，方國貢獻，競求珍麗之物，自后即位，悉令禁絕，歲時但供紙墨而已。帝每欲官爵鄧氏，后輒哀請謙讓，故兄騭終帝世不過虎賁中郎將。

元興元年，帝崩，長子平原王有疾，而諸皇子夭沒，前後十數，後生者輒隱祕養於人間。殤帝生始百日，后乃迎立之。尊后為皇太后，太后臨朝。和帝葬後，宮人並歸園，太后賜周、馮貴人策曰："朕與貴人託配後庭，共歡等列，十有餘年。不獲福祐，先帝早弃天下，孤心煢煢，〔1〕靡所瞻仰，夙夜永懷，感愴發中。今當以舊典分歸外園，慘結增歎，燕燕之詩，曷能喻焉？〔2〕其賜貴人王青蓋車，采飾輅，驂馬各一駟，黃金三十斤，雜帛三千匹，白越四千端。"又賜馮貴人王赤綬，以未有頭上步搖、環珮，加賜各一具。〔3〕

【注】

〔1〕煢煢，孤特之貌也。《詩》曰："煢煢在疚。"

〔2〕《詩·鄁（邶）》序曰：〔二五〕"衛莊姜送歸妾也。"其詩曰："燕燕于飛，差池其羽。之子于歸，遠送于野。瞻望不及，泣涕如雨。"

〔3〕《周禮》"王后首服為副"，所以副首為飾，若今步搖也。《釋名》曰："皇后首副，其上有垂珠，步則搖也。"

是時新遭大憂，法禁未設。宮中亡大珠一篋，太后念，欲考問，必有不辜。乃親閱宮人，觀察顏色，即時首服。又和帝幸人吉成，御者共枉吉成以巫蠱事，遂下掖庭考訊，辭證明白。太后以先帝左右，待之有恩，平日尚無惡言，今反若此，不合人情，更自呼見實覈，果御者所為。莫不歎服，以為聖明。常以鬼神難徵，淫祀無福，乃詔有司罷諸祠官不合典禮者。又詔赦除建武以來諸犯妖惡，及馬、竇家屬所被禁錮者，皆復之為平人。減大官、導官、尚方、內者服御珍膳靡麗難成之物，〔1〕自非供陵廟，稻粱米不得導擇，〔二六〕朝夕一肉飯而已。舊太官湯官經用歲且二萬萬，〔2〕太后勑止，（曰）〔日〕殺省珍費，〔二七〕自是裁數千萬。及郡國所貢，皆減其過半。悉斥賣上林鷹犬。其蜀、漢釦器九帶佩刀，並不復調。〔3〕止畫工三十九種。又御府、尚方、織室錦繡、冰紈、綺縠、金銀、珠玉、犀象、瑇瑁、彫鏤翫弄之物，皆絕不作。離宮別館儲峙米糒薪炭，悉令省之。〔4〕又詔諸園貴人，其宮人有宗室同族若羸老不任使者，令園監實覈上名，自御北宮增喜觀閱問之，恣其去留，即日免遣者五六百人。

【注】
〔1〕《漢官儀》曰："大官，主膳羞也。"《前書音義》曰："導官，主導擇米以供祭祀。尚方，掌工作刀劍諸物及刻玉為器。"《漢官儀》曰："內者，主帷帳。"並署名也。
〔2〕經，常也。
〔3〕蜀，蜀郡也。漢，廣漢郡也。二郡主作供進之器，元帝時貢禹上書"蜀、廣漢主金銀器，各用五百萬"是也。釦音口，以金銀緣器也。
〔4〕儲峙猶蓄積也。糒，乾飯。

及殤帝崩，太后定策立安帝，猶臨朝政。以連遭大憂，百姓苦役，〔1〕殤帝康陵方中祕藏，〔2〕及諸工作，事事減約，十分居一。

【注】
〔1〕大憂謂和帝、殤帝崩。
〔2〕方中，陵中也。冢藏之中，故言祕也。

詔告司隸校尉、河南尹、南陽太守曰："每覽前代外戚賓客，假借威權，輕薄謥詷，[1]至有濁亂奉公，為人患苦。咎在執法怠懈，不輒行其罰故也。今車騎將軍騭等雖懷敬順之志，而宗門廣大，姻戚不少，賓客姦猾，多干禁憲。[2]其明加檢勑，勿相容護。"自是親屬犯罪，無所假貸。太后愍陰氏之罪廢，赦其徙者歸鄉，勑還資財五百餘萬。永初元年，爵號太夫人為新野君，萬戶供湯沐邑。[3]

【注】
〔1〕言忽遽也。謥音七洞反。詷音洞。
〔2〕干，犯也。
〔3〕湯沐者，取其賦稅以供湯沐之具也。

二年夏，京師旱，親幸洛陽寺錄冤獄。有囚實不殺人而被考自誣，羸困輿見，畏吏不敢言，將去，舉頭若欲自訴。太后察視覺之，即呼還問狀，具得枉實，即時收洛陽令下獄抵罪。行未還宮，澍雨大降。

三年秋，太后體不安，左右憂惶，禱請祝辭，願得代命。太后聞之，即譴怒，切勑掖庭令以下，但使謝過祈福，不得妄生不祥之言。舊事，歲終當饗遣衞士，[1]大儺逐疫。[2]太后以陰陽不和，軍旅數興，詔饗會勿設戲作樂，減逐疫侲子之半，[3]悉罷象橐駝之屬。豐年復故。太后自入宮掖，從曹大家受經書，兼天文、筭數。晝省王政，夜則誦讀，而患其謬誤，懼乖典章，乃博選諸儒劉珍等及博士、議郎、四府掾史五十餘人，詣東觀讎校傳記。[4]事畢奏御，賜葛布各有差。又詔中官近臣於東觀受讀經傳，以教授宮人，左右習誦，朝夕濟濟。及新野君薨，太后自侍疾病，至乎終盡，憂哀毀損，事加於常。贈以長公主赤綬、東園祕器、玉衣繡衾,[5]又賜布三萬匹,錢三千萬。騭等遂固讓錢布不受。使司空持節護喪事,儀比東海恭王,謚曰敬君。太后諒闇既終,[6]久旱,太后比三日幸洛陽,錄囚徒,理出死罪三十六人,耐罪八十人,其餘減罪死右趾已下至司寇。

【注】

〔1〕舊事,衛士得代歸者,上親饗焉。《前書·蓋寬饒傳》曰"歲盡交代,上臨饗罷衛卒"是也。

〔2〕《禮記·月令》:"[命]有[司]大儺,旁磔,[出]土牛,[二八]以送寒氣。"鄭玄注云:"儺,陰氣也。此月之中,日歷虛、危,有墳墓四星之氣為厲鬼,隨彊陰出以害人。"故儺却之也。

〔3〕侲子,逐疫之人也,音振。薛綜注《西京賦》云:"侲之言善也,善童幼子也。"《續漢書》曰:"大儺,選中黃門子弟,年十歲以上,十二以下,百二十人為侲子。皆赤幘皁製,執大鞀。"

〔4〕儷,對也。

〔5〕東園,署名,屬少府。主作凶器,故言祕也。

〔6〕諒闇,居喪之廬也。或為"諒陰"。諒,信也;陰,默也。言居憂信默不言。

七年正月,初入太廟,齋七日,賜公卿百僚各有差。庚戌,謁宗廟,率命婦群妾相禮儀,[1]與皇帝交獻親薦,成禮而還。[2]因下詔曰:"凡供薦新味,多非其節,或鬱養強孰,或穿掘萌牙,味無所至而夭折生長,豈所以順時育物乎!傳曰:'非其時不食。'[3]自今當奉祠陵廟及給御者,皆須時乃上。"凡所省二十三種。

【注】

〔1〕相,助也。《儀禮》曰:"命夫者,男子之為大夫也。命婦者,大夫之妻也。"

〔2〕周禮，宗廟祭之日，旦，王服袞冕而入，立於阼；后服副褘，從王而入。王以圭瓚酌鬱鬯以獻尸，次后以璋瓚酌鬱鬯以獻尸，此謂交獻也。卒事凡九獻焉。

〔3〕《論語》曰："不時不食。"言非其時物則不食之。《前書》邵信臣曰："不時之物，有傷於人，不宜以奉供養。"

　　自太后臨朝，水旱十載，四夷外侵，盜賊內起。每聞人飢，或達旦不寐，而躬自減徹，以救災厄，故天下復平，歲還豐穰。

　　元初五年，平望侯劉毅[1][二九]以太后多德政，欲令早有注記，上書安帝曰："臣聞《易》載羲農而皇德著，[2]《書》述唐虞而帝道崇，故雖聖明，必書功於竹帛，流音於管弦。[3]伏惟皇太后膺大聖之姿，體乾坤之德，[4]齊蹤虞妃，比跡任姒。[5]孝悌慈仁，允恭節約，杜絕奢盈之源，防抑逸欲之兆。正位內朝，流化四海。[6]及元興、延平之際，國無儲副，仰觀乾象，參之人譽，援立陛下為天下主，永安漢室，綏靜四海。又遭水潦，東州飢荒。[7]垂恩元元，冠蓋交路，菲薄衣食，躬率群下，損膳解驂，以贍黎苗。[8]惻隱之恩，猶視赤子。[9]克己引愆，顯揚仄陋。崇晏晏之政，[10]敷在寬之教。[11]興滅國，繼絕世，錄功臣，復宗室。追還徙人，蠲除禁錮。政非惠和，不圖於心；制非舊典，不訪於朝。弘德洋溢，充塞宇宙；[12]洪澤豐沛，漫衍八方。華夏樂化，戎狄混并。丕功著於大漢，碩惠加於生人。巍巍之業，可聞而不可及；蕩蕩之勳，可誦而不可名。古之帝王，左右置史；[13]漢之舊典，世有注記。夫道有夷崇，治有進退。若善政不述，細異輒書，是為堯湯負洪水大旱之責，而無咸熙假天之美；[14]高宗成王有雊雉迅風之變，而無中興康寧之功也。[15]上考《詩》、《書》，有虞二妃，周室三母，[16]修行佐德，[17]思不踰閾。[18]未有內遭家難，外遇災害，覽總大麓，經營天物，[19]功德巍巍若茲者也。宜令史官著《長樂宮注》、《聖德頌》，以敷宣景燿，勒勳金石，縣之日月，[20]擄之罔極，以崇陛下烝烝之孝。"帝從之。[21]

【注】

〔1〕平望，縣，屬北海郡，今青州北海縣西北平望臺是也，一名望海臺也。

〔2〕《易·繫辭》曰：「古者庖羲氏之王天下，仰觀（法）〔象〕於天，〔三〇〕俯觀法於地，於是始畫八卦，以通神明之德，以類萬物之情。庖羲氏沒，神農氏作，斲木為耜，揉木為耒，耒耜之利，以教天下。」伏羲、神農為三皇，故言皇德也。

〔3〕竹謂簡冊，帛謂縑素。黃帝以下六代樂，皆所以章顯功德，是流音於管弦。

〔4〕《易》曰：「聖人與天地合其德。」

〔5〕虞妃，即舜妻娥皇、女英也。任，文王母；姒，武王母也。

〔6〕《易·家人》卦曰：「女正位乎内，正家而天下定矣。」《禮記》曰，東夷、西戎、南蠻、北狄，謂之四海。

〔7〕延平元年，安帝初即位，六州大水，永初元年，稟司隸、兗、豫、徐、冀、并六州貧人也。

〔8〕《廣雅》云：「苗，衆也。」

〔9〕隱，痛也。《尚書》曰「若保赤子，惟人其康乂」也。

〔10〕《尚書考靈燿》曰：「文（基）〔塞〕晏晏。〔三一〕」

〔11〕敷，布也。《尚書》曰：「五教在寬。」

〔12〕洋溢，言多。

〔13〕《禮記·玉藻》曰：「動則左史書之，言則右史書之。」

〔14〕咸，皆也。熙，廣也。《尚書》曰：「庶績咸熙。」言堯之朝政，衆功皆廣。假音格，至也。《尚書》曰：「祐我烈祖，格于皇天。」言伊尹佐湯，功至於天也。堯洪水九載，湯大旱七年。

〔15〕高宗，殷王也，小乙之子，名武丁。當祭成湯，有飛雉升鼎耳而雊，高宗修德，殷道中興。成王疑周公，乃有雷電大風之變，成王改過，幾致刑措也。

〔16〕《尚書》曰：「釐降二女于嬀汭，嬪于虞。」三母謂后稷母姜嫄，文

王母大任，武王母大姒也。《詩·大雅》曰："厥初生人，時維姜嫄。"又曰："大任有身，生此文王。"又曰"太姒嗣徽音，則百斯男"也。

〔17〕《詩》云："既有烈考，亦有文母。〔三二〕"是佐德。

〔18〕閾，門限也。《左傳》曰："婦人送迎不出門，見兄弟不踰閾。"

〔19〕麓，錄也。言大錄萬機之政。《書》曰"納於大麓"，又曰"暴殄天物"也。

〔20〕《易》曰："縣象著明，莫大於日月。"

〔21〕《廣雅》曰："攄，舒也。"孔安國注《尚書》曰："烝烝猶進進也。"

六年，太后詔徵和帝弟濟北、河閒王子男女年五歲以上四十餘人，又鄧氏近親子孫三十餘人，並為開邸第，〔1〕教學經書，躬自監試。尚幼者，使置師保，朝夕入宮，撫循詔導，恩愛甚渥。〔2〕乃詔從兄河南尹豹、越騎校尉康等曰："吾所以引納群子，置之學官者，實以方今承百王之敝，時俗淺薄，巧偽滋生，五經衰缺，不有化導，將遂陵遲，故欲褒崇聖道，以匡失俗。傳不云乎：'飽食終日，無所用心，難矣哉！'〔3〕今末世貴戚食祿之家，溫衣美飯，乘堅驅良，〔4〕而面牆術學，不識臧否，〔5〕斯故禍敗所從來也。永平中，四姓小侯皆令入學，〔6〕所以矯俗厲薄，反之忠孝。先公既以武功書之竹帛，兼以文德教化子孫，〔7〕故能束脩，不觸羅網。〔8〕誠令兒曹上述祖考休烈，下念詔書本意，則足矣。其勉之哉！"

【注】

〔1〕《蒼頡篇》曰："邸，舍也。"

〔2〕詔，告也。

〔3〕《論語》孔子言也。言人終日飽食，不措心於道義。難矣哉，言終無遠大也。

〔4〕堅謂好車，良謂善馬也。《墨子》曰："聖王為衣服之法，堅車良馬，

不知貴也。"

〔5〕《尚書》曰"弗學牆面"也。

〔6〕小侯,解見《明紀》。

〔7〕先公謂鄧禹。禹有子十三人,各使守一蓺,故曰文德也。

〔8〕言能自約束修整也。

康以太后久臨朝政,心懷畏懼,託病不朝。太后使內人問之。時宮婢出入,多能有所毀譽,其耆宿者皆稱中大人,所使者乃康家先婢,亦自通中大人。康聞,詬之曰:"汝我家出,爾敢爾邪!〔三四〕"婢怒,還說康詐疾而言不遜。太后遂免康官,遣歸國,絕屬籍。

永寧二年二月,寢病漸篤,乃乘輦於前殿,見侍中、尚書,因北至太子新所繕宮。還,大赦天下,賜諸園貴人、王、主、群僚錢布各有差。詔曰:"朕以無德,託母天下,而薄祐不天,〔三四〕早離大憂。延平之際,海內無主,元元厄運,危於累卵。[1]勤勤苦心,不敢以萬乘為樂,上欲不欺天愧先帝,下不違人負宿心,誠在濟度百姓,以安劉氏。自謂感徹天地,當蒙福祚,而喪禍內外,傷痛不絕。[2]頃以廢病沈滯,久不得侍祠,自力上原陵,加欬逆唾血,遂至不解。存亡大分,無可柰何。公卿百官,其勉盡忠恪,以輔朝廷。"三月崩。在位二十年,年四十一。合葬順陵。

【注】

〔1〕《說苑》曰:"晉靈公驕奢,造九層之臺,國困人貧,恥功不成。令曰:'左右諫者斬也。'荀息乃求見。公曰:'諫邪?'息曰:'不敢。臣能累十二博棋,加九雞子其上。'公曰:'危哉。'息曰:'復有危於此者。公為九層之臺,男女不得耕織,社稷一滅,君何所望!'君曰:'寡人之過。'乃壞臺焉。"

〔2〕內外謂新野君甍及和、殤二帝崩也。

論曰：鄧后稱制終身，號令自出，術謝前政之良，身闕明辟之義，[1]至使嗣主側目，斂袵於虛器，[2]直生懷憤，懸書於象魏。[3]借之儀者，殆其惑哉！[4]然而建光之後，王柄有歸，[5]遂乃名賢戮辱，便孽黨進，[6]衰斁之來，茲焉有徵。[7]故知持權引謗，所幸者非己；焦心卹患，自強者唯國。[8]是以班母一説，闔門辭事；[9]愛姪微愆，髡剔謝罪，[10]將杜根逢誅，未值其誠乎！[11]但蹊田之牛，奪之已甚。[12]

【注】

〔1〕前政謂周公也。辟，君也。《尚書》曰"朕復子明辟"，言周公攝位，復還成王。今太后不還，故曰闕也。

〔2〕器謂神器，諭帝位也。

〔3〕象魏，闕也。直生，杜根等上書，請太后還政。

〔4〕借猶假也。殆，近也。言太后不還政於安帝，近可惑也。

〔5〕太后建光之中崩，歸政安帝。

〔6〕帝寵用乳母王聖及其女伯榮，出入宮掖，通傳姦賂，太尉楊震及鄧騭等皆被中官譖誅也。

〔7〕斁，敗也。安帝臨政，衰敗逾甚，故曰有徵也。

〔8〕言執持朝權以招衆謗者，所幸不為己身，唯憂國也。

〔9〕太后兄大將軍騭，以母憂上書乞身，太后不許，以問班昭，乃許之。語見《昭傳》也。

〔10〕太后兄騭子鳳受遺事洩，騭遂髡妻及鳳以謝天下。語見《騭傳》。

〔11〕誠，信也。言未為太后所信。

〔12〕《左傳》申叔時曰："牽牛以蹊人之田而奪之牛，牽牛以蹊者信有罪矣，而奪之牛，罰已重矣。"此喻杜根。上書雖曰有罪，太后殺之為過甚也。

【校勘記】

〔一〕女御［掌］敍于王之燕寢　據今本《周禮》補。按：前後皆有"掌"字，明此脱。

〔二〕宫備七國　按:《文選》"宫"作"官",李善注謂當秦之時,凡有七國,秦并其六國,故内職皆備置之,而爵列八品焉。據此,似李所見本作"官",而章懷所據本則作"宫"也。

〔三〕而防(閒)〔閑〕未篤　據汲本、殿本改。

〔四〕唯秦芈太后始攝政事　按:"芈"原譌"芊",各本同,今改正。

〔五〕真定稾人也　按:"稾"當作"槀",其字从禾,各本皆未正。

〔六〕帝善况小心謹慎　按:《校補》引錢大昭説,謂"善"閩本作"美"。

〔七〕葬于北芒　按:《集解》引汪文臺説,謂《御覽》百三十七引《續漢書》作"葬北陵"。

〔八〕數授賞賜　《刊誤》謂案文"授"當作"受"。

〔九〕七歲失父　按:袁《紀》作"十歲喪父"。

〔一〇〕言及未曾不流涕　按:汲本、殿本"曾"作"嘗"。

〔一一〕(欲)〔故〕寵敬日隆　據殿本、《集解》本改。按:《集解》引惠棟説,謂"故"舊本作"欲",李氏改作"故"。

〔一二〕白越三千端　按:《御覽》八一八引"白越"作"越帛"。

〔一三〕〔帝〕欲封爵諸舅　按:張森楷《校勘記》謂《群書治要》"欲"上有"帝"字,當依添。今據補。

〔一四〕樞機近要之官也　按:"官"原譌"宫",逕改正。

〔一五〕文子曰　按:"文"原譌"太",逕據汲本、殿本改正。

〔一六〕賞以財位　按:《集解》引何焯説,謂"位"字疑。《校補》謂"位"當作"物",轉寫之譌。

〔一七〕大司(徒)〔空〕融之曾孫也　張森楷《校勘記》謂案《光武紀》及《竇融傳》,融止為大司空,未嘗為大司徒,"徒"當作"空"。按:張説是,今據改。

〔一八〕梁貴人姊(嬺)〔嫕〕　據《梁竦傳》改。按:《集解》引惠棟説謂袁《紀》作"憑"。

〔一九〕夫人年高目冥　按:《御覽》四一五引,"冥"作"眊"。

〔二〇〕下意猶出意也　汲本、殿本"出意"作"出氣"。按：《校補》謂下意猶出意者，謂別出己意，與諸兄論難。《戰國策・秦策》"下兵三川"，高注"下兵，出兵也"，此下得訓出之證。

〔二一〕后嘗夢捫天蕩蕩正青若有鍾乳狀　按：《御覽》卷一引作"后嘗夢捫天，天體蕩蕩正青，滑如磄碡，有若鍾乳狀"，較此為勝。

〔二二〕又相者見后驚曰此成湯之法也　按：《御覽》七二九引"相者"下有"蘇大"二字。"法"上有"骨"字。

〔二三〕后叔父陔　按：袁《紀》"陔"作"邠"。

〔二四〕其後世必有興者　按：王先謙謂"其"字當衍。

〔二五〕詩鄘（廊）序曰　據張森楷《校勘記》刪。按：張氏謂《邶風》詩不當有"廊"字，蓋誤衍。

〔二六〕稻粱米不得導擇　王先謙謂"導"當作"䆃"，《前書・百官表》少府屬有䆃官。今按：《前書》"䆃"亦譌"導"。《說文》段注云擇米曰䆃，漢人語如此，凡作"導"者，譌字也。

〔二七〕太后勑止（日）〔曰〕殺省珍費　據《集解》引惠棟說改。

〔二八〕〔命〕有〔司〕大儺旁磔〔出〕土牛　按：此注脫譌不可句讀，今據《禮・月令》補。

〔二九〕平望侯劉毅　按：《校補》引錢大昭說，謂毅，北海敬王子，建初二年封，永元中坐事失侯，此當云"故平望侯"。

〔三〇〕仰觀（法）〔象〕於天　據汲本、殿本改。

〔三一〕文（基）〔塞〕晏晏　據汲本改。

〔三二〕既有烈考亦有文母　《刊誤》謂兩"有"字皆當作"右"。

〔三三〕爾敢爾邪　按：上"爾"字應依《鄧禹傳》作"亦"。

〔三四〕薄祐不天　按：周壽昌謂"祐"當作"祜"，史避安帝諱改。

後漢書卷十下

皇后紀第十下

　　安思閻皇后諱姬,[1]河南滎陽人也。祖父章,永平中為尚書,以二妹為貴人。章精力曉舊典,久次,當遷以重職,顯宗為後宮親屬,竟不用,出為步兵校尉。[2]章生暢,暢生后。

【注】
〔1〕《謚法》曰:"謀慮不愆曰思。"
〔2〕《漢官儀》曰"比二千石,掌宿衛兵,屬北軍中候"也。

　　后有才色。元初元年,以選入掖庭,甚見寵愛,為貴人。二年,立為皇后。后專房妒忌,帝幸宮人李氏,生皇子保,遂鴆殺李氏。[1]三年,以后父侍中暢為長水校尉,封北宜春侯,[2]食邑五千戶。四年,暢卒,謚曰文侯,子顯嗣。

【注】
〔1〕鴆,毒鳥也。食蝮。以其羽畫酒中,飲之立死。
〔2〕北宜春,縣,屬汝南郡。以豫章有宜春,故此加北。故城在今豫州汝陽縣西南也。

建光元年，鄧太后崩，帝始親政事。顯及弟景、耀、晏並為卿校，典禁兵。延光元年，更封顯長社（縣）侯，[1]〔一〕食邑萬三千五百户，追尊后母宗為滎陽君。[2]顯、景諸子年皆童齔，[3]並為黄門侍郎。后寵既盛，而兄弟頗與朝權，后遂與大長秋江京、中常侍樊豐等共譖皇太子保，廢為濟陰王。

【注】

〔1〕長社，縣，屬潁川郡。《前書音義》曰："其社中樹暴長，故名長社。"今許州縣。

〔2〕《續漢志》曰："婦人封君，儀比公主，油犍軿車，〔二〕帶綬以采組為緄帶，各如其綬色，黄金辟邪加其首為帶。"

〔3〕《大戴禮》曰："男八歲而齔，女七歲而齔。"齔，毁齒也，音初刃反。

四年春，后從帝幸章陵，帝道疾，崩於葉縣。后、顯兄弟及江京、樊豐等謀曰："今晏駕道次，[1]濟陰王在内，邂逅公卿立之，還為大害。"乃偽云帝疾甚，徙御臥車。行四日，驅馳還宫。明日，詐遣司徒劉（喜）［憙］〔三〕詣郊廟社稷，告天請命。其夕，乃發喪。尊后曰皇太后。皇太后臨朝，[2]以顯為車騎將軍儀同三司。

【注】

〔1〕晏，晚也。臣下不敢斥言帝崩，猶言晚駕而出。

〔2〕蔡邕《獨斷》曰："少帝即位，太后即代攝政，臨前殿，朝群臣。太后東面，少帝西面。群臣奏事上書，皆為兩通，一詣后，一詣少帝。"

太后欲久專國政，貪立幼年，與顯等定策禁中，迎濟北惠王子北鄉侯懿，[1]立為皇帝。顯忌大將軍耿寶[2]位尊權重，威行前朝，乃風有司奏寶及其黨與中常侍樊豐、虎賁中郎將謝惲、惲弟侍中篤、篤弟大將軍長史宓、[3]侍中周廣、阿母野王君王聖、聖女永、永壻黃門侍郎樊嚴等，更相阿黨，互作威福，探刺禁省，更為唱和，皆大不道。豐、惲、廣皆下獄死，家屬徙比景；[4]宓、嚴減死，髡鉗；貶寶為則亭侯，遣就國，自殺；王聖母子徙鴈門。於是景為衛尉，耀城門校尉，晏執金吾，兄弟權要，威福自由。

【注】
[1]惠王名壽，章帝子也。
[2]耿弇之弟舒之孫。
[3]《善文》曰："惲字伯周，宓字仲周，篤字季周。"
[4]比景，縣名，屬日南郡。《前書音義》曰："日中於頭上，景在己下，故名之。"

少帝立二百餘日而疾篤，顯兄弟及江京等皆在左右。京引顯屏語曰："北鄉侯病不解，國嗣宜時有定。前不用濟陰王，今若立之，後必當怨，又何不早徵諸王子，[四]簡所置乎？"顯以為然。及少帝薨，京白太后，徵濟北、河閒王子。未至，而中黃門孫程合謀殺江京等，立濟陰王，是為順帝。顯、景、晏及黨與皆伏誅，遷太后於離宮，家屬徙比景。明年，太后崩。在位十二年，合葬恭陵。

帝母李氏瘞在洛陽城北，帝初不知，莫敢以聞。及太后崩，左右白之，帝感悟發哀，親到瘞所，更以禮殯，上尊諡曰恭愍皇后，葬恭北陵，為策書金匱，藏于世祖廟。[1]

【注】
[1]在恭陵之北，因以為名。《漢官儀》曰："置陵園令、食監各一人，秩皆六百石。"金匱，緘之以金。

順烈梁皇后諱妠,〔1〕大將軍商之女,恭懷皇后弟之孫也。后生,有光景之祥。少善女工,好《史書》,九歲能誦《論語》,治《韓詩》,〔2〕大義略舉。常以列女圖畫置於左右,以自監戒。〔3〕父商深異之,竊謂諸弟曰:"我先人全濟河西,所活者不可勝數。〔4〕雖大位不究,而積德必報。若慶流子孫者,儻興此女乎?"

【注】

〔1〕《謚法》曰:"執德尊業曰烈。"《聲類》曰:"妠,(妠)娶也,〔五〕音納。"

〔2〕韓嬰所傳《詩》也。

〔3〕劉向撰《列女傳》八篇,圖畫其象。

〔4〕商曾祖統,更始二年補中郎將、酒泉太守,使安集涼州。時(西)河[西]擾亂,〔六〕衆議以統素有威信,乃推統與竇融共完全五郡。

永建三年,與姑俱選入掖庭,時年十三。相工茅通見后,驚,再拜賀曰:"此所謂日角偃月,相之極貴,臣所未嘗見也。"太史卜兆得壽房,又筮得坤之比,〔1〕遂以為貴人。常特被引御,從容辭於帝曰:"夫陽以博施為德,陰以不專為義,螽斯則百,福之所由興也。〔2〕願陛下思雲雨之均澤,識貫魚之次序,〔3〕使小妾得免罪謗之累。"由是帝加敬焉。

【注】

〔1〕《易·坤卦》六五爻,變而之比,比九五,《象》曰:"顯比之吉,位正中也。"九五居得其位,下應於上,故吉。

〔2〕《詩·國風》序曰:"言后妃若螽斯不妬忌,則子孫衆多也。"《詩·大雅》曰"太姒嗣徽音,則百斯男"也。

〔3〕《易》曰:"雲行雨施,品物流形。"《剝卦》曰:"貫魚,以宮人寵,無不利。"剝,坤下艮上,五陰而一陽,衆陰在下,駢頭相次,似貫魚也。

陽嘉元年春,有司奏立長秋宮,以乘氏侯商先帝外戚,[1]《春秋》之義,娶先大國,[2]梁小貴人宜配天祚,正位坤極。[3]帝從之,乃於壽安殿立貴人為皇后。[4]后既少聰惠,深覽前世得失,雖以德進,不敢有驕專之心,每日月見譴,[5]輒降服求愆。

【注】
[1]商祖姑,章帝貴人,生和帝也。
[2]《公羊傳》曰,天子娶於紀。紀本子爵也,先襃為侯,言王者不娶於小國也。
[3]正其内位,居陰德之極也。《易》曰"女正位乎内"也。
[4]壽安是德陽宮内殿名。
[5]譴,責也。《禮記》云:"陽事不得,譴見於天,日為之食。陰事不得,譴見於天,月為之食。"

建康元年,帝崩。后無子,美人虞氏子炳立,是為沖帝。尊后為皇太后,太后臨朝。沖帝尋崩,復立質帝,猶秉朝政。
時楊、徐劇賊寇擾州郡,西羌、鮮卑及日南蠻夷攻城暴掠,賦斂煩數,官民困竭。太后夙夜勤勞,推心杖賢,委任太尉李固等,拔用忠良,務崇節儉。其貪叨罪慝,多見誅廢。[1]分兵討伐,群寇消夷。故海内肅然,宗廟以寧。而兄大將軍冀鴆殺質帝,專權暴濫,忌害忠良,數以邪說疑誤太后,遂立桓帝而誅李固。太后又溺於宦官,多所封寵,以此天下失望。

【注】
[1]貪財曰叨。慝,惡也。

和平元年春,歸政於帝,太后寢疾遂篤,乃御輦幸宣德殿,見宮省官屬及諸梁兄弟。詔曰:"朕素有心下結氣,從間以來,加以浮腫,逆害飲食，寖以沈困，[1]比使內外勞心請禱。私自忖度，日夜虛劣，不能復與群公卿士共相終竟。援立聖嗣，恨不久育養，見其終始。今以皇帝、將軍兄弟委付股肱，其各自勉焉。"後二日而崩。在位十九年，年四十五。合葬憲陵。

【注】
〔1〕寖，漸也。

虞美人者，以良家子年十三選入掖庭，[1]又生女舞陽長公主。自漢興，母氏莫不尊寵。順帝既未加美人爵號，而沖帝早夭，大將軍梁冀秉政，忌惡佗族，故虞氏抑而不登，但稱"大家"而已。

【注】
〔1〕《續漢志》曰："美人父詩為郎中，詩父衡屯騎校尉。"

陳夫人者，家本魏郡，少以聲伎入孝王宮，得幸，生質帝。亦以梁氏故，榮寵不及焉。
熹平四年，小黃門趙祐、[1]議郎卑整上言：[2]"《春秋》之義，母以子貴。[3]隆漢盛典，尊崇母氏，凡在外戚，莫不加寵。今沖帝母虞大家，質帝母陳夫人，皆誕生聖皇，而未有稱號。夫臣子雖賤，尚有追贈之典，況二母見在，不蒙崇顯之次，無以述遵先世，垂示後世也。"帝感其言，乃拜虞大家為憲陵貴人，陳夫人為渤海孝王妃，[4]使中常侍持節授印綬，遣太常以三牲告憲陵、懷陵、靜陵焉。[5]

【注】
〔1〕《續漢志》曰："小黃門，六百石，宦者，無員，掌侍左右，受尚書

事。上在內宮,關通中外,及中宮以下衆事,諸公主及王大妃等疾苦,則使問之。"

〔2〕《風俗通》曰:"卑氏,鄭大夫卑諶之後,漢有卑躬,為北平太守。"

〔3〕《公羊傳》曰:"桓公幼而貴,隱公長而卑。桓何以貴?母貴也。母貴則子何以貴?子以母貴,母以子貴。"

〔4〕孝王名鴻,章帝子千乘貞王伉之孫。鴻生質帝,帝立,徙勃海焉。

〔5〕懷陵,沖帝陵。靜陵,質帝陵。

孝崇匽皇后諱明,[1]為蠡吾侯翼媵妾,[2]生桓帝。桓帝即位,明年,追尊翼為孝崇皇,陵曰博陵,以后為博園貴人。和平元年,梁太后崩,乃就博陵尊后為孝崇皇后。遣司徒持節奉策授璽綬,齎乘輿器服,備法物。宮曰永樂。置太僕、少府以下,皆如長樂宮故事。[3]又置虎賁、羽林衛士,起宮室,分鉅鹿九縣為后湯沐邑。在位三年,元嘉二年崩。以帝弟平原王石為喪主,[4]斂以東園畫梓壽器、玉匣、飯含之具,禮儀制度比恭懷皇后。[5]使司徒持節,大長秋奉弔祠,賻錢四千萬,[6]布四萬匹,中謁者僕射典護喪事,侍御史護大駕鹵簿。[7]詔安平王豹[七]、河閒王建、勃海王悝,[8]長社、益陽二長公主,[9]與諸國侯三百里內者,及中二千石、二千石、令、長、相,皆會葬。將作大匠復土,繕廟,合葬博陵。

【注】

〔1〕匽音偃。

〔2〕蠡吾侯翼,河閒王開子,和帝孫。

〔3〕《漢官儀》曰:"帝祖母稱長信宮,帝母稱長樂宮,故有長信少府、長樂少府及職吏,皆宦者為之。"

〔4〕石,蠡吾侯翼子,桓帝兄。[八]

〔5〕東園,署名,屬少府,掌為棺器。梓木為棺,以漆畫之。稱壽器者,

欲其久長也，猶如壽堂、壽宮、壽陵之類也。《漢舊儀》曰："梓棺長二丈，崇廣四尺。"玉匣者，罯已下為匣，〔九〕至足亦縫，以黃金為縷。飯含者，以珠玉實口。

〔6〕《公羊傳》曰："貨財曰賵。"

〔7〕《漢官儀》曰："天子車駕次第謂之鹵簿。有大駕、法駕、小駕。大駕公卿奉引，大將軍參乘，太僕御，屬車八十一乘，備千乘萬騎，侍御史在左駕馬，詢問不法者。"今儀比車駕，故以侍御史監護焉。

〔8〕悝音恢。

〔9〕長社公主，桓帝姊，耿弇弟霸玄孫援尚焉。益陽公主，桓帝妹，侍中寇榮從兄子尚焉。

桓帝懿獻梁皇后諱女瑩，〔1〕順烈皇后之女弟也。帝初為蠡吾侯，梁太后徵，欲與后為婚，未及嘉禮，〔2〕會質帝崩，因以立帝。明年，有司奏太后曰："《春秋》迎王后于紀，在塗則稱后。〔3〕今大將軍冀女弟，膺紹聖善。〔4〕結婚之際，有命既集，〔5〕宜備禮章，時進徵幣。〔6〕請下三公、太常案禮儀。"奏可。於是悉依孝惠皇帝納后故事，聘黃金二萬斤，納采鴈璧乘馬束帛，一如舊典。〔7〕建和元年六月始入掖庭，八月立為皇后。

【注】

〔1〕《諡法》曰："溫和聖善曰懿，聰明叡知曰獻。"

〔2〕嘉禮，婚禮。

〔3〕《公羊傳》曰："祭公來逆王后于紀。"傳曰："祭公者何？天子之三公。其稱王后何？王者無外，其辭成矣。"

〔4〕膺，當也。紹，嗣也。聖善謂母也，言娶妻當嗣親也。《詩》云："母氏聖善。"

〔5〕謂太后先有令許結親也。《詩》云"天監在下，有命既集"也。

〔6〕徵,成也。納幣以成婚。

〔7〕《漢(書)舊儀》〔一〇〕:"娉皇后,黃金萬斤。"呂后為惠帝娶魯元公主女,故特優其禮也。《儀禮》曰:"納采用鴈。"鄭玄注曰:"納其采擇之禮。用鴈,取順陰陽往來也。"《周禮》:"王者穀圭以聘女。"鄭玄注云:"士大夫已上,乃以玄纁束帛,天子加以穀圭,諸侯加以大璋。"然《禮》稱以圭,此云用璧,形制雖異,為玉同也。乘馬,四匹馬也。《雜記》曰:"納幣一束,束五兩,兩五尋。"然則每端二丈也。

時太后秉政而梁冀專朝,故后獨得寵幸,自下莫得進見。后藉姊兄廕埶,恣極奢靡,宮幄彫麗,服御珍華,巧飾制度,兼倍前世。及皇太后崩,恩愛稍衰。后既無子,潛懷怨忌,每宮人孕育,鮮得全者。帝雖迫畏梁冀,不敢譴怒,然見御轉稀。至延熹(三)〔二〕年,〔一一〕后以憂恚崩,在位十三年,葬懿陵。其歲,誅梁冀,廢懿陵為貴人冢焉。

桓帝鄧皇后諱猛女,〔一二〕和熹皇后從兄子鄧香之女也。母宣,初適香,生后。改嫁梁紀,紀者,大將軍梁冀妻孫壽之舅也。后少孤,隨母為居,因冒姓梁氏。冀妻見后貌美,永興中進入掖庭,為采女,絕幸。〔1〕明年,封兄鄧演為南頓侯,位特進。演卒,子康嗣。及懿獻后崩,梁冀誅,立后為皇后。帝惡梁氏,改姓為薄,〔一三〕封后母宣為長安君。四年,有司奏后本郎中鄧香之女,不宜改易它姓,於是復為鄧氏。追封贈香車騎將軍安陽侯印綬,更封宣、康大縣,宣為昆陽君,康為沘陽侯,賞賜巨萬計。〔2〕宣卒,賵贈葬禮,皆依后母舊儀。以康弟統襲封昆陽侯,位侍中;統從兄會襲安陽侯,為虎賁中郎將;又封統弟秉為淯陽侯。〔一四〕宗族皆列校、郎將。

【注】

〔1〕采,擇也,以因采擇而立名。

〔2〕巨,大也。大萬謂萬萬也。

帝多內幸,博採宮女至五六千人,及騶役從使,復兼倍於此。而后恃尊驕忌,與帝所幸郭貴人更相譖訴。八年,詔廢后,送暴室,以憂死。〔1〕立七年。葬於北邙。從父河南尹萬世及會皆下獄死。統等亦繫暴室,免官爵,歸本郡,財物沒入縣官。

【注】
〔1〕《漢官儀》曰:"暴室在掖庭內,丞一人,主宮中婦人疾病者。其皇后、貴人有罪,亦就此室也。"

桓思竇皇后諱妙,章德皇后從祖弟之孫女也。父(諱)武。〔一五〕延熹八年,鄧皇后廢,后以選入掖庭為貴人,其冬,立為皇后,而御見甚稀,帝所寵唯采女田聖等。永康元年冬,帝寢疾,遂以聖等九女皆為貴人。及崩,無嗣,后為皇太后。太后臨朝定策,立解瀆亭侯宏,〔一六〕是為靈帝。
太后素忌忍,積怒田聖等,桓帝梓宮尚在前殿,遂殺田聖。又欲盡誅諸貴人,中常侍管霸、蘇康苦諫,乃止。時太后父大將軍武謀誅宦官,而中常侍曹節等矯詔殺武,遷太后於南宮雲臺,家屬徙比景。
竇氏雖誅,帝猶以太后有援立之功,建寧四年十月朔,率群臣朝于南宮,親饋上壽。黃門令董萌〔1〕因此數為太后訴怨,帝深納之,供養資奉有加於前。中常侍曹節、王甫疾萌附助太后,誣以謗訕永樂宮,〔2〕萌坐下獄死。熹平元年,太后母卒於比景,〔太〕后感疾而崩。〔一七〕立七年。合葬宣陵。

【注】
〔1〕《漢官儀》曰:"黃門令秩六百石。"

〔2〕靈帝母所居也。訕，謗毀也。

孝仁董皇后諱某，河間人。為解犢亭侯萇夫人，[1]生靈帝。建寧元年，帝即位，追尊萇為孝仁皇，陵曰慎陵，以后為慎園貴人。及竇氏誅，明年，帝使中常侍迎貴人，并徵貴人兄寵到京師，上尊號曰孝仁皇后，居南宮嘉德殿，[2]宮稱永樂。拜寵執金吾。後坐矯稱永樂后屬請，下獄死。

【注】
〔1〕萇，河間孝王開孫淑之子也。
〔2〕嘉德殿在九龍門內。

及竇太后崩，始與朝政，使帝賣官求貨，自納金錢，盈滿堂室。中平五年，以后兄子衛尉脩侯重[1]為票騎將軍，領兵千餘人。初，后自養皇子協，數勸帝立為太子，而何皇后恨之，議未及定而帝崩。何太后臨朝，重與太后兄大將軍進權埶相害，后每欲參干政事，太后輒相禁塞。后忿恚詈言曰：「汝今鞈張，怙汝兄耶？[2]當勅票騎斷何進頭來。」何太后聞，以告進。進與三公及弟車騎將軍苗等奏：「孝仁皇后使故中常侍夏惲、永樂太僕封諝等交通州郡，[3]辜較在所珍寶貨賂，悉入西省。[4]蕃后故事不得留京師，[5]輿服有章，膳羞有品。請永樂后遷宮本國。」奏可。何進遂舉兵圍驃騎府，收重，〔重〕免官自殺。[一八]后憂怖，疾病暴崩，在位二十二年。民間歸咎何氏。喪還河間，合葬慎陵。

【注】
〔1〕脩，今德州縣也，故城在縣南。「脩」今作「蓨」，音條。
〔2〕鞈張猶彊梁也。
〔3〕《漢官儀》曰：「永樂太僕，用中人為之。」

〔4〕辜較,解見《靈紀》。西省,即謂永樂宮之司。

〔5〕蕃后謂平帝母衛姬。時王莽攝政,恐其專權,后不得留在京師,故云故事也。

靈帝宋皇后諱某,扶風平陵人也,肅宗宋貴人之從曾孫也。〔一九〕建寧三年,選入掖庭為貴人。明年,立為皇后。父酆,執金吾,封不其鄉侯。〔1〕

【注】
〔1〕不其,縣,屬琅邪郡,故城在今萊州即墨縣西南,蓋其縣之鄉也。其音基。《決錄》注:"酆字伯遇。"

后無寵而居正位,後宮幸姬衆,共譖毀。初,中常侍王甫枉誅勃海王悝及妃宋氏,〔1〕妃即后之姑也。甫恐后怨之,乃與太中大夫程阿共構言皇后挾左道祝詛,〔2〕帝信之。光和元年,遂策收璽綬。后自致暴室,以憂死。在位八年。父及兄弟並被誅。諸常侍、小黃門在省闥者,皆憐宋氏無辜,共合錢物,收葬廢后及酆父子,歸宋氏舊塋皋門亭。〔3〕

【注】
〔1〕熹平元年,王甫譖悝與中常侍鄭颯交通,欲迎立悝,悝自殺,妃死獄中也。

〔2〕《禮記》曰:"執左道以亂衆,殺無赦。"鄭玄注云:"左道,若巫蠱也。"

〔3〕《詩》云:"迺立皋門。"注云:"王之郭門曰皋門。"《漢官儀》曰:"十二門皆有亭。"

帝後夢見桓帝怒曰:"宋皇后有何罪過,而聽用邪孽,使絕其命?

勃海王悝既已自貶，又受誅斃。今宋氏及悝自訴於天，上帝震怒，[1]罪在難救。"夢殊明察。帝既覺而恐，以事問於羽林左監許永[2]曰："此何祥？其可攘[3]乎？"永對曰："宋皇后親與陛下共承宗廟，母臨萬國，歷年已久，海內蒙化，過惡無聞。而虛聽讒妒之說，以致無辜之罪，身嬰極誅，禍及家族，天下臣妾，咸為怨痛。勃海王悝，桓帝母弟也。處國奉藩，未嘗有過。陛下曾不證審，遂伏其辜。昔晉侯失刑，亦夢大厲被髮屬地。[4]天道明察，鬼神難誣。宜并改葬，以安冤魂。反宋后之徙家，復勃海之先封，以消厥咎。"帝弗能用，尋亦崩焉。

【注】

〔1〕上帝，天也。震，動也。《書》曰"帝乃震怒"也。

〔2〕《續漢志》曰："羽林左監一人，秩六百石，主羽林左騎。右亦如之。""永"或作"詠"。

〔3〕攘謂除也。

〔4〕《左傳》曰："晉侯夢大厲，被髮及地，搏膺而踊曰：'殺余孫，不義，余得請于帝矣。'"杜預注曰："厲鬼，趙氏之先祖也。晉侯先殺趙同、趙括，故怒也。"

靈思何皇后諱某，南陽宛人。家本屠者，以選入掖庭。[1]長七尺一寸。生皇子辯，養於史道人家，號曰史侯。[2]拜后為貴人，甚有寵幸。性彊忌，後宮莫不震慴。

【注】

〔1〕《風俗通》曰，漢以八月筭人。后家以金帛賂遺主者以求入也。

〔2〕道人謂道術之人也。《獻帝春秋》曰："靈帝數失子，不敢正名，養道人史子眇家，號曰史侯。"

光和三年，立為皇后。明年，追號后父真為車騎將軍、舞陽宣德侯，因封后母興為舞陽君。時王美人任娠，〔1〕畏后，乃服藥欲除之，而胎安不動，又數夢負日而行。四年，生皇子協，后遂酖殺美人。帝大怒，欲廢后，諸宦官固請得止。董太后自養協，號曰董侯。

【注】
〔1〕《左傳》曰："邑姜方娠。"杜預注曰："懷胎為娠。"音之刃反，一音身。

王美人，趙國人也。祖父苞，五官中郎將。美人豐姿色，聰敏有才明，能書會計，〔1〕〔二〇〕以良家子應法相選入掖庭。〔二一〕帝慜協早失母，又思美人，作《追德賦》、《令儀頌》。

【注】
〔1〕會計謂總會其數而籌。

中平六年，帝崩，皇子辯即位，尊后為皇太后。太后臨朝。后兄大將軍進欲誅宦官，反為所害；舞陽君亦為亂兵所殺。并州牧董卓被徵，將兵入洛陽，陵虐朝庭，遂廢少帝為弘農王而立協，是為獻帝。扶弘農王下殿，北面稱臣。太后鯁涕，群臣含悲，莫敢言。董卓又議太后踧迫永樂宮，至令憂死，逆婦姑之禮，乃遷於永安宮，因進酖，弒而崩。在位十年。董卓令帝出奉常亭舉哀，〔1〕公卿皆白衣會，不成喪也。〔2〕合葬文昭陵。

【注】
〔1〕華延儁《洛陽記》曰："城內有奉常亭。"
〔2〕有凶事素服而朝，謂之白衣會。《左傳》曰："不書葬，不成喪。"

初，太后新立，當謁二祖廟，欲齋，輒有變故，如此者數，竟不克。時有識之士心獨怪之，後遂因何氏傾沒漢祚焉。

明年，山東義兵太起，討董卓之亂。卓乃置弘農王於閣上，使郎中令李儒進酖，曰："服此藥，可以辟惡。"王曰："我無疾，是欲殺我耳！"不肯飲。強飲之，不得已，乃與妻唐姬及宮人飲讌別。酒行，王悲歌曰："天道易兮我何艱！棄萬乘兮退守蕃。逆臣見迫兮命不延，逝將去汝兮適幽玄！"因令唐姬起舞，姬抗袖而歌[1]曰："皇天崩兮后土穨，[2]身為帝兮命夭摧。死生路異兮從此乖，奈我煢獨兮心中哀！"因泣下嗚咽，坐者皆歔欷。王謂姬曰："卿王者妃，埶不復為吏民妻。自愛，從此長辭！"遂飲藥而死。時年十八。

【注】
[1]抗，舉也。
[2]《史記》，周烈王崩，周人謂齊威王曰"天崩地坼"也。

唐姬，潁川人也。王薨，歸鄉里。父會稽太守瑁欲嫁之，姬誓不許。及李傕破長安，遣兵鈔關東，略得姬。傕因欲妻之，固不聽，而終不自名。[1]尚書賈詡知之，[2]以狀白獻帝。帝聞感愴，乃下詔迎姬，置園中，使侍中持節拜為弘農王妃。

【注】
[1]不自名少帝之姬也。袁宏《紀》曰："為傕所略，不敢自言。"
[2]《魏志》曰："詡字文和，武威姑臧人。少時漢陽閻忠見而異之，曰：'詡有良、平之才。'"

初平元年二月，葬弘農王於故中常侍趙忠成壙中，[1]謚曰懷王。

【注】
〔1〕趙忠先有成壙,因而葬焉。

　　帝求母王美人兄斌,斌將妻子詣長安,賜第宅田業,拜奉車都尉。
　　興平元年,帝加元服。有司奏立長秋宮。詔曰:"朕禀受不弘,遭值禍亂,未能紹先,以光故典。皇母前薨,未卜宅兆,禮章有闕,中心如結。〔1〕三歲之慼,蓋不言吉,且須其後。"於是有司乃奏追尊王美人為靈懷皇后,改葬文昭陵,儀比敬、恭二陵,〔2〕使光禄大夫持節行司空事奉璽綬,斌與河南尹駱業復土。

【注】
〔1〕《詩》云:"心如結兮。"
〔2〕敬,章帝陵。恭,安帝陵。

　　斌還,遷執金吾,封都亭侯,〔1〕食邑五百户。病卒,贈前將軍印綬,謁者監護喪事。長子端襲爵。

【注】
〔1〕凡言都亭者,並城内亭也。漢法,大縣侯位視三公,小縣侯位視上卿,鄉侯、亭侯視中二千石也。

　　獻帝伏皇后諱壽,琅邪東武人,〔1〕大司徒湛之八世孫也。父完,沈深有大度,襲爵不其侯,尚桓帝女陽安公主,〔2〕為侍中。

【注】
〔1〕東武,今密州諸城縣。
〔2〕陽安,縣,屬汝南郡,故城在今豫州朗山縣東北。

初平元年,從大駕西遷長安,后時入掖庭為貴人。興平二年,立為皇后,完遷執金吾。帝尋而東歸,李傕、郭汜等追敗乘輿於曹陽,帝乃潛夜度河走,〔1〕六宮皆步行出營。〔2〕后手持縑數匹,董承使符節令孫徽〔二三〕以刃脅奪之,殺傍侍者,血濺后衣。〔3〕既至安邑,御服穿敝,唯以棗栗為糧。建安元年,拜完輔國將軍,儀比三司。完以政在曹操,自嫌尊戚,乃上印綬,拜中散大夫,尋遷屯騎校尉。十四年卒,子典嗣。

【注】
〔1〕度所在今陝州陝縣北。《水經》曰銅翁仲所沒處,是獻帝東遷潛度所。
〔2〕《周禮》曰:"王后率六宮之人。"鄭玄注曰:"六宮之人,夫人以下,分居后之六宮者。"
〔3〕濺音子見反。

自帝都許,守位而已,宿衛兵侍,莫非曹氏黨舊姻戚。議郎趙彥嘗為帝陳言時策,曹操惡而殺之。其餘內外,多見誅戮。操後以事入見殿中,帝不任其憤,因曰:"君若能相輔,則厚;不爾,幸垂恩相捨。"操失色,俛仰求出。舊儀,三公領兵朝見,令虎賁執刃挾之。操出,顧左右,汗流浹背,〔1〕自後不敢復朝請。董承女為貴人,操誅承而求貴人殺之。帝以貴人有娠,〔2〕累為請,不能得。后自是懷懼,乃與父完書,言曹操殘逼之狀,令密圖之。完不敢發。至十九年,事乃露泄。操追大怒,〔二三〕遂逼帝廢后,假為策曰:"皇后壽,得由卑賤,登顯尊極,自處椒房,〔3〕二紀于茲。既無任、姒徽音之美,〔4〕又乏謹身養己之福,〔5〕而陰懷妒害,苞藏禍心,弗可以承天命,奉祖宗。今使御史大夫郗慮持節策詔,其上皇后璽綬,〔6〕退避中宮,遷于它館。嗚呼傷哉!自壽取之,未致于理,為幸多焉。"又以尚書令華歆為郗慮副,〔7〕勒兵入宮收后。閉戶藏壁中,〔二四〕歆就牽后出。時帝在外殿,引慮於坐。后被髮徒跣行泣過訣曰:"不能復相活邪?"帝曰:"我亦不知命在何時!"顧謂慮曰："郗公，天下寧有是邪？"遂將后下暴室，以幽崩。所生二皇子，皆酖殺之。后在位二十年，兄弟及宗族死者百餘人，母盈等十九人徙涿郡。

【注】
〔1〕浹，徹也，音子協反。
〔2〕《説文》曰："妊，孕也。"音仁蔭反。
〔3〕《漢官儀》曰："皇后稱椒房，取其蕃實之義也。"《詩》云："椒聊之實，蕃衍盈升。"
〔4〕大任，文王母。大姒，武王母。徽，美也。《詩》云："大姒嗣徽音。"
〔5〕《左傳》曰："人受天地之中而生，謂之命。能者養之以福，不能者敗以取禍。"
〔6〕蔡邕《獨斷》曰："皇后赤綬玉璽。"《續漢志》曰："乘輿黃赤綬，四綵黃赤縹紺，淳黃圭，綬長二丈九尺九寸，五百首。太皇太后、皇太后，其綬皆與乘輿同。"
〔7〕《魏志》曰："華歆字子魚，平原高唐人。代荀彧為尚書令。慮字鴻預，山陽高平人。"

獻穆曹皇后諱節，[1]魏公曹操之中女也。建安十八年，操進三女憲、節、華為夫人，聘以束帛玄纁五萬匹，小者待年於國。[2]十九年，並拜為貴人。及伏皇后被弒，明年，立節為皇后。魏受禪，遣使求璽綬，后怒不與。如此數輩，后乃呼使者入，親數讓之，以璽抵軒下，[3]因涕泣橫流曰："天不祚爾！"左右皆莫能仰視。后在位七年。魏氏既立，以后為山陽公夫人。自後四十一年，魏景(初)[元]元年薨，[二五]合葬禪陵，車服禮儀皆依漢制。

【注】

〔1〕《謚法》曰："布德執義曰穆。"

〔2〕留住於國，以待年長。

〔3〕抵，擲也。軒，闌板也。

論曰：漢世皇后無謚，皆因帝謚以為稱。雖呂氏專政，上官臨制，亦無殊號。[1]中興，明帝始建光烈之稱，其後並以德為配，至於賢愚優劣，混同一貫，故馬、竇二后俱稱德焉。其餘唯帝之庶母及蕃王承統，以追尊之重，特為其號，如恭懷、孝崇之比是也。初平中，蔡邕始追正和熹之謚，[2]其安思、順烈以下，皆依而加焉。

【注】

〔1〕上官，昭帝后也。

〔2〕《蔡邕集·謚議》曰："漢世母氏無謚，至于明帝始建光烈之稱，是後轉因帝號加之以德，上下優劣，混而為一，違《禮》'大行受大名，小行受小名'之制。《謚法》'有功安人曰熹'。帝后一體，禮亦宜同。大行皇太后謚宜為和熹。"

贊曰：坤惟厚載，陰正乎內。[1]《詩》美好逑，[2]《易》稱歸妹。[3]祁祁皇孃，言觀貞淑。[4]媚茲良哲，承我天祿。班政蘭闈，宣禮椒屋。[5]既云德升，亦曰幸進。[6]身當隆極，族漸河潤。[7]視景爭暉，方山並峻。乘剛多阻，行地必順。[8]咎集驕滿，福協貞信。慶延自己，禍成誰釁。

【注】

〔1〕《易》曰："坤厚載物。"又曰："女正位乎內，男正位乎外。"

〔2〕逑，匹也。《詩》云："窈窕淑女，君子好逑。"言后妃有《關雎》之德，為君子好匹。

〔3〕兌下震上，歸妹卦也。婦人謂嫁曰歸，妹為少女之稱。兌為少陰，震為長陽，少陰而承長陽，悅以動之，歸妹之象也。[二六]以六五與九二相應，五為王侯，故《易》言"帝乙歸妹"。

〔4〕祁祁，眾多也。孋亦儷也。覿，示也。言諸后皆示其貞淑，配皇為儷。案字書無"孋"字，相傳音麗，蕭該音離。

〔5〕班固《西都賦》曰："後宮則掖庭椒房，后妃之室。蘭林蕙草，披香發越。"蘭林，殿名，故言蘭闈。椒屋即椒房也。

〔6〕德升謂馬、鄧等也。幸進謂閻、何之類也。

〔7〕《公羊傳》曰"河海潤千里"也。

〔8〕《易·屯卦·象》曰："六二之難，乘剛也。"又《坤卦》曰："牝馬地類，行地無疆。"王弼注云："地之所以得無疆者，以卑順行之故也。"

漢制，皇女皆封縣公主，儀服同列侯。[1]其尊崇者，加號長公主，儀服同蕃王。[2]諸王女皆封鄉、亭公主，儀服同鄉、亭侯。[3]肅宗唯特封東平憲王蒼、琅邪孝王京女為縣公主。[4]其後安帝、桓帝妹亦封長公主，同之皇女。[5]其皇女封公主者，所生之子襲母封為列侯，[6]皆傳國於後。鄉、亭之封，則不傳襲。其職僚品秩，事在《百官志》。[7]不足別載，故附于后紀末。

【注】

〔1〕漢法，大縣侯視三公。

〔2〕蔡邕曰："帝女曰公主，姊妹曰長公主。"建武十五年，封（武）[舞]陽公主為長公主，[二七]即是帝女尊崇亦為長，非惟姊妹也。《輿服志》曰"長公主赤劕軿車，與諸侯同綬"也。

〔3〕鄉、亭侯視中二千石。

〔4〕《東平王傳》曰："封蒼女五人為縣公主。"孝王女，傳不見其數。

〔5〕案：鄧禹玄孫少府褒尚舞陰長公主，耿弇曾孫侍中良尚（漢）[濮]陽長公主，[二八]岑彭玄孫魏郡守熙尚涅陽長公主，來歙玄孫虎賁中郎將定尚平

氏長公主,並安帝妹也。長社、益陽公主,桓帝妹也。〔二九〕解見上。

〔6〕馮定,獲嘉公主子,襲封獲嘉侯;〔三〇〕馮奮,平陽公主子,襲封平陽侯。此其類也。

〔7〕沈約《謝儼傳》曰:"范曄所撰十志,一皆託儼。搜撰垂畢,遇曄敗,悉蠟以覆車。宋文帝令丹陽尹徐湛之就儼尋求,已不復得,一代以為恨。其志今闕。"《續漢志》曰:"諸公主家令一人,六百石;丞一人,三百石;其餘屬吏,增減無常。"《漢官儀》曰"長公主傅一人,私府長一人,食官一人,永巷長一人,家令一人,秩皆六百石,各有員吏。而鄉公主傅一人,秩六百石,僕一人,六百石,家丞一人,三百石"也。

皇女義王,建武十五年封舞陽長公主,適(延)陵鄉侯太僕梁松。〔1〕〔三一〕松坐誹謗誅。

【注】

〔1〕舞陽,縣,屬潁川郡。松,梁統之子。其傳云:"尚光武女舞陰公主。〔三二〕"又《鄧訓傳》:"舞陰公主子梁扈,有罪,訓與交通。"此云舞陽,誤也。

皇女中禮,十五年封涅陽公主,適顯親侯大鴻臚竇固,〔1〕肅宗尊為長公主。

【注】

〔1〕涅陽,屬南陽郡。顯親,縣,屬漢陽郡。固,竇融子。〔三三〕

皇女紅夫,十五年封館陶公主,適駙馬都尉韓光。光坐與淮陽王延謀反誅。

皇女禮劉,十七年封淯陽公主,適陽安侯長樂少府郭璜。〔1〕璜坐與竇憲謀反誅。

【注】
〔1〕璜,郭況子也。

皇女綬,〔1〕二十一年封酈邑公主,適新陽侯世子陰豐。豐害主,誅死。〔2〕

【注】
〔1〕"綬"一作"緩"。
〔2〕酈,縣,屬南陽郡,音擲亦反。新陽,縣,屬汝南郡。豐,陰就子。

世祖五女。
皇女姬,永平二年封獲嘉長公主,適楊邑侯將作大匠馮柱。〔1〕

【注】
〔1〕獲嘉,縣,屬河內郡。楊邑,縣,屬太原郡。柱,(馬)〔馮〕魴子。

皇女奴,三年封平陽公主,〔1〕〔三四〕適大鴻臚馮順。〔2〕

【注】
〔1〕平陽,縣,屬河東郡。
〔2〕馮勤子也。

皇女迎,〔1〕三年封隆慮公主,〔2〕適牟平侯耿襲。〔3〕

【注】
〔1〕"迎"或作"延"。

〔2〕隆慮，縣，屬河內郡。
〔3〕牟平，縣，屬東萊郡。襲，耿弇弟舒之子。

皇女次，三年封平氏公主。^{〔1〕}〔三五〕

【注】
〔1〕平氏，縣，屬南陽郡。〔三六〕既不言所適，不顯始終，蓋史闕之也。它皆做此。

皇女致，三年封沁水公主，^{〔1〕}〔三七〕適高密侯鄧乾。

【注】
〔1〕沁水，縣，屬河內郡。
〔2〕乾，鄧震之子，禹之孫。

皇女小姬，十二年封平皋公主，^{〔1〕}適昌安侯侍中鄧蕃。^{〔2〕}

【注】
〔1〕平皋，縣，屬河內郡。
〔2〕昌安，縣，屬高密國。蕃，鄧襲子，禹之孫也。

皇女仲，十七年封浚儀公主，適軼侯^{〔1〕}黃門侍郎王度。^{〔2〕}

【注】
〔1〕"軼"，志作"軑"，音伏。師古曰：又音徒系反。〔三八〕
〔2〕軼，縣，屬江夏郡。度，王符子，霸之孫。

皇女惠，十七年封武安公主，適征羌侯世子黃門侍郎來稜，^{〔1〕}安帝尊為長公主。

【注】
〔1〕征羌,縣,屬汝南郡。棱,襃之子,歆之孫。

皇女臣,建初元年封魯陽公主。[1]

【注】
〔1〕魯陽,縣,屬南陽郡。

皇女小迎,元年封樂平公主。[1]

【注】
〔1〕樂平,太清縣,屬東郡,章帝更名。

皇女小民,元年封成安公主。[1]

【注】
〔1〕成安,縣,屬潁川郡。

顯宗十一女。
皇女男,建初四年封武德長公主。
皇女王,四年封平邑公主,[1]適黃門侍郎馮由。[三九]

【注】
〔1〕平邑,縣,屬代郡,今魏郡昌樂東北又有平邑城。

皇女吉,永元五年封陰安公主。[1]

【注】
〔1〕陰安,縣,屬魏郡。

肅宗三女。
皇女保,延平元年封脩武長公主。〔1〕

【注】
〔1〕脩武,縣,屬河內郡。

皇女成,元年封共邑公主。〔1〕

【注】
〔1〕共,縣,屬河內郡。

皇女利,元年封臨潁公主。〔1〕適即墨侯侍中賈建。〔2〕〔四〇〕

【注】
〔1〕縣,屬潁川郡。
〔2〕即墨,縣,屬膠東國。建,賈參子,復之曾孫。

皇女興,元年封聞喜公主。〔1〕

【注】
〔1〕聞喜,縣,屬河東郡。

和帝四女。
皇女生,永和三年封舞陽長公主。
皇女成男,三年封冠軍長公主。〔1〕

【注】
〔1〕冠軍，縣，屬南陽郡。

皇女廣，永和六年封汝陽長公主。[1]

【注】
〔1〕汝陽，縣，屬汝南郡。

順帝三女。
皇女華，延熹元年封陽安長公主，適不其侯輔國將軍伏完。[1]

【注】
〔1〕完，伏湛（五）［七］世孫。[四一]

皇女堅，七年封潁陰長公主。[1]

【注】
〔1〕潁陰，縣，屬潁川郡。

皇女脩，九年封陽翟長公主。
桓帝三女。
皇女某，光和三年封萬年公主。
靈帝一女。

【校勘記】
〔一〕更封顯長社（縣）侯　按：王先謙謂"縣"字衍，今據刪。
〔二〕油𨎩軿車　按：《校補》謂今《續志》作"油畫軿車"。
〔三〕司徒劉（喜）［熹］　據錢大昭說改。按：《校補》謂本書《安紀》

《順紀》皆作"熹",《通鑑》亦作"熹",惟袁宏《後漢紀》兩見皆作"喜"。

〔四〕又何不早徵諸王子　按:"又"原譌"人",逕改正。

〔五〕妠(奶)娶也　陳景雲謂下"妠"字衍,今據刪。

〔六〕時(西)河〔西〕擾亂　陳景雲謂"西河"當作"河西",今據改。

〔七〕詔安平王豹　按:《校補》引錢大昭說,謂"豹"疑當作"續"。

〔八〕石蠡吾侯翼子桓帝兄　按:正文云"帝弟平原王石",此云"桓帝兄",必有一誤。

〔九〕脅已下為匪　按:"下"原譌"而",逕改正。

〔一〇〕漢(書)舊儀　按:當依《衛宏傳》作"漢舊儀","書"字衍,今刪。

〔一一〕至延熹(三)〔二〕年　據汲本、殿本改。

〔一二〕桓帝鄧皇后諱猛女　按:《東觀記》云"字猛",無"女"字。《續天文志》同。

〔一三〕改姓為薄　按:袁《紀》"薄"作"亳"。

〔一四〕又封統弟秉為淯陽侯　按:袁《紀》"秉"作"庚","淯"作"育"。

〔一五〕父(諱)武　殿本無此三字,《考證》謂監本此三字是注文,依宋本刪。今按:各舊本此三字皆作正文,與北監本不同。《考證》所云之"宋本",不知宋刊何本也。又按:《校補》引顧炎武說,謂"諱"字衍,今據刪。

〔一六〕立解犢亭侯宏　按:王先謙謂"犢"當作"瀆"。

〔一七〕太后母卒於比景〔太〕后感疾而崩　據王鳴盛說及《通鑑》補。

〔一八〕〔重〕免官自殺　據汲本、殿本補。按:王先謙謂疑當作"免重官,重自殺",而傳寫倒脫也。

〔一九〕肅宗宋貴人之從曾孫也　按:《刊誤》謂宋貴人安得有從曾孫姓宋者,當是漏一"父"字。

〔二〇〕聰敏有才明能書會計　按:"明能"二字疑譌倒,《御覽》一四五引,正作"聰敏有才能,明書會計"。

〔二一〕選入掖庭　按:《御覽》一四五引,下有"為何后所酖"五字。

〔二二〕符節令孫徽　按:《御覽》八一八引華嶠《後漢書》,"徽"作

"微",袁《紀》作"儳"。

〔二三〕操追大怒　按:《校補》引錢大昭説,謂閩本無"追"字。

〔二四〕閉户藏壁中　按:《刊誤》謂案文"閉户"上少一"后"字。

〔二五〕自後四十一年魏景(初)[元]元年薨　《校補》引周壽昌説,謂自後四十一年,案《魏志》為魏奐景元元年。志載其年六月己未,故漢獻帝夫人節薨。此作"景初",誤。景初乃魏明帝紀元也。今據改。

〔二六〕歸妹之象也　按:"歸"原譌"嫁",逕據汲本、殿本改正。

〔二七〕封(武)[舞]陽公主為長公主　據《校補》改。按:《校補》謂下文皇女義王注文及注釋均作"舞陽",則此注作"武陽"誤。

〔二八〕尚(漢)[濮]陽長公主　《集解》引錢大昭説,謂"漢陽"當從《耿弇傳》作"濮陽"。今據改。

〔二九〕長社益陽公主桓帝妹也　按:《集解》引惠棟説,謂長社公主桓帝姊,注誤為桓帝妹。

〔三〇〕馮定獲嘉公主子襲封獲嘉侯　按:張森楷《校勘記》謂案《馮魴傳》,襲封獲嘉侯者乃定弟石,非定也。

〔三一〕適(延)陵鄉侯太僕梁松　洪亮吉謂案《明帝紀》及《梁統傳》,皆云封陵鄉侯。《水經注》,清水又東北逕陵鄉西,太僕梁松國也。此"延"字衍文。今據刪。

〔三二〕其傳云尚光武女舞陰公主　按:《校補》謂今《梁統傳》作"尚舞陰長公主",此省"長"字。

〔三三〕固寶融子　按:《校補》謂固乃融弟友之子,自有傳,注誤。

〔三四〕皇女奴三年封平陽公主　按:《校補》引洪亮吉説,謂《馮勤傳》稱"平陽長公主",蓋肅宗時所加。下平皋公主小姬、浚儀公主仲,鄧禹、王霸《傳》皆稱"長公主",與此同。

〔三五〕皇女次三年封平氏公主　按:"三"原譌"二",逕改正。

〔三六〕平氏縣屬南陽郡　按:"郡"原譌"縣",逕據汲本、殿本改正。

〔三七〕皇女致三年封沁水公主　按:《集解》引錢大昭説,謂《五行志》作"長公主"。

〔三八〕軼志作軼音伏師古曰又音徒系反　"軼"字原本模糊，各本多作"軼"，《集解》本依殿本，從大作"軼"。伏字別本皆作"伕"。今按："伕"乃"伏"之譌，伕音大，今人習見"伏"字，故譌"伕"為"伏"耳。

〔三九〕皇女王四年封平邑公主適黃門侍郎馮由　按：《校補》謂由即馮順之子，勤之孫也。"平邑"《勤傳》作"平安"，傳注引《東觀記》，又作"安平"。

〔四〇〕皇女利元年封臨潁公主適即墨侯侍中賈建　按：《校補》謂據《賈復傳》，建尚主在安帝元初元年，主於安帝為姊妹，故傳稱"長公主"。

〔四一〕伏湛（五）〔七〕世孫　據殿本《考證》引何焯說改。

後漢書卷十一

劉玄劉盆子列傳第一

劉玄字聖公,光武族兄也。[1]弟為人所殺,聖公結客欲報之。客犯法,[2]聖公避吏於平林。吏繫聖公父子張。聖公詐死,使人持喪歸舂陵,吏乃出子張,聖公因自逃匿。

【注】

〔1〕《爾雅》曰:"族父之子相謂為族昆弟。"《帝王紀》曰:"舂陵戴侯熊渠生蒼梧太守利,利生子張,納平林何氏女,生更始。"

〔2〕《續漢書》曰:"時聖公聚客,家有酒,請游徼飲,賓客醉歌,言'朝亨兩都尉,游徼後來,用調羹味'。游徼大怒,縛捶數百。"

王莽末,南方飢饉,人庶群入野澤,掘鳧茈而食之,更相侵奪。[1]新市人王匡、王鳳為平理諍訟,遂推為渠帥,眾數百人。於是諸亡命馬武、王常、成丹等往從之;共攻離鄉聚,[一]臧於綠林中,[2]數月閒至七八千人。地皇二年,[3]荊州牧某[4]發奔命二萬人攻之,匡等相率迎擊於雲杜,[5]大破牧軍,殺數千人,盡獲輜重,[6]遂攻拔竟陵。[7]轉擊雲杜、安陸,[8]多略婦女,還入綠林中,至有五萬餘口,州郡不能制。

【注】

〔1〕《爾雅》曰:"芀,鳧茈。"郭璞曰:"生下田中,苗似龍鬚而細,根如指頭,黑色,可食。"芀音胡了反。鳧茈,《續漢書》作"符訾"。

〔2〕離鄉聚謂諸鄉聚離散,去城郭遠者。大曰鄉,小曰聚。《前書》曰"收合離鄉置大城中",即其義也。緑林,山,在今荆州當陽縣東北也。

〔3〕王莽年也。

〔4〕史闕名也。

〔5〕雲杜,縣名,屬江夏郡,故城在今復州沔陽縣西北。

〔6〕《續漢書》曰:"牧欲北歸隨,武等復遮擊之,鉤牧車屏泥,刺殺其驂乘,然不敢殺牧也。"

〔7〕縣名,屬江夏郡,故城在今郢州長壽縣南。

〔8〕安陸,縣,屬江夏郡,今安州縣也。

　　三年,大疾疫,死者且半,乃各分散引去。王常、成丹西入南郡,號下江兵;王匡、王鳳、馬武及其支黨朱鮪、張卬等〔1〕北入南陽,號新市兵;〔二〕皆自稱將軍。七月,匡等進攻隨,未能下。〔2〕平林人陳牧、廖湛〔3〕復聚衆千餘人,號平林兵,以應之。聖公因往從牧等,為其軍安集掾。〔4〕

【注】

〔1〕《續漢書》"卬"作"印"。

〔2〕隨,縣,屬南陽郡,今隨州縣。

〔3〕廖音力弔反。

〔4〕欲其安集軍衆,故權以為官名。

　　是時光武及兄伯升亦起舂陵,與諸部合兵而進。四年正月,破王莽前隊大夫甄阜、屬正梁丘賜,斬之,號聖公為更始將軍。衆雖多而無所統一,諸將遂共議立更始為天子。二月辛巳,設壇場於淯水上沙中,陳兵大會。更始即帝位,南面立,朝群臣。素懦弱,羞愧流汗,舉手不能言。於是大赦天下,建元曰更始元年。悉拜置諸將,以族父良為國三老,王匡為定國上公,王鳳成國上公,朱鮪大司馬,伯升大司徒,陳牧大司空,餘皆九卿、將軍。五月,伯升拔宛。六月,更始入都宛城,盡封宗室及諸將,為列侯者百餘人。

更始忌伯升威名,遂誅之,以光祿勳劉賜為大司徒。前鍾武侯劉望起兵,〔三〕略有汝南。時王莽納言將軍嚴尤、秩宗將軍陳茂既敗於昆陽,往歸之。八月,望遂自立為天子,以尤為大司馬,茂為丞相。王莽使太師王匡、國將哀章守洛陽。〔1〕更始遣定國上公王匡攻洛陽,西屏大將軍申屠建、丞相司直李松攻武關,三輔震動。是時海內豪桀翕然響應,皆殺其牧守,自稱將軍,用漢年號,以待詔命,旬月之間,徧於天下。

【注】
〔1〕《風俗通》曰:"哀姓,魯哀公之後,因謚以為姓。"

長安中起兵攻未央宮。九月,東海人公賓就斬王莽於漸臺,〔1〕收璽綬,傳首詣宛。更始時在便坐黃堂,取視之,喜曰:"莽不如是,當與霍光等。"寵姬韓夫人笑曰:"若不如是,帝焉得之乎?"更始悅,乃懸莽首於宛城市。是月,拔洛陽,生縛王匡、哀章,至,皆斬之。十月,使奮威大將軍劉信擊殺劉望於汝南,并誅嚴尤、陳茂。更始遂北都洛陽,以劉賜為丞相。申屠建、李松自長安傳送乘輿服御,又遣中黃門從官奉迎遷都。二年二月,更始自洛陽而西。初發,李松奉引,馬驚奔,觸北宮鐵柱[門],〔四〕三馬皆死。〔2〕

【注】
〔1〕《風俗通》曰:"公賓,姓也。魯大夫公賓庚之後。"漸臺,太液池中臺也。為水所漸潤,故以為名。
〔2〕《續漢書》曰:"馬禍也。時更始失道,將亡之徵。"

初,王莽敗,唯未央宮被焚而已,其餘宮館一無所毀。宮女數千,備列後庭,自鍾鼓、帷帳、輿輦、器服、太倉、武庫、官府、市里,不改於舊。更始既至,居長樂宮,升前殿,郎吏以次列庭中。更始羞怍,俛首刮席不敢視。[1]〔五〕諸將後至者,更始問虜掠得幾何,左右侍官皆宮省久吏,各驚相視。

【注】
〔1〕怍,顏色變也。俛,俯也。

李松與棘陽人趙萌説更始,宜悉王諸功臣。朱鮪爭之,以為高祖約,非劉氏不王。更始乃先封宗室太常將軍劉祉為定陶王,劉賜為宛王,劉慶為燕王,劉歆為元氏王,大將軍劉嘉為漢中王,劉信為汝陰王;後遂立王匡為比陽王,王鳳為宜城王,朱鮪為膠東王,衞尉大將軍張卬為淮陽王,廷尉大將軍王常為鄧王,執金吾大將軍廖湛為穰王,申屠建為平氏王,尚書胡殷為隨王,柱天大將軍李通為西平王,[1]五威中郎將李軼為舞陰王,水衡大將軍成丹為襄邑王,大司空陳牧為陰平王,[2]驃騎大將軍宋佻為潁陰王,〔六〕尹尊為郾王。唯朱鮪辭曰:"臣非劉宗,不敢干典。"遂讓不受。乃徙鮪為左大司馬,劉賜為前大司馬,使與李軼、李通、王常等鎮撫關東。以李松為丞相,趙萌為右大司馬,共秉内任。

【注】
〔1〕西平,縣,屬汝南郡,故城在今豫州郾城縣南也。
〔2〕陰平,縣,屬廣漢國。〔七〕

更始納趙萌女為夫人,有寵,遂委政於萌,日夜與婦人飲讌後庭。群臣欲言事,輒醉不能見,時不得已,乃令侍中坐帷内與語。諸將識非更始聲,出皆怨曰:"成敗未可知,遽自縱放若此!"韓夫人尤嗜酒,每侍飲，見常侍奏事，輒怒曰："帝方對我飲，正用此時持事來乎！"起，抵破書案。[1]趙萌專權，威福自己。郎吏有說萌放縱者，更始怒，拔劍擊之。自是無復敢言。萌私忿侍中，引下斬之，更始救請，不從。時李軼、朱鮪擅命山東，王匡、張卬橫暴三輔。其所授官爵者，皆群小賈豎，或有膳夫庖人，多著繡面衣、錦袴、襜褕、諸于，罵詈道中。[2]長安為之語曰："竈下養，中郎將。爛羊胃，騎都尉。爛羊頭，關內侯。"[3]

【注】

[1]抵，擊也。

[2]襜褕、諸于見《光武紀》。《續漢志》曰"時智者見之，以為服之不中，身之災也，乃奔入邊郡避之。是服妖也。其後為赤眉所殺"也。

[3]《公羊傳》曰："炊亨為養。"

軍帥將軍[八]豫章李淑上書諫曰："方今賊寇始誅，王化未行，百官有司宜慎其任。夫三公上應台宿，九卿下括河海，[1]故天工人其代之。陛下定業，雖因下江、平林之埶，斯蓋臨時濟用，不可施之既安。宜釐改制度，更延英俊，因才授爵，以匡王國。今公卿大位莫非戎陳，尚書顯官皆出庸伍，資亭長、賊捕之用，[2]而當輔佐綱維之任。唯名與器，聖人所重。今以所重加非其人，望其毗益萬分，興化致理，譬猶緣木求魚，升山採珠。[3]海內望此，有以闚度漢祚。臣非有憎疾以求進也，但為陛下惜此舉厝。敗材傷錦，所宜至慮。[4]惟割既往謬妄之失，思隆周文濟濟之美。"[5]更始怒，繫淑詔獄。自是關中離心，四方怨叛。諸將出征，各自專置牧守，州郡交錯，不知所從。

【注】

[1]《春秋漢含孳》曰："三公在天為三台，九卿為北斗，故三公象五岳，九卿法河海，二十七大夫法山陵，八十一元士法谷阜，合為帝佐，以匡綱

〔2〕漢法,十里一亭,亭置一長。捕賊掾,〔九〕專捕盜賊也。

〔3〕求之非所,不可得也。孟子對(梁惠)〔齊宣〕王曰:〔一〇〕"以若所為,求若所欲,猶緣木求魚。"

〔4〕孟子謂齊宣王曰:"為巨室,則必使工師求大木。工師得大木,則王喜,以為能勝其任也。匠人斲而小之,則王怒,以為不勝其任矣。"《左傳》子產謂子皮曰"子有美錦,不使人學製焉。大官大邑,身之所庇,而使學者製焉。其為美錦,不亦重乎?未嘗操刀而使之割,其傷實多"也。

〔5〕割,絕也。《詩·大雅》曰:"濟濟多士,文王以寧。"

十二月,赤眉西入關。

三年正月,平陵人方望立前孺子劉嬰為天子。初,望見更始政亂,度其必敗,謂安陵人弓林等曰:"前定安公嬰,平帝之嗣,雖王莽篡奪,而嘗為漢主。今皆云劉氏真人,當更受命,欲共定大功,何如?"林等然之,乃於長安求得嬰,將至臨涇立之。〔1〕聚黨數千人,望為丞相,林為大司馬。更始遣李松與討難將軍蘇茂等擊破,皆斬之。又使蘇茂拒赤眉於弘農,茂軍敗,死者千餘人。

【注】
〔1〕今涇州縣也。

三月,遣李松會朱鮪與赤眉戰於蓩鄉,〔1〕〔一一〕松等大敗,弃軍走,死者三萬餘人。

【注】
〔1〕蓩音莫老反。《字林》云:"毒草也。"因以為地名。《續漢志》弘農有蓩鄉。《東觀記》曰:"徐宣、樊崇等入至弘農枯樅山下,與更始將軍蘇茂戰。崇北至蓩鄉,轉至湖。"湖即湖城縣也。以此而言,其(蓩)〔地〕蓋在今虢州

湖城縣之閒。〔一二〕

　　時王匡、張卬守河東，為鄧禹所破，還奔長安。卬與諸將議曰："赤眉近在鄭、華陰閒，且暮且至。今獨有長安，見滅不久，不如勒兵掠城中以自富，轉攻所在，東歸南陽，收宛王等兵。事若不集，復入湖池中為盜耳。"申屠建、廖湛等皆以為然，共入說更始。更始怒不應，莫敢復言。及赤眉立劉盆子，更始使王匡、陳牧、成丹、趙萌屯新豐，李松軍掫，以拒之。[1]

【注】
〔1〕掫音子侯反。《續漢志》曰："新豐有鴻門亭。"掫城即此也。

　　張卬、廖湛、胡殷、申屠建等與御史大夫隗囂合謀，欲以立秋日貙膢時共劫更始，[1]俱成前計。侍中劉能卿知其謀，以告之。更始託病不出，召張卬等。卬等皆入，將悉誅之，唯隗囂不至。更始狐疑，使卬等四人且待於外廬。卬與湛、殷疑有變，遂突出，獨申屠建在，更始斬之。卬與湛、殷遂勒兵掠東西市。昏時，燒門入，戰於宮中，更始大敗。明旦，將妻子車騎百餘，東奔趙萌於新豐。

【注】
〔1〕《前書音義》曰："貙，獸。以立秋日祭獸。王者亦此日出獵，用祭宗廟。"冀州北郡以八月朝作飲食為膢，其俗語曰"膢臘社伏"。貙音丑于反。膢音婁。

　　更始復疑王匡、陳牧、成丹與張卬等同謀，乃並召入。牧、丹先至，即斬之。王匡懼，將兵入長安，與張卬等合。李松還從更始，與趙萌共攻匡、卬於城内。連戰月餘，匡等敗走，更始徙居長信宮。[1]赤眉至高陵，匡等迎降之，遂共連兵而進。更始守城，使李松出戰，敗，死者二千餘人，赤眉生得松。時松弟汎為城門校尉，赤眉使使謂之曰："開城門，活汝兄。"汎即開門。九月，赤眉入城。更始單騎走，從廚城門出。[2]諸婦女從後連呼曰："陛下，當下謝城！"更始即下拜，復上馬去。

【注】
〔1〕《三輔黃圖》曰，從洛門至周廟門，有長信宮在其中。
〔2〕《三輔黃圖》曰，洛城門，王莽改曰建子門，其內有長安廚官，俗名之為廚城門，今長安故城北面之中門是也。

初，侍中劉恭以赤眉立其弟盆子，自繫詔獄；聞更始敗，乃出，步從至高陵，止傳舍。右輔都尉嚴本[1]恐失更始為赤眉所誅，將兵在外，號為屯衛而實囚之。赤眉下書曰："聖公降者，封長沙王。過二十日，勿受。"更始遣劉恭請降，赤眉使其將謝祿往受之。十月，更始遂隨祿肉袒詣長樂宮，上璽綬於盆子。赤眉坐更始，置庭中，將殺之。劉恭、謝祿為請，不能得，遂引更始出。劉恭追呼曰："臣誠力極，請得先死。"拔劍欲自刎，赤眉帥樊崇等遽共救止之，乃赦更始，封為畏威侯。劉恭復為固請，竟得封長沙王。更始常依謝祿居，劉恭亦擁護之。

【注】
〔1〕"本"，或作"平"，或作"丕"。

三輔苦赤眉暴虐，皆憐更始，而張卬等以為慮，謂祿曰："今諸營長多欲篡聖公者。一旦失之，合兵攻公，自滅之道也。"於是祿使從兵與更始共牧馬於郊下，因令縊殺之。劉恭夜往收臧其屍。光武聞而傷焉，詔大司徒鄧禹葬之於霸陵。

有三子：求，歆，鯉。明年夏，求兄弟與母東詣洛陽，帝封求為襄邑侯，奉更始祀；歆為穀孰侯，鯉為壽光侯。求後徙封成陽侯。求卒，子巡嗣，復徙封（灌）〔濩〕澤侯。[1][一三]巡卒，子姚嗣。

【注】
〔1〕襄邑即《春秋》襄牛地也，今為縣，在宋州西。穀熟，縣，屬梁國，在宋州東南。壽光，縣，屬北海郡，今青州縣也。（灌）〔濩〕澤，縣，今澤州縣，故曰徙封。

論曰：周武王觀兵孟津，退而還師，以為紂未可伐，斯時有未至者也。[1]漢起，驅輕黠烏合之衆，[2]不當天下萬分之一，而旌旗之所撝及，[3]書文之所通被，莫不折戈頓顙，爭受職命。非唯漢人餘思，固亦幾運之會也。夫為權首，鮮或不及。[4]陳、項且猶未興，況庸庸者乎！

【注】
〔1〕《史記》曰，武王即位，太公望為師，周公旦為輔，召公、畢公之徒左右王師，東觀兵孟津。時諸侯不期而會者八百，皆曰："紂可伐矣。"武王曰："未可。"乃還師。
〔2〕輕黠謂輕銳傑黠也。烏合如烏鳥之群合也。
〔3〕撝與麾同。
〔4〕《左傳》曰："無始禍。"《前書》曰："無為權首，將受其咎。"

劉盆子者，太山式人，[1]城陽景王章之後也。[2]祖父憲，元帝時封為式侯，父萌嗣。王莽篡位，國除，因為式人焉。

【注】
〔1〕式，縣名，中興縣廢。
〔2〕章，高帝孫朱虛侯也。

天鳳元年，琅邪海曲有呂母者，子為縣吏，犯小罪，宰論殺之。[1]呂母怨宰，密聚客，規以報仇。母家素豐，貲產數百萬，乃益釀醇酒，買刀劍衣服。少年來酤者，皆賒與之，視其乏者，輒假衣裳，不問多少。數年，財用稍盡，少年欲相與償之。呂母垂泣曰："所以厚諸君者，非欲求利，徒以縣宰不道，枉殺吾子，欲為報怨耳。諸君寧肯哀之乎！"少年壯其意，又素受恩，皆許諾。其中勇士自號猛虎，遂相聚得數十百人，[2]因與呂母入海中，招合亡命，衆至數千。呂母自稱將軍，引兵還攻破海曲，執縣宰。諸吏叩頭為宰請。母曰："吾子犯小罪，不當死，而為宰所殺。殺人當死，又何請乎？"遂斬之，以其首祭子冢，復還海中。

【注】
〔1〕海曲，縣名，故城在密州莒縣東。《續漢書》曰"呂母子名育，為游徼，犯罪"也。
〔2〕《東觀記》曰："賓客徐次子等自號'搤虎'。"搤音於責反，力可搤虎，言其勇也。今為"猛"字，"搤"與"猛"相類也。

後數歲，琅邪人樊崇起兵於莒，[1]衆百餘人，轉入太山，自號三老。時青、徐大饑，寇賊蜂起，衆盜以崇勇猛，皆附之，一歲閒至萬餘人。崇同郡人逢安，東海人徐宣、謝祿、楊音，[2]各起兵，合數萬人，復引從崇。共還攻莒，不能下，轉掠至姑幕，[3]因擊王莽探湯侯田況，大破之，[4]殺萬餘人，遂北入青州，所過虜掠。還至太山，留屯南城。[5]初，崇等以困窮為寇，無攻城徇地之計。衆既寖盛，乃相與為約：殺人者死，傷人者償創。以言辭為約束，無文書、旌旗、部曲、號令。其中最尊者號三老，次從事，次卒(吏)[史]，[一四]汎相稱曰(臣)[巨]人。[一五]王莽遣平均公廉丹、太師王匡擊之。崇等欲戰，恐其衆與莽兵亂，乃皆朱其眉以相識別，由是號曰赤眉。赤眉遂大破丹、匡軍，殺萬餘人，追至無鹽，[6]廉丹戰死，王匡走。崇又引其兵十餘萬，復還圍莒，數月。或説崇曰："莒,父母之國,柰何攻之?"乃解去。時吕母病死,其衆分入赤眉、青犢、銅馬中。赤眉遂寇東海,與王莽沂平大尹[7]戰,敗,死者數千人,乃引去,掠楚、沛、汝南、潁川,還入陳留,攻拔魯城,轉至濮陽。

【注】

〔1〕《東觀記》曰:"樊崇字細君。"

〔2〕《東觀記》曰"逢",音龐。安字少子,東莞人也。徐宣字驕稺,謝禄字子奇,皆東海臨沂人也。

〔3〕姑幕,縣名,故城在今密州莒縣東北,古薄姑氏之國。

〔4〕王莽改北海益縣曰探湯。

〔5〕南城,縣,屬東海郡,有南城山,因以為名也。

〔6〕無鹽,縣名,故城在今鄆州須昌縣東。

〔7〕王莽改東海郡曰沂平,以郡守為大尹。

會更始都洛陽,遣使降崇。崇等聞漢室復興,即留其兵,自將渠帥二十餘人,隨使者至洛陽降更始,皆封為列侯。崇等既未有國邑,而留衆稍有離叛,乃遂亡歸其營,將兵入潁川,分其衆為二部,崇與逢安為一部,徐宣、謝禄、楊音為一部。崇、安攻拔長社,南擊宛,斬縣令;而宣、禄等亦拔陽翟,引之梁,[1]擊殺河南太守。赤眉衆雖數戰勝,而疲敝厭兵,[2]皆日夜愁泣,思欲東歸。崇等計議,慮衆東向必散,不如西攻長安。更始二年冬,崇、安自武關,宣等從陸渾關,[3]兩道俱入。三年正月,俱至弘農,與更始諸將連戰剋勝,衆遂大集。乃分萬人為一營,凡三十營,營置三老、從事各一人。進至華陰。

【注】

〔1〕今汝州梁縣也。

〔2〕厭,倦。

〔3〕武關在今商州上洛縣東。《河圖括地象》曰:"武關山為地門,上為天齊星。"《前書》曰陸渾縣有關,在今洛州伊闕縣西南。

軍中常有齊巫鼓舞祠城陽景王,以求福助。〔1〕巫狂言景王大怒,曰:"當為縣官,何故為賊?"〔2〕有笑巫者輒病,軍中驚動。時方望弟陽怨更始殺其兄,乃逆說崇等曰:"更始荒亂,政令不行,故使將軍得至於此。今將軍擁百萬之衆,西向帝城,而無稱號,名為群賊,不可以久。不如立宗室,挾義誅伐。以此號令,誰敢不服?"崇等以為然,而巫言益甚。前及鄭,〔3〕乃相與議曰:"今迫近長安,而鬼神如此,當求劉氏共尊立之。"六月,遂立盆子為帝,自號建世元年。

【注】
〔1〕以其定諸呂,安社稷,故郡國多為立祠焉。盆子承其後,故軍中祠之。
〔2〕縣官謂天子也。
〔3〕今華州縣。

初,赤眉過式,掠盆子及二兄恭、茂,皆在軍中。恭少習《尚書》,略通大義。及隨崇等降更始,即封為式侯。以明經數言事,拜侍中,從更始在長安。盆子與茂留軍中,屬右校卒(吏)〔史〕劉俠卿,〔一六〕主芻牧牛,號曰牛吏。及崇等欲立帝,求軍中景王後者,得七十餘人,唯盆子與茂及前西安侯劉孝最為近屬。〔一七〕崇等議曰:"聞古天子將兵稱上將軍。"乃書札為符曰"上將軍",又以兩空札置筒中,〔1〕遂於鄭北設壇場,祠城陽景王。諸三老、從事皆大會陛下,列盆子等三人居中立,以年次探札。盆子最幼,後探得符,諸將乃皆稱臣拜。盆子時年十五,被髮徒跣,敝衣赭汗,見衆拜,恐畏欲啼。茂謂曰:"善藏符。"盆子即齧折棄之,復還依俠卿。俠卿為制絳單衣、半頭赤幘,〔2〕直綦履,〔3〕乘軒車大馬,赤屏泥,〔4〕絳襜絡,〔5〕而猶從牧兒遨。

【注】

〔1〕札,簡也。笥,篋也。

〔2〕幘巾,所謂覆髻也。《續漢書》曰:"童子幘無屋,示未成人也。"半頭幘即空頂幘也,其上無屋,故以為名。董仲舒《繁露》曰:"以赤統者,幘尚赤。"盆子承漢統,故用赤也。《東宮故事》曰:"太子有空頂幘一枚。"即半頭幘之製也。

〔3〕絜,履文也。蓋直刺其文以為飾也。

〔4〕赤屏泥謂以緹油屏泥於軾前。

〔5〕襜,帷也。車上施帷以屏蔽者,交絡之以為飾。《續漢志》曰"王公列侯安車,加交絡帷裳"也。

崇雖起勇力而為眾所宗,然不知書數。徐宣故縣獄吏,能通《易經》。遂共推宣為丞相,崇御史大夫,逢安左大司馬,謝祿右大司馬,自楊音以下皆為列卿。

軍及高陵,與更始叛將張卬等連和,遂攻東都門,〔1〕入長安城,更始來降。

【注】

〔1〕《三輔黃圖》曰:"宣平門,長安城東面北頭第一門也,其外郭門名東都門。"

盆子居長樂宮,諸將日會論功,爭言讙呼,〔1〕拔劍擊柱,不能相一。三輔郡縣營長遣使貢獻,兵士輒剽奪之。〔2〕又數虜暴吏民,百姓保壁,由是皆復固守。至臘日,崇等乃設樂大會,盆子坐正殿,中黃門持兵在後,公卿皆列坐殿上。酒未行,其中一人出刀筆書謁欲賀,〔3〕其餘不知書者起請之,〔4〕各各屯聚,更相背向。大司農楊音按劍罵曰:"諸卿皆老傭也!今日設君臣之禮,反更殽亂,〔5〕兒戲尚不如此,皆可格殺!"〔6〕更相辯鬬,而兵眾遂各踰宮斬關,入掠酒肉,互相殺傷。衛尉諸葛穉聞之,[一八]勒兵入,格殺百餘人,乃定。盆子惶恐,日夜啼泣,獨與中黃門共臥起,唯得上觀閣而不聞外事。

【注】
〔1〕讙,譁也。讙音火完反。
〔2〕剽,劫也。
〔3〕古者記事書於簡冊,謬誤者以刀削而除之,故曰刀筆。
〔4〕請其書己名也。
〔5〕肴亦亂也。[一九]
〔6〕相拒而殺之曰格。

時掖庭中宮女猶有數百千人,自更始敗後,幽閉殿內,掘庭中蘆菔根,[1][二〇]捕池魚而食之,死者因相埋於宮中。有故祠甘泉樂人,尚共擊鼓歌舞,衣服鮮明,[2]見盆子叩頭言飢。盆子使中黃門稟之米,人數斗。後盆子去,皆餓死不出。

【注】
〔1〕《爾雅》曰:"葵,蘆菔。"音步北反。"菔"字或作"葍"。
〔2〕甘泉宮有祭祠之所。樂人謂掌祭天之樂者也。

劉恭見赤眉眾亂,知其必敗,自恐兄弟俱禍,密教盆子歸璽綬,習為辭讓之言。建武二年正月朔,崇等大會,劉恭先曰:"諸君共立恭弟為帝,德誠深厚。立且一年,肴亂日甚,誠不足以相成。恐死而無所益,願得退為庶人,更求賢知,唯諸君省察。"崇等謝曰:"此皆崇等罪也。"恭復固請。或曰:"此寧式侯事邪!"[1]恭惶恐起去。盆子乃下牀解璽綬,叩頭曰:"今設置縣官而為賊如故。吏人貢獻,輒見剽劫,流聞四方,莫不怨恨,不復信向。此皆立非其人所致,願乞骸骨,避賢聖。必欲殺盆子以塞責者,無所離死。[2]誠冀諸君肯哀憐之耳!"因涕泣嘘唏。〔3〕崇等及會者數百人，莫不哀憐之，乃皆避席頓首曰："臣無狀，負陛下。請自今已後，不敢復放縱。"因共抱持盆子，帶以璽綬。盆子號呼不得已。既罷出，各閉營自守，三輔翕然，稱天子聰明。百姓争還長安，市里且滿。

【注】

〔1〕劉恭為式侯。言眾立天子，非恭所預。

〔2〕離，避也。

〔3〕唏與欷同。

（得）〔後〕二十餘日，〔二一〕赤眉貪財物，復出大掠。城中粮食盡，遂收載珍寶，因大縱火燒宮室，引兵而西。過祠南郊，車甲兵馬最為猛盛，眾號百萬。盆子乘王車，駕三馬，〔1〕從數百騎。乃自南山轉掠城邑，與更始將軍嚴春戰於郿，破春，殺之，遂入安定、北地。至陽城、番須中，逢大雪，坑谷皆滿，士多凍死，乃復還，發掘諸陵，取其寶貨，遂汙辱吕后屍。凡賊所發，有玉匣殮者率皆如生，〔2〕故赤眉得多行婬穢。大司徒鄧禹時在長安，遣兵擊之於郁夷，〔3〕反為所敗，禹乃出之雲陽。九月，赤眉復入長安，止桂宮。〔4〕

【注】

〔1〕《續漢志》曰："王車，朱班輪，青蓋，左右騑，駕三馬。"

〔2〕《漢儀注》曰"自腰以下，以玉為札，長尺，廣一寸半，〔二二〕為匣，下至足，綴以黃金縷，謂之為玉匣"也。

〔3〕郁夷，縣，屬右扶風也。

〔4〕《長安記》曰："桂宮在未央宮北，亦曰北宮。"

時漢中賊延岑出散關，屯杜陵，逢安將十餘萬人擊之。鄧禹以逢安精兵在外，唯盆子與羸弱居城中，乃自往攻之。會謝祿救至，夜戰槀街中,[1]禹兵敗走。延岑及更始將軍李寶合兵數萬人,與逢安戰於杜陵。岑等大敗,死者萬餘人,寶遂降安,而延岑收散卒走。寶乃密使人謂岑曰:"子努力還戰,吾當於內反之,表裏合勢,可大破也。"岑即還挑戰,安等空營擊之,寶從後悉拔赤眉旌幟,更立己幡旗。安等戰疲還營,見旗幟皆白,大驚亂走,自投川谷,死者十餘萬,逢安與數千人脫歸長安。時三輔大飢,人相食,城郭皆空,白骨蔽野,遺人往往聚為營保,各堅守不下。赤眉虜掠無所得,十二月,乃引而東歸,眾尚二十餘萬,隨道復散。

【注】
[1]《三輔舊事》曰:"長安城中有槀街。"

光武乃遣破姦將軍侯進等屯新安,建威大將軍耿弇等屯宜陽,分為二道,以要其還路。勅諸將曰:"賊若東走,可引宜陽兵會新安;賊若南走,可引新安兵會宜陽。"明年正月,鄧禹自河北度,擊赤眉於湖,[1]禹復敗走,赤眉遂出關南向。征西大將軍馮異破之於崤底。[2]帝聞,乃自將幸宜陽,盛兵以邀其走路。

【注】
[1]湖,縣,故城在今虢州湖城縣西南。
[2]即崤坂也,在今洛州永寧縣西北。

赤眉忽遇大軍,驚震不知所為,乃遣劉恭乞降,曰:"盆子將百萬眾降,陛下何以待之?"帝曰:"待汝以不死耳。"樊崇乃將盆子及丞相徐宣以下三十餘人肉袒降。上所得傳國璽綬,更始七尺寶劍及玉璧各一。積兵甲宜陽城西,與熊耳山齊。[1]帝令縣廚賜食,眾積困餒,十餘萬人皆得飽飫。明旦,大陳兵馬臨洛水,令盆子君臣列而觀之。謂盆子曰:"自知當死不?"對曰:"罪當應死,猶幸上憐赦之耳。"帝笑曰:

"兒大黠,宗室無蛀者。"〔2〕又謂崇等曰:"得無悔降乎?朕今遣卿歸營勒兵,鳴鼓相攻,決其勝負,不欲強相服也。"徐宣等叩頭曰:"臣等出長安東都門,君臣計議,歸命聖德。百姓可與樂成,難與圖始,故不告衆耳。今日得降,猶去虎口歸慈母,誠歡誠喜,無所恨也。"帝曰:"卿所謂鐵中錚錚,傭中佼佼者也。"〔3〕又曰:"諸卿大為無道,所過皆夷滅老弱,溺社稷,汙井竈。〔4〕然猶有三善:攻破城邑,〔二三〕周徧天下,本故妻婦無所改易,是一善也;立君能用宗室,是二善也;餘賊立君,迫急皆持其首降,自以為功,諸卿獨完全以付朕,是三善也。"乃令各與妻子居洛陽,賜宅人一區,田二頃。

【注】

〔1〕宜陽,縣,故城韓國城也,在今洛州福昌縣東。酈元《水經注》曰:"洛水之北有熊耳山,雙巒競舉,狀同熊耳。"在宜陽西也。

〔2〕《釋名》曰:"蛀,癡也。"

〔3〕《說文》曰:"錚錚,金也。〔二四〕"鐵之錚錚,言微有剛利也。錚音初耕反。佼音古巧反。佼,好貌也。《詩》曰:"佼人僚兮。"今相傳云音胡巧反。言佼佼者,凡傭之人稍為勝也。

〔4〕溺音奴弔反。

其夏,樊崇、逢安謀反,誅死。楊音在長安時,遇趙王良有恩,賜爵關內侯,與徐宣俱歸鄉里,卒於家。劉恭為更始報殺謝祿,自繫獄,赦不誅。

帝憐盆子,賞賜甚厚,以為趙王郎中。後病失明,賜滎陽均輸官地,以為列肆,〔1〕使食其稅終身。

【注】

〔1〕均輸,官名,屬司農。肆,市列也。桓寬《鹽鐵論》云:"郡國諸侯各以其方物貢輸往來,物多苦惡,不償其費,故郡國置輸官以相紹運,故曰均

輸。"

　　贊曰：聖公靡聞，假我風雲。[1]始順歸歷，終然崩分。赤眉阻亂，[2]盆子探符。雖盜皇器，[3]乃食均輸。

【注】
〔1〕《易》曰："雲從龍，風從虎，聖人作而萬物覩。"假，借也。言聖公初起無所聞知，借我中興風雲之便。
〔2〕阻，恃也。
〔3〕皇器猶神器，謂天位也。

【校勘記】
〔一〕共攻離鄉聚　按：殿本《考證》萬承蒼謂離鄉聚地名，章懷注非。
〔二〕及其支黨朱鮪張卬等北入南陽號新市兵　按：《校補》引張熷說，謂《王常傳》卬與王常、成丹皆為下江兵，與紀異。
〔三〕前鍾武侯劉望起兵　按：《集解》引《通鑑考異》，謂《前書·王莽傳》"劉望"作"劉聖"。
〔四〕觸北宮鐵柱[門]　據汲本、殿本補。按：《續志》有"門"字。
〔五〕俛首刮席不敢視　按：惠棟《補注》本"視"上有"仰"字。
〔六〕驃騎大將軍宋佻為潁陰王　按：《集解》引惠棟說，謂《光武紀》及《通鑑》"宋"皆作"宗"。
〔七〕陰平縣屬廣漢國　按：《校補》謂前漢陰平國屬東海郡，後漢改縣，屬同。又前漢陰平道屬廣漢郡，後漢分屬廣漢屬國，注據陰平道言，雖亦可言"縣"，但屬前漢言，不當言"國"，屬後漢言，當云"屬國"，亦不當僅言"國"。
〔八〕軍帥將軍　按：《刊誤》謂"帥"當作"師"，是時多置軍師，《鄧禹傳》亦作"軍師將軍"。
〔九〕捕賊掾　按：《刊誤》謂案《前書》合作"賊捕掾"。

〔一〇〕孟子對（梁惠）〔齊宣〕王曰　據殿本改。

〔一一〕戰於菾鄉　按：《續志》"菾"作"務"。

〔一二〕其（菾）〔地〕蓋在今虢州湖城縣之閒　《集解》引王補說，謂"其菾"《通鑑》注作"其地"，是。今據改。

〔一三〕復徙封（灌）〔濩〕澤侯　據《集解》引錢大昕說改，注同。

〔一四〕次卒（吏）〔史〕　《刊誤》謂"吏"當作"史"。今據改。

〔一五〕汎相稱曰（臣）〔巨〕人　《刊誤》謂《前書》言盜賊擅稱巨人，今此為臣人，亦誤也，當作"巨"。今據改。

〔一六〕屬右校卒（吏）〔史〕劉俠卿　據《刊誤》改。

〔一七〕唯盆子與茂及前西安侯劉孝最為近屬　按：沈家本謂按《前書‧王子侯表》，西安侯漢東平思王孫，而城陽近屬無封西安者，亦無名孝者。

〔一八〕衛尉諸葛稺聞之　按："稺"原譌"釋"，逕據汲本、殿本改正。

〔一九〕肴亦亂也　按：殿本"肴"作"殽"。《校補》謂殿本注作"殽"，取與正文相應。然觀下文"肴亂日甚"，正文本作"肴"，知此處正文作"殽"，乃繙刻之誤，注蓋本不誤也。

〔二〇〕幽閉殿內掘庭中蘆菔根　按：汲本"內"作"門"。《御覽》九八〇引"掘"作"拔"。又按："閉"原譌"閑"，逕改正。

〔二一〕（得）〔後〕二十餘日　《集解》引王補說，謂袁《紀》、《通鑑》並作"後二十餘日"，是。今據改。

〔二二〕廣一寸半　按：殿本"一寸"作"二寸"。

〔二三〕攻破城邑　按：《刊誤》謂案文當云"攻城破邑"。

〔二四〕說文曰錚錚金也　按：《說文》"錚，金聲也"，此疑誤。

後漢書卷十二

王劉張李彭盧列傳第二

　　王昌一名郎，趙國邯鄲人也。素為卜相工，明星歷，常以為河北有天子氣。時趙繆王子林[1]好奇數，[2]任俠於趙、魏閒，多通豪猾，而郎與之親善。初，王莽篡位，長安中或自稱成帝子子輿者，莽殺之。[3]郎緣是詐稱真子輿，云"母故成帝謳者，嘗下殿卒僵，須臾有黃氣從上下，半日乃解，遂姙身就館。趙后欲害之，[4]偽易他人子，以故得全。[5]［子］輿年十二，〔一〕識命者郎中李曼卿，[6]與俱至蜀；十七，到丹陽；[7]二十，還長安；展轉中山，來往燕、趙，以須天時"。[8]林等愈動疑惑，乃與趙國大豪李育、張參等通謀，規共立郎。會人閒傳赤眉將度河，林等因此宣言赤眉當［至］，立劉子輿以觀衆心，〔二〕百姓多信之。

【注】
〔1〕景帝七代孫也。〔三〕
〔2〕術數。
〔3〕《王莽傳》曰，時男子武仲自稱劉子輿。
〔4〕趙飛燕也。
〔5〕《東觀記》曰"宮婢生子，正與同時，即易之"也。
〔6〕識命謂知天命也。

〔7〕丹陽，楚所封地，在今歸州秭歸縣東也。
〔8〕須，待也。

更始元年十二月，林等遂率車騎數百，[四]晨入邯鄲城，止於王宮，[1]立郎為天子。林為丞相，李育為大司馬，張參為大將軍。分遣將帥，徇下幽、冀。移檄州郡曰："制詔部刺史、郡太守（曰）：[五]朕，孝成皇帝子子輿者也。昔遭趙氏之禍，因以王莽篡殺，賴知命者將護朕躬，[2]解形河濱，削迹趙、魏。[3]王莽竊位，獲罪於天，天命佑漢，故使東郡太守翟義、嚴鄉侯劉信，擁兵征討，出入胡、漢。普天率土，知朕隱在人間。南嶽諸劉，為其先驅。[4][六]朕仰觀天文，乃興于斯，以今月壬辰即位趙宮。休氣熏蒸，應時獲雨。蓋聞為國，子之襲父，古今不易。劉聖公未知朕，故且持帝號。諸興義兵，咸以助朕，皆當裂土享祚子孫。已詔聖公及翟太守，亟與功臣詣行在所。[5]疑刺史、二千石皆聖公所置，未覩朕之沈滯，或不識去就，強者負力，[6]弱者惶惑。今元元創痍，已過半矣，[7]朕甚悼焉，故遣使者班下詔書。"郎以百姓思漢，既多言翟義不死，故詐稱之，以從人望。於是趙國以北，遼東以西，皆從風而靡。

【注】
〔1〕故趙王之宮也。
〔2〕《東觀記》曰，知命者謂侍郎韓公等。
〔3〕解形猶脫身也。
〔4〕聖公、光武本自舂陵北徙。故舂陵近衡山，故曰"南嶽諸劉"也。
〔5〕天子所在曰行在所。
〔6〕負，恃也。
〔7〕痍，傷也。

明年，光武自薊得郎檄，南走信都，[1]發兵徇旁縣，遂攻柏人，不下。議者以為守柏人不如定鉅鹿，光武乃引兵東北圍鉅鹿。〔七〕郎太守王饒據城，數十日連攻不剋。耿純説曰："久守王饒，士衆疲敝，不如及大兵精鋭，進攻邯鄲。若王郎已誅，王饒不戰自服矣。"光武善其計，乃留將軍鄧滿〔2〕守鉅鹿，而進軍邯鄲，屯其郭北門。

【注】
〔1〕走，趣也，音子豆反。
〔2〕《續漢書》"滿"作"蒲"。

郎數出戰不利，乃使其諫議大夫杜威持節請降。威雅稱郎實成帝遺體。光武曰："設使成帝復生，天下不可得，況詐子輿者乎！"威請求萬户侯。光武曰："顧得全身可矣。〔1〕〔八〕"威曰："邯鄲雖鄙，并力固守，尚曠日月，終不君臣相率但全身而已。"遂辭而去。[因]急攻之，〔九〕二十餘日，郎少傅李立為反間，開門内漢兵，遂拔邯鄲。郎夜亡走，道死，追斬之。

【注】
〔1〕顧猶念也。

劉永者，梁郡睢陽人，梁孝王八世孫也。傳國至父立。元始中，立與平帝外家衛氏交通，〔1〕〔一〇〕為王莽所誅。

【注】
〔1〕衛氏，平帝母家也，中山衛子豪之女。

更始即位，永先詣洛陽，紹封為梁王，都睢陽。永聞更始政亂，遂據國起兵，以弟防為輔國大將軍，防弟少公御史大夫，封魯王。遂招諸豪傑沛人周建等，並署為將帥，攻下濟陰、山陽、沛、楚、淮陽、汝南，凡得二十八城。又遣使拜西防賊帥山陽佼彊為橫行將軍。[1]是時東海人董憲起兵據其郡，而張步亦定齊地。永遣使拜憲翼漢大將軍，步輔漢大將軍，與共連兵，遂專據東方。及更始敗，永自稱天子。

【注】
〔1〕西防，縣名，故城在今宋州單父縣北。佼音絞。

建武二年夏，光武遣虎牙大將軍蓋延等伐永。初，陳留人蘇茂為更始討難將軍，與朱鮪等守洛陽。鮪既降漢，茂亦歸命，光武因使茂與蓋延俱攻永。軍中不相能，茂遂反，殺淮陽太守，掠得數縣，據廣樂而臣於永。永以茂為大司馬、淮陽王。蓋延遂圍睢陽，數月，拔之，永將家屬走虞。[1]虞人反，殺其母及妻子，永與麾下數十人奔譙。蘇茂、佼彊、周建合軍救永，為蓋延所敗，茂奔還廣樂，彊、建從永走保湖陵。三年春，永遣使立張步為齊王，董憲為海西王。於是遣大司馬吳漢等圍蘇茂於廣樂，周建率眾救茂，茂、建戰敗，棄城復還湖陵，而睢陽人反城迎永。[2]吳漢與蓋延等合軍圍之，城中食盡，永與茂、建走酇。[3]諸將追急，永將慶吾斬永首降，封吾為列侯。蘇茂、周建奔垂惠，共立永子紆為梁王。佼彊還保西防。

【注】
〔1〕虞，縣名，屬梁國，故城在今宋州虞城縣。
〔2〕反音幡。
〔3〕今亳州縣也。酇音在何反。

四年秋，遣捕虜將軍馬武、騎都尉王霸[一]圍紆、建於垂惠，蘇茂將五校兵救之，紆、建亦出兵與武等戰，不剋，而建兄子誦反，閉城門拒之。建、茂、紆等皆走，建於道死，茂奔下邳與董憲合，紆奔佼彊。

五年，遣驃騎大將軍杜茂攻佼彊於西防，彊與劉紆奔董憲。
　　時平狄將軍龐萌反叛，〔一二〕遂襲破蓋延，引兵與董憲連和，自號東平王，屯桃鄉之北。〔1〕

【注】
〔1〕桃鄉故城在今兗州龔丘縣西北也。

　　龐萌，山陽人。初亡命在下江兵中。更始立，以為冀州牧，將兵屬尚書令謝躬，共破王郎。及躬敗，萌乃歸降。光武即位，以為侍中。萌為人遜順，甚見信愛。帝常稱曰〔一三〕："可以託六尺之孤，寄百里之命者，〔1〕龐萌是也。"拜為平狄將軍，與蓋延共擊董憲。

【注】
〔1〕解見《明紀》。

　　時詔書獨下延而不及萌，萌以為延譖己，自疑，遂反。帝聞之，大怒，乃自將討萌。與諸將書曰："吾常以龐萌社稷之臣，將軍得無笑其言乎？老賊當族。其各屬兵馬，會睢陽！"憲聞帝自討龐萌，乃與劉紆、蘇茂、佼彊去下邳，還蘭陵，使茂、彊助萌，合兵三萬，急圍桃城。
　　帝時幸蒙，聞之，乃留輜重，自將輕騎三千，步卒數萬，晨夜馳赴，[師]次任城，〔一四〕去桃鄉六十里。旦日，諸將請進，賊亦勒兵挑戰，帝不聽，乃休士養銳，以挫其鋒。城中聞車駕至，眾心益固。時吳漢等在東郡，馳使召之。萌等乃悉兵攻城，二十餘日，眾疲困而不能下。及吳漢與諸將到，乃率眾軍進桃城，而帝親自搏戰，大破之。萌、茂、彊夜棄輜重逃奔，董憲乃與劉紆悉其兵數萬人屯昌慮，自將銳卒拒新陽。〔1〕帝先遣吳漢擊破之，憲走還昌慮。漢進守之，憲恐，乃招誘五校餘賊步騎數千人屯建陽,去昌慮三十里。[2]

【注】
[1] 新陽,縣,屬東海郡。
[2] 建陽,縣,屬東海郡,故城在今沂州丞縣北。丞音時證反。

帝至蕃,[1]去憲所百餘里。諸將請進,帝不聽,知五校乏食當退,勑各堅壁以待其敝。頃之,五校糧盡,果引去。帝乃親臨,四面攻憲,三日,復大破之,衆皆奔散。遣吳漢追擊之,佼彊將其衆降,蘇茂奔張步,憲及龐萌走入繒山。[2]數日,吏士聞憲尚在,復往往相聚,得數百騎,迎憲入郯城。吳漢等復攻拔郯,憲與龐萌走保朐。[3]劉紆不知所歸,軍士高扈斬其首降,梁地悉平。

【注】
[1] 蕃音皮,又音婆。
[2] 繒,縣名,故城在今沂州承縣東北。[一五]繒山,即其縣之山也。
[3] 縣名,屬東海郡,今海州朐山縣西有故朐城,秦始皇立石以為東闕門,即此地也。

吳漢進圍朐。明年,城中穀盡,憲、萌潛出,襲取贛榆,[1]琅邪太守陳俊攻之,憲、萌走澤中。會吳漢下朐城,進盡獲其妻子。[一六]憲乃流涕謝其將士曰:"妻子皆已得矣。[2]嗟乎!久苦諸卿。"乃將數十騎夜去,欲從閒道歸降,而吳漢校尉韓湛追斬憲於方與,[3]方與人黔陵亦斬萌,皆傳首洛陽。封韓湛為列侯,黔陵關內侯。

【注】
[1] 贛榆,縣名,今海州東海縣也。贛音貢。
[2] 為吳漢所得也。

〔3〕方與音防預。

張步字文公,琅邪不其人也。漢兵之起,步亦聚衆數千,轉攻傍縣,下數城,自為五威將軍,遂據本郡。
更始遣魏郡王閎為琅邪太守,步拒之,不得進。閎為檄,曉喻吏人降,得贛榆等六縣,收兵數千人,與步戰,不勝。時梁王劉永自以更始所立,貪步兵彊,承制拜步輔漢大將軍、忠節侯,督青徐二州,使征不從命者。步貪其爵號,遂受之。乃理兵於劇,〔1〕以弟弘為衞將軍,弘弟藍玄武大將軍,藍弟壽高密太守。遣將徇太山、東萊、城陽、膠東、北海、濟南、齊諸郡,皆下之。

【注】
〔1〕劇,縣名,在今青州壽光縣南也。

步拓地寖廣,〔1〕兵甲日盛。王閎懼其衆散,乃詣步相見,欲誘以義方。步大陳兵引閎,〔一七〕怒曰:"步有何過,君前見攻之甚乎!"閎按劒曰:"太守奉朝命,而文公擁兵相距,閎攻賊耳,何謂甚邪!"步嘿然,良久,離席跪謝,乃陳樂獻酒,待以上賓之禮,令閎關掌郡事。〔2〕

【注】
〔1〕寖,漸也。
〔2〕關,通也。

建武三年,光武遣光禄大夫伏隆持節使齊,拜步為東萊太守。劉永聞隆至劇,乃馳遣立步為齊王,步即殺隆而受永命。
是時帝方北憂漁陽,南事梁、楚,故步得專集齊地,據郡十二。及劉永死,步等欲立永子紆為天子,自為定漢公,置百官。王閎諫曰:

"梁王以奉本朝之故,是以山東頗能歸之。今尊立其子,將疑衆心。且齊人多詐,〔1〕宜且詳之。"步乃止。五年,步聞帝將攻之,以其將費邑為濟南王,屯歷下。冬,建威大將軍耿弇破斬費邑,進拔臨淄。步以弇兵少遠客,可一舉而取,乃悉將其衆攻弇於臨淄。步兵大敗,還奔劇。帝自幸劇。步退保平壽,〔2〕蘇茂將萬餘人來救之。茂讓步曰:"以南陽兵精,延岑善戰,而耿弇走之。大王奈何就攻其營?既呼茂,不能待邪?"步曰:"負負,無可言者。"〔3〕帝乃遣使告步、茂,能相斬降者,封為列侯。步遂斬茂,使使奉其首降。步三弟各自繫所在獄,皆赦之。封步為安丘侯,後與家屬居洛陽。王閎亦詣劇降。

【注】
〔1〕汲黯目公孫弘之詞。
〔2〕今青州北海縣也。
〔3〕負,愧也。再言之者,愧之甚。

八年夏,步將妻子逃奔臨淮,與弟弘、藍欲招其故衆,乘船入海,琅邪太守陳俊追擊斬之。

王閎者,王莽叔父平阿侯譚之子也,哀帝時為中常侍。時倖臣董賢為大司馬,寵愛貴盛,閎屢諫,忤旨。哀帝臨崩,以璽綬付賢曰:"無妄以與人。"時國無嗣主,內外惶懼,閎白元后,請奪之;即帶劍至宣德後闥,〔1〕舉手叱賢曰:"宮車晏駕,國嗣未立,公受恩深重,當俯伏號泣,何事久持璽綬以待禍至邪!"賢知閎必死,不敢拒之,乃跪授璽綬。閎持上太后,〔一八〕朝廷壯之。及王莽篡位,憚忌閎,乃出為東郡太守。閎懼誅,常繫藥手內。莽敗,漢兵起,閎獨完全東郡三十餘萬戶,歸降更始。

【注】
〔1〕《三輔黃圖》曰,未央宮有宣德殿。闥,宮中門也。

李憲者,潁川許昌人也。〔一九〕王莽時為廬江屬令。〔1〕莽末,江賊王州公等起眾十餘萬,攻掠郡縣,莽以憲為偏將軍、廬江連率,擊破州公。莽敗,憲據郡自守。更始元年,自稱淮南王。建武三年,遂自立為天子,置公卿百官,擁九城,眾十餘萬。

【注】
〔1〕王莽每郡置屬令,職如都尉。

四年秋,光武幸壽春,遣揚武將軍馬成等擊憲,圍舒。〔1〕至六年正月,拔之。憲亡走,其軍士帛意〔2〕追斬憲而降,憲妻子皆伏誅。封帛意漁浦侯。

【注】
〔1〕廬江舒縣。
〔2〕帛,姓也,宋帛產之後,[見]《韓非子》也。〔二〇〕

後憲餘黨淳于臨等猶聚眾數千人,屯灊山,攻殺安風令。〔1〕〔二一〕楊州牧歐陽歙遣兵不能剋,帝議欲討之。廬江人陳眾為從事,白歙請得喻降臨;〔2〕於是乘單車,駕白馬,往說而降之。灊山人共生為立祠,號"白馬陳從事"云。

【注】
〔1〕灊山、安豐,皆縣名,屬廬江郡。灊縣故城,今壽州也。
〔2〕曉喻其意而降之也。

彭寵字伯通，南陽宛人也。父宏，〔二〕哀帝時為漁陽太守，偉容貌，能飲飯，[1]有威於邊。王莽居攝，誅不附己者，宏與何武、鮑宣並遇害。

【注】
〔1〕飯音扶遠反。

寵少為郡吏，地皇中，為大司空士，[1]從王邑東拒漢軍。到洛陽，聞同產弟在漢兵中，懼誅，即與鄉人吳漢亡至漁陽，抵父時吏。[2]更始立，使謁者韓鴻持節徇北州，[3]承制得專拜二千石已下。鴻至薊，以寵、漢並鄉閭故人，相見歡甚，即拜寵偏將軍，行漁陽太守事，漢安樂令。[4]

【注】
〔1〕王莽時九卿分屬三公，每一卿置元士三人。〔二三〕
〔2〕抵，歸也。
〔3〕謂幽、并也。
〔4〕安樂，縣名，屬漁陽郡，故城在今幽州潞縣西北也。

及光武鎮慰河北，至薊，以書招寵。寵具牛酒，將上謁。會王郎詐立，傳檄燕、趙，遣將徇漁陽、上谷，急發其兵，北州眾多疑惑，欲從之。吳漢說寵從光武，語在《漢傳》。會上谷太守耿況亦使功曹寇恂詣寵，結謀共歸光武。寵乃發步騎三千人，以吳漢行長史，及都尉嚴宣、護軍蓋延、狐奴令王梁，[1]與上谷軍合而南，及光武於廣阿。光武承制封寵建忠侯，賜號大將軍。遂圍邯鄲，寵轉糧食，前後不絕。

【注】
〔1〕狐奴，縣名，屬漁陽郡。

及王郎死，光武追銅馬，北至薊。寵上謁，自負其功，意望甚高，〔1〕光武接之不能滿，以此懷不平。〔2〕光武知之，以問幽州牧朱浮。浮對曰："前吳漢北發兵時，大王遺寵以所服劒，又倚以為北道主人。寵謂至當迎閤握手，交歡並坐。今既不然，所以失望。"浮因曰："王莽為宰衡時，甄豐旦夕入謀議，時人語曰：'夜半客，甄長伯。'〔3〕及莽篡位後，豐意不平，卒以誅死。"光武大笑，以為不至於此。及即位，吳漢、王梁，寵之所遣，並為三公，而寵獨無所加，愈怏怏不得志。歎曰："我功當為王；但爾者，陛下忘我邪？"

【注】
〔1〕負，恃也。
〔2〕不能滿其意，故心不平也。
〔3〕長伯，豐字也。豐，平帝時為少府，王莽篡位時為更始將軍。

是時北州破散，而漁陽差完，有舊鹽鐵官，〔二四〕寵轉以貿穀，〔1〕積珍寶，益富彊。朱浮與寵不相能，浮數譖搆之。建武二年春，詔徵寵，寵意浮賣己，上疏願與浮俱徵。又與吳漢、蓋延等書，盛言浮枉狀，〔2〕固求同徵。帝不許，益以自疑。而其妻素剛，不堪抑屈，固勸無受召。寵又與常所親信吏計議，皆懷怨於浮，莫有勸行者。帝遣寵從弟子后蘭卿喻之，寵因留子后蘭卿，遂發兵反，拜署將帥，自將二萬餘人攻朱浮於薊，分兵徇廣陽、上谷、右北平。又自以與耿況俱有重功，而恩賞並薄，數遣使要誘況。況不受，輒斬其使。

【注】
〔1〕貿，易也。
〔2〕枉，譖己之狀也。

秋，帝使游擊將軍鄧隆救薊。隆軍潞南，浮軍雍奴，遣吏奏狀。帝讀檄，怒謂使吏曰："營相去百里，其勢豈可得相及？比若還，[1]北軍必敗矣。"寵果盛兵臨河以拒隆，又別發輕騎三千襲其後，大破隆軍。浮遠，遂不能救，引而去。明年春，寵遂拔右北平、上谷數縣。遣使以美女繒綵賂遺匈奴，要結和親。單于使左南將軍七八千騎，往來為游兵以助寵。又南結張步及富平獲索諸豪傑，皆與交質連衡。[2]遂攻拔薊城，自立為燕王。

【注】
〔1〕若，汝也。
〔2〕交質謂交相為質也。《左傳》曰："交質往來，道路無壅。"《前書音義》曰："以利合曰從，以威力相脅曰衡。"

其妻數惡夢，又多見恠變，[1]卜筮及望氣者皆言兵當從中起。寵疑子后蘭卿質漢歸，故不信之，使將兵居外，無親於中。五年春，寵齋，獨在便室。[2]蒼頭子密等三人因寵臥寐，共縛著牀，告外吏云："大王齋禁，皆使吏休。"偽稱寵命教，收縛奴婢，[二五]各置一處。又以寵命呼其妻。妻入，大驚。[3]寵急呼曰："趣為諸將軍辦裝。"[4]於是兩奴將妻入取寶物，留一奴守寵。寵謂守奴曰："若小兒，我素愛也，今為子密所迫劫耳。解我縛，當以女珠妻汝，家中財物皆與若。"小奴意欲解之，視戶外，見子密聽其語，遂不敢解。於是收金玉衣物，至寵所裝之，被馬六疋，使妻縫兩縑囊。昏夜後，解寵手，令作記告城門將軍云："今遣子密等至子后蘭卿所，速開門出，勿稽留之。"[5]書成，即斬寵及妻頭，置囊中，便持記馳出城，因以詣闕。封為不義侯。明旦，閤門不開，官屬踰牆而入，見寵屍，驚怖。其尚書韓立等共立寵子午為王，以子后蘭卿為將軍。國師韓利斬午首，詣征虜將軍祭遵降。夷其宗族。

【注】
〔1〕《東觀記》曰:"夢羸祖冠幘,踰城,髡徒推之。"又"寵堂上聞蝦蟆聲在火罏下,鑿地求之,不得"也。
〔2〕便坐之室,非正室也。
〔3〕《東觀記》曰:"妻入,驚曰:'奴反!'奴乃捽其妻頭,擊其頰。"
〔4〕呼奴為將軍,欲其赦己也。
〔5〕稽,停也。

盧芳字君期,安定三水人也,居左谷中。[1]王莽時,天下咸思漢德,芳由是詐自稱武帝曾孫劉文伯。曾祖母匈奴谷蠡渾邪王之姊為武帝皇后,生三子。遭江充之亂,太子誅,皇后坐死,中子次卿亡之長陵,小子回卿逃於左谷。霍將軍立次卿,迎回卿。回卿不出,因居左谷,生子孫卿,孫卿生文伯。常以是言誑惑安定間。王莽末,乃與三水屬國羌胡起兵。更始至長安,徵芳為騎都尉,使鎮撫安定以西。

【注】
〔1〕《續漢志》曰三水縣有左(右)谷,[二六]故城在今涇州安定縣南。

更始敗,三水豪傑共計議,以芳劉氏子孫,宜承宗廟,乃共立芳為上將軍、西平王,[1]使使與西羌、匈奴結和親。單于曰:"匈奴本與漢約為兄弟。[2]後匈奴中衰,呼韓邪單于歸漢,漢為發兵擁護,世世稱臣。[3]今漢亦中絕,劉氏來歸我,亦當立之,令尊事我。"乃使句林王將數千騎迎芳,[4]芳與兄禽、弟程俱入匈奴。單于遂立芳為漢帝。以程為中郎將,將胡騎還入安定。初,五原人李興、隨昱,朔方人田颯,代郡人石鮪、閔堪,各起兵自稱將軍。建武四年,單于遣無樓且渠王入五原塞,[5]與李興等和親,告興欲令芳還漢地為帝。五年,李興、閔堪引兵至單于庭迎芳,與俱入塞,都九原縣。[6]掠有五原、朔方、雲中、定襄、鴈門五郡,並置守令,與胡通兵,侵苦北邊。

【注】

〔1〕欲平定西方,故以為號。
〔2〕高祖時,與冒頓單于約為兄弟。
〔3〕呼韓邪單于降漢,入朝,宣帝擁護,國內遂定。
〔4〕句音古侯反。
〔5〕塞屬五原郡,因以為名。
〔6〕九原,縣名,故城在勝州銀山縣也。

六年,芳將軍賈覽將胡騎擊殺代郡太守劉興。芳後以事誅其五原太守李興兄弟,而其朔方太守田颯、雲中太守橋扈〔二七〕恐懼,叛芳,舉郡降,光武令領職如故。後大司馬吳漢、驃騎大將軍杜茂數擊芳,並不剋。十二年,芳與賈覽共攻雲中,久不下,其將隨昱留守九原,欲脅芳降。芳知羽翼外附,心膂內離,遂棄輜重,與十餘騎亡入匈奴,其眾盡歸隨昱。昱乃隨使者程恂詣闕。拜昱為五原太守,封鐫胡侯,〔1〕昱弟憲武進侯。

【注】

〔1〕鐫謂琢鑿之,故以為名。下有鐫羌侯,即其類。

十六年,芳復入居高柳,〔1〕與閔堪兄林使使請降。乃立芳為代王,堪為代相,林為代太傅,賜繒二萬匹,因使和集匈奴。芳上疏謝曰:"臣芳過託先帝遺體,棄在邊陲。社稷遭王莽廢絕,以是子孫之憂,所宜共誅,故遂西連羌戎,北懷匈奴。單于不忘舊德,權立救助。是時兵革並起,往往而在。臣非敢有所貪覬,〔2〕期於奉承宗廟,興立社稷,是以久僭號位,十有餘年,罪宜萬死。陛下聖德高明,躬率眾賢,海內賓服,惠及殊俗。以肺附之故,〔3〕赦臣芳罪,加以仁恩,封為代王,使備北藩。無以報塞重責,冀必欲和輯匈奴,〔4〕不敢遺餘力,負恩貸。〔5〕謹奉天子玉璽,思望闕庭。"詔報芳朝明年正月。其冬,芳入朝,南及昌平,〔6〕有詔止,令更朝明歲。芳自道還,憂恐,乃復背叛,遂反,與閔堪、閔林相攻連月。匈奴遣數百騎迎芳及妻子出塞。〔二八〕芳留匈奴中十餘年,病死。

【注】
〔1〕高柳,縣名,故城在今雲州定襄縣。
〔2〕覬,望也。
〔3〕肺附,若肝肺相附著,猶言親戚也。
〔4〕輯音才入反。郭景純云古"集"字。
〔5〕負猶背也。
〔6〕昌平,縣名,故城在今幽州昌平縣東南。

初,安定屬國胡與芳為寇,及芳敗,胡人還鄉里,積苦縣官徭役。其中有駮馬少伯者,素剛壯;二十一年,遂率種人反叛,與匈奴連和,屯聚青山。〔1〕乃遣將兵長史陳訢,〔2〕率三千騎擊之,少伯乃降。徙於冀縣。〔3〕

【注】
〔1〕青山,在今慶州,有青山水。
〔2〕呂忱云:"訢,古'欣'字。"
〔3〕冀縣屬天水郡,今秦州伏羌縣。

論曰:傳稱"盛德必百世祀",〔1〕孔子曰"寬則得衆"。夫能得衆心,則百世不忘矣。觀更始之際,劉氏之遺恩餘烈,英雄豈能抗之哉!然則知高祖、孝文之寬仁,結於人心深矣。周人之思邵公,愛其甘棠,〔2〕又況其子孫哉!劉氏之再受命,蓋以此乎!若數子者,豈有國之遠圖哉！因時擾攘，苟恣縱而已耳，然猶以附假宗室，能掘強歲月之間。[3]觀其智略，固無足以憚漢祖，發其英靈者也。[4]

【注】
〔1〕《左傳》晉侯問於史趙曰："陳其遂亡乎？"對曰："未也。臣聞盛德必百代祀，虞之代數未也。"
〔2〕《詩序》曰："《甘棠》，美邵伯也。邵伯聽訟於甘棠之下，周人思之，不伐其樹。"
〔3〕掘強謂強梁也。《前書》伍被謂淮南王安曰："掘強江淮之間，苟延歲月之命。"
〔4〕言此數子非漢祖之敵，不足奮發英靈而憚畏之也。

贊曰：天地閉革，[1]野戰群龍。[2]昌、芳僭詐，梁、齊連鋒。[3]寵負強地，[4]憲縈深江。[5]實惟非律，代委神邦。[6]

【注】
〔1〕革，改也。《易》曰："天地閉，賢人隱。"又曰："天地革而四時成，湯、武革命，順乎天而應乎人。"
〔2〕喻英雄並起也。《易》曰："龍戰于野，其血玄黃。"又曰"群龍無首，吉"也。
〔3〕梁王劉永，齊王張步。
〔4〕據漁陽也。
〔5〕起廬江也。
〔6〕《易》曰："師出以律。"律，法也。言反叛非用師之法，故更代破滅，委棄其神皋之國，伏於光武也。

【校勘記】
〔一〕[子]輿年十二　據《刊誤》補。

〔二〕林等因此宣言赤眉當〔至〕立劉子輿以觀衆心　《校補》謂袁《紀》"當"下有"至"字。今據補。按：脱"至"字則文意不屬。

〔三〕景帝七代孫也　按：《校補》謂平干繆王元乃景帝曾孫，"七"字誤。

〔四〕林等遂率車騎數百　"率"原譌"卒"，據汲本、殿本改正。按：影印紹興本此卷原闕，係取它本補配者，故譌字特多，以下遇有極明顯之譌字，皆據汲本、殿本改正，不作校記。

〔五〕制詔部刺史郡太守（曰）　據《刊誤》删。

〔六〕南嶽諸劉為其先驅　按：錢大昭謂王莽分四方為四嶽，故有南嶽之稱，猶云南方耳，注言舂陵近衡山，故曰南嶽諸劉，誤。又按：袁《紀》"其"作"朕"。

〔七〕光武乃引兵東北圍鉅鹿　按：張熷謂"東北"當作"東南"。

〔八〕顧得全身可矣　按："顧"原作"願"，"矣"原作"乎"，逕據汲本、殿本改。

〔九〕〔因〕急攻之　據汲本、殿本補。

〔一〇〕立與平帝外家衛氏交通　按：李慈銘謂"立"字疑"坐"字之誤。

〔一一〕騎都尉王霸　按：《集解》引洪頤煊説，謂"騎都尉"當依《光武紀》《王梁傳》及《王霸傳》作"偏將軍"。

〔一二〕時平狄將軍龐萌反叛　按：《校補》引錢大昭説，謂"平狄"《蓋延傳》作"平敵"。

〔一三〕帝常稱曰　汲本、殿本"常"作"嘗"。按：常嘗古通作，後如此不悉出。

〔一四〕〔師〕次任城　據汲本、殿本補。

〔一五〕故城在今沂州承縣東北　殿本"承"作"丞"。按：前文注亦作"丞"。此縣以承水所經而得名，承古作"承"，故兩《漢志》並作"承"，《舊唐志》作"丞"，《新唐志》作"承"。

〔一六〕進盡獲其妻子　按：《刊誤》謂案文多一"進"字。

〔一七〕步大陳兵引閡　按：李慈銘謂"引閡"下當有"人"字。

〔一八〕閡持上太后　按：汲本、殿本"持"作"馳"。

〔一九〕潁川許昌人也　按：《集解》引洪亮吉說，謂許縣獻帝徙都後始改許昌，前漢安得有此名，此史誤。

〔二〇〕[見]韓非子也　據汲本、殿本補。

〔二一〕攻殺安風令　按：注"安風"作"安豐"。《刊誤》謂注當從傳作"安風"，殿本《考證》則謂安風為侯國，而安豐則縣也，傳言殺令，則似當從注作"安豐"。沈家本謂據《竇融傳》，以安豐、陽泉、蓼安、安風四縣封融為安豐侯，則融未封之前，安風、安豐並為縣，注作"安豐"，而正文作"安風"，難定其孰是。

〔二二〕父宏　按：《東觀記》"宏"作"容"。

〔二三〕每一卿置元士三人　按：《刊誤》謂當作"每一卿置大夫三人，一大夫置元士三人"。

〔二四〕而漁陽差完有舊鹽鐵官　按：《前書‧地理志》漁陽有鐵官，無鹽官，此"鹽"字當衍。《通鑑》無。

〔二五〕偽稱寵命教收縛奴婢　按：《刊誤》謂多一"命"字，教即勑下之書，下文自有"命"字。

〔二六〕三水縣有左(右)谷　據《續志》刪。按：《校補》引張熷說，謂今《續志》"三水"下但有劉注云"有左谷，盧芳所居"，無"右"字。

〔二七〕雲中太守橋扈　按：《光武紀》"橋"作"喬"。

〔二八〕匈奴遣數百騎迎芳及妻子出塞　按"百"下原衍"萬"字，逕據汲本、殿本刪。

後漢書卷十三

隗囂公孫述列傳第三

　　隗囂[1]字季孟,〔一〕天水成紀人也。[2]少仕州郡。王莽國師劉歆引囂為士。[3]歆死,囂歸鄉里。季父崔,素豪俠,能得衆。聞更始立而莽兵連敗,於是乃與兄義及上邽人楊廣、冀人周宗謀起兵應漢。囂止之曰:"夫兵,凶事也。[4]宗族何辜!"崔不聽,遂聚衆數千人,攻平襄,殺莽鎮戎大尹。[5]崔、廣等以為舉事宜立主以一衆心,咸謂囂素有名,好經書,遂共推為上將軍。囂辭讓不得已,曰:"諸父衆賢不量小子。必能用囂言者,乃敢從命。"衆皆曰"諾"。

【注】
〔1〕囂音五高反。〔二〕
〔2〕成紀,縣名,故城在今秦州隴城縣西北。
〔3〕王莽置國師,位上公,士其屬官也。莽置九卿,分屬三公,〔三〕每一卿置大夫三人,一大夫置元士三人。
〔4〕《史記》范蠡曰:"兵者凶器,戰者逆德。"
〔5〕平襄,縣名,屬天水郡,故城在今秦州伏羌縣西北。王莽改天水郡曰鎮戎郡,守曰大尹。

　　囂既立,遣使聘請平陵人方望,以為軍師。[1]望至,說囂曰:"足下欲承天順民，輔漢而起，今立者乃在南陽，王莽尚據長安，雖欲以漢為名，其實無所受命，將何以見信於衆乎？宜急立高廟，稱臣奉祠，所謂'神道設教'，求助人神者也。[2]且禮有損益，質文無常。削地開兆，[3]茅茨土階，以致其肅敬。雖未備物，神明其舍諸。"囂從其言，遂立廟邑東，祀高祖、太宗、世宗。囂等皆稱臣執事，史奉璧而告。[4]祝畢，有司穿坎于庭，[5]牽馬操刀，奉盤錯鍉，遂割牲而盟。[6]曰："凡我同盟三十一將，十有六姓，允承天道，興輔劉宗。如懷姦慮，明神殛之。[7]高祖、文皇、武皇，俾墜厥命，厥宗受兵，族類滅亡。"有司奉血鍉進，護軍舉手揖諸將軍曰："鍉不濡血，歃不入口，是欺神明也，厥罰如盟。"既而薶血加書，一如古禮。

【注】

〔1〕平陵，縣名，屬右扶風也。

〔2〕《易·觀卦》曰："聖人神道設教而天下服矣。"

〔3〕除地以開兆域。

〔4〕史，祝史也。璧者，所以祀神也。

〔5〕《周禮》司盟掌盟載之法也。鄭玄注曰："載，盟辭也。書其辭於策，殺牲取血，坎其牲，加書於上而薶之。"

〔6〕臣賢按：蕭該音引《字詁》"鍉即題，音徒啟反"。《方言》曰"宋楚之閒，謂盎為題"。據下文云"鍉不濡血"，明非盆盎之類。《前書·匈奴傳》云"漢遣韓昌等與單于及大臣俱登諾水東山，刑白馬，單于以徑路刀、金留犁撓酒"。應劭云"留犁，飯匕也。撓，擾也。以匕擾血而歃之"。今亦奉盤措匙而歃也。以此而言，(鍉)[題]即匙字。[四]錯，置也，音七故反。

〔7〕殛，誅也。

事畢，移檄告郡國曰：

"漢復元年七月己酉朔。己巳，上將軍隗囂、白虎將軍隗崔、左將軍隗義、右將軍楊廣、明威將軍王遵、雲旗將軍周宗等，告州牧、部監、郡卒正、連率、大尹、尹、尉隊大夫、屬正、屬令:〔1〕故新都侯王莽，慢侮天地，悖道逆理。鴆殺孝平皇帝，篡奪其位。矯託天命，偽作符書，〔2〕欺惑衆庶，震怒上帝。反戾飾文，以為祥瑞。〔3〕戲弄神祇，歌頌禍殃。〔4〕楚、越之竹，不足以書其惡。〔5〕天下昭然，所共聞見。今略舉大端，以喻吏民。

【注】

〔1〕莽以《周官・王制》之文，置卒正、連率、大尹。大尹職如太守。屬令、屬長職如都尉。置州牧、部監二十五人，見禮如三公。監位上大夫，各主五郡。公氏作牧，侯氏卒正，伯氏連率，子氏屬令，男氏屬長，皆代其官。其無爵者為尹。又置〔六尉〕、六隊（部）〔郡〕，置大夫，〔五〕職如太守。

〔2〕莽遣五威將軍王奇等班符命四十二篇於天下，言當代漢之意。

〔3〕大風毀莽王路堂，又拔其昭寧堂池東榆樹，大十圍。莽乃曰："念《紫閣仙圖》，天意立太子，正其名。"乃立其子臨為太子，以為祥應也。

〔4〕戲弄神祇謂仙人掌旁有白頭公青衣，莽曰"皇祖叔父子僑欲來迎我"也。歌頌禍殃謂莽作告天策，自陳功勞千餘言，能誦策文者，除以為郎，至五十餘人。〔六〕

〔5〕《前書》朱光世曰〔七〕："南山之竹，不足以盡我詞。"囂以楚、越多竹，故引以為言也。

蓋天為父，地為母，〔1〕禍福之應，各以事降。莽明知之，而冥昧觸冒，不顧大忌，詭亂天術，援引史傳。〔2〕昔秦始皇毀壞諡法，以一二數欲至萬世，〔3〕而莽下三萬六千歲之歷，言身當盡此度。〔4〕循亡秦之軌，推無窮之數。是其逆天之大罪也。

【注】

〔1〕《尚書》曰："惟天地，萬物父母。"

〔2〕王莽每有災禍，皆引史傳以文飾之。《前書》說符侯崔發言於莽曰：

"《周禮》及《春秋左氏》，國有大灾，則哭以厭之，故《周易》稱先號咷而後笑。宜（乎）[呼]嗟（呼）告天以求救。〔八〕"莽乃率群臣至南郊，陳其符命，因搏心大哭。

〔3〕《史記》曰，秦始皇初并天下，制曰："太古有號無謚；中古有號，死而以行為謚。如此，則子議父，臣議君。自今以來，除謚法。朕為始皇帝，後世以計數，至于萬世，傳之無窮。"

〔4〕莽令太史推三萬六千歲曆紀，六歲一改元，布告天下。

分裂郡國，斷截地絡。〔1〕田為王田，賣買不得。〔2〕規錮山澤，奪民本業。〔3〕造起九廟，窮極土作。〔4〕發冢河東，攻劫丘壟。此其逆地之大罪也。

【注】

〔1〕絡猶經絡也。謂莽分坼郡縣，斷割疆界也。

〔2〕莽更名天下田曰王田，不得賣買。

〔3〕莽制，名山大澤不得採取。

〔4〕莽九廟：一曰黃帝太初祖廟，二曰虞帝始祖昭廟，三曰陳胡王統祖穆廟，四曰齊敬王代祖昭廟，五曰濟北愍王王祖穆廟，六曰濟南伯王尊禰昭廟，七曰元城孺（子）王尊禰穆廟，〔九〕八曰陽平頃王昭廟，九曰新都顯王穆廟。殿皆重屋。太祖廟東西南北各四十丈，高十七丈，餘半之。為銅薄櫨，飾以金銀琱文，窮極百工之巧，功費數百鉅萬，卒徒死者萬數也。

尊任殘賊，信用姦佞，誅戮忠正，覆按口語，赤車奔馳，〔1〕法冠晨夜，冤繫無辜，〔2〕妄族眾庶。行炮格之刑，除順時之法，〔3〕灌以醇醯，裂以五毒。〔4〕政令日變，官名月易，〔5〕貨幣歲改，〔6〕吏民昬亂，不知所從，商旅窮窘，號泣市道。設為六管，〔7〕增重賦斂，刻剝百姓，厚自奉養，苞苴流行，財入公輔，〔8〕上下貪賄，莫相檢考。民坐挾銅炭，沒入鍾官，〔9〕徒隸殷積，數十萬人，工匠飢死，長安皆臭。既亂諸夏,狂心益悖,北攻强胡,南擾勁越,[10]西侵羌戎,東摘濊貊。[11]使四境之外,並入為害,緣邊之郡,江海之瀕,滌地無類。[12]故攻戰之所敗,苛法之所陷,飢饉之所夭,疾疫之所及,以萬萬計。其死者則露屍不掩,生者則奔亡流散,幼孤婦女,流離係虜。此其逆人之大罪也。

【注】

〔1〕《續漢志》曰:"小使車,赤轂白蓋赤帷,從騶騎四十人。"

〔2〕《續漢志》曰:"法冠一曰柱後,高五寸,侍御史服之。"

〔3〕莽作焚如之刑,燒殺陳良、終帶等二十七人。莽又作不順時之令,春夏斬人,此為不順時之法。

〔4〕莽以董忠反,收忠宗族,以醇醯、毒藥、白刃、叢棘,并一坎而薶之。

〔5〕莽州郡官名改無常制,乃至歲復變更,一郡至五易名而還復其故,吏人不能紀也。

〔6〕時百姓便安漢五銖錢,以莽錢大小兩行難知,皆私以五銖錢市買。莽患之,下書諸挾五銖錢者,比非井田制,投四裔。

〔7〕管,主也。莽設六管之令,謂酤酒、賣鹽、鐵器、鑄錢、名山、大澤,此(謂)〔為〕六也。[一〇]皆令縣官主稅收其利。

〔8〕《禮記》曰:"苞苴簞笥問人者。"莽令七公六卿兼號將軍,分鎮大郡,皆使為姦於外,貨賄為市,侵漁百姓。

〔9〕莽時關東大飢蝗,人犯鑄錢,伍人相坐,沒入為官奴婢。其男子檻車,兒女子步,以鐵鎖其頸,傳詣鍾官,(八)〔以〕十萬數。[一一]到者易其夫婦,愁苦死者什六七。鍾官,主鑄錢之官也。

〔10〕莽令十二部將同時十道並出,大擊匈奴。莽改句町王為侯,其王邯怨怒不附,莽諷牂牁大尹周歆詐殺邯,邯弟承起兵攻殺歆。

〔11〕摘,擾也。西羌龐恬、傅幡等怨莽奪其地為西海郡,遂反,攻西海太守陳永。莽又發高句麗兵伐胡,不欲行,郡強迫之,皆亡出塞為寇。

〔12〕瀕,涯也。滌,蕩也,蕩地無遺類也。

是故上帝哀矜,降罰于莽,妻子顛殞,還自誅刈。[1]大臣反據,亡形已成。大司馬董忠,國師劉歆,衛將軍王涉,[2]皆結謀內潰;司命孔仁,納言嚴尤,秩宗陳茂,舉衆外降。[3]今山東之兵二百餘萬,已平齊、楚,下蜀、漢,定宛、洛,據敖倉,守函谷,威命四布,宣風中岳。[4]興滅繼絶,封定萬國,遵高祖之舊制,修孝文之遺德。有不從命,武軍平之。馳使四夷,復其爵號。[5]然後還師振旅,櫜弓臥鼓。[6]申命百姓,各安其所,庶無負子之責。"[7]

【注】
〔1〕顛,踣也。殞,絶也。莽殺其子宇、臨等。妻王氏以莽數殺其子,涕泣失明,病卒。
〔2〕涉,曲陽侯根之子也。
〔3〕莽置五威司命。孔仁敗,降更始。餘並見《光武紀》。
〔4〕中岳,嵩高也。謂更始至洛陽。
〔5〕莽貶句町王爲侯,西域盡改其王爲侯,單于曰服于,高句麗曰下句麗,今皆復其爵號。
〔6〕《周禮》曰:"出曰理兵,入曰振旅。"《詩·周頌》曰:"載戢干戈,載櫜弓矢。"櫜,韜也。臥猶息也。
〔7〕百姓襁負流亡,責在君上。既安其業,則無責也。

囂乃勒兵十萬,擊殺雍州牧陳慶。將攻安定。安定大尹王向,[一二]莽從弟平阿侯譚之子也,威風獨能行其邦內,屬縣皆無叛者。囂乃移書於向,喻以天命,反覆誨示,終不從。於是進兵虜之,以徇百姓,然後行戮,安定悉降。而長安中亦起兵誅王莽。囂遂分遣諸將徇隴西、武都、金城、武威、張掖、酒泉、敦煌,皆下之。

更始二年，遣使徵囂及崔、義等。囂將行，方望以為更始未可知，固止之，囂不聽。望以書辭謝而去，曰："足下將建伊、呂之業，弘不世之功，[1]而大事草創，[2]英雄未集。以望異域之人，疵瑕未露，[3]欲先崇郭隗，想望樂毅，[4]故欽承大旨，順風不讓。將軍以至德尊賢，廣其謀慮，動有功，發中權，基業已定，大勳方緝。今俊乂並會，羽翮並肩，[5][一三]望無耆耇之德，而猥託賓客之上，[6]誠自愧也。雖懷介然之節，欲絜去就之分，誠終不背其本，貳其志也。何則？范蠡收責句踐，[乘]偏舟於五湖；[7][一四]舅犯謝罪文公，亦逡巡於河上。[8]夫以二子之賢，勒銘兩國，猶削跡歸愆，請命乞身，望之無勞，蓋其宜也。望聞烏氏有龍池之山，[9]微徑南通，與漢相屬，其傍時有奇人，聊及閒暇，廣求其真。願將軍勉之。"囂等遂至長安，更始以為右將軍，崔、義皆即舊號。其冬，崔、義謀欲叛歸，囂懼并禍，即以事告之，崔、義誅死。更始感囂忠，以為御史大夫。

【注】

〔1〕不世者，言非代之所常有也。

〔2〕草創謂初始也。

〔3〕望，平陵人，以與囂別郡，故言異域。

〔4〕《新序》云："郭隗謂燕昭王曰：'王誠欲致士，請從隗始。隗且見事，況賢於隗者乎？'於是昭王為隗築宮而師之。樂毅自魏往，騶衍自齊往，劇辛自趙往，士爭赴燕。"

〔5〕《管子》曰："桓公謂管仲曰：'寡人之有仲父，猶飛鴻之有羽翼耳。'"

〔6〕猥猶濫也。

〔7〕偏舟，特舟也。收責謂收其罪責也。《史記》曰，范蠡與句踐滅吳，為書辭句踐曰："臣聞主憂臣勞，主辱臣死。昔者，君王辱於會稽，所以不死，為此事也。今既雪恥，臣請從會稽之誅。"乃裝其輕寶珠玉，自與其私徒屬乘舟浮海以行。《計然》云，范蠡乘偏舟於江湖。

〔8〕逡巡，不進也。《左傳》曰，晉公子重耳反國，及河，子犯以璧授公子，曰："臣負羈絏從君巡於天下，臣之罪多矣。臣猶知之，而況君乎？請由此亡。"公子曰："所不與舅氏同心者，有如白水。"

〔9〕烏氏，縣名，屬安定郡，故城在今涇州安定縣東也。

明年夏，赤眉入關，三輔擾亂。流聞光武即位河北，囂即說更始歸政於光武叔父國三老良，更始不聽。諸將欲劫更始東歸，囂亦與通謀。事發覺，更始使使者召囂，囂稱疾不入，因會客王遵、周宗等勒兵自守。更始使執金吾鄧曄[1]將兵圍囂，囂閉門拒守；至昏時，遂潰圍，與數十騎夜斬平城門關，[2]亡歸天水。復招聚其衆，據故地，自稱西州上將軍。

【注】

〔1〕謝承《書》曰："曄，南陽南鄉人。[以]勁悍廉直爲名。"〔一五〕

〔2〕《三輔黃圖》曰，長安城南面西頭門。

及更始敗，三輔耆老士大夫皆奔歸囂。

囂素謙恭愛士，傾身引接爲布衣交。以前王莽平河大尹長安谷恭[1]爲掌野大夫，平陵范逡爲師友，趙秉、蘇衡、鄭興爲祭酒，[2]申屠剛、杜林爲持書，[3]〔一六〕楊廣、王遵、周宗及平襄人行巡、阿陽人王捷、長陵人王元爲大將軍，[4]杜陵、金丹之屬爲賓客。由此名震西州，聞於山東。

【注】

〔1〕莽改清河爲平河。

〔2〕《前書音義》曰："禮，飲酒必祭，示有先也，故稱祭酒。祭祀時，唯長者以酒沃酹。"

〔3〕持書即持書侍御史，秩六百石。

〔4〕《東觀記》曰:"元,杜陵人。"阿陽,縣名,屬天水郡。本為"河陽"者,誤也。

建武二年,大司徒鄧禹西擊赤眉,屯雲陽。禹裨將馮愔引兵叛禹,西向天水,囂逆擊,破之於高平,〔1〕盡獲輜重。於是禹承制遣使持節命囂為西州大將軍,得專制涼州、朔方事。及赤眉去長安,欲西上隴,囂遣將軍楊廣迎擊,破之,又追敗之於烏氏、涇陽閒。〔2〕

【注】
〔1〕縣名,今原州(高)平〔高〕縣。〔一七〕
〔2〕涇陽,縣名,屬安定郡,今原州平(陽)〔高〕縣南〔一八〕涇陽故城是也。

囂既有功於漢,又受鄧禹爵,署其腹心,議者多勸通使京師。三年,囂乃上書詣闕。光武素聞其風聲,報以殊禮,言稱字,用敵國之儀,所以慰藉之良厚。〔1〕時陳倉人呂鮪擁眾數萬,與公孫述通,寇三輔。囂復遣兵佐征西大將軍馮異擊之,走鮪,遣使上狀。帝報以手書曰:"慕樂德義,思相結納。昔文王三分,猶服事殷。〔2〕但駑馬鈆刀,不可強扶。〔3〕數蒙伯樂一顧之價,〔4〕而蒼蠅之飛,不過數步,即託驥尾,得以絕群。〔5〕隔於盜賊,聲問不數。將軍操執款款,扶傾救危,南距公孫之兵,北禦羌胡之亂,是以馮異西征,得以數千百人躑躅三輔。〔6〕微將軍之助,則咸陽已為他人禽矣。今關東寇賊,往往屯聚,志務廣遠,多所不暇,未能觀兵成都,與子陽角力。〔7〕如令子陽到漢中、三輔,願因將軍兵馬,鼓旗相當。黨肯如言,蒙天之福,即智士計功割地之秋也。〔8〕管仲曰:'生我者父母,成我者鮑子。'〔9〕自今以後,手書相聞,勿用傍人解構之言。"〔10〕自是恩禮愈篤。

【注】

〔1〕慰,安也。藉,薦也。言安慰而薦藉之良甚也。

〔2〕孔子曰:"周之德其可謂至德,三分天下有其二,以服事殷。"

〔3〕《周禮》:"校人掌六馬。"駑馬,最下者也。《説文》:"鈆,青金也。"似錫而色青。賈誼云:"鈆刀為銛。"言駑馬鈆刀,不可强扶持而用也。

〔4〕《戰國策》曰,蘇代為燕説齊,未見齊王,先説淳于髡曰:"人有賣駿馬者,比三旦立市,市人莫之知,往見伯樂曰:'臣有駿馬,欲賣之,比三旦立於市,市人莫與言。願子還而視之,去而顧之,臣請獻一朝之價。'伯樂如其言,一旦而價十倍也。"

〔5〕張敞書曰:"蒼蠅之飛,不過十步;自託騏驥之尾,乃騰千里之路。然無損於騏驥,得使蒼蠅絶群也。"見《敞傳》。

〔6〕躑躅猶跙躅也。

〔7〕角力猶争力也。

〔8〕秋,一歲中成功之時,故舉以為言。

〔9〕事見《史記》。

〔10〕解構猶閒構也。

其後公孫述數出兵漢中,遣使以大司空扶安王印綬授囂。囂自以與述敵國,恥為所臣,乃斬其使,出兵擊之,連破述軍,以故蜀兵不復北出。

時關中將帥數上書,言蜀可擊之狀,帝以示囂,因使討蜀,以效其信。囂乃遣長史上書,盛言三輔單弱,劉文伯在邊,[1]未宜謀蜀。帝知囂欲持兩端,不願天下統一,於是稍黜其禮,正君臣之儀。

【注】

〔1〕文伯,盧芳字也。〔一九〕

初,囂與來歙、馬援相善,故帝數使歙、援奉使往來,勸令入朝,許以重爵。囂不欲東，連遣使深持謙辭，言無功德，須四方平定，退伏閭里。五年，復遣來歙說囂遣子入侍，囂聞劉永、彭寵皆已破滅，乃遣長子恂隨歙詣闕。以為胡騎校尉，封鐫羌侯。[1]而囂將王元、王捷常以為天下成敗未可知，不願專心內事。元遂說囂曰："昔更始西都，四方響應，天下喁喁，謂之太平。[2]一旦敗壞，大王幾無所厝。今南有子陽，北有文伯，江湖海岱，王公十數，[3]而欲牽儒生之說，棄千乘之基，[4]羈旅危國，以求萬全，此循覆車之軌，計之不可者也。今天水完富，士馬最強，北收西河、上郡，[二〇]東收三輔之地，案秦舊迹，表裏河山。[5]元請以一丸泥為大王東封函谷關，此萬世一時也。若計不及此，且畜養士馬，據隘自守，曠日持久，以待四方之變，圖王不成，其弊猶足以霸。[6]要之，魚不可脫於淵，[7]神龍失埶，即還與蚯蚓同。"[8]囂心然元計，雖遣子入質，猶負其險阨，欲專方面，於是游士長者，稍稍去之。[9]

【注】

[1]胡騎校尉，武帝置，秩二千石也。鐫謂鐫鑿也。

[2]喁喁，衆口向上也。

[3]謂張步據齊，董憲起東海，李憲守舒，劉紆居垂惠，佼彊、周建、秦豐等各據州郡。

[4]儒生謂馬援說囂歸光武。

[5]秦外山而內河。《左傳》曰："表裏山河。"

[6]《前書》徐樂曰"圖王不成，其弊足以霸"也。

[7]《老子》曰："魚不可脫於泉。"脫，失也；失泉則涸矣。

[8]《慎子》曰："騰蛇游霧，飛龍乘雲。雲罷霧除，與蚯蚓同，失其所乘故也。"

[9]《東觀記》曰："杜林先去，餘稍稍相隨，東詣京師。"

六年，關東悉平。帝積苦兵閒，以囂子內侍，公孫述遠據邊陲，乃謂諸將曰："且當置此兩子於度外耳。"因數騰書隴、蜀,[1]告示禍福。囂賓客、掾史多文學生,每所上事,當世士大夫皆諷誦之,故帝有所辭荅,尤加意焉。囂復遣使周游詣闕,先到馮異營,游為仇家所殺。帝遣衛尉銚期持珍寶繒帛賜囂,期至鄭被盜,[2]亡失財物。帝常稱囂長者,務欲招之,聞而歎曰："吾與隗囂事欲不諧,使來見殺,得賜道亡。"

【注】
〔1〕《說文》曰："騰,傳也。"
〔2〕鄭,今華州縣是也。

會公孫述遣兵寇南郡,[1]乃詔囂當從天水伐蜀,因此欲以潰其心腹。囂復上言："白水險阻,棧閣絕敗。"[2]又多設支閡。[3][二一]帝知其終不為用,亟欲討之。[4]遂西幸長安,遣建威大將軍耿弇等七將軍從隴道伐蜀,先使來歙奉璽書喻旨。囂疑懼,即勒兵,使王元據隴坻,[5]伐木塞道,謀欲殺歙。歙得亡歸。

【注】
〔1〕南郡,今荊州也。
〔2〕白水,縣,有關,屬廣漢郡。棧閣者,山路懸險,棧木為閣道。
〔3〕支柱障閡。
〔4〕亟猶遂也。
〔5〕坻,坂也。郭仲產《秦州記》曰："隴山東西百八十里,在隴州汧源縣西。"

諸將與囂戰,大敗,各引退。囂因使王元、[行]巡侵三輔,[二二]征西大將軍馮異、征虜將軍祭遵等擊破之。囂乃上疏謝曰："吏人聞大兵卒至,驚恐自救,臣囂不能禁止。兵有大利,不敢廢臣子之節,親自追還。昔虞舜事父,大杖則走,小杖則受。[1]臣雖不敏,敢忘斯義。今臣之事,在於本朝,賜死則死,加刑則刑。如遂蒙恩,更得洗心,死骨不朽。"有司以囂言慢,請誅其子恂,帝不忍,復使來歙至汧,〔2〕賜囂書曰:"昔柴將軍與韓信書〔3〕云:'陛下寬仁,諸侯雖有亡叛而後歸,輒復位號,不誅也。'以囂文吏,曉義理,故復賜書。深言則似不遜,略言則事不決。今若束手,復遣恂弟歸闕庭者,則爵祿獲全,有浩大之福矣。〔4〕吾年垂四十,在兵中十歲,厭浮語虛辭。即不欲,勿報。"囂知帝審其詐,遂遣使稱臣於公孫述。

【注】

〔1〕《家語》孔子謂曾子之詞也。
〔2〕汧,水名,因以為縣,屬右扶風,故城在今隴州汧源縣南。
〔3〕柴將軍,柴武也。韓信,韓王信也。信反,入匈奴,與漢戰,故武與之書也。
〔4〕浩亦大也。

明年,述以囂為朔寧王,〔1〕遣兵往來,為之援埶。秋,囂將步騎三萬侵安定,至陰槃,〔2〕馮異率諸將拒之。囂又令別將下隴,攻祭遵於汧,兵並無利,乃引還。

【注】

〔1〕欲其寧靜北邊也。
〔2〕陰槃,縣名,屬安定郡,今涇州縣。

帝因令來歙以書招王遵,遵乃與家屬東詣京師,拜為太中大夫,封向義侯。〔1〕遵字子春,霸陵人也。父為上郡太守。遵少豪俠,有才辯,雖與囂舉兵,而常有歸漢意。曾於天水私於來歙曰:"吾所以戮力不避矢石者,豈要爵位哉!徒以人思舊主,先君蒙漢厚恩,思効萬分耳。"又數勸囂遣子入侍,前後辭諫切甚,囂不從,故去焉。

【注】

〔1〕《續漢書》云："遵降，封上雒侯。"

八年春，來歙從山道襲得略陽城。囂出不意，懼更有大兵，乃使王元拒隴坻，行巡守番須口，[1]王孟塞雞頭道，[2]牛邯軍瓦亭，[3]囂自悉其大衆圍來歙。公孫述亦遣其將李育、田弇助囂攻略陽，連月不下。帝乃率諸將西征之，數道上隴，使王遵持節監大司馬吳漢留屯於長安。

【注】

〔1〕番須口與回中相近，並在汧。
〔2〕雞頭，山道也，"雞"或作"筓"，一名崆峒山，在今原州西。
〔3〕安定烏支縣有瓦亭故關，有瓦亭川水，在今原州南。

遵知囂必敗滅，而與牛邯舊故，知其有歸義意，以書喻之曰："遵與隗王歃盟為漢，自經歷虎口，踐履死地，已十數矣。于時周洛以西[1]無所統壹，故為王策，欲東收關中，北取上郡，進以奉天人之用，退以懲外夷之亂。數年之間，冀聖漢復存，當挈河隴奉舊都以歸本朝。生民以來，臣人之執，未有便於此時者也。而王之將吏，群居穴處之徒，[2]人人抵掌，[3]欲為不善之計。遵與孺卿日夜所爭，害幾及身者，豈一事哉！前計抑絕，後策不從，所以吟嘯扼腕，垂涕登車。[4]幸蒙封拜，得延論議，[5]每及西州之事，未嘗敢忘孺卿之言。今車駕大衆，已在道路，吳、耿驍將，雲集四境，而孺卿以奔離之卒，拒要阨，當軍衝，視其形執何如哉？夫智者覩危思變，賢者泥而不滓，[6]是以功名終申，策畫復得。故夷吾束縛而相齊，[7]黥布杖劍以歸漢，[8]去愚就義，功名並著。今孺卿當成敗之際，遇嚴兵之鋒，可為怖慄。宜斷之心胸，參之有識。"邯得書，沈吟十餘日，乃謝士衆，歸命洛陽，拜為太中大夫。於是囂大將十三人，屬縣十六，衆十餘萬，皆降。

【注】

〔1〕周洛謂東都也。

〔2〕穴處言所識不遠也。

〔3〕《説文》："抵,側擊也。"《戰國策》曰"蘇秦與李兌抵掌而談"也。

〔4〕扼,持也。《史記》云:"天下之士,莫不扼腕以言之。"

〔5〕遵為太中大夫,在論議之職。

〔6〕在泥滯之中而不滓污也。

〔7〕《新序》曰,桓公與管仲、鮑叔、甯戚飲,桓公謂鮑叔曰:"姑為寡人祝乎?"鮑叔奉酒而起,祝曰:"吾君無忘出莒也,使管子無忘束縛從魯也,使甯戚無忘其飯牛於車下也。"

〔8〕黥布為楚淮南王,高祖使隨何說布,乃杖劍歸漢王也。

王元入蜀求救,囂將妻子奔西城,從楊廣,〔1〕而田弇、李育保上邽。詔告囂曰:"若束手自詣,父子相見,保無佗也。高皇帝云:'橫來,大者王,小者侯。'〔2〕若遂欲為黥布者,亦自任也。"〔3〕囂終不降。於是誅其子恂,使吳漢與征南大將軍岑彭圍西城,耿弇與虎牙大將軍蓋延圍上邽。車駕東歸。〔4〕月餘,楊廣死,囂窮困。其大將王捷別在戎丘,登城呼漢軍曰:"[為]隗王城守者,〔二三〕皆必死無二心!願諸軍亟罷,〔5〕請自殺以明之。"遂自刎頸死。〔6〕數月,王元、行巡、周宗將蜀救兵五千餘人,乘高卒至,鼓譟大呼曰:"百萬之衆方至!"漢軍大驚,未及成陳,元等決圍,殊死戰,遂得入城,迎囂歸冀。會吳漢等食盡退去,於是安定、北地、天水、隴西復反為囂。

【注】

〔1〕西,(城)縣名,〔二四〕屬漢陽郡,一名始昌,城在今秦州上邽縣西南。

〔2〕田橫為齊王,天下既定,橫與賓客五百人居海島,高祖使召之曰:"橫來,大者王,小者侯。"事見《前書》。

〔3〕必不歸降，遂如黥布，云欲為帝，亦任之也。

〔4〕潁川賊起，故東歸。

〔5〕敺音紀力反。

〔6〕何休[注]《公羊傳》云〔二五〕："刐，割也。"

九年春，囂病且餓，出城餐糗糒，〔1〕恚憤而死。〔2〕王元、周宗立囂少子純為王。明年，來歙、耿弇、蓋延等攻破落門，〔3〕〔二六〕周宗、行巡、苟宇、趙恢等將純降。宗、恢及諸隗分徙京師以東，純與巡、宇徙弘農。唯王元留為蜀將。及輔威將軍臧宮破延岑，元舉眾詣宮降。

【注】

〔1〕鄭康成注《周禮》曰："糗，熬大豆與米也。"《説文》曰："糒，乾飯也。"

〔2〕《續漢志》曰："王莽末，天水童謡曰：'出吳門，望緹群，見一蹇人，言欲上天。令天可上，地上安得人？'時囂初起兵於天水，後意稍廣，欲為天子，遂破滅。囂少病蹇。吳門，冀都門名也。有緹群山。〔二七〕"

〔3〕落門，聚名也，有落門谷水，在今秦州伏羌縣西。

元字惠孟，初拜上蔡令，遷東平相，坐墾田不實，下獄死。〔1〕

【注】

〔1〕《決錄》曰"平陵之王，惠孟鏘鏘，激昂囂、述，困於東平"也。

牛邯字孺卿，狄道人。有勇力才氣，雄於邊垂。及降，大司（空）[徒]司直杜林、〔二八〕太中大夫馬援並薦之，以為護羌校尉，與來歙平隴右。

十八年，純與賓客數十騎亡入胡，至武威，捕得，誅之。

論曰：隗囂援旗糺族，[1]假制明神，[2]迹夫創圖首事，有以識其風矣。終於孤立一隅，介于大國，[3]隴坻雖隘，非有百二之執，[4]區區兩郡，[5]以禦堂堂之鋒，[6]至使窮廟策，竭征徭，身殁衆解，然後定之。則知其道有足懷者，所以棲有四方之桀，[7]士至投死絶亢而不悔者矣。[8]夫功全則譽顯，業謝則釁生，回成喪而為其議者，或未聞焉。[9]若囂命會符運，敵非天力，雖坐論西伯，豈多嗤乎？[10]

【注】
[1]援，引也。糺，收也。
[2]謂立高祖、孝文等廟而祭之也。
[3]東逼於漢，南拒於蜀。《左傳》曰：“介于二大國之閒。”
[4]百二者，以秦地險固，二萬人當諸侯百萬人。《前書》曰，田肯賀高祖：“秦得百二焉。”
[5]隴西、天水也。
[6]言光武親征之也。魏武《兵書》云：“無擊堂堂之陣。”
[7]四方雄桀者，皆棲集而有之。
[8]亢，喉嚨也。謂王捷自刎也。
[9]成喪猶成敗也。言事之成敗在於天命，不由人力。能回為此議者寡，故未之聞也。
[10]天力謂光武天所授也。言不遇光武為敵，則不謝西伯也。嗤，笑也。

公孫述字子陽，扶風茂陵人也。[1]哀帝時，以父任為郎。[2]後父仁為河南都尉，[3]而述補清水長。[4]仁以述年少，遣門下掾隨之官。[5]月餘，掾辭歸，白仁曰：“述非待教者也。”後太守以其能，使兼攝五縣，政事修理，姦盜不發，郡中謂有鬼神。[6][二九]王莽天鳳中，為導江卒正，居臨邛，[7]復有能名。

【注】

〔1〕《東觀記》曰："其先武帝時，以吏二千石自無鹽徙焉。"

〔2〕任，保任也。《東觀記》曰："成帝末，述父仁為侍御史，任為太子舍人，稍增秩為郎焉。"

〔3〕秦置郡尉，典兵禁，捕盜賊，景帝更名都尉，秩比二千石也。

〔4〕清水，縣名，屬天水郡，今秦州縣。

〔5〕州郡有掾，皆自辟除之，常居門下，故以為號。

〔6〕言明察也。

〔7〕王莽改蜀郡曰導江，太守曰卒正。臨邛，今邛州縣也。

及更始立，豪傑各起其縣以應漢，南陽人宗成自稱"虎牙將軍"，〔三〇〕入略漢中；又商人王岑亦起兵於雒縣，〔1〕自稱"定漢將軍"，殺王莽庸部牧以應成，〔2〕眾合數萬人。述聞之，遣使迎成等。成等至成都，虜掠暴橫。述意惡之，召縣中豪傑謂曰："天下同苦新室，思劉氏久矣，故聞漢將軍到，馳迎道路。今百姓無辜而婦子係獲，室屋燒燔，此寇賊，非義兵也。吾欲保郡自守，以待真主。諸卿欲并力者即留，不欲者便去。"豪傑皆叩頭曰："願效死。"述於是使人詐稱漢使者自東方來，假述輔漢將軍、蜀郡太守兼益州牧印綬。乃選精兵千餘人，西擊成等。〔三一〕比至成都，眾數千人，遂攻成，大破之。成將垣副殺成，以其眾降。〔3〕二年秋，更始遣柱功侯李寶、益州刺史張忠，將兵萬餘人徇蜀、漢。述恃其地險眾附，有自立志，乃使其弟恢〔4〕於綿竹擊寶、忠，大破走之。〔5〕由是威震益部。

【注】

〔1〕商，今商州商雒縣也。雒縣屬廣漢郡，今益州縣也。

〔2〕王莽改益州為庸部，其牧宋遵也。〔三二〕

〔3〕《風俗通》曰："垣，秦邑也，因以為姓。秦始皇有將垣齮。"〔三三〕《東觀記》曰："初，副以漢中亭長聚眾降成，自稱輔漢將軍。"

〔4〕"恢"本或作"悛"。
〔5〕綿竹，縣名，屬廣漢郡，今益州縣也，故城在今縣東。

功曹李熊說述曰："方今四海波蕩，匹夫橫議。將軍割據千里，地什湯武，〔1〕若奮威德以投天隙，〔2〕霸王之業成矣。宜改名號，以鎮百姓。"述曰："吾亦慮之，公言起我意。"於是自立為蜀王，都成都。

【注】
〔1〕枚乘諫吳王曰："湯武之土，不過百里。"
〔2〕天時之閒隙也。

蜀地肥饒，兵力精強，遠方士庶多往歸之，邛、筰君長〔1〕皆來貢獻。李熊復說述曰："今山東飢饉，人庶相食；兵所屠滅，城邑丘墟。蜀地沃野千里，土壤膏腴，〔2〕果實所生，無穀而飽。〔3〕女工之業，覆衣天下。〔4〕〔三四〕名材竹幹，器械之饒，不可勝用。〔5〕又有魚鹽銅銀之利，〔6〕浮水轉漕之便。北據漢中，杜褒、斜之險；東守巴郡，拒扞關之口；〔7〕地方數千里，戰士不下百萬。見利則出兵而略地，無利則堅守而力農。東下漢水以窺秦地，南順江流以震荊、楊。所謂用天因地，成功之資。今君王之聲，聞於天下，而名號未定，志士狐疑，宜即大位，使遠人有所依歸。"述曰："帝王有命，吾何足以當之？"熊曰："天命無常，百姓與能。〔8〕能者當之，王何疑焉！"述夢有人語之曰："八厶子系，十二為期。"〔9〕覺，謂其妻曰："雖貴而祚短，若何？"妻對曰："朝聞道，夕死尚可，況十二乎！"會有龍出其府殿中，夜有光耀，述以為符瑞，因刻其掌，文曰"公孫帝"。建武元年四月，遂自立為天子，號成家。〔10〕〔三五〕色尚白。建元曰龍興元年。以李熊為大司徒，以其弟光為大司馬，〔三六〕恢為大司空。改益州為司隸校尉，蜀郡為成都尹。〔11〕

【注】

〔1〕邛、筰皆西南夷國名。筰音昨。見《西南夷傳》。

〔2〕無塊曰壤。

〔3〕左思《蜀都賦》曰:"戶有橘柚之園。"又曰:"瓜疇芋區。"《前書》卓王孫曰:"吾聞岷山之下沃野,下有蹲鴟,至死不飢。"

〔4〕左思《蜀都賦》曰:"百室離房,機杼相和。"衣音於既反。

〔5〕竹幹,竹箭也。內盛曰器,外盛曰械。

〔6〕丙穴出嘉魚,在漢中。蜀有鹽井,又有銅陵山,其朱提界出銀。朱音上朱反。提音上移反。

〔7〕《史記》曰楚肅王為扞關以拒蜀,故基在今硤州巴山縣。

〔8〕《詩》云"天命靡常",《易》曰"百姓與能"也。

〔9〕《說文》云厶音私。系音係,胡計反。

〔10〕以起成都,故號成家。

〔11〕漢以京師為司隸校尉部,置京兆尹;中興以洛陽為司隸校尉部,置河南尹。故述斁焉。

越巂任貴亦殺王莽大尹而據郡降。述遂使將軍侯丹開白水關,〔1〕北守南鄭;〔2〕將軍任滿從閬中下江州,〔3〕東據扞關。於是盡有益州之地。

【注】

〔1〕在漢陽西縣。《梁州記》曰"關城西南有白水關"也。

〔2〕今梁州縣也,故城在今縣東北也。

〔3〕閬中、江州皆縣名,並屬巴郡。閬中,今隆州縣也。江州故城在渝州巴縣西。

自更始敗後,光武方事山東,未遑西伐。關中豪桀呂鮪等往往擁眾以萬數,莫知所屬,多往歸述,〔1〕皆拜為將軍。遂大作營壘,陳車騎,肄習戰射,會聚兵甲數十萬人,積糧漢中,築宮南鄭。又造十層赤樓帛蘭船。〔2〕多刻天下牧守印章，備置公卿百官。使將軍李育、程烏〔三七〕將數萬衆出陳倉，與呂鮪徇三輔。三年，征西將軍馮異擊鮪、育於陳倉，〔三八〕大敗之，鮪、育奔漢中。五年，延岑、田戎為漢兵所敗，皆亡入蜀。

【注】

〔1〕時延岑據藍田，王歆據下邽，各稱將軍，擁兵。事見《馮異傳》。
〔2〕蓋以帛飾其蘭檻也。

岑字叔牙，南陽人。〔1〕始起據漢中，又擁兵關西，（關西）所在破散，〔三九〕走至南陽，略有數縣。戎，汝南人。初起兵夷陵，轉寇郡縣，衆數萬人。岑、戎並與秦豐合，豐俱以女妻之。及豐敗，故二人皆降於述。述以岑為大司馬，封汝寧王，戎翼江王。六年，述遣戎與將軍任滿出江關，下臨沮、夷陵間，〔2〕招其故衆，因欲取荊州諸郡，竟不能剋。

【注】

〔1〕《東觀記》曰筑陽縣人。
〔2〕《華陽國志》曰："巴楚相攻，故置江關。"〔舊〕在赤甲城，〔四〇〕後移在江州南岸，對白帝城，故基在今夔州〔人〕復縣南。〔四一〕臨沮，縣名，侯國，屬南郡，故城在今荊州當陽縣西北。夷陵，縣名，屬南郡，今硤州縣也，故城在今縣西北。

是時，述廢銅錢，〔1〕置鐵官錢，百姓貨幣不行。蜀中童謠言曰："黃牛白腹，五銖當復。"

好事者竊言王莽稱"黃"，述自號"白"，五銖錢，漢貨也，言天下當并還劉氏。述亦好為符命鬼神瑞應之事，妄引讖記。以為孔子作《春秋》，為赤制而斷十二公，〔2〕明漢至平帝十二代，歷數盡也，〔3〕一姓不得再受命。又引《錄運法》曰："廢昌帝，立公孫。"《括地象》曰：

"帝軒轅受命，公孫氏握。"〔4〕《援神契》曰："西太守，乙卯金。"謂西方太守而乙絕卯金也。〔5〕五德之運，黃承赤而白繼黃，金據西方為白德，而代王氏，得其正序。又自言手文有奇，及得龍興之瑞。數移書中國，冀以感動衆心。帝患之，〔6〕乃與述書曰："圖讖言'公孫'，即宣帝也。代漢者當塗高，君豈高之身邪？乃復以掌文為瑞，王莽何足效乎！〔7〕君非吾賊臣亂子，倉卒時人皆欲為君事耳，何足數也。〔8〕君日月已逝，妻子弱小，當早為定計，可以無憂。天下神器，不可力爭，〔9〕宜留三思。"署曰"公孫皇帝"。述不荅。

【注】

〔1〕置鐵官以鑄錢。

〔2〕《尚書考靈耀》曰："孔子為赤制，故作《春秋》。"赤者，漢行也。言孔子作《春秋》斷十二公，象漢十二帝。

〔3〕據漢十一帝，言十二代者，并數呂后。

〔4〕《錄運法》、《括地象》並《河圖》名也。

〔5〕乙，軋也。述言西方太守能軋絕卯金也。

〔6〕《東觀記》曰："光武與述書曰：'承赤者，黃也；姓當塗，其名高也。'"

〔7〕王莽詐以鐵契、石龜、文圭、玄印等為符瑞，言不足傚傚也。

〔8〕數，責也。

〔9〕《老子》云："天下神器，不可為也。"

明年，隗囂稱臣於述。述騎都尉平陵人荊邯見東方將平，兵且西向，說述曰："兵者，帝王之大器，古今所不能廢也。〔1〕昔秦失其守，豪桀並起，漢祖無前人之迹，立錐之地，〔2〕起於行陣之中，躬自奮擊，兵破身困者數矣。然軍敗復合，創愈復戰。〔3〕何則？前死而成功，踰於却就於滅亡也。〔四二〕隗囂遭遇運會，割有雍州，兵彊士附，威加山東。〔4〕遇更始政亂，復失天下，衆庶引領，四方瓦解。〔5〕囂不及此時推危乘勝，以爭天命，而退欲為西伯之事，尊師章句，賓友處士，[6]偃武息戈，卑辭事漢，喟然自以文王復出也。[四三]令漢帝釋關隴之憂，[7]專精東伐，四分天下而有其三；使西州豪傑咸居心於山東，[四四]發閒使，招攜貳，[8]則五分而有其四；若舉兵天水，必至沮潰，天水既定，則九分而有其八。陛下以梁州之地，内奉萬乘，外給三軍，百姓愁困，不堪上命，將有王氏自潰之變。[9]臣之愚計，以為宜及天下之望未絕，豪傑尚可招誘，急以此時發國內精兵，令田戎據江陵，臨江南之會，倚巫山之固，[10]築壘堅守，傳檄吳、楚，長沙以南必隨風而靡。令延岑出漢中，定三輔，天水、隴西拱手自服。如此，海内震搖，冀有大利。"述以問群臣。博士吳柱曰："昔武王伐殷，先觀兵孟津，八百諸侯不期同辭，然猶還師以待天命。未聞無左右之助，而欲出師千里之外，以廣封疆者也。"邯曰："今東帝無尺土之柄，驅烏合之衆，[11]跨馬陷敵，所向輒平。不亟乘時與之分功，[12]而坐談武王之說，是效隗囂欲為西伯也。"述然邯言，欲悉發北軍屯士及山東客兵，使延岑、田戎分出兩道，與漢中諸將合兵并埶。蜀人及其弟光以為不宜空國千里之外，決成敗於一舉，固爭之，述乃止。延岑、田戎亦數請兵立功，終疑不聽。

【注】

〔1〕《左傳》宋子罕曰："天生五材，廢一不可，誰能去兵？聖人以興，亂人以廢，廢興存亡之術，皆兵之由也。"

〔2〕言漢祖起自布衣，無公劉、太王之業也。枚乘諫吳王書曰："舜無立錐之地以有天下。"

〔3〕軍敗謂戰於睢水上，為楚所破，後得韓信軍，復大振也。創愈謂在於成皋間，項羽射傷漢王胸，後復戰。

〔4〕隴西、天水皆雍州之地，故言割有也。《囂傳》云"名震西州，流聞山東"，是威加也。

〔5〕《淮南子》曰："武王伐紂，左操黃鉞，右秉白旄而麾之，則瓦解而走。"

〔6〕章句謂鄭興等也。處士謂方望等也。

〔7〕以囂居西，無東之意，故置之度外而不為憂。

〔8〕閒使謂來歙、馬援等也。攜貳謂王遵、鄭興、杜林、牛邯等相次而歸光武。

〔9〕王氏即王莽也。

〔10〕巫山在今夔州巫山縣東也。

〔11〕鄒陽云："周用烏集而王。"

〔12〕亟，急也。

述性苛細，察於小事。敢誅殺而不見大體，好改易郡縣官名。然少為郎，習漢家制度，出入法駕，[1] 鑾旗旄騎，[2] 陳置陛戟，然後輦出房闥。又立其兩子為王，食犍為、廣漢各數縣。群臣多諫，以為成敗未可知，戎士暴露，而遽王皇子，示無大志，傷戰士心。述不聽。唯公孫氏得任事，由此大臣皆怨。

【注】

〔1〕法駕，屬車三十六乘，公卿不在鹵簿中，侍中驂乘，奉車都尉御。前驅九斿雲罕，鳳皇闟戟，皮軒。

〔2〕旄頭之騎也。

八年，帝使諸將攻隗囂，述遣李育將萬餘人救囂。囂敗，并沒其軍，蜀地聞之恐動。述懼，欲安衆心。成都郭外有秦時舊倉，述改名白帝倉，[1] 自王莽以來常空。述即詐使人言白帝倉出穀如山陵，百姓空市里往觀之。述乃大會群臣，問曰："白帝倉竟出穀乎？"皆對言"無"。述曰："訛言不可信，道隗王破者復如此矣。"俄而囂將王元降，述以為將軍。明年，使元與領軍環安拒河池，[2] 又遣田戎及大司徒任滿、南郡太守程汎將兵下江關，破〔威〕虜將軍馮駿等，[四五] 拔巫及夷陵、夷道，[3] 因據荊門。[4]

【注】

〔1〕述以色尚白，故改之。

〔2〕河池，今鳳州縣也。

〔3〕夷道，縣名，屬南郡，故城在今硤州宜都縣西。

〔4〕荊門，山名也，在今硤州宜都縣西北，今猶有故城基趾在山上。

十一年，征南大將軍岑彭攻之，滿等大敗，述將王政斬滿首降于彭。田戎走保江州。〔1〕城邑皆開門降，彭遂長驅至武陽。〔2〕帝乃與述書，陳言禍福，以明丹青之信。〔3〕述省書歎息，以示所親太常常少、光祿勳張隆。〔四六〕隆、少皆勸降。述曰：“廢興命也。豈有降天子哉！”左右莫敢復言。

【注】

〔1〕江州，縣名，屬巴郡，故城今渝州巴縣。

〔2〕武陽，縣名，故城在今眉州。

〔3〕楊雄《法言》曰：“王者之言，炳若丹青。”

中郎將來歙急攻王元、環安，安使刺客殺歙；述復令刺殺岑彭。十二年，述弟恢及子壻史興並為大司馬吳漢、輔威將軍臧宮所破，戰死。自是將帥恐懼，日夜離叛，述雖誅滅其家，猶不能禁。帝必欲降之，乃下詔喻述曰：“往年詔書比下，〔1〕開示恩信，勿以來歙、岑彭受害自疑。今以時自詣，則家族完全；若迷惑不喻，委肉虎口，痛哉奈何！將帥疲倦，吏士思歸，不樂久相屯守，詔書手記，不可數得，朕不食言。”述終無降意。

【注】

〔1〕比，頻也。

九月，吳漢又破斬其大司徒謝豐、執金吾袁吉，漢兵遂守成都。述謂延岑曰："事當奈何？"岑曰："男兒當死中求生，可坐窮乎！財物易聚耳，不宜有愛。"述乃悉散金帛，募敢死士五千餘人，以配岑於市橋，〔1〕偽建旗幟，〔2〕鳴鼓挑戰，而潛遣奇兵出吳漢軍後，襲擊破漢。漢墯水，緣馬尾得出。

【注】
〔1〕市橋即七星之一橋也。李膺《益州記》曰："沖星橋，舊市橋也，在今成都縣西南四里。"
〔2〕幟，幡也。幟音昌忌反，又式志反。

十一月，臧宮軍至咸門。〔1〕述視占書，云"虜死城下"，大喜，謂漢等當之。乃自將數萬人攻漢，使延岑拒宮。大戰，岑三合三勝。自旦及日中，軍士不得食，並疲，漢因令壯士突之，述兵大亂，被刺洞胸，墯馬。〔2〕左右輿入城。述以兵屬延岑，其夜死。明旦，岑降吳漢。乃夷述妻子，盡滅公孫氏，并族延岑。遂放兵大掠，焚述宮室。帝聞之怒，以譴漢。又讓漢副將劉尚〔四七〕曰："城降三日，吏人從服，孩兒老母，口以萬數，一旦放兵縱火，聞之可為酸鼻！尚宗室子孫，嘗更吏職，何忍行此？仰視天，俯視地，觀放麑啜羹，二者孰仁？〔3〕良失斬將弔人之義也！"〔4〕

【注】
〔1〕成都北面有二門，其西者名咸門。
〔2〕《吳漢傳》云："護軍高午奔陣刺述，殺之。"
〔3〕《韓子》曰："孟孫獵得麑，使秦西巴持之。其母隨而呼，秦西巴不忍而與其母。"《戰國策》曰："樂羊為魏將而攻中山。其子在中山，中山君烹其子而遺之羹，樂羊啜之，盡一杯，而攻拔中山。"
〔4〕良猶甚也。

初，常少、張隆勸述降，不從，並以憂死。帝下詔追贈少為太常，隆為光祿勳，以禮改葬之。其忠節志義之士，並蒙旌顯。[1]程烏、李育以有才幹，皆擢用之。於是西土咸悅，莫不歸心焉。

【注】
〔1〕謂李業、譙玄等，見《獨行傳》。

論曰：昔趙佗自王番禺，[1]公孫亦竊帝蜀漢，推其無他功能，而至於後亡者，將以地邊處遠，非王化之所先乎？述雖為漢吏，無所憑資，徒以文俗自憙，遂能集其志計。道未足而意有餘，不能因隙立功，以會時變，方乃坐飾邊幅，[2]以高深自安，昔吳起所以慭魏侯也。[3]及其謝臣屬，審廢興之命，與夫泥首銜玉者異日談也。[4]

【注】
〔1〕趙佗，真定人，因漢初天下未定，自立為南越王。番禺，縣，屬南海郡，故城在今廣州西南。《越志》曰："有番山、禺山，因以為名。"
〔2〕邊幅猶有邊緣，以自矜持。
〔3〕《史記》曰："魏武侯浮西河而下，中流而顧曰：'美哉乎，河山之固，此魏之寶也。'吳起對曰：'在德不在險。'"
〔4〕干寶《晉記》曰："吳王孫皓將其子瑾等，泥首面縛降王濬。"《左傳》曰："許男面縛銜璧以見楚子。"璧，玉也。

贊曰：公孫習吏，隗王得士。漢命已還，二隅方跱。天數有違，江山難恃。[1]

【注】
〔1〕違猶去也。

【校勘記】

〔一〕隗囂字季孟　"孟"原譌"夏"，據汲本、殿本改。按：此卷影印紹興本仍有闕佚，據它本補配，故多譌字。以下凡遇極明顯之譌字，皆逕予改正，不作校記。

〔二〕囂音五高反　按：此注原在正文前小標題下，今移此。

〔三〕莽置九卿分屬三公　按："置"原作"制"，逕據汲本、殿本改。

〔四〕（鍉）〔題〕即匙字　據汲本改。按：《校補》謂作"題"是。

〔五〕又置〔六尉〕六隊（部）〔郡〕置大夫　據《刊誤》改，與《前書‧莽傳》合。

〔六〕至五十餘人　按：《刊誤》謂案本傳作"五千人"。

〔七〕前書朱光世曰　按：張森楷《校勘記》謂《前書》"光"作"安"，疑此誤。

〔八〕宜（乎）〔呼〕嗟（呼）告天以求救　據汲本改，與《前書‧莽傳》合。

〔九〕元城孺（子）王尊禰穆廟　據《刊誤》刪。按：《刊誤》謂本王翁孺，故稱"孺王"，不當有"子"字。

〔一〇〕此（謂）〔為〕六也　據汲本改。

〔一一〕傳詣鍾官（八）〔以〕十萬數　《校補》引張熷說，謂據《莽傳》，"八"乃"以"之誤。今據改。

〔一二〕安定大尹王向　按：《集解》引惠棟說，謂《前書》云"安定卒正王旬"。

〔一三〕羽翮並肩　按：汲本、殿本"並"作"比"。

〔一四〕〔乘〕偏舟於五湖　據汲本、殿本補。

〔一五〕〔以〕勁悍廉直為名　據汲本補。

〔一六〕申屠剛杜林為持書　按：《集解》引惠棟說，謂"持書"袁《紀》作"治書"。王先謙謂本"治書"，避唐高宗諱改"持"。

〔一七〕今原州（高）平〔高〕縣　據《集解》引陳景雲說改。

〔一八〕今原州平（陽）〔高〕縣南　按：涇陽故城在平高縣南。"高"原譌"陽"，各本譌"原"，今正。

〔一九〕文伯盧芳字也　按：殿本《考證》謂盧芳詐稱武帝曾孫劉文伯，故當時之人但知為劉文伯，不知為盧芳，文伯非盧芳字也。芳字君期，見本傳。

〔二〇〕北收西河上郡　按：《御覽》二九九引"收"作"取"，《東觀記》作"北取西河"。

〔二一〕又多設支閣　按：《集解》引王補說，謂《來歙傳》作"多設疑故"。

〔二二〕囂因使王元〔行〕巡侵三輔　據汲本、殿本補。

〔二三〕〔為〕隗王城守者　據汲本、殿本補。

〔二四〕西（城）縣名　《集解》引惠棟說，謂西城者，隴西西縣城也，注以為西城縣，非也。又引陳景雲說，謂注中"城"字衍。今據刪。

〔二五〕何休〔注〕公羊傳云　明脫"注"字，今補。

〔二六〕攻破落門　按：《集解》引惠棟說，謂《續志》"落門"作"雒門"。

〔二七〕有緹群山　按：《續志》作"緹群，山名也"。

〔二八〕大司（空）〔徒〕司直杜林　據《刊誤》改。

〔二九〕郡中謂有鬼神　按：《集解》引汪文臺說，謂《類聚》五十、《御覽》二百六十七引《續漢書》作"郡中謂之神明"。

〔三〇〕南陽人宗成自稱虎牙將軍　按：惠棟謂"宗成"《華陽國志》作"宗成垣"。

〔三一〕西擊成等　按：《通鑑》胡注，謂臨邛在成都西南，述兵自臨邛迎擊宗成等，非西向也，傳誤。

〔三二〕其牧宋遵也　按：《集解》引惠棟說，謂宋遵《華陽國志》作"朱遵"。

〔三三〕秦始皇有將垣齮　按：沈家本謂今《史記》"垣"作"桓"。

〔三四〕覆衣天下　按：李慈銘謂"覆衣"當作"覆被"。

〔三五〕號成家　按：《華陽國志》作"號大成"。

〔三六〕以其弟光為大司馬　按:《續天文志》"光"作"晃"。

〔三七〕程烏　按:《集解》引惠棟説,謂《光武紀》及《馮異傳》俱作"程焉",案《華陽志》當從"烏"。

〔三八〕征西將軍馮異擊鮪育於陳倉　按:《通鑑考異》謂"三年"當依本紀及《馮異傳》作"四年"。

〔三九〕又擁兵關西(關西)所在破散　《刊誤》謂案文多兩"關西"字。今據刪。

〔四〇〕〔舊〕在赤甲城　據汲本、殿本補。

〔四一〕故基在今夔州〔人〕復縣南　《刊誤》謂"復"上少一"魚"字。沈家本謂魚復縣西魏改人復,隋唐因之,此奪"人"字,非奪"魚"字,《張堪傳》可證。今依沈説補"人"字。按:《岑彭傳》注作"魚復",《張堪傳》注作"人復"。唐貞觀二十三年改人復為奉節,作"人復"是。

〔四二〕踰於却就於滅亡也　按:《刊誤》謂下"於"字當作"而"。

〔四三〕喟然自以文王復出也　按:汲本作"喟然自以為武王復出也"。王先謙謂上文言西伯,作"文王"是。又袁《紀》及《通鑑》均作"文王"。

〔四四〕使西州豪傑咸居心於山東　殿本"居"作"歸",王先謙謂作"歸"是。

〔四五〕破〔威〕虜將軍馮駿等　據《集解》引惠棟説補。

〔四六〕光禄勳張隆　按:《華陽國志》作"李隆"。

〔四七〕漢副將劉尚　按:《集解》引惠棟説,謂《東觀記》"劉尚"作"劉禹"。

後漢書卷十四

宗室四王三侯列傳第四

齊武王縯字伯升,[1]光武之長兄也。性剛毅,慷慨有大節。自王莽篡漢,常憤憤,懷復社稷之慮,不事家人居業,傾身破產,交結天下雄俊。

【注】
〔1〕縯,引也,音衍。

莽末,盜賊群起,南方尤甚。伯升召諸豪傑計議曰:"王莽暴虐,百姓分崩。今枯旱連年,兵革並起,[1]此亦天亡之時,復高祖之業,定萬世之秋也。"眾皆然之。於是分遣親客,使鄧晨起新野,光武與李通、李軼起於宛。伯升自發舂陵子弟,合七八千人,部署賓客,自稱柱天都部。[2]使宗室劉嘉往誘新市、平林兵王匡、陳牧等,合軍而進,屠長聚及唐子鄉,殺湖陽尉,進拔棘陽,因欲攻宛。至小長安,與王莽前隊大夫甄阜、屬正梁丘賜戰。時天密霧,漢軍大敗,姊元弟仲皆遇害,宗從死者數十人。伯升復收會兵眾,還保棘陽。

【注】
〔1〕《東觀記》曰:"王莽末年,天下大旱,蝗蟲蔽天,盜賊群起,四方潰

畔。"

〔2〕柱天者,若天之柱也。都部者,都統其衆也。

　　阜、賜乘勝,留輜重於藍鄉,〔1〕引精兵十萬南渡黄淳水,〔2〕臨(沘)[泚]水,〔一〕阻兩川閒爲營,絶後橋,示無還心。新市、平林見漢兵數敗,阜、賜軍大至,各欲解去,伯升甚患之。會下江兵五千餘人至宜秋,〔3〕乃往爲説合從之執,下江從之。語在《王常傳》。伯升於是大饗軍士,設盟約。休卒三日,分爲六部,潛師夜起,襲取藍鄉,盡獲其輜重。明旦,漢軍自西南攻甄阜,下江兵自東南攻梁丘賜。至食時,賜陳潰,阜軍望見散走,漢兵急追之,却迫黄淳水,斬首溺死者二萬餘人,遂斬阜、賜。

【注】
〔1〕比陽縣有藍鄉。
〔2〕酈元注《水經》曰:"(諸)[赭]水二湖流注,〔二〕合爲黄水,又南經棘陽縣之黄淳聚,又謂之黄淳水。"在今唐州湖陽縣。《蕭該音》〔三〕"淳"作"諄"者誤。
〔3〕宜秋,聚名,在泚陽縣。〔四〕

　　王莽納言將軍嚴尤、秩宗將軍陳茂聞阜、賜軍敗,引欲據宛。〔五〕伯升乃陳兵誓衆,焚積聚,破釜甑,鼓行而前,〔1〕與尤、茂遇育陽下,戰,大破之,斬首三千餘級。尤、茂棄軍走,伯升遂進圍宛,自號柱天大將軍。〔六〕王莽素聞其名,大震懼,購伯升邑五萬户,黄金十萬斤,位上公。使長安中官署及天下鄉亭皆畫伯升像於塾,旦起射之。〔2〕

【注】
〔1〕破釜甑,示必死也。鼓行而前,言無所畏也。《史記》曰:"項羽北救趙,渡河,沈船破釜甑。"

〔2〕《蕭該音義》亦作"塾",引《字林》"塾,門側堂也"。《東觀記》、《續漢書》並作"埻"。《說文》云"射臬也"。《廣雅》"埻,的也"。埻音之允反。

自阜、賜死後,百姓日有降者,衆至十餘萬。諸將會議立劉氏以從人望,豪傑咸歸於伯升。而新市、平林將帥樂放縱,憚伯升威明而貪聖公懦弱,先共定策立之,然後使騎召伯升,示其議。伯升曰:"諸將軍幸欲尊立宗室,其德甚厚,然愚鄙之見,竊有未同。今赤眉起青、徐,衆數十萬,聞南陽立宗室,恐赤眉復有所立,如此,必將內爭。今王莽未滅,而宗室相攻,是疑天下而自損權,非所以破莽也。且首兵唱號,鮮有能遂,陳勝、項籍,即其事也。舂陵去宛三百里耳,未足為功。遽自尊立,為天下準的,使後人得承吾敝,〔1〕非計之善者也。今且稱王以號令。若赤眉所立者賢,相率而往從之;若無所立,破莽降赤眉,然後舉尊號,亦未晚也。願各詳思之。"諸將多曰"善"。將軍張卬〔七〕拔劍擊地曰:"疑事無功。〔2〕今日之議,不得有二。"衆皆從之。

【注】
〔1〕《前書》宋義曰:"戰勝則兵疲,我承其敝。"
〔2〕《史記》曰,趙武靈王欲被胡服,肥義曰:"疑事無功,疑行無名。"

聖公既即位,拜伯升為大司徒,封漢信侯。由是豪傑失望,多不服。平林後部攻新野,不能下。新野宰登城言曰:〔1〕"得司徒劉公一信,願先下。"及伯升軍至,即開城門降。五月,伯升拔宛。六月,光武破王尋、王邑。自是兄弟威名益甚。

【注】
〔1〕王莽改令長為宰。《東觀記》曰,其宰潘臨也。

更始君臣不自安，遂共謀誅伯升，乃大會諸將，以成其計。更始取伯升寶劒視之，繡衣御史申屠建隨獻玉玦，[1]更始竟不能發。及罷會，伯升舅樊宏謂伯升曰："昔鴻門之會，范增舉玦以示項羽。[2]今建此意，得無不善乎？"伯升笑而不應。初，李軼諂事更始貴將，[3]光武深疑之，常以戒伯升曰："此人不可復信。"又不受。

【注】
〔1〕繡衣御史，武帝置，衣繡者，尊寵之也。玦，決也。令早決斷。
〔2〕《史記》曰："項王留沛公飲，項伯東向坐，范增南向坐，沛公北向坐。范增數目項王，舉所佩玉玦者三，項王默然不應。"鴻門，地名，在新豐東七十里。
〔3〕貴將，朱鮪等也。

伯升部將宗人劉稷，數陷陳潰圍，勇冠三軍。時將兵擊魯陽，[1]聞更始立，怒曰："本起兵圖大事者，伯升兄弟也，今更始何為者邪？"更始君臣聞而心忌之，以稷為抗威將軍，稷不肯拜。更始乃與諸將陳兵數千人，先收稷，將誅之，伯升固爭。李軼、朱鮪因勸更始并執伯升，即日害之。

【注】
〔1〕魯陽，縣，屬南（郡）[陽]，[八]今汝州魯山縣也。

有二子。建武二年，立長子章為太原王，興為魯王。十一年，徙章為齊王。十五年，追諡伯升為齊武王。
章少孤，光武感伯升功業不就，撫育恩愛甚篤，以其少貴，欲令親吏事，故使試守平陰令，[1]遷梁郡太守。[2]立二十一年薨，諡曰哀王。子煬王石嗣。建武二十七年，石始就國。三十年，封石弟張為下博侯。永平十四年，封石二子為鄉侯。石立二十四年薨，子晃嗣。

【注】

〔1〕試守者,稱職滿歲為真。平陰,縣,屬河南郡。應劭云在平津南,故曰平陰。魏文帝改為河陰。故城在今洛陽縣東北。濟州平陰縣東北五里亦有平陰故城。

〔2〕今宋州也。

下博侯張以善論議,十六年,與奉車都尉竇固等〔1〕並出擊匈奴,後進者多害其能,數被譖訴。建初中卒,肅宗下詔襃揚之,復封張子它人奉其祀。

【注】

〔1〕《續漢志》:"奉車都尉,比二千石,無員,掌御乘輿車。"

晃及弟利侯剛與母太姬宗更相誣告。章和元年,有司奏請免晃、剛爵為庶人,徙丹陽。〔1〕帝不忍,下詔曰:"朕聞人君正屏,有所不聽。〔2〕宗尊為小君,〔3〕宮衛周備,出有輜軿之飾,〔4〕入有牖戶之固,殆不至如譖者之言。〔5〕晃、剛愆乎至行,濁乎大倫,〔6〕《甫刑》三千,莫大不孝。朕不忍置之于理,其貶晃爵為蕪湖侯,〔7〕削剛戶三千。於戲!小子不勖大道,控于法理,以墮宗緒。〔8〕其遣謁者收晃及太姬璽綬。"晃立十七年而降爵。晃卒,子無忌嗣。

【注】

〔1〕丹陽,(故)郡,[故]城在今潤州江寧縣東南。〔九〕

〔2〕《白虎通》曰:"所以設屏何?以自障也,示不極臣下之敬也。天子德大,故外屏;諸侯德小,故內屏。"

〔3〕諸侯之妻稱曰小君。

〔4〕輜軿,有擁蔽之車也。《列女傳》曰:"齊孝公華孟姬謂公曰:'妾聞妃后踰閾必乘安車輜軿,下堂必從傅母保阿,進退則鳴玉珮,內飾則結綢繆,

所以正心一意，自斂制也。'"

〔5〕何休注《公羊傳》曰："如其事曰訴，加誣焉曰譖。"

〔6〕濁猶汙也。倫，理也。孔子曰："欲潔其身而亂大倫。"

〔7〕蕪湖，解見《章紀》。

〔8〕控，引也。墮，毀也。

帝以伯升首創大業，而後嗣罪廢，心常愍之。時北海亦絕無後。及崩，遺詔令復二國。永元二年，乃復封無忌為齊王，是為惠王。立五十二年薨，子頃王喜嗣。立五年薨，子承嗣。建安十一年，國除。

論曰：大丈夫之鼓動拔起，其志致蓋遠矣。若夫齊武王之破家厚士，豈游俠下客之為哉！〔1〕其慮將存乎配天之絕業，而痛明堂之不祀也。〔2〕及其發舉大謀，在倉卒擾攘之中，使信先成於敵人，〔3〕赦岑彭以顯義，〔4〕若此足以見其度矣。志高慮遠，禍發所忽。〔5〕嗚呼！古人以蜂蠆為戒，〔6〕蓋畏此也。〔一〇〕《詩》云："敬之敬之，命不易哉！"〔7〕

【注】

〔1〕下客謂毛遂、馮煖之徒也。

〔2〕王者以遠祖配天，以父配上帝於明堂，將以存其絕業，復其祭祀。

〔3〕新野宰潘臨云，請劉公一信而降。

〔4〕初，彭守宛，食盡降漢，諸將欲誅之。伯升曰："今舉大事，當表義士，不如封之以勸其後。"更始封彭為歸德侯。

〔5〕謂不用樊宏、光武之言。忽，輕也。司馬相如曰"禍故多臧於隱微，而發於人之所忽"也。

〔6〕蠆，蝎也。《左傳》臧文仲謂魯君曰："君其無謂邾小。蜂蠆有毒，而況國乎！"

〔7〕《詩·周頌》也。

北海靖王興，建武二年封為魯王，嗣光武兄仲。

初，南頓君娶同郡樊重女，字嫻都。[1][一]嫻都性婉順，自為童女，不正容服不出於房，宗族敬焉。生三男三女：長男伯升，次仲，次光武；長女黃，次元，次伯姬。皇妣以初起兵時病卒，宗人樊巨公收斂焉。建武二年，封黃為湖陽長公主，伯姬為寧平長公主。元與仲俱歿於小長安，追爵元為新野長公主，十五年，追諡仲為魯哀王。

【注】
[1]嫻，胡閒反。《說文》："嫻，雅也。"

興其歲試守緱氏令。為人有明略，善聽訟，甚得名稱。遷弘農太守，亦有善政。[1]視事四年，上疏乞骸骨，徵還京師，奉朝請。二十七年，始就國。明年，以魯國益東海，[2]故徙興為北海王。三十年，封興子復為臨邑侯。[3]中元二年，又封興二子為縣侯。顯宗器重興，每有異政，輒乘驛問焉。立三十九年薨，子敬王睦嗣。

【注】
[1]《續漢書》曰："弘農縣吏張申有伏罪，興收申案論，郡中震慄。時年旱，分遣文學循行屬縣，理冤獄，有小過，應時甘雨降澍。"
[2]《續漢書》曰："二郡二十九縣，租入倍諸王也。"
[3]臨邑，縣，屬東（海）[郡]，故城在今（濟）[齊]州東，[一二]亦名馬坊城也。

睦少好學，博通書傳，光武愛之，數被延納。顯宗之在東宮，尤見幸待，入侍諷誦，出則執轡。[1]中興初，禁網尚闊，而睦性謙恭好士，千里交結，自名儒宿德，莫不造門，由是聲價益廣。永平中，法憲頗峻，睦乃謝絕賓客，放心音樂。然性好讀書，常為愛翫。歲終，遣中大夫奉璧朝賀，[2]召而謂之曰："朝廷設問寡人，[3]大夫將何辭以對？"

使者曰："大王忠孝慈仁，敬賢樂士。臣雖螻蟻，敢不以實？"睦曰："吁，子危我哉！〔4〕此乃孤幼時進趣之行也。〔5〕大夫其對以孤襲爵以來，志意衰惰，聲色是娛，犬馬是好。"使者受命而行。其能屈申若此。

【注】

〔1〕乘輿，尊者居中，執轡在左。

〔2〕中大夫，王國官也。《續漢志》曰："中大夫，比六百石，無員，掌奉王使京都奉璧賀正月，及使諸國。本皆持節，後去節。"《爾雅》曰："肉倍好謂之璧。"好，孔也。

〔3〕朝廷謂天子也。

〔4〕吁音虛。孔安國注《尚書》曰："吁者，疑怪之聲也。"

〔5〕《東觀記》、《續漢書》並云"是吾幼時狂惷之行也"。

初，靖王薨，悉推財產與諸弟，雖王車服珍寶非列侯制，皆以為分，然後隨以金帛贖之。睦能屬文，作《春秋旨義》、《終始論》及賦頌數十篇。又善《史書》，當世以為楷則。及寢病，帝驛馬令作草書尺牘十首。〔1〕立十年薨，子哀王基嗣。

【注】

〔1〕《說文》云："牘，書版也。"蓋長一尺，因取名焉。

永平十八年，封基二弟為縣侯，二弟為鄉侯。建初二年，又封基弟毅為平望侯。基立十四年薨，無子，肅宗憐之，不除其國。

永元二年，和帝封睦庶子斟鄉侯威為北海王，奉睦後。立七年，威以非睦子，又坐誹謗，檻車徵詣廷尉，道自殺。

永初元年，鄧太后復封睦孫壽光侯普為北海王，是為頃王。延光二年，復封睦少子為亭侯。〔一三〕普立〔十〕七年薨，〔一四〕子恭王翼嗣；立十四年薨，子康王嗣，無後，建安十一年，國除。

初，臨邑侯復好學，能文章。永平中，每有講學事，輒令復典掌焉。與班固、賈逵共述漢史，傅毅等皆宗事之。復子騊駼及從兄平望侯毅，並有才學。永寧中，鄧太后召毅及騊駼入東觀，與謁者僕射劉珍[1]著中興以下名臣列士傳。騊駼又自造賦、頌、書、論凡四篇。

【注】
〔1〕與平望侯毅並在《文苑傳》。

　　趙孝王良字次伯，光武之叔父也。平帝時舉孝廉，為蕭令。光武兄弟少孤，良撫循甚篤。及光武起兵，以事告，良大怒，[1]曰："汝與伯升志操不同，今家欲危亡，而反共謀如是！"既而不得已，從軍至小長安，漢兵大敗，良妻及二子皆被害。[2]更始立，以良為國三老，從入關。更始敗，良聞光武即位，乃亡奔洛陽。建武二年，封良為廣陽王。五年，徙為趙王，始就國。十三年，降為趙公。頻歲來朝。十七年，薨于京師。凡立十六年。子節王栩嗣。[3][一五]建武三十年，封栩二子為鄉侯。建初二年，復封栩十子為亭侯。

【注】
〔1〕《東觀記》曰："光武初起兵，良搏手大呼曰：'我欲詣納言嚴將軍。'叱上起去。出閤，令人視之。還白方坐啗脯，良復讙呼。上言'不可讙露'。明旦欲去，前白良曰：'欲竟何時詣嚴將軍所？'良意下，曰：'我為詐汝耳，當復何苦乎？'"
〔2〕《續漢書》曰："阜、賜移書於良曰：'老子不率宗族，單綈騎牛，哭且行，何足賴哉！'"
〔3〕栩音況羽反。

　　栩立四十年薨，子頃王商嗣。永元三年，封商三弟為亭侯。元年，

封商四子為亭侯。〔一六〕

商立二十三年薨,子靖王宏[嗣]。〔一七〕立十二年薨,子惠王乾嗣。

元初五年,封乾二弟為亭侯。是歲,趙相奏乾居父喪私娉小妻,〔1〕又白衣出司馬門,坐削中丘縣。〔2〕時郎中南陽程堅素有志行,拜為乾傅。堅輔以禮義,乾改悔前過,堅列上,復所削縣。本初元年,封乾一子為亭侯。乾立四十八年薨,子懷王豫嗣。豫薨,子獻王赦嗣。赦薨,子珪嗣,建安十八年徙封博陵王。立九年,魏初以為崇德侯。

【注】

〔1〕小妻,妾也。

〔2〕王宮門有兵衛,亦為司馬門。《東觀記》曰:"乾私出國,到魏郡鄴、易陽,止宿亭,令奴金盜取亭席,金與亭佐孟常爭言,以刃傷常,部吏追逐,乾藏逃,金絞殺之,懸其屍道邊樹。國相舉奏,詔書削[中丘]〔一八〕。"中丘,縣,屬趙國,故城在今邢州內丘縣西。隨室諱"忠",故改為"內"焉。

城陽恭王祉字巨伯,〔1〕光武族兄舂陵康侯敞〔一九〕之子也。

【注】

〔1〕《東觀記》:"初名終,後改為祉。"

敞曾祖父節侯買,以長沙定王子封於零道之舂陵鄉,〔二〇〕為舂陵侯。買卒,子戴侯熊渠嗣。熊渠卒,子考侯仁嗣。〔二一〕仁以舂陵地埶下溼,山林毒氣,上書求減邑內徙。〔1〕元帝初元四年,徙封南陽之白水鄉,猶以舂陵為國名,遂與從弟鉅鹿都尉回及宗族往家焉。仁卒,子敞嗣。敞謙儉好義,盡推父時金寶財產與昆弟,荊州刺史上其義行,拜廬江都尉。〔2〕歲餘,會族兄安眾侯劉崇起兵,〔3〕〔二二〕王莽畏惡劉氏,徵敞至長安,免歸國。〔4〕

【注】

〔1〕《東觀記》曰:"考侯仁於時見户四百七十六,上書願減户徙南陽,留子男昌守墳墓,元帝許之。"

〔2〕南陽郡是荆州所管,故刺史上其行義也。《續漢書》曰"侯等助祭明堂,以例益户二百,敞以有行義,拜為廬江都尉"也。

〔3〕安衆康侯丹,長沙定王子,崇即丹之玄孫之子。

〔4〕《東觀記》曰:"敞臨廬江歲餘,遭旱,行縣,人持枯稻,自言稻皆枯。吏强責租。敞應曰:'太守事也。'載枯稻至太守所。酒數行,以語太守,太守曰:'無有。'敞以枯稻示之,太守曰:'都尉事邪?'〔二三〕敞怒叱太守曰:'鼠[子]何敢爾!'〔二四〕刺史舉奏,莽徵到長安,免就國。"

先是平帝時,敞與崇俱朝京師,助祭明堂。〔1〕崇見莽將危漢室,私謂敞曰:"安漢公擅國權,群臣莫不回從,〔2〕社稷傾覆至矣。太后春秋高,天子幼弱,〔3〕高皇帝所以分封子弟,蓋為此也。"敞心然之。及崇事敗,敞懼,欲結援樹黨,乃為祉娶高陵侯翟宣女為妻。〔4〕會宣弟義起兵欲攻莽,南陽捕殺宣女,祉坐繋獄。敞因上書謝罪,願率子弟宗族為士卒先。莽新居攝,欲慰安宗室,故不被刑誅。及莽篡立,劉氏為侯者皆降稱子,食孤卿禄,〔5〕後皆奪爵。及敞卒,祉遂特見廢,又不得官為吏。

【注】

〔1〕平帝時王莽輔政,祫祭明堂,諸侯王二十八人,列侯百二十人,宗室子九百餘人,徵助祭也。

〔2〕回,曲。

〔3〕謂元后、平帝也。

〔4〕宣,丞相方進之子也,襲父侯爵。《東觀記》曰"敞為嫡子終娶宣子女習為妻,宣使嫡子姬送女入門,二十餘日,義起兵"也。

〔5〕孤者,特也。卑於公,尊於卿,特置之,故曰孤。《禮記》"上農夫食

九人,諸侯下士視上農夫,中士倍下士,上士倍中士,下大夫倍上士,卿四大夫祿"也。

祉以故侯嫡子,行淳厚,宗室皆敬之。及光武起兵,祉兄弟相率從軍,前隊大夫甄阜盡收其家屬繫宛獄。及漢兵敗小長安,祉挺身還保棘陽,甄阜盡殺其母弟妻子。更始立,以祉為太常將軍,紹封春陵侯。從西入關,封為定陶王。別將擊破劉嬰於臨涇。

及更始降於赤眉,祉乃間行亡奔洛陽。是時宗室唯祉先至,光武見之歡甚。[1]建武二年,封為城陽王,賜乘輿、御物、車馬、衣服。追諡敞為康侯。十一年,祉疾病,上城陽王璽綬,願以列侯奉先人祭祀。帝自臨其疾。祉薨,年四十三,諡曰恭王,竟不之國,葬於洛陽北芒。

【注】
〔1〕《東觀記》曰:"祉以建武二年三月見於懷宮。"

十三年,封祉嫡子平為蔡陽侯,以奉祉祀;平弟堅為高鄉侯。

初,建武二年,以皇祖、皇考墓為昌陵,置陵令守視;後改為章陵,因以舂陵為章陵縣。十八年,立考侯、康侯廟,比園陵,置嗇夫。[1]詔零陵郡奉祠節侯、戴侯廟,以四時及臘歲五祠焉。[2]置嗇夫、佐吏各一人。[二五]

【注】
〔1〕嗇夫本鄉官,主知賦役多少,平其差品。園陵置之,知祭祀、徵求諸事。
〔2〕臘,歲終祭神之名也。

平後坐與諸王交通,國除。永平五年,顯宗更封平為竟陵侯。平卒,子真嗣。真卒,子禹嗣。禹卒,子嘉嗣。

泗水王歙字經孫,[1][二六]光武族父也。歙子終,與光武少相親愛。漢兵起,始及唐子,[二七]終誘殺湖陽尉。更始立,歙從入關,封為元氏王,終為侍中。更始敗,歙、終東奔洛陽。建武二年,立歙為泗水王,終為淄川王。[2]十年,歙薨,封小子燀為堂谿侯,[3]奉歙後。終居喪思慕,哭泣二十餘日,亦薨。封長子柱為邔侯,[4]以奉終祀,又封終子鳳曲陽侯。[5]

【注】

〔1〕歙音許及反。

〔2〕今淄州縣也。

〔3〕燀,《字林》云"灼也,音充善反"。《續漢志》:"汝南吳房縣有堂谿亭。""燀"或作"煇"。[二八]

〔4〕邔,縣,屬南郡,故城在今襄州。邔音其紀反。

〔5〕曲陽,縣,屬東海郡,故城在今海州朐山縣西南。

歙從父弟茂,年十八,漢兵之起,茂自號劉失職,[1]亦聚眾京、密間,[2]稱厭新將軍。攻下潁川、汝南,眾十餘萬人。光武既至河內,茂率眾降,封為中山王。十三年,宗室為王者皆降為侯,更封茂為穰侯。[二九]

【注】

〔1〕《續漢志》曰:"茂自號為劉先職。"

〔2〕京,縣,屬河南郡,鄭之京邑,故城在今鄭州滎陽縣東南。密,縣,屬河南郡,故城在今密縣東南。

茂弟匡,亦與漢兵俱起。建武二年,封宜春侯。為人謙遜,永平中為宗正。子浮嗣,封朝陽侯。[1]

【注】

〔1〕朝陽，縣，屬南（郡）〔陽〕，〔三〇〕故城在今鄧州穰縣南，今謂之朝城。

浮弟尚，永元中為征西將軍。浮傳國至孫護，無子，封絕。延光中，護從兄瓌與安帝乳母王聖女伯榮私通，遂取伯榮為妻，得紹護封為朝陽侯，位侍中。及王聖敗，貶爵為亭侯。

安成孝侯賜〔三一〕字子琴，光武族兄也。祖父利，蒼梧太守。〔1〕賜少孤。兄顯報怨殺人，吏捕顯殺之。賜與顯子信賣田宅，同拋〔2〕財產，結客報吏，〔3〕皆亡命逃伏，遭赦歸。會伯升起兵，乃隨從攻擊諸縣。

【注】

〔1〕蒼梧，郡，今梧州縣也。
〔2〕普交反。
〔3〕《續漢書》曰："王莽時諸劉抑廢，為郡縣所侵。蔡陽國釜亭（侯）〔候〕長醉（詢）〔訽〕更始父子張，〔三二〕子張怒，刺殺亭長。後十餘歲，亭長子報殺更始弟騫。賜兄〔顯〕欲為報怨，〔三三〕賓客轉劫人，發覺，州郡殺顯獄中。賜與顯子信結客陳政等九人，燔燒殺亭長妻子四人。"

更始既立，以賜為光祿勳，封廣漢侯。及伯升被害，代為大司徒，將兵討汝南。未及平，更始又以信為奮威大將軍，代賜擊汝南，賜與更始俱到洛陽。更始欲令親近大將徇河北，未知所使。賜言諸家子獨有文叔可用，大司馬朱鮪等以為不可，更始狐疑，賜深勸之，乃拜光武行大司馬，持節過河。是日以賜為丞相，令先入關，修宗廟宮室。還迎更始都長安，封賜為宛王，拜前大司馬，使持節鎮撫關東。二年春，賜就國於宛，典將六部兵。〔1〕後赤眉破更始，賜所領六部亦稍散畔，乃去宛保育陽。

【注】
〔1〕伯升初起，置六部之兵。

聞光武即位，乃西之武關，迎更始妻子將詣洛陽。帝嘉賜忠，建武二年，封為慎侯。[1]十三年，更增戶邑，定封為安成侯，[三四]奉朝請。以賜有恩信，故親厚之，數蒙讌私，時幸其第，恩賜特異。賜輒賑與故舊，無有遺積。帝為營冢塋，起祠廟，置吏卒，如舂陵孝侯。二十八年卒，子閔嗣。

【注】
〔1〕慎，縣，屬汝南郡，故城在今潁州潁上縣西北。

三十年，帝復封閔弟嵩為白牛侯。[1]坐楚事，[2]辭語相連，國除。閔卒，子商嗣，徙封為白牛侯。商卒，子昌嗣。

【注】
〔1〕白牛，蓋鄉亭之號也，今在鄧州東也。
〔2〕謂楚王英謀反。

初，信為更始討平汝南，因封為汝陰王。[1]信遂將兵平定江南，據豫章。光武即位，桂陽太守張隆擊破之，信乃詣洛陽降，以為汝陰侯。永平十三年，亦坐楚事國除。

【注】
〔1〕汝陰屬汝（州）南郡，故城即今潁（川）〔州〕（郡）汝陰縣也。[三五]

成武孝侯順字平仲，光武族兄也。父慶，^[1]舂陵侯敞同產弟。順與光武同里閈，^[2]少相厚。

【注】

〔1〕《續漢（志）〔書〕》："慶字翁敖。"〔三六〕

〔2〕閈，里門也。

更始即位，以慶為燕王，順為虎牙將軍。會更始降赤眉，慶為亂兵所（叔）〔殺〕，順乃閒行詣光武，拜為南陽太守。建武二年，封成武侯，^[1]邑戶最大，租入倍宗室諸家。八年，使擊破六安賊，^[2]因拜為六安太守。數年，帝欲徵之，吏人上書請留。十一年卒，帝使使者迎喪，親自臨弔。子遵嗣，坐與諸王交通，降為端氏侯。^[3]遵卒，子弇嗣。弇卒，無嗣，國除。永平十年，顯宗幸章陵，追念舊恩，封順弟子三人為鄉侯。

【注】

〔1〕成武，縣，屬山陽郡，今曹州縣也。

〔2〕六安即廬州也。〔三七〕

〔3〕端氏，縣，屬河東郡，故城在今澤州端氏縣西北。

初，順叔父弘^[1]娶於樊氏，皇妣之從妹也。生二子：敏，國。與母隨更始在長安。建武二年，詣洛陽，光武封敏為甘里侯，^[2]國為弋陽侯。^[3]敏通經有行，永平初，官至越騎校尉。

【注】

〔1〕《東觀記》曰："弘字孺孫，先起義兵，卒。"

〔2〕潁州潁上縣西北有甘城。

〔3〕弋陽，縣，屬汝南郡，侯國也，故城在今光州定城縣西也。

弘弟梁，以俠氣聞，[1]更始元年，起兵豫章，欲徇江東，自號"就漢大將軍"，暴病卒。[2]

【注】
〔1〕《東觀記》曰："梁字季少。"
〔2〕《東觀記》曰："病筋攣卒。"

順陽懷侯嘉字孝孫，光武族兄也。父憲，[1]舂陵侯敞同產弟。嘉少孤，性仁厚，南頓君養視如子，後與伯升俱學長安，習《尚書》、《春秋》。

【注】
〔1〕《續漢（志）〔書〕》曰："憲字翁君。"〔三八〕

及義兵起，嘉隨更始征伐。漢軍之敗小長安也，嘉妻子遇害。更始即位，以為偏將軍。及攻破宛，封興德侯，遷大將軍。擊延岑於冠軍，降之。更始既都長安，以嘉為漢中王、扶威大將軍，持節就國，都於南鄭，眾數十萬。建武二年，延岑復反，攻漢中，圍南鄭，嘉兵敗走。岑遂定漢中，進兵武都，為更始柱功侯李寶所破。岑走天水，公孫述遣將侯丹取南鄭。嘉收散卒，得數萬人，以寶為相，從武都南擊侯丹，不利，還軍河池、下辨。[1]復與延岑連戰，岑引北入散關，[2]至陳倉，嘉追擊破之。更始鄧王廖湛將赤眉十八萬攻嘉，嘉與戰於谷口，[3]大破之。嘉手殺湛，遂到雲陽就穀。

【注】
〔1〕河池，縣，屬武都郡，一名仇池，今鳳州縣也。下辨，縣名，今成州同谷縣也。

〔2〕散關，故城在今陳倉縣南十里，有散谷水，因取名焉。

〔3〕谷口，縣，故城今醴泉縣東北四十里。酈元《水經注》曰："涇水東經九嵕山東中山西，謂之谷口。"

李寶等聞鄧禹西征，擁兵自守，勸嘉且觀成敗。光武聞之，告禹曰："孝孫素謹善，少且親愛，當是長安輕薄兒誤之耳。"禹即宣帝旨，嘉乃因來歙詣禹於雲陽。三年，到洛陽，從征伐，拜為千乘太守。六年，病，上書乞骸骨，徵詣京師。十三年，封為順陽侯。秋，復封嘉子廥為黃李侯。十五年，嘉卒。子參嗣，有罪，削為南鄉侯。永平中，參為城門校尉。參卒，子循嗣。循卒，子章嗣。

贊曰：齊武沈雄，義戈乘風。[1]倉卒匪圖，亡我天工。城陽早協，趙孝晚同。泗水三侯，或恩或功。

【注】
〔1〕以義舉兵，乘風雲之會也。

【校勘記】
〔一〕臨（沘）〔泚〕水　《集解》引惠棟說，謂《續志》作"比水"，《水經注》作"沘水"。按：《光武紀》亦作"沘水"，今據改。
〔二〕（諸）〔赭〕水二湖流注　據汲本改。按：赭水亦作"堵水"，"諸"乃"堵"之形誤。
〔三〕蕭該音　"蕭"原譌"肅"，逕改正。按：影印紹興本此卷仍有闕佚，取它本補配，故多譌脫，以下凡遇極明顯字之譌字及脫文，皆逕予改補，不作校記。
〔四〕宜秋聚名在沘陽縣　按："沘"原譌"泚"，各本皆未正。又按：《續志》宜秋聚在平氏縣。
〔五〕引欲據宛　按：張燧謂案下文"引"下少"兵"字。

〔六〕自號柱天大將軍　按：《校補》謂袁《紀》云自號柱天將軍，無"大"字。

〔七〕將軍張卬　"卬"原譌"邜"，據殿本改正。按：《通鑑》亦作"卬"，《考異》謂司馬彪《續漢書》"卬"作"印"，袁宏《後漢紀》作"斤"，皆誤，今從范曄《後漢書》。

〔八〕魯陽縣屬南（郡）〔陽〕　據《集解》王先謙說改。

〔九〕丹陽（故）郡〔故〕城在今潤州江寧縣東南　按："郡故"二字各本皆譌倒，今正。

〔一〇〕蓋畏此也　按：汲本"畏"作"謂"。

〔一一〕南頓君娶同郡樊重女字嫺都　按：《集解》引沈欽韓說，謂袁《紀》"嫺都"作"歸都"。

〔一二〕臨邑縣屬東（海）〔郡〕故城在今（濟）〔齊〕州東　《集解》引沈欽韓說，謂臨邑《漢志》屬東郡，此誤。《舊唐志》臨邑縣屬齊州，注云濟州，亦誤。今據改。

〔一三〕復封睦少子為亭侯　按：李慈銘謂"睦"當作"普"。

〔一四〕普立〔十〕七年薨　據殿本《考證》補。按：《考證》謂普以安帝永初元年封，至延光元年為十七年。

〔一五〕子節王栩嗣　按：殿本《考證》謂"栩"字《章帝紀》作"盱"。

〔一六〕元年封商四子為亭侯　按：汲本"元年"上有"元興"二字。殿本《考證》謂應補"元興"二字，而疑封在商既薨之後，不應載於商未薨之前。《校補》則謂商薨宏嗣，果封在元興元年，則當稱宏弟，不當仍稱商子；既云商子，則其封自在商未薨之前。"元年"或是"六年"形近之誤。"元興"二字不當補。

〔一七〕子靖王宏〔嗣〕　據《集解》王先謙說補。

〔一八〕詔書削〔中丘〕　據《刊誤》補。

〔一九〕光武族兄舂陵康侯敞　按：姚範謂節侯買乃光武之高祖，敞之曾祖，則敞乃光武之族父，非兄也。《光武紀》章懷注亦云舂陵侯敞，光武季父，則此傳"兄"字誤也。

〔二〇〕封於零道之春陵鄉　按：《集解》引錢大昕説，謂《前志》、《續志》俱作"泠道"。

〔二一〕子考侯仁嗣　《集解》引惠棟説，《東觀記》、《宗室傳》作"孝侯"。又引洪頤煊説，謂《前書·王子侯表》作"孝侯仁"。按：後《安城孝侯賜傳》亦稱"春陵孝侯"。

〔二二〕會族兄安衆侯劉崇起兵　按：《集解》引沈欽韓説，謂崇於敞為族子，非族兄。《校補》謂今案《前書》年表，春陵侯買三傳至敞，安衆侯丹五傳始至崇，則崇且為敞族孫，非僅族子也。

〔二三〕都尉事邪　按：殿本"邪"作"也"，與今《東觀記》合，《校補》謂作"邪"義較長。

〔二四〕敞怒叱太守曰鼠〔子〕何敢爾　《集解》引周壽昌説，謂"鼠"下應有"子"字。王先謙謂周説是，《東觀記》正作"鼠子何敢爾"。今據補。

〔二五〕置嗇夫佐吏各一人　按：《刊誤》謂"吏"當作"史"。

〔二六〕泗水王歙字經孫　按：《集解》引惠棟説，謂袁宏《紀》"經孫"作"經世"。

〔二七〕始及唐子　按：《集解》王先謙謂"子"下脱"鄉"字。

〔二八〕煇或作煇　按：殿本"煇"作"憚"。

〔二九〕更封茂為穰侯　《集解》引錢大昕説，謂《光武紀》茂封單父侯。按：沈欽韓謂熊方《補後漢書年表》云以單父侯更封穰侯，當是。

〔三〇〕屬南（郡）〔陽〕　據《集解》引惠棟説改。

〔三一〕安成孝侯賜　按：汲本、殿本"成"作"城"。

〔三二〕蔡陽國釜亭（侯）〔候〕長醉（訽）〔詢〕更始父子張　"候"字據汲本改。"詢"字據《集解》引陳景雲説改。

〔三三〕賜兄〔顯〕欲為報怨　據汲本補。

〔三四〕定封為安成侯　按：殿本"成"作"城"。

〔三五〕汝陰屬汝（州）南郡故城即今潁（川）〔州〕（郡）汝陰縣也　據汲本改。

〔三六〕續漢（志）〔書〕慶字翁敖　陳景雲謂"志"當作"書"，《續志》

中亦無此語。今據改。

〔三七〕六安即廬州也　按:《集解》引沈欽韓説,謂《桓譚傳》注云"六安在壽州安豐縣南",是,此誤。

〔三八〕續漢(志)〔書〕曰憲字翁君　據陳景雲説改。